마음관통 성경통독

온 마음으로 말씀하시는 하나님을 만나다

마음관통
성경통독

조대희 지음

규장

하나님의 마음으로 읽는 하나님의 말씀

성경통독에 대한 아주 귀한 길라잡이가 출판되어 매우 기쁘고 감사하다. 더욱이 교회의 장로 직분과 대학의 교수직으로 섬기고 계신 저자를 통해 저술된 것이 더 큰 기쁨이다. 하나님의 말씀을 사랑하고 순종하며 오랫동안 하나님과 동행하는 삶을 사신 조대희 장로님께서 이 귀한 하나님의 사역의 통로가 되셨음에 감사한다.

《마음관통 성경통독》은 성경을 읽는 독자의 관점이 아닌 하나님의 관점으로 하나님의 책인 성경을 읽도록 안내한다는 점에서 매우 탁월하다. 성경의 각 권에서 가장 중요한 구절이나 키워드를 '하나님의 마음' 읽기로 풀어낸다는 것은 부분을 읽더라도 전체를 함께 조망해가며 읽게 하는 데 큰 도움을 주는 관통 작업이 되었다.

자신의 생각과 마음으로 성경을 관통해보려는 수많은 노력은 결국 실패하고 만다. 성경은 하나님의 마음이 담겨 있는 책이기 때문에 하나님의 마음으로 읽어야 진정 성경이 관통된다. 이런 성경통독 과정으로 성경을 읽는 성도는 '내가 성경을 꿰뚫었다'고 교만하게 자랑하기보다 "성경 말씀이 나를 꿰뚫었다"고 겸손히 고백하게 된다.

모름지기 이 일은 먼저 실천하고 적용해본 선배를 통해서 배울 수 있다. 이렇듯 본서는 삶 속에서 저자의 실험과 적용과 실천을 통해 맺어진 열매이기에 많은 성도들이 함께 도전하고 동참해볼 실제적이고 다양한 가이드가 담겨 있다.

이 책을 통해 성경을 통독해나가는 모든 이들에게 귀한 축복이 임하게 될 줄 믿으며 기쁨으로 추천한다.

온누리교회 담임목사 이재훈

하나님이 담아주신 내 마음의 성경 노트

성경을 후련하게 깨치고 싶은 것은 모든 그리스도인의 로망일 것이다. 그러나 쉽지 않은 일이다. 필자도 청년 때부터 신앙생활을 하면서 여러모로 애써보았으나 녹록하지 않았다. 성경을 골고루 빠짐없이 읽는 것부터 쉽지 않을뿐더러 전체를 이해한다는 것은 요원한 일 같았다. 그래도 성경 전체를 읽고 깨닫는 것은 포기할 수 없는 일이기에 도전과 좌절을 반복하며 씨름했다. 갈증을 풀 수 있을까 하여 늦은 나이에 신학공부도 해보았으나 기대만큼 시원하지는 않았다. 결국 스스로 정리하는 시간이 필요한 것이었다.

때마침 몸담고 있는 대학에서 안식년을 얻게 되었다. 번잡한 일상에서 벗어나 오롯이 성경에만 집중할 수 있는 황금 같은 시간이었다. 새로운 마음으로 성경을 자세히 읽어 나갔다. 자주 접하지 않는 부분에 더욱 집중했다. 뜻이 막히는 부분을 만나면 원어와 관련 연구를 찾아보고 묵상하며 궁금증을 풀었다. 한 해가 저물려 할 때쯤 66권을 정리한 요약본이 완성되었고, 내 마음속에는 제각기 저장되었던 성경의 컨텐츠가 하나의 큰 그림으로 모아지는 은혜가 있었다.

인생 버킷리스트 하나를 지운 것이 후련했지만 그보다 더 감사한 것은 성경을 관통하는 하나님의 아픔을 공감하게 된 것이었다. 전능하신 하나님께서 고통당하신다는 것은 어떻게 보면 그럴 법하지 않다. 그러나 죄인을 사랑하셨기 때문에 하나님은 고통을 피할 수 없었다. 사랑에 관한 한 하나님은 그리 강한 분이 아니었다. 하나님의 고통은 아직도 멈추지 않았다고 믿는다.

받은 은혜를 나눠야 한다는 빚진 마음으로, 기회가 되는 대로 말씀을 사모하는 성도들과 성경을 함께 읽었다. 그때마다 나의 학습 노트를 복사해서 교재로 사용하곤 했다. 가끔 출판을 권유하는 말을 덕담으로 흘렸는데, 가까운 목사님의 거듭된 권면에 결국 규장의 문을 두드려 책으로 선보이게 되었다.

굳이 책을 내는 것은 하나님의 마음이 널리 공감되었으면 하는 바람 때문이다. 받은 감동 때문에 빚진 자의 마음으로 열심히 원고를 썼지만 막상 책을 내려니 불현듯 외람되다는 생각이 든다. 하나님의 마음을 담기에 나의 가슴은 턱없이 좁고 얕기 때문이다. 여기에 실리지 못한 하나님의 마음을 하나님께서 친히 채워주시길 기도할 뿐이다.

서문 2

하나님의 마음까지 읽어야 성경을 제대로 읽는 것이다!

필자는 청년 시절 예수님을 영접했다. 방황을 끝내고 싶은 갈증이 컸기 때문에 성경을 열심히 읽었다. 그러나 전체 맥락이 잘 보이지 않았고 수시로 이해되지 않는 장면을 만나게 되니 당황스러웠다.

아마 그 첫 장면이 창세기의 대홍수 사건이었던 것 같다. 읽고 나서 남는 것은 익사한 사람들의 고통과 지구적 재난을 일으키시는 하나님에 대한 두려움이었다. 욥기를 읽었을 때는 하나님의 공의가 의심스러웠다. 호세아서를 읽었을 때는 언제 하나님께서 무리한 요구를 하실지 모른다는 생각에 심란했다. 복음서에서는 따뜻한 예수님을 느낄 수 있었지만, 요한계시록에서 보여주는 미래의 재앙에서 하나님의 은혜를 느낄 수는 없었다. 멀리서 세상을 감찰하시는 두려운 하나님의 모습과 목숨 다해 인간을 사랑하시는 따뜻한 하나님의 모습이 내 속에서 조화되지 못하고 있었다.

이런 장면들이 통합적으로 이해되기까지는 꽤 긴 세월이 필요했다. 무엇이 문제였을까? 성경을 읽는 나의 관점이 문제였다. 나는 내 입장에서 성경을 읽었다. 나의 관심, 나의 기대, 나의 기준 등. 하나님을 감격적으로 영접한 신앙인이었지만, 나의 관심은 먼저 내 마음의 평화를 얻는 묘책을 발견하는 데 있었다. 그리고 삶의 무게를 덜어주는 하나님의 도우심에 목말랐다. 그래서 잠언은 좋았지만 선지서에 나타나는 하나님의 진노는 의아했다. 먹이고 입히신다는 말씀은 달았지만 서로 사랑하라는 말씀은 비현실적으로 들렸다.

인생의 시행착오를 거쳐 속사람이 깎이고 이기심을 내려놓게 되면서 성경을 읽는 나의 자세가 바뀌어 갔다. 하나님의 입장과 그 마음을 가늠해보게 되었다. 그러다보면 나 자신은 어느새 객체(客體)가 되어 있었다. 그렇게 읽었을 때 막혔던 것이 뚫리고 시야가 넓어지는 것을 하나둘 경험하기 시작했다. 홍수로 세상을 정리할 수밖에 없었던 하나님의 절망이 보이기 시작했다. 욥기에서는 하나님과 인간의 관계를 이해시키려는 하나님의 안타까운 마음을 읽을 수 있었다. 호세아서에서는 하나님의 극심한 고통이 느껴졌고, 요한계시록이 격려와 희망의 책이라는 것도 알게 되었다.

하나님의 마음을 중심에 두고 읽는다는 것은 일종의 시력 회복 안경과 같다. 우리는 선천적으로 지독한 근시로 태어난다. 나만 보이고 주변과 하나님을 보지 못하는 근시. 그래서 우리는 성경을 읽기 전에 좋은 안경을 써야 한다.

"인생은 짧고 성경은 두껍다." 우스갯소리지만 성경 읽기의 무게감을 잘 표현했다. 부모님의 편지를 읽고 나면 부모님의 마음이 느껴진다. 편지를 읽을 때는 누구나 보낸 이의 마음을 읽어내지만 성경이라면 얘기가 달라진다. 책의 두께 때문일까. 시작할 때부터 마음이 조급해지면서 글자는 주마등처럼 지나가지만 마음에 남는 것이 없는 경우가 많다. 이렇게 읽으면 읽지 않은 것과 별반 다를 것이 없다. 좀 더 집중해서 읽으면 성경 속 이야기가 머리에 들어오고 지식이 쌓인다. 처음 경우보다는 훨씬 낫지만 그러나 아직 부족하다. 활자를 넘어 행간에 담긴 하나님의 마음까지 읽어야 제대로 읽은 것이다.

모쪼록 독자들이 이 마음을 품어 성경에 담긴 하나님의 메시지를 깊이 깨닫기 바란다. 하나님께서 친히 당신의 마음을 독자 여러분에게 부어주시길 다시 한 번 기도한다.

조대희

이 책의 구조와 의도

◼1 성경 66권의 유기적 상관관계를 이해할 수 있도록 한다

성경은 약 1500년에 걸쳐 40여 명의 저자가 세 가지 언어로 쓴 책이다. 그럼에도 성경 66권은 매우 유기적으로 연결되어 있다. 저자가 많고 시대가 달라도 한 성령의 감동에 따라 쓰였기 때문이다. 그러나 성경에서 이런 상관관계를 읽어내기가 그리 쉽지는 않다. 따라서 이 책에서는 먼저 성경 전체의 짜임새를 파악할 수 있도록 성경의 개관을 소개했다. 구약개관과 신약개관을 통해서 성경시대의 역사적인 흐름과 성경의 구성 체계를 파악하도록 했다. 다음으로 성경 각 권의 개관(저자, 시대적 배경, 핵심 메시지, 책의 구조)을 안내함으로써 전체 맥락속에서 각 권의 자리를 가늠할 수 있도록 했다.

◼2 전체에서 부분까지 체계적으로 알 수 있도록 한다

처음 성경을 읽는 분이라면 성경 전체의 흐름을 파악하는 것조차도 벅찰 수 있지만, 여러 차례 읽다보면 좀 더 자세히 이해하고 싶어질 것이다. 이러한 바람을 충족시킬 수 있도록 성경 전체를 체계적으로 요약했다. 각 권을 대문단, 중문단, 소문단으로 체계화하고 소문단의 내용을 한두 줄로 요약하는 방식을 취했다. 결과적으로 이 책은 다음과 같은 체계로 구성된다.

구약, 신약성경의 개관 → 각 권의 개관 → 각 권의 개요(대문단 → 중문단 → 소문단)

구약과 신약 전체를 조감하는 개관은 구약 파트와 신약 파트의 머리에 두었다. 각 책으로 들어가면 '개관'(저자, 시대적 배경, 핵심 메시지, 책의 구조)을 통해 책에 대한 예비적 지식을 갖추게 된다. 그리고 나서 체계적으로 요약한 '개요'를 만나게 된다.

◼3 성경 본문을 쉽게 읽을 수 있도록 한다

이 책을 펴내면서 중점을 둔 것은 성경을 요약해서 싣는 것이었다. 성경 요약본은 여러 가지로 유용하다. 우선 잠깐 훑어보기만 해도 책의 내용을 파악할 수 있다. 성경 각 권의 구조와 흐름을 파악하기에는 본문을 읽는 것보다 더 유리하다. 따라서 요약본을 미리 읽으면 전체 문맥을 알게 되므로 성경 본문을 좀 더 쉽게 이해할 수 있다. 본문을 읽고 난 후에 다시 요약본을 본다면 디테일에 빠져 있던 눈높이를 높여 다시 한 번 전체적인 흐름을 조감하는 효과도 얻을 수 있다. 되풀이해서 읽으면 성경을 다독한 것에 버금가는 효과도 얻게 된다. 필자가 성경을 공부하며 이러한 효용성을 확인했기 때문에, 성경 66권을 요약하여 책별로 '개요'를 실은 것이다. 분량은 대폭 줄이면서도 성경 본문의 핵심 내용은 빠짐없이 담고자 했다.

4 성경 각 권의 특징이 살아 있도록 한다

성경통독서는 대부분 성경 각 권을 시대순으로 풀어서 재구성한다. 따라서 책을 따라가기만 하면 성경을 시대순으로 쉽게 읽을 수 있다는 장점이 있다. 반면에 성경 각 권의 고유한 특징과 저자의 호흡은 읽을 수 없다는 아쉬움이 있다. 예컨대 네 권의 복음서는 각기 다른 관점에서 예수님의 일생을 기록하고 있는데, 각 권을 통째로 읽어야 그 관점이 보인다. 각 권을 예수님의 생애 시기별로 해체해서 읽는다면 각 권의 고유 관점을 놓치게 된다. 따라서 이 책은 성경 각 권을 시대순으로 해체하지 않았으며 성경의 구조와 동일하게 배열했다. 다만 성경을 시대순으로 읽을 수 있도록 구약개관과 신약개관에서 통독 일정을 제시했다. 성경 각 권에도 읽기 순서를 안내했다.

5 다양하게(성경통독, 책별 성경공부, 큐티) 활용할 수 있도록 한다

이 책은 독자의 필요에 따라 다양하게 활용할 수 있다. 우선 성경통독을 위한 길잡이로 활용할 수 있다. 이 책에서 제시하는 순서를 따라가면 성경을 어렵지 않게 시대순으로 통독할 수 있다. 또한 이 책은 책별 성경공부를 위한 길잡이로도 활용할 수 있다. 이 책에 실린 성경 각 권의 개관과 개요를 숙지한다면, 성경 심화학습을 위한 든든한 기초가 될 것이다. 큐티를 하기 전에 읽는 것도 이 책의 좋은 활용법이다. 한 구절의 의미를 바로 알려면 책 전체에 대한 바른 이해가 선행되어야 하는데, 이 책의 개요를 통해서 한눈에 전체를 파악할 수 있기 때문이다.

성경통독, 이렇게 하라!

🔟 왜 '통독'인가?

통독(通讀)은 전체를 읽는 것이다. 전체를 읽어야 하나님의 뜻을 알 수 있다. 영화나 소설의 일부분만 본다면 전체를 모르는 것은 당연하고 본 부분의 의미조차 제대로 알 수 없다. 일부분의 의미는 전체 이야기의 맥락 속에서 파악되기 때문이다. 성경도 다르지 않다. 먼저 전체를 파악해야 각 권, 장, 절의 의미를 바로 이해할 수 있는 것이다. 따라서 말씀 한 절을 깊게 연구하는 것보다 먼저 할 일은 전체를 이해하는 것이다. 성경 전체를 통째로 여러 번 읽으면 성경에 대한 놀라운 통찰력이 생기는 것을 경험하게 된다. 이러한 통찰력의 토대 위에서 부분을 살필 때 비로소 바른 해석과 적용이 가능해진다.

🄰 성경통독의 자세

성경을 알아가는 것은 큰 도시를 알아가는 것과 비슷하다. 어떻게 해야 큰 도시를 이해할 수 있을까? 송충이가 나뭇잎을 먹어가듯이 도시 한쪽 끝자락부터 한 땀 한 땀 밟고 다녀야 할까? 어림없는 일이다. 유명한 대도시에는 관광객을 위한 도시투어 버스가 있다. 큰길을 다니며 짧은 시간에 도시의 뼈대를 보여준다. 그러다가 중요한 관광 포인트에서는 내릴 수 있어서 관광객은 골목길과 작은 가게를 경험해볼 수도 있다. 별 힘을 들이지 않고도 도시 구조를 이해할 수 있고 즐길 만한 장소에서 머무를 수도 있으니 참 고마운 버스다. 성경은 도시투어 버스를 탄 것처럼 읽어야 한다. 성경 전체를 다니며 큰길을 파악하는 데 우선적인 목표를 두는 것이다. 그렇다고 씽씽 달리기만 해서는 안 된다. 중요한 장면에서는 멈추어 살펴보기도 해야 한다. 이런 과정을 여러 번 반복하다 보면 막막한 대도시 같던 성경이 정겨운 우리 동네처럼 느껴질 것이다.

🄱 성경통독 방법

① 우선 정독한다

하나님의 마음을 읽으려면 급한 마음을 내려놓고 차분히 읽어야 한다. 첫 통독에서는 정독할 것을 권한다. 한 번 정독하는 것이 여러 번 속독하는 것보다 낫다. 하지만 너무 오랜 시간을 들이거나 쉬었다가 읽는 것은 바람직하지 않다. 창세기의 기억이 생생할 때 요한계시록까지 읽어야 성경 전체를 유기적으로 이해할 수 있다. 이 책에서는 성경을 정독할 수 있는 일정을 제시한다. 정독한 다음에는 자신의 역량에 따라 성경 읽기 분량을 늘여 나가면 된다.

② 시대순으로 읽는다

드라마를 볼 때는 방영 순서대로 보아야 한다. 순서가 틀리면 이야기의 흐름을 알 수 없게 된다. 그렇듯 성경도 시대순으로 보아야 한다. 성경책을 창세기부터 요한계시록까지 순서대로 읽으면 될까? 그렇게 읽으면 순서를 뒤섞어서 드라마를 보는 것과 같다. 우리가 읽는 성경은 시대 순서가 아니라 주제별로(율법서, 역사서, 시가서, 예언서, 서신서 등) 편집되어 있기 때문이다. 역사서는 대체로 시대순으로 연결되어 있지만 나머지 책들은 시간과 무관하게 구성되었다. 따라서 성경을 시대순으로 재구성해서 읽어야 한다. 이 책의 구약개관, 신약개관에서는 시대순으로 재구성한 통독 일정을 제시한다.

③ 역사, 지리, 문화적 배경을 이해하고 읽는다

성경은 아주 옛적 지구 반대편의 다른 나라에서 벌어진 이야기이다. 오늘날 우리와는 시간적으로 문화적으로 지리적으로 격차가 크다. 이를 감안하지 않고 무심코 나를 위한 말씀으로 성경을 읽으면 성경이 말하는 바를 오해하기 쉽다. 성서지도과 성경사전은 이런 격차를 좁혀주는 유용한 도구이다. 이 두 가지 도우미를 옆에 놓고 낯선 지명과 단어가 나오면 수시로 찾아가며 읽기를 권한다.

④ 보조 도구를 활용한다

한국 교회가 많이 사용하고 있는 개역개정판 성경은 나름의 장점이 있지만 국한문혼용체의 예스러운 번역이 현대인들에게 익숙하지 않고, 때로 원어를 직역한 문장은 이해하기 어려운 곳도 있다. 새번역, 우리말 성경 등 현대어로 의역한 성경은 물 흐르듯 읽기에 편할 수 있다. 스마트폰 애플리케이션은 유용한 도구가 될 수 있다. '드라마바이블'과 같은 오디오 성경은 전문 성우들의 연기를 통해 감정까지 느낄 수 있다. '다번역성경'은 여러 가지 번역본을 제공하고 있어서 표현이 어려운 구절을 만나면 다른 번역본과 비교해볼 수 있다.

○ 21주 완성 성경 1독 정독 ○

21주간(구약 14주 | 신약 7주) 정독하기에 적당한 분량으로 나누어 시대순으로 읽는다.

1주차　창조와 타락시대, 족장시대 노예시대
창 1-50, 출 1-11

2주차　출애굽, 계명시대
출 12-40, 레 1-27, 민 1-10

3주차　광야 방랑시대
민 11-36, 신 1-34, 시 90

4주차　가나안 정복, 사사시대
수 1-24, 삿 1-21, 룻 1-4, 삼상 1-8

5주차　통일왕국시대 사울-다윗
삼상 9-31, 시 59, 56, 34, 57, 142, 52, 54, 삼하 1-24, 왕상 1-2, 시 60, 51, 3, 63, 18, 7

6주차　통일왕국시대 다윗
대상 1-29, 시 1-40

7주차　통일왕국시대 솔로몬 전기
왕상 3-10, 대하 1-9, 잠 1-31, 아 1-8, 시 72, 127, 41-47

8주차　통일왕국시대 솔로몬 후기
왕상 11, 전 1-12, 욥 1-42, 시 48-66

9주차　분열왕국시대 르호보암-여로보암 2세
왕상 12-22, 왕하 1-14, 대하 10-25, 욘 1-4, 암 1-9, 시 67-77

10주차　분열왕국시대 북왕국 멸망
왕하 15-17, 대하 26-28, 호 1-14, 왕하 18-20, 대하 29-32, 미 1-7, 사 1-66

11주차　분열왕국시대 남왕국 멸망
왕하 21, 대하 33, 나 1-3, 왕하 22-25, 대하 34-36, 습 1-3, 합 1-3, 렘 1-52, 애 1-5

12주차	포로시대
	옵 1, 겔 1-48, 단 1-12, 시 78-81

13주차	귀환 및 재건시대 포로 귀환 성전 재건
	스 1-4, 학 1-2, 슥 1-14, 스 5-6, 에 1-10, 욜 1-3, 시 82-110

14주차	귀환 및 재건시대 예루살렘 재건
	스 7-10, 느 1-13, 말 1-4, 시 111-150

15주차	예수님의 생애
	마 1-28, 막 1-16

16주차	예수님의 생애
	눅 1-24, 요 1-21

17주차	교회의 시작과 성장, 교회의 확장, 바울의 1,2차 전도여행
	행 1-12, 약 1-5, 행 13-14, 갈 1-6, 행 15-18:22, 살전 1-5, 살후 1-3

18주차	교회의 확장, 바울의 3차 전도여행
	행 18:23-19:20, 고전 1-16, 행 19:21-41, 고후 1-13, 행 20:1-6, 롬 1-16

19주차	바울의 체포, 로마 압송, 바울의 옥중서신
	행 20:7-28장, 엡 1-6, 골 1-4, 몬 1, 빌 1-4, 딤전 1-6, 딛 1-3, 딤후 1-4, 히 1-13

20주차	공동서신
	벧전 1-5, 벧후 1-3, 유 1, 요일 1-5, 요이 1, 요삼 1

21주차	교회의 미래
	계 1-22

본서의 활용 일러두기

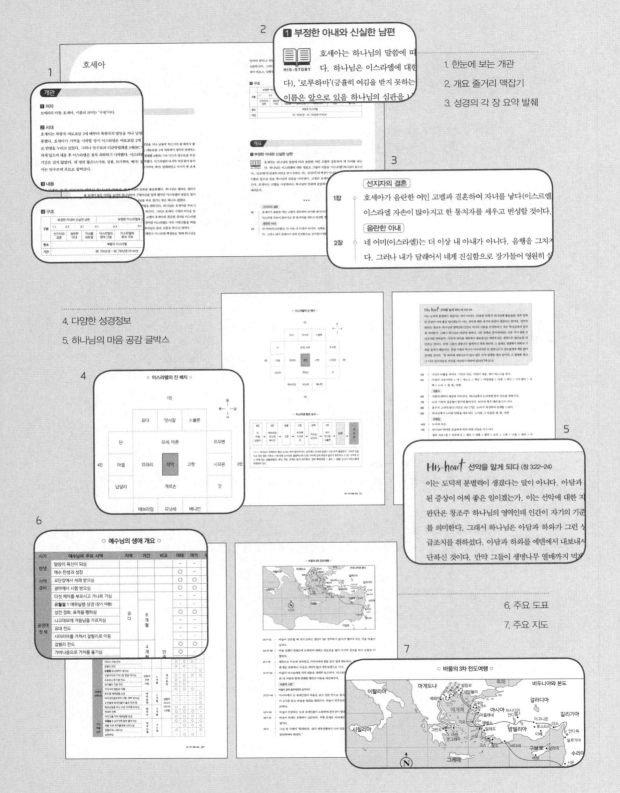

1. 한눈에 보는 개관

2. 개요 줄거리 맥잡기

3. 성경의 각 장 요약 발췌

4. 다양한 성경정보

5. 하나님의 마음 공감 글박스

6. 주요 도표

7. 주요 지도

CONTENTS

1부 구약 개관

○ 구약성경의 구조

구약성경에는 하나님께서 창조하신 인간의 타락과 타락한 인간을 구원하려는 하나님의 고통스러운 노력이 기록되어 있다. 총 39권으로 이루어진 구약성경은 율법서, 역사서, 시가서, 예언서 네 개의 범주로 분류하여 편집되었다. 율법서는 인간이 타락한 과정과 이를 해결하기 위해 하나님께서 율법을 주신 과정을 기록한다. 이 율법이 구약의 핵심이다. 역사서는 율법을 받은 백성들이 이를 어떻게 지키며 살았는지를 기록한다. 백성들이 율법을 떠나 우상을 좇으며 악행을 저지르면 하나님께서는 하나님의 사람을 보내어 준엄하게 경고하셨다. 이들이 선지자(예언자)이며 이들의 활동을 기록한 것이 예언서(선지서)이다. 인간이 하나님이 주신 율법에 따라 살 때는 큰 은혜를 경험한다. 반면에 법을 떠나 살 때는 고통과 좌절을 겪게 된다. 이렇게 삶을 통해 체험한 감동과 지혜가 시가서(지혜서)에 담겨 있다.

① 율법서 : 창세기 – 신명기(5권)

율법서 다섯 권은 모세가 기록했다 하여 '모세오경'이라고도 한다. 천지창조부터 모세 시대까지의 주요 사건을 다룬다. 핵심 내용은 인간의 죄와 하나님의 율법이다. 창세기는 죄의 기원과 하나님께서 자기 백성을 준비하시는 과정을 기록한다. 하나님께서 시내 산에서 이스라엘에게 주신 율법이 출애굽기와 레위기에 기록되었다. 민수기는 이스라엘이 시내 산을 떠나 가나안 땅 앞에 이르기까지의 훈련 과정을 기록했다. 이스라엘이 가나안 땅에 들어가기 전 모세가 백성들에게 율법을 다시 설명해주는데, 이것이 신명기에 기록되어 있다.

② 역사서 : 여호수아 – 에스더(12권)

역사서는 이스라엘이 가나안 땅에 들어간 때부터 바벨론에 포로로 잡혀갔다가 다시 귀환할 때까지의 이야기를 기록한다. 일반 역사책과는 달리 성경의 역사서는 이스라엘이 하나님께서 주신 율법을 어떻게 준행하며 살았는지에 초점을 맞춘다. 이스라엘은 하나님의 도우심으로 가나안을 정복했지만, 바로 율법을 떠나 자기 생각대로 살기 시작한다. 사사시대(사사기-사무엘상)를 거쳐 왕정시대(사무엘하-열왕기하) 내내 하나님의 율법을 거스르고 우상을 섬기다가 결국 앗수르와 바벨론에 패망한다. 하나님께서 오랜 포로생활에서 돌아오게 하시고 회복을 도우시지만 결국 그들은 하나님께 순종하지 못한다(에스라-느헤미야) 이스라엘의 역사는 이렇게 비극으로 끝난다.

3 시가서 : 욥기 – 아가(5권)

시가서는 율법을 따라 살려고 애쓴 사람들이 경험한 은혜와 고난 그리고 삶을 통해 깨달은 지혜를 기록한 책이다. 그래서 '지혜서'라고도 한다. 하나님께서 율법서를 주셨다면 인간은 시가서를 지었다. 대개 시적인 특징을 가진다. 욥기는 하나님에 대한 인간의 인식 문제를 다루며 잠언과 전도서는 삶의 지혜와 인생의 본질 문제를 다룬다. 시편과 아가서는 하나님 안에서 느끼는 감정적 체험을 노래한다.

4 예언서 : 이사야 – 말라기(17권)

예언서는 '선지서'라고도 하며 하나님께서 보낸 선지자(예언자)들의 활동을 기록한 책이다. 그들의 역할은 이스라엘 백성이 하나님의 율법을 떠났을 때 그들을 책망하고 하나님의 징계를 경고하며 율법에 순종할 것을 촉구하는 것이었다. 따라서 선지자들은 이스라엘이 타락했을 때 많이 나타났다. 대부분의 선지자들은 이스라엘 역사의 마지막 기간에 몰려서 등장했던 것을 볼 수 있다. 선지자의 역할이 여기에 그치는 것은 아니다. 하나님의 백성들이 징계를 받고 있을 때는 징계가 끝난 후에 전개될 복된 미래를 알려주기도 했다. 남왕국 유다가 바벨론 포로로 잡혀갔을 때 하나님은 다니엘, 에스겔을 통해 장래의 구원과 회복을 계시해주셨다. 모든 선지자가 자신의 사역을 책으로 남긴 것은 아니다. 엘리야와 엘리사는 이스라엘의 역사에서 그 역할이 매우 컸지만, 그들의 이름으로 남긴 예언서는 없다. 대신 그들의 사역은 열왕기에 자세히 기록되어 있다. 율법서와 역사서는 대체로 시대순으로 배열되었으나 시가서와 예언서는 분량이 많은 순서로 배열되었다.

○ 구약성경의 시대순 배열

1 율법서와 역사서

성경을 시대순으로 재구성할 경우 율법서를 역사서의 앞부분으로 보아도 무방하다. 역사서는 대략 시대순으로 배열되어 있다. 오른편 표에서 창세기부터 느헤미야까지 수평적으로 연결된 책의 순서는 시간의 흐름에 따라 배열한 것이다. 이 흐름에 비켜 있는 역사서들은 시간이 흐르지 않거나 기본 흐름과 시간이 겹치는 책들이다. 레위기는 하나님으로부터 받은 율법을 기록한 책이며, 신명기는 이전에 받은 율법을 다시 한 번 정리한 책이다. 따라서 이 두 책에는 시간이 흘러가지 않는다. 룻기는 사사기와 시대를 같이하고, 역대상하는 사무엘하, 열왕기상하와 같은 시대를 다룬다. 에스더서는 에스라서의 시기에 바사에서 벌어진 일을 기록했다.

2 시가서

욥기는 족장 시대를 배경으로 하기 때문에 창세기와 같은 시대로 볼 수 있다. 시편은 시대를 달리하는 여러 저자들에 의해 지어졌지만 대부분은 다윗 시대의 작품이므로 사무엘하와 같은 시대로 간주할 수 있다. 아가서, 잠언, 전도서는 솔로몬의 저작으로 솔로몬의 생애를 기록한 열왕기상과 그 시대를 같이한다.

3 예언서

예언서들은 포로 시대를 전후로 몰려 있음을 볼 수 있다. 북왕국 이스라엘과 남왕국 유다가 타락하여 멸망하기 전에 하나님께서 많은 선지자들을 보내어 경고하셨기 때문이다. 예레미야애가와 오바댜서는 예루살렘 함락 직후 기록되었다. 에스겔과 다니엘은 바벨론에서 사역한 선지자들이다. 학개, 스가랴, 요엘, 말라기는 바벨론 포로에서 돌아온 이스라엘 백성들에게 하나님의 말씀을 전했다.

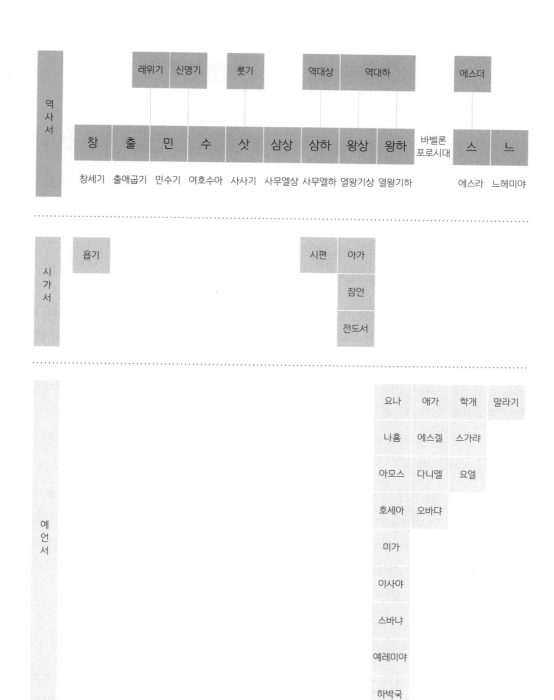

역사서			레위기	신명기		롯기			역대상	역대하			에스더	
	창	출	민	수	삿	삼상	삼하	왕상	왕하	바벨론 포로시대	스	느		

창세기 출애굽기 민수기 여호수아 사사기 사무엘상 사무엘하 열왕기상 열왕기하　　에스라 느헤미야

시가서　욥기　　　　　시편　아가
　　　　　　　　　　　　　　잠언
　　　　　　　　　　　　　　전도서

예언서

요나	애가	학개	말라기
나훔	에스겔	스가랴	
아모스	다니엘	요엘	
호세아	오바댜		
미가			
이사야			
스바냐			
예레미야			
하박국			

○ 구약 역사 개요

1 창조와 타락 시대 : 창조 – 타락 – 홍수 심판 – 바벨탑(창 1–11장)

하나님께서 천지를 창조하시고 아담과 하와를 에덴에 살며 복락을 누리게 하셨다. 그러나 아담과 하와가 하나님에게 불순종하여 자기중심적인 인간으로 타락하면서 하나님과의 관계는 단절되었다. 그 결과 세상이 죄악으로 가득하게 되자 하나님은 노아의 가정만 남기고 세상을 홍수로 심판하신다. 그러나 노아의 후손 역시 인간의 죄성대로 바벨탑을 쌓는다. 사람이 본질상 악하기 때문에 하나님께 돌아올 수 없었다.

2 족장 시대 : 아브라함 – 이삭 – 야곱 – 요셉(창 12–50장)

하나님은 친히 인간에게 다가가서서 변화시킴으로 단절된 관계를 회복하려 하셨다. 이에 택함받은 사람이 아브라함이다. 하나님은 그를 가나안 땅으로 부르시면서 일방적인 축복의 언약(자손 번성, 가나안 땅, 복, 복의 근원)을 주신다(아브라함 언약). 그리고 아브라함 평생에 그 언약을 신실하게 이행하심으로 깊은 신뢰관계를 구축해 가신다. 아브라함의 자손 이삭과 야곱에 이르기까지 같은 언약으로 축복하신다.

3 노예 시대 : 입애굽 – 노예생활(출 1–11장)

3대에 걸쳐 인도하신 결과 아브라함의 가문에 믿음이 뿌리내린 것을 보신 하나님은 야곱의 가정을 한 민족으로 성장시키기 위하여 애굽의 비옥한 땅으로 인도하신다. 야곱의 아들 요셉을 먼저 애굽에 보내서서 야곱 가족을 맞을 수 있는 여건을 마련하게 하셨다. 애굽에 들어간 야곱의 가족은 풍요로운 고센 땅에서 430년간 번성하여 한 민족(이스라엘)을 이룬다. 이로써 아브라함 언약 중 하나(자손 번성)가 성취되었다.

4 출애굽, 계명 시대 : 출애굽 – 시내 산 율법(출 12~40장, 민 1~10장)

하나님은 모세를 세워 이스라엘을 약속하신 땅 가나안으로 인도하신다. 시내 산에 이르렀을 때 하나님은 이스라엘에게 물으신다. 이스라엘이 앞으로 하나님의 말씀을 듣고 지킨다면 하나님은 이스라엘을 자신의 소유(보물)인 거룩한 백성으로 삼고 제사장 나라가 되게 하시겠다는 것이다. 이스라엘이 이에 동의함에 따라 언약이 맺어진다(시내 산 언약). 언약에 따라 하나님은 백성들에게 하나님의 법(율법)을 말씀해주신다. 이로써 하나님나라를 이룰 두 가지 여건(백성, 법)이 갖추어진다.

5 광야 방랑 시대 : 광야 40년(민 11~36장, 신)

율법을 받은 이스라엘이 법을 지키며 약속의 땅으로 가는 과정은 순탄치 않았다. 계속되는 불순종과 불신앙으로 출애굽 세대의 가나안 진입은 허락되지 않았다. 40년 동안 광야에서 방랑한 끝에 출애굽 세대는 죽고 출애굽 2세대가 가나안 건너편 모압 평지에 도착한다. 모세는 이스라엘 백성에게 하나님이 주신 율법을 다시 한 번 설명하면서 하나님을 사랑하고 순종할 것을 간곡하게 당부한다.

6 가나안 정복 시대 : 정복 전쟁 – 가나안 땅 분배(수)

이스라엘은 모세의 후계자 여호수아의 지휘에 따라 가나안 땅을 정복하고 지파별로 가나안 땅을 분배한다. 이로써 하나님나라를 이룰 모든 여건(백성, 영토, 법)이 갖추어진다. 이제 이스라엘이 하나님께서 주신 법에 따라 살기만 하면 이 땅에 하나님의 나라가 세워지는 것이었다.

7 사사 시대 : 12명의 사사 – 엘리 – 사무엘(삿, 삼상 1~8장)

그러나 백성들은 하나님께서 주신 법을 망각하고 자기 생각에 좋은 대로 살았다. 그 결과 이스라엘은 정체성을 잃고 이방과 다름없이 타락했다. 하나님께서는 이방 나라들을 도구로 사용하여 돌이키게 하셨으나 이스라엘은 반복해서 죄를 지었다. 사무엘이 백성들을 회개하게 했으나 백성들은 왕을 세워달라고 요구했다. 이는 왕이신 하나님을 무시하는 태도였다. 하나님은 이에 진노하셨으나 결국 왕을 세워주신다.

8 통일왕국 시대 : 사무엘 – 사울 – 다윗 – 솔로몬(삼상 9–31장, 삼하, 왕상 1–11장)

하나님께서 사울을 첫 왕으로 세우셨다. 그러나 사울이 하나님께 온전히 순종하지 않자 그를 버리고 다윗을 세우셨다. 다윗이 하나님께 순종하니 하나님은 다윗 가문에게 이스라엘의 왕권을 보장하셨다(다윗 언약). 그 아들 솔로몬은 성전을 봉헌하여 하나님을 기쁘시게 했으나, 많은 이방 아내를 얻고 그들의 우상을 용납하는 죄를 저지르고 만다.

9 분열왕국 시대 : 북왕국 앗수르에 멸망, 남왕국 바벨론에 멸망(왕상 12–22장, 왕하)

하나님께서 솔로몬의 죄 때문에 열 지파를 그의 신하 여로보암에게 넘기시니 이스라엘은 남과 북 두 왕국으로 갈라지게 된다. 북왕국 19명의 왕은 모두 악했고 백성들도 타락하여 하나님은 북왕국을 앗수르에게 넘기신다. 남왕국 20명의 왕 중 8명의 왕은 비교적 하나님께 순종했으나 남왕국의 타락을 막을 수 없었다. 하나님은 남왕국을 바벨론에 넘기신다. 많은 백성이 포로로 잡혀가고 국가는 해체된다. 하나님께서는 일찍부터 많은 선지자를 보내어 심판을 경고하며 회개를 촉구하셨지만 돌이키지 않아 멸망할 수밖에 없었다.

10 포로 시대 : 바벨론 70년 포로(겔, 단)

이방 바벨론에 잡혀간 남왕국 백성들은 70년간 수모의 세월을 보내며 우상숭배와 불순종을 회개했다. 다니엘과 에스겔은 잡혀간 백성들에게 하나님의 말씀을 전했다. 70년의 포로 기간이 차게 되자 하나님께서 바사를 세워 바벨론을 멸망케 하신다.

11 귀환 및 재건시대 : 성전과 성벽 재건 – 타락 – 하나님의 침묵(스, 에, 느)

하나님께서 바사 왕으로 하여금 유다 백성을 귀환하게 하셨다. 돌아온 유다 백성들을 위해 학개와 스가랴 선지자를 보내어 성전을 재건하도록 격려하시고, 에스라를 보내어 율법을 교육하시며, 느헤미야를 보내어 예루살렘 성벽을 재건하게 하셨다. 그러나 이 모든 하나님의 배려에도 불구하고 백성들은 과거 불순종의 모습으로 다시 돌아가고 만다. 하나님의 모든 노력이 좌절되므로 하나님은 400년간 침묵하신다.

○ 구약 역사와 지리 ○

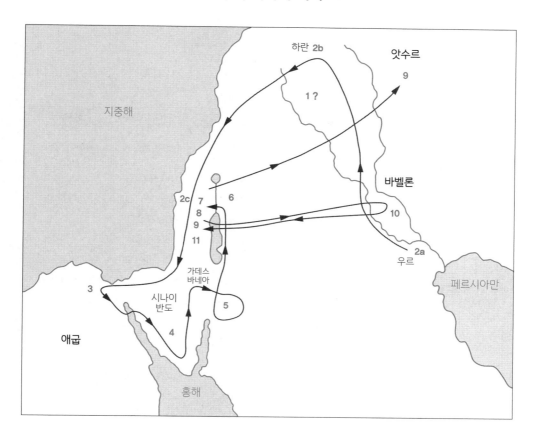

1 창조와 타락 시대	**2** 족장 시대	**3** 노예 시대
4 출애굽, 계명 시대	**5** 광야 방랑 시대	**6** 가나안 정복 시대
7 사사 시대	**8** 통일왕국 시대	**9** 분열왕국 시대
10 포로 시대	**11** 귀환 및 재건 시대	

○ 유다와 이스라엘의 왕들 ○

통일왕국 이스라엘	
사울	1050-1010 (40)
다윗	1010-970 (40)
솔로몬	970-930 (40)

선지자	연대 (BC)	남 유다	북 이스라엘	연대 (BC)	선지자	
스마야	930-913 (17)	르호보암	여로보암	930-910 (22)	아히야, 잇도	
잇도	913-911 (3)	아비야(아비얌)				
아사랴 하나니	911-870 (41)	아사★	나답	910-909 (2)		
			바아사*	909-886 (24)	예후	
			엘라	886-885 (2)		
			시므리*	885 (7일)		
			오므리*	885-874 (12)		
예후, 야하시엘 엘리에셀	873-848 (25)	여호사밧★	아합	874-853 (22)	엘리야	미가야
			아하시야	853-852 (2)		
	848-841 (8)	여호람(요람)	요람(여호람)	852-841 (12)	엘리사	
	841 (1)	아하시야 (여호아하스)				
	841-835 (6)	아달랴	예후*	841-814 (28)		
	835-796 (40)	요아스★	여호아하스	814-798 (17)		
	796-767 (29)	아마샤★	요아스	798-782 (16)		
	790-739 (52)	웃시야★ (아사랴)	여로보암 2세	793-753 (41)	호세아	요나, 아모스
			스가랴	753-752 (6월)		
			살룸*	752 (1월)		
미가 / 이사야	750-735 (16) 734-732 요담, 아하스 공동통치	요담★	므나헴*	752-742 (10)		
			브가히야	742-740 (2)		
			베가*	752-732 (20)		오뎃
	731-715 (16)	아하스	호세아*	732-722 (9)		
	715-686 (29)	히스기야★	북왕국 멸망	930-722 (209)		

선지자	연대 (BC)	남 유다
나훔	697-642 (55)	므낫세
	642-640 (2)	아몬
스바냐 / 예레미야 / 다니엘↓	640-609 (31)	요시야★
	609 (3월)	여호아하스
하박국	609-598 (11)	여호야김
	597 (3월)	여호야긴
에스겔↓	597-586 (11)	시드기야
	930-586 (345)	남왕국 멸망

▷ 통치 기간이 겹치는 부분은 공동통치 기간이다.
(괄호 안의 숫자는 왕의 재위 기간)

▷ 유다는 하나의 다윗 왕조를 유지했으나, 이스라엘은 8차례의 반역으로 9개 왕조가 있었다.
(이스라엘 왕 이름의 * 표시는 새 왕조의 시작을 의미)

▷ 이스라엘 왕 19명은 모두 악한 왕이었다. 유다 왕 20명 중 8명은 선한 왕으로 평가받았다. (★ 선한 왕)

※ 왕들의 통치 연대는 학자들 간에 정확히 일치하지 않는다.

○ 구약 통독 일정 ○

주	내용		역사서	선지서	시가서	분량
1주	창조와 타락 시대 족장, 노예 시대		창 → 출 1-11			61
2주	출애굽, 계명 시대		출 12-40 → 레 → 민 1-10			66
3주	광야 방랑 시대		민 11-36 → 신 →		시 90	61
4주	가나안 정복 시대 사사 시대		수 → 삿 → 룻 → 삼상 1-8			57
5주	통일왕국시대	사울 - 다윗	삼상 9-31 →		시 59, 56, 34, 57, 142, 52, 54 →	62
			삼하 → 왕상 1,2 →		시 60, 51, 3, 63, 18, 7	
6주		다윗	대상 →		시 1-40	65
7주		솔로몬전기	왕상 3-10 → 대하 1-9 →		잠 → 아 → 시 72, 127, 41-47	65
8주		솔로몬후기	왕상 11 →		전 → 욥 → 시 48-66	66
9주	분열왕국시대	르호보암 - 여로보암 2세	왕상 12-22 → 왕하 1-14 → 대하 10-25 →	욘 → 암 →	시 67-77	64
10주		북왕국 멸망	왕하 15-17 → 대하 26-28 →	호 →		100
			왕하 18-20 → 대하 29-32 →	미 → 사		
11주		남왕국 멸망	왕하 21 → 대하 33 →	나 →		75
			왕하 22-25 → 대하 34-36 →	습 → 합 → 렘 → 애		
12주	포로 시대			옵 → 겔 → 단 →	시 78-81	65
13주	귀환 및 재건 시대	포로 귀환 성전 재건	스 1-4 →	학 → 슥 →		63
			스 5, 6 → 에 →	욜	시 82-110	
14주		예루살렘 재건	스 7-10 → 느 →	말 →	시 111-150	59

▷ 구약성경을 시대순으로 배열하되 역사서를 먼저 읽고 동시대의 시가서와 선지서를 읽도록 구성했다.

▷ 하루에 10장 내외를 정독하여 총 14주에 구약을 통독할 수 있는 일정이다. 1회 이상 정독한 다음에는 자신의 역량에 따라 기간을 조정하여 읽도록 한다. 기간을 늘리는 것은 권장하지 않는다.

▷ 시편 중에서 통독 분량을 낱편으로 표기한 시편은 앞서 읽는 역사서와 내용적 관련성이 있다. 나머지 시편들은 그 역사적 배경을 특정할 수 없어서 매주 나누어 읽도록 배분했다.

▷ 욥기는 시기적으로 족장 시대에 해당되지만 주제의 연관성이 높은 전도서와 함께 읽도록 배치했다.

2부

구약 책별 개요

창세기

개관

1 저자

모세오경 즉 창세기부터 신명기까지 다섯 권의 책은 모세가 기록했다. 히브리어로 '토라'라고 부른다. 창세기에 저자의 이름이 직접적으로 나타나지는 않으나, 성경은 모세가 저자임을 증거하고 있다(출 17:14; 민 33:2; 수 1:7; 막 12:26; 요 7:19). 예루살렘 탈무드도 모세 저작설을 지지하고 있다. 애굽 사람의 학술에 통달한 모세(행 7:22)야말로 오경(五經)의 저자로 최적의 소양과 자격을 갖춘 사람이다.

2 시대

전반부 열한 장은 약 2천 년이라는 긴 시간과 광활한 메소포타미아 지역을 배경으로 하며, 천지창조부터 타락, 홍수, 바벨탑 등의 대사건들을 다룬다. 그다음은 아브라함이 가나안으로 이주한 후 아브라함 가문 4대의 역사를 요셉의 죽음(약 BC 1800)까지 기록하고 있다.

3 내용

하나님이 천지를 창조하신다. 창조의 초점은 여섯째 날 만드신 사람에 있다. 피조물 중 유일하게 하나님의 형상대로 창조한 존재이다. 하나님을 닮은 그들은 에덴에서 하나님과 어우러져 살며 복락을 누린다. 그러던 에덴에 문제가 생긴다. 하나님의 형상을 한 에덴의 주인공들이 뱀의 유혹을 받아 하나님을 등진 것이다. 그들은 하나님에 의해 하나님과 함께 살도록 창조된 존재였다. 그런 그들이 하나님을 떠나게 되자 본래의 모습을 잃고 타락한다.

창세기의 전반부는 아담과 하와의 불순종으로 시작된 죄가 온 땅에 퍼져나가는 과정에 초점을 맞춘다. 세상이 죄로 가득하게 되자 하나님은 홍수로 세상을 심판하신다. 후반부에서는 하나님이 아브라함을 부르시고 그와 그 자손을 믿음의 길로 인도하시는 내용에 초점을 맞춘다. 하나님은 아브라함을 가나안 땅으로 부르시면서 네 가지를 약속하신다. 가나안 땅을 주시고, 거기서 자손을 번성케 해 민족을 이루게 하시며, 복을 주어 창대하게 하시고, 다른 족속에게 복의 통로가 되게 하신다는 것이다(아브라함 언약). 한 사람에게 다가가 은혜를 끼치심으로 신뢰 관계를 회복하고 그를 한 민족으로 일으킨 다음 그를 통해 모든 죄인을 하나님께 돌아오게 하려는 하나님의 계획인 것이다.

하나님은 언약을 신실하게 이루어 가신다. 아브라함과 그 자손들은 삶 속에서 하나님의 신실하신 은혜를 체험하면서 하나님을 신뢰해야 함을 깨달아간다. 하나님은 야곱 대에 이르러 그 가족을 나일 삼각주의 비옥한 땅으로 인도하시고 거기에서 하나의 민족으로 번성케 하신다.

4 구조

구분	태고의 역사				족장의 역사			
	1:1　　3:1　　6:1　　10:1				12:1　　24:1　　27:1　　37:1			
	창조	타락	대홍수	바벨탑	아브라함	이삭	야곱	요셉
장소	메소포타미아 지역				가나안			애굽
기간	약 2000년				BC 2090 – BC 1805(약 300년)			

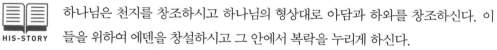

1 태고의 역사

하나님은 천지를 창조하시고 하나님의 형상대로 아담과 하와를 창조하신다. 이들을 위하여 에덴을 창설하시고 그 안에서 복락을 누리게 하신다.

그러나 이들은 선악을 알게 하는 나무의 열매를 먹지 말라는 하나님의 말씀을 거스르고 뱀의 말을 따르는 불순종을 저지른다. 그 후 아담과 하와에게 없던 증상이 나타난다. 자신들이 벗었다는 것을 의식하게 되어 나뭇잎으로 몸을 가리고, 하나님이 두려워져 숨으려 하는 것이다. 이전에 그들은 벗고 있었으나 벗었음을 의식하지 못했다. 이는 하나님과 하나 된 공동체를 이루고 있었음을 의미한다. 엄마 품속의 젖먹이가 자신이 벗었음을 의식하지 않는 것과 같다.

그러나 불순종한 후에는 그들이 벗었음을 깨닫고 자신 이외의 존재로부터 불안과 공포를 느끼게 된다. 이는 그들 속에 배타적 자의식(排他的 自意識)이 생겼음을 말해 준다. '우리'라는 유기적 공동체가 아니라 '나'와 '남'의 불안한 동거로 인식하게 된 것이다. 이 증상이 심각한 것은 창조주 되신 하나님까지도 '남'으로 인식한다는 점이다. 이러한 인식 변화로 인간은 사랑의 능력을 잃고 결국 자기중심적(自己中心的) 태도로 살아가게 된다.

우리는 아담의 기질을 내려받아 날 때부터 '나'와 '남'을 차별화하며 자기중심적으로 생각하고 행동한다. 따라서 이것이 큰 문제라고 생각하지 않는다. 그러나 하나님이 보시기에 이러한 모습은 타락이며 저주이다. 인류의 모든 갈등과 죄악이 여기에서 비롯된다. 가인이 동생 아벨을 죽인 사건은 배타적 자의식이 어떻게 끔찍한 죄를 낳는지를 잘 보여준다. 성경은 이러한 저주로부터 인간을 다시 회복시키기 위해 무진 노력을 쏟으시는 하나님의 고통스런 역사를 기록한다. 성경이 두꺼운 것은 그 과정이 녹록치 않았기 때문이다.

세상이 죄로 오염되는 것은 시간문제. 결국 세상은 온갖 죄악이 넘치는 심각한 상황으로 치닫는다. 하나님께서는 사람 지으신 것을 한탄하며 당대의 의인 노아의 가족만 남기고 온 세상을 홍수로 쓸어버리신다. 그러나 남은 노아의 후손들이 죄 없는 새 세상을 만든 것은 아니다. 그들 역시 하나님을 타자(他者)로 여기며 그들만의 견고한 성읍 '바벨'을 건설하려 시도한다. 이를 우려하신 하나님은 그들의 언어를 혼잡하게 하여 그들을 온 지면에 흩으신다.

● ● ●

○ **천지창조** ○

1일	빛 / 어두움	4일	해, 달, 별
2일	윗물 / 궁창 / 아랫물	5일	새, 물고기
3일	물 / 뭍	6일	땅의 짐승, 사람

[창조]

1장 ○ 하나님이 천지를 창조하시다. 하나님의 형상대로 사람을 창조하시다.

2장 ○ 아담을 에덴에 두시며 선악을 알게 하는 나무 열매를 금하시다.

아담을 돕는 배필을 창조하시다.

[타락]

3장 ○ 아담과 하와가 뱀의 말을 듣고 하나님의 명을 어기다.

그 결과 아담과 하와는 자신들이 벗었음을 의식하고, 하나님을 두려워하게 되었으며, 선악을 알게 되다. 하나님이 아담, 하와, 뱀을 심판하시다.

이는 도덕적 분별력이 생겼다는 말이 아니다. 아담과 하와가 하나님께 불순종한 결과 얻게 된 증상이 어찌 좋은 일이겠는가. 이는 선악에 대한 자기의 판단이 생겼다는 말이다. 선악의 판단은 창조주 하나님의 영역인데 인간이 자기의 기준을 주장한다는 것은 하나님과의 분리를 의미한다. 그래서 하나님은 아담과 하와가 그런 상태로 굳어져버리는 것을 막기 위해 긴급조치를 취하셨다. 아담과 하와를 에덴에서 내보내시고 에덴에 있는 생명나무 접근로를 차단하신 것이다. 만약 그들이 생명나무 열매까지 먹게 된다면 그 상태로 영생해서 회복의 기회를 놓치기 때문이다. 훗날 구원의 역사가 마무리되면 이 생명나무가 성도들에게 제한 없이 공개될 것이다. "강 좌우에 생명나무가 있어 열두 가지 열매를 맺되 달마다 그 열매를 맺고 그 나무 잎사귀들은 만국을 치료하기 위하여 있더라"(계 22:2).

4장 가인이 아벨을 죽이다. 가인의 자손. 아담이 셋을, 셋이 에노스를 낳다.

5장 아담의 자손 (아담 > 셋 > 에노스 > 게난 > 마할랄렐 > 야렛 > 에녹 > 므두셀라 > 라멕 > 노아 > 셈, 함, 야벳)

대홍수

6장 사람의 죄악이 세상에 가득차다. 하나님께서 노아에게 방주 건조를 명하시다.

7장 노아 가족과 짐승들이 방주에 들어가다. 40주야 비가 내려 홍수가 나다.

8장 홍수가 그치다(승선 기간은 1년 17일). 노아가 하선하여 번제를 드리다.

9장 하나님께서 노아와 언약을 세우시다. 노아와 그 아들들 셈, 함, 야벳

바벨탑

10장 노아의 자손

11장 하나님이 언어를 혼잡하게 하여 바벨 건설을 막으시다.

셈의 자손 (셈 > 아르박삿 > 셀라 > 에벨 > 벨렉 > 르우 > 스룩 > 나홀 > 데라 > 아브람, 나홀, 하란)

데라가 아브람, 사래, 롯을 데리고 하란으로 이주하다.

❷ 족장의 역사

하나님이 세상을 홍수로 심판하신 후, 다시는 같은 방식으로 땅을 심판하지 않기로 작정하신다. 사람이 어릴 때부터 그 생각이 악하기 때문에 심판한다고 해서 HIS-STORY 인간 본성이 바뀌지 않기 때문이다(창 8:21). 대신 사람을 하나님 가까이 불러 신뢰 관계를

맺음으로써 자기중심성에 빠진 인간을 회복시키려 하신다.

이를 위해 부름 받은 사람이 아브라함. 하나님은 아브라함을 부르시면서 그에게 언약을 주신다(아브라함 언약). 가나안 땅을 주시고, 거기서 자손을 번성케 해 민족을 이루게 하시며, 복을 주어 창대하게 하시고, 다른 족속에게 복의 통로가 되게 하신다는 것이다(창 12:1-3). 이 언약은 '하나님의 나라'의 탄생을 예고한다. 하나님이 정하신 땅에 하나님이 기르신 민족이 하나님의 복을 받아 산다면 그것이 하나님의 나라이다. 그 나라를 통해서 모든 족속에게도 복을 주신다는 언약은 이 언약이 아브라함 개인 차원의 것이 아님을 알게 한다. 아브라함은 변화의 시작일 뿐, 하나님의 구상은 인류 전체를 아우르고 있다. 깨어진 에덴을 다시 세우려는 하나님의 마스터플랜이다.

하나님은 이 언약을 성실히 이행하신다. 의심하는 아브라함에게 친히 언약 의식까지 행하시면서 언약을 지키실 것을 다짐해주신다(창 15:7-21). 아브라함은 그 언약이 성취되는 것을 체험해 가며 하나님을 신뢰하게 된다. 아들 이삭을 바치라는 하나님의 말씀을 묵묵히 따를 만큼 하나님에 대한 아브라함의 신뢰는 깊어진다(창 22장).

하나님은 아브라함에게 주신 언약을 아들 이삭과 손자 야곱에게도 동일하게 주시며 그 언약을 신실하게 이루어 가신다. 야곱의 가문에 하나님에 대한 믿음이 뿌리 내렸을 때 하나님은 드디어 그 가문을 한 민족으로 키우신다. 이를 위해 하나님께서 예비하신 환경은 애굽의 고센 땅. 나일 강 하류 삼각주에 위치한 이 땅은 야곱의 후손이 살기에 최적의 땅이다. 땅이 기름지고 나일의 물은 마르지 않는다. 게다가 애굽 사람은 목축을 가증하게 여겨 가까이 하지 않으니(창 46:34) 야곱 자손은 그들만의 공동체를 이루고 마음껏 번성한다. 요셉이 형제들의 미움을 받아 애굽으로 팔려가고 애굽의 총리가 된 것은 하나님의 백성을 탄생시키기 위한 하나님의 섭리였다.

● ● ●

[아브라함]

12장 ○ 하나님께서 아브람을 부르시며 언약(가나안 땅, 자손 번성, 복, 복의 통로)을 주시다(아브람 75세).

너는 너의 고향과 친척과 아버지의 집을 떠나 내가 네게 보여줄 땅으로 가라. 내가 너로 큰 민족을 이루고 네게 복을 주어 네 이름을 창대하게 하리니 너는 복이 될지라. 너를 축복하는 자에게 내가 복을 내리고 너를 저주하는 자에게는 내가 저주하리니 땅의 모든 족속이 너로 말미암아 복을 얻을 것이라(창 12:1-3).

기근이 들어 아브람 가족이 애굽으로 내려가다.

하나님이 사래를 보호하시다.

His-heart 하나님의 언약식 (창 15:7-21)

짐승을 반으로 잘라 벌려놓고 그 사이를 통과하여 걷는 것은 고대에 중요한 조약을 체결할 때 치르던 의식이었다(렘 34:18 참조). 잘린 몸통에서 내장이 쏟아지고 선혈이 낭자했을 이 의식은 약속을 어긴 편에 대한 저주를 의미했다. 우리가 주목할 것은 이 언약에서 책임이 있는 쪽은 하나님 한 분이라는 점이다(편무계약, 片務契約). 그 책임의 범위는 죽음에까지 이른다. 반면에 언약의 다른 편인 아브람에게는 아무런 조건이 없다. 엄청난 불평등 계약이다. 이렇게 해서라도 아브람과의 신뢰 관계를 만들어가려는 하나님의 간절한 마음을 보여준다.

13장 아브람과 롯이 헤어지다. 하나님이 언약하시다(가나안 땅, 자손 번성).

아브람이 헤브론으로 옮기다.

14장 아브람이 롯을 구출하다. 멜기세덱이 아브람을 축복하다.

15장 하나님이 아브람에게 언약하시다(자손 번성, 가나안 땅).

하나님이 언약 의식을 행하시다.

16장 사래의 종 하갈이 이스마엘을 낳다(아브람 86세).

17장 하나님이 아브람에게 언약하시며(자손 번성) 이름을 바꾸어주시다(아브람 99세).

아브람(고귀한 아버지) → 아브라함(많은 무리의 아버지)

할례(언약의 표징)를 명하시다.

사래의 이름을 바꾸어주시며 1년 뒤에 아들을 낳으리라 말씀하시다.

사래 → 사라(왕비, 여주인)

아브라함이 웃으니 아들 이름을 '이삭'(웃음)이라 하라 하시다.

18장 세 사람이 와서 아브라함에게 1년 뒤에 아들을 낳으리라 말씀하시다.

사라가 웃다.

하나님이 아브라함에게 언약하시다(강대한 나라, 복의 통로).

아브라함이 소돔을 위하여 용서를 구하다.

19장 롯이 두 천사를 집으로 모시다. 소돔의 불량배들이 행패를 부리다.

롯의 가족이 피신하다. 소돔과 고모라가 멸망하다.

롯의 두 딸이 아들을 낳다(모압, 벤암미).

20장 하나님이 아비멜렉에게 사라를 돌려보내라 하시다.

21장 사라가 이삭을 낳다(아브라함 100세). 사라가 하갈과 이스마엘을 내쫓다.

아브라함과 아비멜렉이 평화 조약을 맺다.

22장 하나님이 이삭을 번제로 드리라 하시다. 아브라함이 순종하다.

2부 구약 책별 개요 **37**

아브라함이 아들을 바치라는 하나님의 말씀에 순종한 후 하나님은 "네 씨가 대적의 성문을 차지하고 네 씨로 말미암아 천하 만민이 복을 받으리라" 말씀하신다. 여기서 '씨'는 "자손"을 뜻하는 말로서 아브라함의 계보에 오실 예수 그리스도를 말한다. 우리가 받은 구원의 은혜가 이미 여기에 암시되어 있다. 하나님은 아브라함에게 자식을 바치라 하셨지만 마음만 받으시고 다른 제물로 대치해주셨다. 그러나 하나님은 아브라함의 순종에 대한 대가로 자신의 아들을 아끼지 않으시고 제물로 내어주셨다(롬 8:32; 요 3:16). 그러니까 아브라함에게 아들을 바치라 하신 것은 우리에게 하나님의 아들 예수를 주시기 위함이었다.

하나님이 언약하시다(복, 자손 번성, 자손이 대적을 이기고 그를 통해 천하 만민이 복을 받음).

나홀의 후예

23장 사라가 죽어 막벨라 굴에 장사하다.

[이삭]

24장 이삭이 리브가를 아내로 맞다.

25장 아브라함이 175세로 죽다. 이스마엘의 자손. 이스마엘이 137세로 죽다.

이삭 60세에 에서와 야곱이 태어나다. 에서가 장자의 권리를 팔다.

26장 하나님이 이삭에게 언약하시다(가나안 땅, 자손 번성, 복, 복의 통로).

하나님이 리브가를 아비멜렉으로부터 보호하시다.

하나님이 이삭을 부유하게 하시다.

하나님이 이삭에게 언약하시다(자손 번성). 이삭과 아비멜렉이 평화 조약을 맺다.

에서의 이방인 아내들

[야곱]

27장 야곱이 에서가 받을 축복을 가로채다.

28장 이삭이 야곱을 라반에게 보내다. 에서가 이스마엘의 딸을 아내로 맞이하다.

야곱이 벧엘에서 잘 때 하나님이 언약하시다(가나안 땅, 자손 번성, 복, 복의 통로).

29장 야곱이 라반의 집에 이르다. 야곱이 레아와 라헬을 아내로 맞다.

야곱이 낳은 자식들

30장 야곱이 라반과 품삯을 정하다.

31장 야곱이 라반을 떠나다. 야곱과 라반이 언약을 맺다.

32장 야곱이 에서 만날 준비를 하다. 야곱이 브니엘에서 천사와 씨름하다.

○ 데라의 자손들 ○

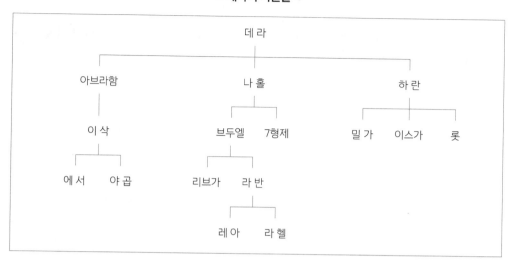

33장	야곱이 에서를 만나다.
34장	디나가 폭행을 당하다.
35장	야곱이 벧엘에서 제사를 드리다.
	하나님이 야곱에게 언약하시다(자손 번성, 가나안 땅).
	라헬이 베냐민을 낳다가 죽다.
	야곱이 기럇아르바(헤브론)에 사는 아버지 이삭에게 가다.
	이삭이 180세로 죽다.
36장	에서의 자손. 세일의 자손. 에돔의 왕들

요셉

37장	요셉이 형제들의 미움을 받아 애굽으로 팔려가다.
38장	다말이 창녀로 위장하고 시아버지 유다의 씨를 받아 쌍둥이를 낳다(베레스, 세라).
39장	요셉이 보디발의 아내의 유혹을 뿌리치자 모함을 받아 옥에 갇히다.
40장	요셉이 옥에서 두 관원장의 꿈을 해석하다.
41장	요셉이 바로의 꿈을 해석하다. 요셉이 30세에 애굽의 총리가 되다.
	요셉이 7년 풍년의 수확을 저장했다가 흉년에 팔다.
	요셉이 아들 므낫세(잃어버림)와 에브라임(창성함)을 낳다.
42장	요셉의 형들이 곡식을 구하러 애굽으로 가다.
	요셉이 시므온을 인질로 잡고, 요셉의 형들은 가나안으로 돌아가다.
43장	형들이 베냐민을 데리고 애굽으로 가다.

○ 야곱의 자식들 ○

레아	실바(레아의 종)	라헬	빌하(라헬의 종)
1. 르우벤 (보라 아들이다)			
2. 시므온 (들으심)			
3. 레위 (연합함)			
4. 유다 (찬송함)			
			5. 단 (억울함을 푸심)
			6. 납달리 (경쟁함)
	7. 갓 (복됨)		
	8. 아셀 (기쁨)		
9. 잇사갈 (값)			
10. 스불론 (거함)			
딸 디나 (심판)			
		11. 요셉 (더함)	
		12. 베냐민 (오른손의 아들)	

○ 하나님께서 아브라함 가문에 주신 언약 ○

대상	언약의 내용	언약을 주신 시기	성경 구절
아 브 라 함	가나안 땅, 자손 번성, 복, 복의 통로	아브람이 하란에 있을 때	12:1-3
	가나안 땅, 자손 번성	아브람이 믿음이 흔들릴 때	15:1-21
	자손 번성	아브라함이 99세 되었을 때	17:1-8
	자손 번성, 복, 복의 통로	아브라함이 이삭을 바쳤을 때	22:15-18
이삭	가나안 땅, 자손 번성, 복, 복의 통로	이삭이 흉년이 들어 그랄로 갔을 때	26:1-4
	복, 자손 번성	이삭이 브엘세바로 이주했을 때	26:23-24
야곱	가나안 땅, 자손 번성, 복, 복의 통로	야곱이 하란으로 갈 때 벧엘에서	28:10-15
	가나안 땅, 자손 번성	야곱이 하란에서 올 때 벧엘에서	35:9-15

▷▷▷ 하나님께서 언약을 주신 시기에는 공통점이 있다. 거처를 옮길 때, 미래가 염려될 때 하나님은 아브라함에게 주셨던 언약을 거듭 말씀해주셨다.

44장	요셉이 베냐민의 양식자루에 은잔을 몰래 넣다.
	유다가 베냐민 대신 인질 될 것을 간청하다.
45장	요셉이 형제들에게 자신을 밝히다.
46장	하나님께서 야곱에게 언약하시다(자손 번성).
	야곱 가족이 애굽으로 내려가다.
47장	바로가 고센 땅 라암셋을 야곱 가족에게 하사하다.
	애굽에 기근이 더 심해지다.
	요셉이 양식을 팔아 애굽의 온 토지를 사다.
	추수의 1/5 상납을 조건으로 소작을 주다.
	야곱이 요셉에게 마지막 부탁하다.
48장	야곱이 손자 에브라임과 므낫세를 축복하다.
49장	야곱이 아들들을 불러 유언하고 죽다.
50장	요셉이 야곱을 막벨라 굴에 장사하다. 요셉이 형들을 위로하다.
	요셉이 110세로 죽다.

 통독 순서 안내 창세기 → 출애굽기 → 레위기

출애굽기

개관

1 저자

모세(창세기 내용 참조). 출애굽기 본문에 모세가 직접 기록했다는 언급이 있다(출 17:14, 24:4). 구약의 다른 책에도 모세가 기록했음을 말하고 있다(신 31:9,24; 왕상 2:3; 느 8:1). 예수님도 출애굽기를 모세의 책으로 말씀하셨다(막 7:10, 12:26).

2 시대

야곱의 가족이 애굽에 들어가서 400여 년의 세월이 흘렀을 때, 애굽의 왕조가 바뀌고 그들의 신분은 총리의 가족에서 노예로 전락한다. 출애굽기는 이때부터 이스라엘 백성이 애굽을 빠져나와 광야에서 성막을 세우기까지의 기간을 다룬다.

3 내용

출애굽기는 창세기에 이어 애굽으로 이주한 야곱과 그 자손들의 계속된 역사이다. 70명의 야곱 자손은 애굽의 나일 강 삼각주의 비옥한 땅에서 급속히 번창하여 하나의 민족으로 성장한다. 이로써 아브라함에게 주신 언약 중에서 하나(자손 번성)가 성취된다. 이제 이 민족이 하나님의 복을 받아 가나안 땅에 정착하는 것과 온 세상을 향한 복의 통로가 되는 일이 남았다. 이를 위해 하나님은 이스라엘을 광야로 끌어내신다.

 이스라엘 백성들이 애굽을 떠나 시내 산에 이르렀을 때 하나님은 그 백성들에게 하나의 언약을 제안하신다. 앞으로 이스라엘이 하나님의 말씀을 듣고 지킨다면 하나님은 그들을 하나님의 거룩한 백성으로 삼고 제사장 나라가 되게 하겠다는 것이다. 아브라함에게 주셨던 언약과는 달리 이스라엘과 하나님 모두에게 지켜야 할 내용이 있는 언약이다. 구속력 있는 언약을 통해 이스라엘과 보다 깊은 관계로 나아가서 그들을 회복시키시려는 하나님의 계획인 것이다.

이스라엘은 하나님의 제안을 받아들여 하나님과 언약을 맺는다(시내 산 언약). 언약이 체결됨에 따라 하나님은 이스라엘 백성들이 지켜야 할 것을 말씀하신다. 십계명을 시작으로 이스라엘을 회복시키기 위한 하나님의 선한 율법을 내려주신다. 이스라엘 백성들은 율법에 순종할 것을 다짐한다. 이어서 하나님은 하나님이 거하실 성막을 지으라 명하시며 그 모양을 계시해주신다. 하나님께서 이스라엘 속에 함께 계시려 하는 것이다. 이스라엘은 계시에 따라 성막을 제작한다.

4 구조

구분	출애굽					하나님의 계시			
	1:1 3:1 5:1 12:1 19:1					25:1 32:1 35:1			
	압제받는 이스라엘	모세를 부르심	열 가지 재앙	출애굽 여정		시내 산 언약	성막 규정	반역과 언약 갱신	성막건축과 봉헌
장소	애굽			광야		시내 산			
기간	(BC 1876) – BC 1446			1월 15일 – 3월 1일		BC 1446 3월 1일 – BC 1445 2월 1일(약 11개월)			

개요

1 출애굽

하나님께서 야곱의 가족을 애굽의 비옥한 땅으로 인도하셨지만 그곳이 영원히 살 땅은 아니었다. 애굽은 야곱의 가정을 한 민족으로 키워내는 인큐베이터이었을 뿐, 이 민족이 정착할 곳은 일찍이 하나님께서 아브라함에게 언약하신 가나안 땅이다. 야곱의 가족이 번성하여 이스라엘이라는 한 민족을 이루자, 하나님께서는 이 백성을 이끌어 가나안으로 인도하신다. 노예로 전락하여 고생하고 있는 이스라엘도 애굽을 벗어나는 것이 절박한 상황이다.

모세는 이 여정을 지휘하기 위해 하나님께서 준비하신 인물. 바로의 왕궁에서 40년, 광야에서 40년을 지낸 모세야말로 이스라엘을 애굽에서 빼내어 광야를 거쳐 가나안으로 인도하기에 최적의 인물이다. 바로는 이스라엘을 광야로 내보내달라는 모세의 요구를 거부한다.

그러나 하나님께서는 바로가 거부할 때마다 재앙으로 경고하신다. 바로는 열 번의 재앙을 맞을 때까지 거부하지만 그 과정에서 하나님의 살아 계심과 위대하심이 널리 증거된다. 결국 애굽의 모든 장자가 죽는 재앙을 마지막으로 바로는 투항한다.

이스라엘이 광야를 향하여 나아갈 때 하나님은 인간의 상상을 초월하는 방법과 능력으로 인도하신다. 홍해를 갈라 이스라엘을 건너게 하시고 그 많은 백성을 만나와 메추라기로 먹이신다. 애굽을 떠난 지 셋째 달 초하루에 그들은 시내 산에 도착한다.

○ 출애굽 사건에 대한 예언과 성취 ○

대상	(아브람에게) 예언	(그의 자손에게) 성취
기간	사백 년 동안 네 자손을 괴롭히리니	430년 만에 출애굽
상황	그들이 섬기는 나라를 내가 징벌할지며	열 가지 재앙으로 징벌하심
재물	네 자손이 큰 재물을 이끌고 나오리라	애굽 사람의 물품을 취함 (출 12:36)
세대	네 자손은 사 대 만에 이 땅으로 돌아오리니	레위 – 고핫 – 아므람 – 모세

▷▷▷ 아브람이 하나님의 언약을 기다리다 지쳐 믿음이 흔들릴 때가 있었다. 이때 하나님은 언약을 굳게 지킬 것을 다짐하는 언약식과 함께 아브람 자손이 어떻게 한 민족을 이루게 될지 구체적으로 알려주신 바 있다(창 15:13-16). 출애굽기에서 그 계시의 말씀이 모두 성취된 것을 보게 된다.

• • •

압제 받는 이스라엘

1장 ○ 이스라엘 자손이 학대를 받다.

바로가 갓 태어난 히브리 남자 아이를 나일 강에 버리라 명하다.

2장 ○ 바로의 딸이 갈대상자에 담긴 모세를 아들 삼다.

모세가 애굽 사람을 죽이고 미디안으로 도망하다.

모세가 미디안 제사장 르우엘의 딸 십보라와 결혼하여 게르솜을 낳다.

하나님께서 이스라엘 백성들의 부르짖는 소리에 아브라함과 세운 언약을 기억하시다.

모세를 부르심

3장 ○ 하나님이 호렙 산(시내 산)에서 모세를 부르시다.

4장 ○ 하나님께서 모세에게 능력을 주시고 형 아론을 대언자로 붙여주시다.

모세가 애굽으로 돌아가 이스라엘의 장로들에게 하나님의 말씀을 전하다.

열 가지 재앙

5장 ○ 모세와 아론이 바로에게 백성을 광야로 보내줄 것을 요구하다.

○ 모세와 아론의 족보 ○

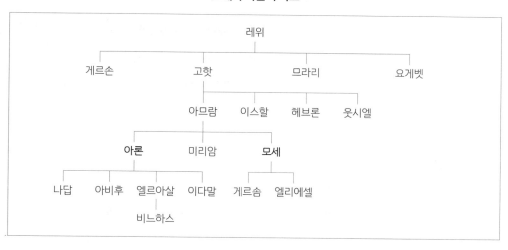

바로가 노동의 양을 더 늘리니 백성들이 모세를 원망하다.

모세가 하나님께 호소하다.

6장 하나님이 모세에게 아브라함 언약을 이행하겠다 말씀하시다.

모세와 아론의 조상

7장 하나님께서 아론을 모세의 대언자로 삼으시다(모세 80세, 아론 83세).

아론이 바로 앞에서 던진 지팡이가 뱀이 되다.

재앙 1 (나일 강의 물이 피가 되다)

8장 재앙 2 (개구리가 올라와 땅을 덮다)

재앙 3 (땅의 티끌이 이가 되다)

재앙 4 (파리 떼가 가득차다)

9장 재앙 5 (가축이 돌림병으로 죽다)

재앙 6 (사람과 짐승에게 악성 종기가 생기다)

재앙 7 (우박이 내리다)

10장 재앙 8 (메뚜기가 땅을 덮다)

재앙 9 (흑암이 땅을 덮다)

11장 모세가 바로에게 애굽의 처음 난 것의 죽음을 경고하다.

[출애굽 여정]

12장 유월절, 무교절 규례를 명하시다. 첫 유월절을 지키다.

재앙 10 (애굽의 처음 난 것들이 모두 죽다)

이스라엘이 애굽 땅에서 나오다.

○ 열 가지 재앙과 애굽 신의 관계 ○

재앙	성경	재앙과 관련된 애굽의 신
피	출 7:14-25	이시스(Isis, 나일의 여신), 크눔(Khnum, 나일의 수호신)
개구리	출 8:1-15	헤켓(Heqet, 개구리 머리를 한 출산과 생명의 신)
이	출 8:16-19	게브(Geb, 대지의 신), 셋(Seth, 사막의 신)
파리	출 8:20-32	우아치트(Uatchit, 파리의 신)
가축 온역	출 9:1-7	하토르(Hathor, 소머리의 여신), 아피스(Apis, 황소의 신)
독종	출 9:8-12	세크메트(Sekhmet, 질병을 다스리는 여신)
우박	출 9:13-35	눗(Nut, 하늘의 여신), 오시리스(Osiris, 곡식과 다산의 신), 셋(Set, 폭풍의 신)
메뚜기	출 10:1-20	눗(Nut, 하늘의 여신), 오시리스(Osiris, 곡식과 다산의 신)
흑암	출 10:21-29	레(Re, 태양신), 호루스(Horus, 태양신), 눗(Nut, 하늘의 여신)
장자	출 11:1-12:36	헤켓(Heqet, 출산과 생명의 신), 이시스(Isis, 어린이 수호신)

▷▷▷ 애굽인들은 많은 우상을 섬겼다. 각 우상마다 다스리는 영역이 있다고 생각했다. 열 번의 재앙에서 벌어진 현상들은 각 우상들의 권위를 치명적으로 무너뜨리는 것이었다. 예컨대 나일 강이 피로 변했다는 사실은 나일 강의 여신 이시스과 크눔이 하나님 앞에서 아무런 능력이 없다는 것을 보여준다. 이와 같이 열 번의 재앙을 통해서 여호와 하나님의 크신 능력이 증거되고, 애굽 신들의 무력함이 폭로된다. 그 결과 바로는 하나님께 굴복하고, 이스라엘 백성들은 애굽 우상에 대한 인식을 바꾸게 된다.

13장 유월절 규례 (첫째 달 14일 해 질 때 양을 잡고 양의 피를 문설주에 바름. 양고기, 무교병, 쓴 나물을 급히 먹음)

무교절 규례 (첫째 달 14일 저녁부터 21일 저녁까지 무교병을 먹음. 첫 날과 일곱째 날에 일하지 않고 성회)

태에서 처음 난 것은 하나님께 드리라.

하나님이 이스라엘을 홍해 광야 길로 인도하시다.

구름기둥과 불기둥이 백성 앞에 가다.

14장 이스라엘이 홍해를 건너고 뒤쫓던 애굽 군대는 수장되다.

15장 모세, 미리암, 이스라엘이 하나님을 찬양하다.

마라의 쓴 물이 단 물로 변하다.

엘림(12샘, 종려나무 70그루)에 이르러 장막을 치다.

16장 백성들의 음식 불평에 하나님께서 만나와 메추라기를 공급하시다.

17장 모세가 지팡이로 반석을 쳐 물이 나오게 하다.

이스라엘이 르비딤에서 아말렉과 싸워 이기다.

18장 　모세의 장인 이드로가 모세의 가족(십보라, 게르솜, 엘리에셀)을 데리고 오다.

　　　　이드로가 10명, 50명, 100명, 1000명 단위로 지도자를 세워 재판하게 하다.

② 하나님의 계시

HIS-STORY　드디어 이스라엘 백성이 시내 산에 도착했을 때, 하나님께서는 중요한 제안을 하신다. "너희가 내 말을 잘 듣고 내 언약을 지키면, 너희는 모든 민족 중에서 내 소유가 되겠고 너희가 내게 대하여 제사장 나라가 되며 거룩한 백성이 되리라"(출 19:5,6). 아브라함에게 주셨던 언약이 좀 더 구체화되었다. 아브라함에게 복을 주고 또 아브라함을 통해 모든 족속에게 복을 주시겠다고 했는데(창 12:1-3), 그 방법은 이스라엘을 하나님의 소유로, 거룩한 백성으로 삼으시며, 다른 민족을 위한 제사장 나라로 세우신다는 것이다.

　한편 아브라함에게 주셨던 언약과 확연히 다른 점도 있다. 그때 언약에서는 하나님에게만 책임이 있었지만(편무계약, 片務契約), 이번에는 이스라엘에게도 지켜야 할 내용이 있다(쌍무계약, 雙務契約). 이스라엘은 하나님의 말씀을 듣고 지켜야 하고, 하나님은 순종하는 이스라엘을 하나님의 귀한 소유, 거룩한 백성, 제사장 나라로 삼으셔야 한다. 이렇게 함으로써 하나님과 이스라엘은 더 긴밀한 관계로 묶이게 된다. 이스라엘을 회복시키려는 하나님의 계획이다. 다행히 이스라엘이 하나님의 제안을 받아들여 역사적인 언약이 맺어진다(시내 산 언약).

　언약이 맺어짐에 따라 하나님께서는 모세를 통해 말씀하신다. 처음 주시는 율법의 주제는 '관계'이다. 인간이 하나님을 어떻게 섬겨야 하는지, 또한 이웃에게는 어떻게 대해야 하는지를 말씀해주신다. 인간은 에덴에서 불순종할 때 자기중심적으로 변하여 소통과 배려의 능력을 상실한 바 있다. 그래서 인간은 하나님으로부터, 이웃으로부터 소외된 존재이다. 하나님께서 주시는 율법은 이렇게 소외된 인간에게 주시는 회복의 처방이다. 두 번째로 주신 율법은 성막 제작 규정이다. 성막은 하나님께서 임재하시는 공간이다. 따라서 성막을 건축한다는 것은 하나님을 이스라엘 공동체 속에 모시게 됨을 의미한다. 이제는 하나님이 항상 이스라엘과 함께하시려는 것이다.

　하나님의 율법을 받고서 이스라엘 진(陣)으로 내려올 때, 모세는 믿기 어려운 광경에 마주친다. 이스라엘이 송아지 우상을 만들어놓고 축제를 벌이고 있는 것이 아닌가. 하나님과 언약 의식을 치른 지 불과 40일 만의 일이다. 아브라함을 부르신 이래 관계 회복을 위해 노심초사했던 하나님의 노력이 허망하게 무너지는 순간이다. 하나님은 진노하시며 이스라엘을 진멸해버리겠다고 하신다. 배신의 충격이 너무 컸기 때문이다. 모세는 하나님께 간곡하게 읍소한다. 모세가 여러 차례 호소한 끝에 하나님은 어렵게 마음을 돌리신다. 언약의 말씀을 다시 주시고 돌판에 계명도 새로 써주심으로 깨어진 언약은 다시 세워진다. 이스라엘 백성들은 마음을 다하여 성막을 완성한다. 그러자 하나님께서 성막에 자신의 영광을 가득 채우신다.

● ● ●

His-heart 하나님을 뵙고 먹고 마시다 (출 24:9-11)

창세기 15장에서는 하나님께서 아브람을 위해 혼자만의 언약식을 치르셨다. 그때 아브람의 믿음은 흔들리고 있었다. 그런데 이제 상황이 반전되었다. 한 민족을 이룬 그 자손들이 하나님의 제안에 화답했고, 자원하여 하나님과의 언약식을 거행한 것이다. 하나님이 기뻐하셨음은 능히 짐작할 수 있다. 이런 신뢰 관계를 구축하기 위해 얼마나 애를 쓰셨던가. 언약식 후에 이스라엘의 지도자들은 산에 올라 하나님을 뵈면서 식사를 했다. 매우 이례적인 일이다. 하나님을 직접 뵙는다는 것은 죽음을 의미한다. 이스라엘이 시내 산에 도착했을 때 하나님께서 친히 이를 경고하신 바 있다(출 19:21-24). 그런데 이번에는 하나님께서 그들에게 손을 대지 않으셨다(출 24:11). 하나님께서 이 언약식을 얼마나 기뻐하셨는지 알 수 있는 대목이다. 하나님께서 언약의 상대와 함께 즐거운 식사 자리를 가진 것이다. 결혼식 후 신랑 신부가 피로연을 갖는 모습이다.

반역과 언약 갱신

32장
이스라엘 백성이 금송아지 우상을 만들어 제사하다.

모세가 백성들을 징벌하다(레위 자손이 3000명 가량을 죽임).

33장
하나님께서 함께 가지 않겠다고 하시다.

모세가 간구하여 하나님의 마음을 돌리다.

34장
모세가 돌판을 다듬어 산에 오르다.

하나님께서 다시 언약을 세우시다.

모세가 십계명이 새겨진 돌판을 가지고 내려오다.

성막 건축과 봉헌

35장
모세가 안식일 규례를 선포하다. 백성들이 자원하여 성막 자재를 헌납하다.

모세가 성막 기술자 브살렐과 오홀리압을 백성들에게 소개하다.

36장
성막 자재가 넘치다. 성막을 만들다.

37장
언약궤, 상, 등잔대, 분향단을 만들다.

38장
번제단, 놋 물두멍, 성막 울타리를 만들다.

39장
제사장의 예복, 흉패, 다른 예복을 만들다. 성막의 부재, 기구가 완성되다.

40장
둘째 해 1월 1일에 성막을 세우다.

구름이 성막에 덮이고 하나님의 영광이 성막에 가득차다.

His-heart 마음을 돌리시는 하나님 (출 32-33장)

백성들의 우상숭배에 하나님은 진노하셨다. 그래서 이스라엘을 모두 진멸해버리겠다 하셨다. 그러나 얼마 지나지 않아 하나님은 다시 이스라엘과 함께하신다. 물론 모세가 하나님께 여러 차례 간곡하게 읍소했고 할 수 있는 최선의 조치를 취했다. 그러나 모세가 아뢸 때마다 저주시는 하나님의 마음을 우리는 헤아려야 한다. 하나님께서 이스라엘을 진멸하겠다 하셨지만 사실 그렇게 하실 수는 없다. 이스라엘의 뻔뻔한 배신에 분노하셨을 뿐, 하나님의 사랑이 폐기된 것은 아니다. 그렇기 때문에 하나님은 모세가 드리는 위로와 사죄를 거부하실 수가 없다. 모세가 읍소할 때마다 하나님은 매번 물러서신다. 그리고 결국 이스라엘 속 하나님의 자리로 돌아오신다. "자식 이기는 부모 없다"는 말을 하나님도 공감하실 듯하다.

 통독 순서 안내 출애굽기 → 레위기 → 민수기

NOTE
연 구 노 트

레위기

1 저자

모세(창세기 내용 참조). 레위기 전체 27장 가운데 하나님이 모세에게 율법을 주셨다는 표현
이 30회 이상 나타나고 있다(레 1:1, 4:1, 5:14, 6:1,24, 8:1 등). 예수님께서도 레위기의 내용을
인용하시면서 모세의 저작으로 말씀하셨다(마 8:4; 막 1:44).

2 시대

레위기는 출애굽기의 연장이다. 이스라엘은 시내 산에서 하나님의 계시를 받고, 성막을 짓기
시작하여 출애굽 이듬해 1월 1일에 완성한다(출 40:17). 1월 14일에 유월절을 지킨 후 2월
20일에 가나안 땅을 향하여 출발한다(민 10:11). 레위기는 이스라엘이 성막을 봉헌한 후 시
내 산에서 받은 하나님의 계시이다. 따라서 레위기에는 지리적인 이동과 시간의 흐름이 없다.

3 내용

레위기라는 명칭은 70인역의 제목 '류에이티콘'('레위인과 관련된'이라는 뜻)에서 유래했다. 레
위 지파 제사장들의 사역에 관한 지침이 있기 때문이다. 그러나 이 책의 제목으로 꼭 맞는 것
은 아니다. 레위인이 모두 제사장도 아니었거니와 이 책에는 일반 백성들에게 주어진 말씀이
더 많기 때문이다.

　출애굽기에서 시작된 계시의 말씀은 레위기로 이어진다. 레위기에서는 크게 세 개의 주제,
즉 제사 규정, 정결 규정, 성결 규정을 말씀해주신다. 출애굽기는 성막을 완성하는 장면까지
기록했는데, 레위기는 그 뒤를 이어 성막에 임재하시는 하나님을 섬기는 방법, 즉 제사 규정
으로 시작한다.

　지금까지 이스라엘과 하나님의 만남은 제한적이었다. 그러나 이제 성막이 완성되었으니

하나님을 언제라도 만날 수 있게 되었다. 따라서 하나님께 어떻게 나아가야 하는지를 알아야 한다. 하나님은 여러 제사 형식을 통해 이스라엘이 하나님을 섬기고 교제할 수 있음을 알려주신다.

정결(淨潔) 규정은 깨끗하게 사는 법을, 성결(聖潔) 규정은 거룩하게 사는 법을 선포한다. 하나님의 백성은 깨끗하고 거룩하게 살아야 하는 것이다. 타락한 인간에게는 '정결'과 '성결'의 개념도 익숙하지 않고 지켜야 할 내용 또한 낯설다. 그러나 이는 하나님의 백성이 되기 위해 익히고 따라야 할 거룩한 계시이다. 이런 점에서 출애굽기와 레위기의 율법은 구약의 꽃이라 할 수 있다.

4 구조

구분	제사 및 정결 규정					성결 규정					
	1:1	8:1	11:1	16:1	17:1	21:1	23:1	25:1	26:1	27:1	
	다섯 가지 제사	제사장의 임직	정결 규정	속죄일	백성	제사장	절기	안식년	상벌	서원 예물	
장소	시내 산										
기간	–										

개요

1 제사 및 정결 규정

HIS-STORY 이스라엘 백성이 시내 산에서 처음 만난 하나님은 구름 속 불 가운데 계신 무서운 분이었다. 그런데 하나님의 명에 따라 성막이 완성되었고, 하나님이 여기에 임재하시니 하나님과의 물리적 거리가 대폭 가까워졌다. 그러면 하나님께 나아가려면 어떻게 해야 하는가? 하나님께서 그 방법을 말씀해주신다.

하나님이 이스라엘을 만나시는 형식은 제사이다. 제사를 통해 이스라엘과의 거리를 좁히고 친밀하게 교제하려 하신다. 이방 우상을 위한 제사는 인간이 우상에게 제물을 바치고 자기가 원하는 것을 받기 위한 것이다. 그러나 하나님이 가르쳐주시는 제사는 하나님이 이스라엘과 더 깊은 관계로 나아가는 데 그 목적이 있다. 하나님과 백성 사이를 가로막는 죄와 허물의 문제는 속죄제와 속건제를 통해 해결할 수 있다. 하나님과 친밀한 교제를 나누려 할 때는 화목제를 드리면 된다. 이때는 제사 드리는 사람이 제물을 바치면서 자기도 먹는다. 식탁 교제인 것이다. 하나님께 대한 사랑과 헌신의 마음이 있다면 번제를 드림으로 고백할 수 있다. 짐승의 가죽을 벗긴 다음 전부를 불태우는데, 이를 통해 자신을 다 바치고 싶은 마음을 표현하는 것이다. 이와 같이 제사는 하나님과 이스라엘 사이를 가로막는 죄 문제를 해결하고 더 깊은 교제로 나아가는 방법이다.

다음으로 하나님은 제사를 주관할 제사장을 세우게 하신다. 이로써 하나님이 거하실 공간(성막), 하나님을 섬기는 방법(제사법), 하나님을 섬길 사람(제사장)이 모두 마련된다. 이스라엘이 하나님을 경배하며 교제할 수 있는 체계를 갖추게 된 것이다. 다음으로는 하나님의 백성이 어떻게 살아야 하는가를 알려주신다. 하나님의 백성들은 자기 좋은 대로 살아가는 세상 족속들과는 달라야 한다. 하나님의 백성들은 깨끗하게(정결) 살아야 한다. 하나님 백성의 정체성은 바로 이를 실천하는 삶에 있다. 그 구체적인 기준들이 계시된다.

• • •

[제사 규정] (표 참조)

1장 ○ 번제

2장 ○ 소제

3장 ○ 화목제

4장 ○ 속죄제

5장 ○ 속죄제, 속건제

6장 ○ 번제, 소제, 속죄제에서 제사장의 몫

7장 ○ 속건제, 화목제에서 제사장의 몫

[제사장의 임직]

8장 ○ 제사장 위임식

9장 ○ 첫 제사를 드리다.

10장 ○ 나답과 아비후가 규정 외의 불로 분향하다가 죽다.
제사장이 회막에 들어갈 때 음주 금지. 제사장이 성소에서 먹을 제물

[정결 규정]

11장 ○ 정한 짐승과 부정한 짐승

12장 ○ 산모를 정결하게 하는 규례

13장 ○ 악성 피부병에 관한 규례. 의복과 가죽에 생기는 곰팡이에 관한 규례

14장 ○ 환자가 정결하게 되는 날의 규례. 집에 생기는 곰팡이에 관한 규례

15장 ○ 유출병과 설정에 관한 규례

◦ 제사의 종류별 규례 ◦

구분	번제	소제	화목제	속죄제	속건제
명칭	燔祭 burnt offering	素祭 grain offering	和睦祭 fellowship offering	贖罪祭 sin offering	贖愆祭 guilt offering
의미	가죽만 벗기고 몸을 태워 올려 드리는 제사로 하나님께 전적인 헌신을 의미한다.	곡식으로 드리는 제사이다. 소제는 대개 단독으로 드리지 않고 다른 제사와 함께 드린다.	하나님과 화목하기 위한 제사로 친교의 의미가 있기 때문에 제물을 바치는 사람도 제물의 일부를 먹을 수 있다.	계명을 위반했을 때 드려야 하는 제사이다.	모르고 죄를 지었을 때 또는 이웃에게 피해를 끼친 경우 드려야 하는 제사이다.
목적	자원제 전적인 헌신 결단	자원제 첫 열매 감사, 보조제사	자원제 감사, 친교, 서원 해소	의무제 계명 위반에 대한 속죄	의무제 성물, 계명에 대한 부지중 범죄, 도둑질에 대한 속죄 및 보상
제물	흠 없는 수컷 (소, 양, 염소, 새)	고운 가루 또는 가루로 만든 음식	흠 없는 수컷 또는 암컷 (소, 양, 염소)	신분에 따라 차등 적용 (송아지, 염소, 양, 새, 고운 가루)	흠 없는 수양
태울 부위	가죽 외 모두	기념할 부분	내장 기름 콩팥, 간 꺼풀	내장 기름 콩팥, 간 꺼풀	내장 기름 콩팥, 간 꺼풀
다른 부위	가죽 : 제사장 몫	제사장 몫	가슴, 다리는 제사장 몫 나머지는 바친 자의 몫	제사장, 회중의 제물은 진 밖에서 불태움. 그 외는 제사장 몫	제사장 몫 손해액의 1/5을 더 보상해야 함
관련 성구	레 1장, 6:8-13, 8:18-21, 16:24	레 2장, 6:14-23	레 3장, 7:11-34	레 4:1-5:13, 6:24-30, 8:14-17, 16:3-22	레 5:14-6:7, 7:1-6

▷▷▷ 번제의 첫 글자 '번(燔)'은 "태우다"라는 뜻이다. 소제의 첫 글자 '소(素)'는 "소박하다"(고기가 없다)라는 뜻이다. 속죄제의 '속(贖)'은 "빚이나 죄를 씻기 위해서 대신 갚는 재물이나 노력"을 뜻한다. 속건제의 가운데 글자 '건(愆)'은 "허물"이라는 뜻이다.

◦ 제사의 방법 ◦

유형	화제	요제	거제	전제
명칭	火祭, fire offering	搖祭, wave offering	擧祭, heave offering	奠祭, drink offering
방법	제물을 불에 태운다	제물을 흔든다	제물을 들어 올렸다 내린다	술을 제물에 붓는다
사용되는 제사	5대 제사에 모두 사용	화목제, 속건제	화목제, 첫곡식, 십일조	번제, 소제, 화목제
관련 성구	레 1:9, 2:1-16, 3:3, 5:12, 6:17,18	레 7:30, 14:12	레 7:14,32; 민 18:24-29	출 29:40,41 ; 레 23:13,19; 딤전 4:6

▷▷▷ 요제의 '요(搖)'는 "흔들다", 거제의 '거(擧)'는 "들어올리다", 전제의 '전(奠)'은 "제사"라는 뜻이다. 전제를 관제(灌祭)라고도 한다. 이때 '관(灌)'은 "물을 대다"라는 뜻이다.

○ 화제의 순서 ○

일반적 순서		제물에 안수	제물을 잡음	피 뿌림	태움	먹음
일반적 처리방법		–	–	제단 주변에 뿌림	내장 기름, 콩팥, 간 꺼풀을 태움	태우지 않는 부위는 제사장의 몫
예외적 사항	번제	–	–	–	가죽 외 모두 태움	–
	화목제	–	–	–	–	바치는 자도 제물을 먹음
	속죄제	–	–	범죄한 자의 신분에 따라 피를 바르고 뿌리는 규례가 다름	–	제사장, 회중의 제물은 진 밖에서 태움

① 일반적 순서 : 먼저 제물로 삼은 짐승에게 죄를 전가하기 위하여 제물에 안수한다. 다음으로 짐승을 잡고 그 피를 받아 제단 주변에 뿌린다. 그런 다음 제물의 일부를 태우는데 보통 내장 기름, 콩팥, 간 꺼풀을 태운다. 태우지 않은 부분은 제사장의 몫이 된다.

② 예외적 사항 : 번제의 경우는 전적인 헌신의 의미가 있기 때문에 가죽을 벗긴 후 모두 태운다. 화목제의 경우 친교의 의미가 있으므로 제사를 드리는 자도 제물을 함께 먹을 수 있다. 속죄제의 경우 제사장이라도 자기를 위한 제사와 회중 전체를 위한 제사의 제물은 먹지 못한다. 남은 부위는 진 밖에서 태워야 한다. 자기 죄를 전가시킨 짐승을 자기가 먹을 수는 없는 것이다. 속죄제는 범죄한 자의 신분에 따라 짐승의 종류와 짐승의 피를 처리하는 방법이 다르다. 제사장과 이스라엘 온 회중을 위한 속죄제에서는 짐승의 피를 성소 안에까지 가지고 들어가 분향단 뿔에 바르고 휘장에 뿌린다.

[속죄일]

16장 ○ 속죄일 제사에 관한 규례

속죄제 (제사장을 위해 수송아지를 잡고 > 속죄소에 분향하고 피 뿌림 > 백성을 위해 염소를 잡고 > 속죄소에 피 뿌림 > 수송아지와 염소의 피를 제단 귀퉁이에 바르고 뿌림)

아사셀 염소 (아론이 염소의 머리에 안수하여 이스라엘의 죄를 전가 > 염소를 광야로 보냄)

번제 (제사장이 몸을 씻고 옷을 갈아입음 > 제사장과 백성의 번제를 드림)

속죄제물 뒤처리 (속죄제물의 기름을 제단에서 불사름 > 가죽, 고기, 똥을 진 밖에서 불사름)

❷ 성결 규정

또한 하나님의 백성이라면 그 생각과 행실이 하나님과 같은 방향으로 교정되어야 한다. 인간이 불순종하여 하나님으로부터 분리되면서 인간은 하나님과 다른 길을 가게 되었다. 이제 하나님은 이스라엘이 하나님과 동행하기를 원하신다. 하나님의 고유 속성은 바로 '거룩'이다. 따라서 하나님의 백성은 거룩하게 살아야 한다.

His-heart 속죄일 대제사장의 복장 (레 16:3,4)

속죄일 대제사장의 복장에 대해서 이런 이야기가 퍼져 있다. "대제사장의 겉옷 밑단에는 방울이 여러 개 달려 있는데, 이 방울들은 속죄일에 대제사장이 지성소에 들어갔을 때 살아 있는지 확인하기 위한 것이다. 혹시 방울 소리가 나지 않는다면 무슨 일이 난 것이고 그때는 지성소 밖으로 끌어내야 하는데, 다른 사람은 들어갈 수 없으니 밖에서 끌어내기 위해 대제사장의 허리띠를 매우 길게 했다." 그럴 듯하게 들리지만 이는 사실이 아니다. "아론이 성소에 들어오려면 수송아지를 속죄제물로 삼고 숫양을 번제물로 삼고 거룩한 세마포 속옷을 입으며 세마포 속바지를 몸에 입고 세마포 띠를 띠며 세마포 관을 쓸지니 이것들은 거룩한 옷이라 물로 그의 몸을 씻고 입을 것이며"(레 16:3,4) 지성소 안에 들어갈 때는 세마포로 된 속옷만 입어야 한다. 속옷 위에 겉옷, 에봇, 흉패는 입지 않는다. 정결의 상징인 흰 세마포만 입는 것이다. 방울은 세마포 속옷이 아니라 겉옷 밑단에 달려 있다.

이 규정에서는 거룩한 삶의 지침이 계시된다. 하나님의 백성은 생명을 귀하게 여겨야 한다. 이웃을 배려하고 사랑하는 공동체를 이루어야 한다. 무엇보다 하나님의 거룩하심을 훼손해서는 안 된다. 이에 반하는 행동들은 엄격히 배격해야 한다. 가증한 일을 행한다면 반드시 죽임으로 다스려야 한다. 그리고 일상에서 하나님께서 정하신 절기를 지키며 하나님의 은혜로 살아감을 잊지 말아야 한다. 이 계시의 말씀들을 순종하여 깨끗하고 거룩하게 산다면, 이스라엘은 풍요와 평안의 삶을 누리게 될 것이다. 그러나 거역한다면 병과 기근과 칼의 위협 아래 놓일 것이며 원수의 땅으로 끌려가는 벌까지도 받게 되리라는 경고가 주어진다.

● ● ●

[백성]

17장 ○ 가축을 잡으려는 자는 먼저 하나님께 드려야 한다. 피를 먹지 말라.

18장 ○ 이방의 가증한 풍속을 따르지 말라.

19장 ○ 너희는 거룩하라. 나 너희 하나님이 거룩함이니라.

20장 ○ 반드시 죽여야 하는 죄

[제사장]

21장 ○ 제사장이 지켜야 할 규례

22장 ○ 제사 음식을 먹는 규례

[절기, 제사]

23장 ○ 절기 규례 (표 참조)

2부 구약 책별 개요 57

(안식일, 유월절과 무교절, 보리의 초실절, 밀의 초실절(오순절), 나팔절, 대속죄일, 초막절)

24장 성소 안에 켜둘 등불. 차려놓아야 할 떡

하나님의 이름을 모독한 죄에 대한 벌. 동해보복(同害報復)의 원칙(눈에는 눈으로, 이에는 이로)

안식년

25장 안식년, 희년의 규례

상벌

26장 하나님이 주실 상과 벌(계명에 불순종하면 기근, 질병, 전쟁이 있을 것)

서원 예물

27장 서원 예물의 값. 처음 난 가축은 하나님의 것

하나님께 온전히 바친 것은 무르지 못한다(수 6:17,21 ; 신 2:34, 7:2, 13:15 참조).

십분의 일은 하나님의 것

○ 히브리 절기 ○

명칭	종교력	① 목적 ② 규례 ③ 구속사적 의미	관련 성구
유월절 (逾越節) 3대 명절	1/14 해질 때	① 장자를 죽이는 재앙이 이스라엘 집을 넘어가 구원받음을 기념함 ② 양을 잡아 피를 문설주와 상인방에 바르고, 고기를 구워서 쓴 나물과 무교병과 함께 먹음. 뼈를 꺾지 않아야 함 ③ 예수님의 대속에 대한 예표	출 12:1-28, 12:43-49, 레 23:4-8, 민 28:16-25, 신 16:1-8
무교절 (無酵節)	1/15- 21	① 애굽에서 급히 빠져 나왔던 경험을 기념함 ② 7일간 제사 드리며 누룩이 들어간 음식을 먹지 않음 ③ 유월절과 같은 맥락의 의미(유월절과 구분되지 않음)	출 12:15-20, 레 23:6-8, 민 28:16-25, 신 16:1-8
초실절 (初實節)	1/16	① 거두게 하신 하나님의 은혜에 감사(보리의 초실절) ② 보리 첫 곡식단을 제사장이 요제로 드리고 다른 제사도 함께 드림 ③ 예수님의 부활에 대한 예표	레 23:9-14

오순절
(五旬節)
3대 명절
(다른 이름:
칠칠절, 맥추절,
초실절)
	3/6	① 밀 첫 수확을 봉헌하는 의미(밀의 초실절), 신구약 중간기를 거치면서 시내 산에서 율법 받은 것을 기념함
		② 떡 두 개를 요제로 드리고 다른 제사도 함께 드림
		  노동하지 않고 성회로 모임
		③ 성령강림에 대한 예표
			출 23:16,
			  34:22,
			레 23:15-21,
			신 16:10

나팔절 (喇叭節)	7/1	① 하나님의 언약을 회상하며 거룩한 달(7월)을 준비함 ② 나팔을 불고 노동을 하지 않고 성회로 모이며 제사 드림 ③ 기쁜 소식으로 초청하는 의미. 그리스도의 재림	레 23:23-25, 민 29:1-6, 마 24:31, 살전 4:16
속죄일 (贖罪日)	7/10	① 일 년에 한 번 백성과 대제사장의 죄를 대속 ② 완전한 안식일로 지키고 하루 종일 금식하며 제사 드림 ③ 예수 그리스도의 대속	레 16:1-34, 23:26-32, 히 9:12
초막절 (草幕節) 3대 명절 (다른 이름: 장막절, 수장절)	7/15- 21	① 수확물을 저장한 뒤 하나님의 은혜에 감사하며 광야생활을 기념 ② 7일간 초막에 거주하며 노동하지 않고 제사 드리며 즐거워함 ③ 영적 추수의 완성, 즉 인류 구원의 완성	레 23:33-44 민 29:12-38 신 16:13-17

▷▷▷ 레위기를 통해 주어진 히브리 절기는 다음과 같이 여러 가지 의미를 담고 있다.

① 하나님께서 그 날짜와 규례를 정하셨다. 그래서 '여호와의 절기'라고 한다(레 23:2).

② 시기적으로 한 해의 농사와 관련이 있다. 무교절과 초실절은 보리를 추수하는 때이며 오순절은 밀을 추수하는 시기이다. 나팔절은 유대인의 설날이다. 초막절은 여름 열매를 추수하고 갈무리하는 때이다(히브리 월력 참조).

③ 구속사적 사건에 대한 예표이다. 첫 유월절에 양의 피를 문설주에 발라 이스라엘에 구원이 임했는데, 그날 예수께서 유월절 어린 양처럼 죽으심으로 인류가 구원받게 되었다. 보리의 첫 수확을 거두는 초실절에 예수께서 부활의 첫 열매가 되셨다. 유대인들은 오순절을 하나님께서 율법을 주신 날로 기념했는데, 그날 하나님께서는 성령을 부어주셨다. 하나님께서 주신 절기가 예표로 있기에 우리는 하나님이 베푸시는 신비한 은혜를 이해할 수 있게 된다. 나머지 절기에도 인류 역사의 새로운 지평을 여는 하나님의 대역사가 일어날 것이다.

○ 히브리 월력 ○

종교력	민간력	포로 이전 명칭	포로 이후 명칭	절기	농사력		양력
1월	7월	아빕	니산	유월절(1/14 저녁), 무교절(1/15-21), 보리의 초실절(1/16)	보리 수확	늦은비	3-4월
2월	8월	시브	이야르		보리 수확	건기	4-5월
3월	9월		시완	오순절(3/6 밀의 초실절)	이른 무화과, 밀 수확		5-6월
4월	10월		담무스				6-7월
5월	11월		아브		포도 수확		7-8월
6월	12월		엘룰		대추야자 수확		8-9월
7월	1월	에다님	티쉬리	나팔절(7/1), 대속죄일(7/10) 초막절(7/15-21)	올리브, 늦은 무화과 수확	이른비	9-10월
8월	2월	불	마르케스반		밭갈이와 곡물 파종		10-11월
9월	3월		기슬르	수전절(9/25)		우기	11-12월
10월	4월		데벳				12-1월
11월	5월		스밧		아몬드 개화		1-2월
12월	6월		아달	부림절(12/14-15)	감귤 수확		2-3월

▷▷▷ 하나님께서 첫 유월절을 지킨 달을 한 해의 첫 달이 되게 하라 하셨기 때문에(출 12:2) 종교력에서는 유월절이 있는 아빕 월이 1월이다. 민간에서는 티쉬리 월(종교력으로 7월)을 한 해의 첫 달로 지켰다(출 23:16, 34:22). 그래서 이스라엘의 설날은 종교력으로 7월 1일이다. 히브리 종교력과 태양력은 약 3개월 차이가 있어 태양력으로는 10월 전후가 된다. 그래서 가을에 내리는 비를 '이른 비', 봄에 내리는 비를 '늦은 비'라고 한다. 우리나라 날씨와는 반대로 가을부터 봄 사이에 비가 내리고 여름에는 건조하다. 그들에게는 한 해가 가을에 시작하여 여름에 끝난다.

▷▷▷ 수전절과 부림절은 율법에서 정한 절기는 아니다. 후일 이스라엘 역사에서의 구원과 승리를 기념하는 날이다. 수전절은 신구약 중간기에 헬라에 의해 더럽혀진 성전을 재탈환하여 깨끗이 수리한 것을 기념한다. 부림절은 바사의 아하수에로 왕 시절 유대인을 말살하려는 하만의 계략으로부터 구원받은 것을 기념한다.

 통독 순서 안내 레위기 → 민수기 → 신명기

NOTE
연 구 노 트

민수기

개관

1 저자

민수기(民數記)라는 명칭은 히브리어 성경을 헬라어로 번역한 70인역 성경의 헬라어 제목 '아리트모이'('숫자들'이라는 뜻)에서 유래했다. 영어성경의 제목은 'Numbers.' 두 번 실시된 이스라엘의 인구 조사에서 나타나는 많은 통계 숫자 때문에 붙여진 이름이다. 민수기에는 "여호와께서 모세에게 말씀하여 이르시되"라는 표현이 80회 이상 나온다. 33장 2절에 따르면 모세가 여호와의 명령대로 그 노정을 기록했다.

2 시대

이스라엘 백성은 애굽을 떠나 약 한 달 반을 걸어 시내 산에 도착했고, 시내 산에서 약 1년을 머문 후 가나안을 향하여 출발했다. 민수기는 시내 산에서의 마지막 20일부터 시작하여 출애굽 제40년 모압 평지에 이르기까지(민 1:1, 10:11 ; 신 1:3) 이스라엘의 여정을 기록하고 있다.

3 내용

하나님이 이스라엘 백성들과 시내 산에서 언약을 맺은 후 하나님은 그들에게 율법을 내려주셨고 성막을 짓게 하여 그들 중에 임재하셨다. 이제 이스라엘이 하나님이 예비하신 가나안 땅으로 가면 거기에 하나님의 나라가 서게 된다. 하나님은 이스라엘에게 가나안 여정의 행동 지침을 친히 가르쳐주신다. 이스라엘은 드디어 대망의 가나안 땅으로 출발한다. 그러나 하나님의 인도하심이 무색하게도 그들의 여정은 불평과 반역으로 얼룩진다. 광야 여정이 힘들어지자 불평이 나오고 하나님에 대한 신뢰가 흔들리더니 급기야 하나님이 예비하신 가나안 땅을 거부하는 사태까지 벌어진다. 하나님은 이스라엘의 불신에 크게 실망하신다. 하나님은 그들에게 가나안 진입을 허락하지 않으시고 40년간 광야에서 유랑하게 하신다. 이스라엘이 자초한 일이었다. 40년이 지나면서 애굽을 탈출했던 세대는 안타깝게도 광야에서 죽는다. 모세, 여호수아, 갈렙, 이 세 사람만이 다음 세대와 함께 가나안 건너편 모압 평지에 도착한다. 민수기는 이 과정에서 벌어진 사건과 하나님이 주신 율법을 기록한다.

4 구조

구분	가나안 출발 준비		광야에서				모압 평지에서		
	1:1 5:1 10:11		13:1 20:1 22:1				26:1 31:1		
	인구 조사	율법 계시	시내 산에서 가데스로	광야 연단	가데스에서 모압으로	발락과 발람	인구 조사 율법 계시	정복과 정착	
장소	시내 산		광야				모압 평지		
기간	BC 1445 2월 1일 – 2월 20일		BC 1445 – BC 1406 (약 39년)						

개요

1 가나안 출발 준비

HIS-STORY 이스라엘이 하나님의 법을 받았고, 성막을 지어 하나님을 진중에 모시게 되었다. 이제 하나님은 이스라엘을 가나안 땅으로 출발시키기 위해 자상하게 가르치신다. 먼저 성인 남자들의 인구를 파악하게 하시고, 가나안 여정에서 진의 배치, 행군 순서, 심지어 행군 나팔 신호까지 정해주신다. 레위기에서 제사장을 세웠는데, 이번에는 그들을 도와 성막을 섬길 레위인들을 세우시고 그들의 사역을 세세히 알려주신다. 아울러 이스라엘이 지켜야 할 율법도 계속해서 말씀하신다.

이스라엘이 가나안으로 출발하기 직전 유월절을 맞는다. 유월절은 애굽에서 베푸신 극적인 구원을 기억하는 날. 대망의 가나안 출발을 앞둔 이스라엘은 이 절기를 지키면서 하나님이 구원하심을 다시금 되새긴다. 이스라엘의 가나안 여정은 이렇듯 하나님의 자상한 섭리에 따라 진행된다.

• • •

	인구 조사
1장	하나님의 명에 따라 인구 조사 (20세 이상 603,550명. 레위 지파 제외)
2장	하나님께서 진의 배치와 행군 순서를 정해주시다 (도표 참조).
3장	아론의 아들들 (나답(사망), 아비후(사망), 엘르아살, 이다말)
	제사장을 돕는 자로 레위인을 세우시다.
	레위 지파 인구 조사를 명하시다 (한 달 이상 된 레위 지파 남자 22,000명).
	이스라엘의 맏아들 22,273명 대신 레위인을 취하시다. 273명은 속전으로 대치하다.
4장	레위 아들들 (고핫 자손은 성막 기구, 게르손 자손은 성막 휘장, 므라리 자손은 성막 골조 담당)
	레위 자손 중 30세부터 50세 인구 조사 (총 8,580명)
	율법 계시
5장	부정한 사람은 진 밖으로 내보내라.
	잘못에 대한 보상 (죄값에 ⅕을 더하여 갚으라)
	아내의 간통을 밝히는 절차 (거룩한 물을 마시게 하고 결과를 보라)
6장	나실인이 정한 기간 중에 지켜야 할 것들 (음주 금지, 머리칼 밀기 금지, 시체 접근 금지)
	제사장의 축복문 (복 주시고, 지켜주시고, 은혜 베푸시고, 평강 주시기를 기원)
7장	성막을 완공하고 지파별로 헌물을 드리다.
8장	등잔을 차려놓는 방식. 레위인을 하나님께 봉헌하다.
9장	시내 광야에서 두 번째 유월절을 지키다. 성막에서 구름이 떠올라 길을 안내하다.

○ 레위의 자손 ○

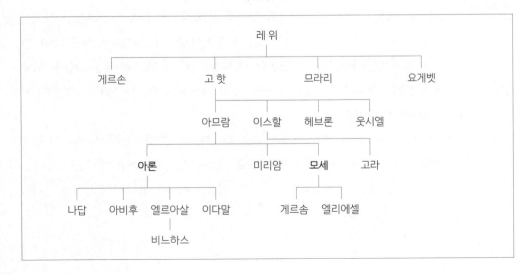

○ 이스라엘의 진 배치 ○

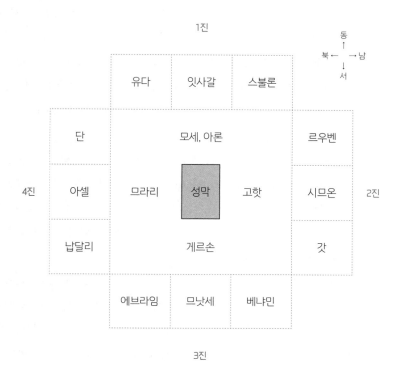

1진

동
북 ← → 남
서

| 유다 | 잇사갈 | 스불론 |

단	모세, 아론	르우벤
아셀	므라리 성막 고핫	시므온
납달리	게르손	갓

4진

2진

| 에브라임 | 므낫세 | 베냐민 |

3진

○ 이스라엘 행군 순서 ○

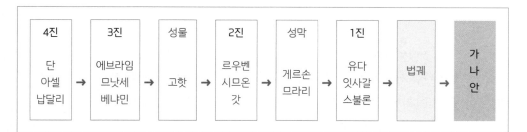

| 4진 | 3진 | 성물 | 2진 | 성막 | 1진 | 법궤 | 가나안 |
| 단 아셀 납달리 | → | 에브라임 므낫세 베냐민 | → | 고핫 | → | 르우벤 시므온 갓 | → | 게르손 므라리 | → | 유다 잇사갈 스불론 | → | | → | |

▷▷▷ 하나님이 정해주신 행군 순서는 매우 합리적이다. 성막에서 모셔낸 법궤가 가장 먼저 출발한다. 그러면 진을 치고 있던 열두 지파는 시계 방향 순서대로 출발하는데 1,2진 사이에 성막 휘장과 골조가 위치하고, 2,3진 사이에 성소 안에 있는 성물(분향단, 촛대, 떡상, 번제단 등)이 위치한다. 성막 해체(휘장 > 골조 > 성물) 순서가 자연스럽게 반영되어 있다.

2 광야에서

행군 준비가 끝나자 성막에서 구름이 떠올라 이스라엘은 가나안을 향하여 출발한다. 하나님께서 성막 위의 구름에 계시면서 가고 설 때를 친히 지휘하셨다. 그러나 희망찬 발걸음은 오래 가지 않았다. 백성들로부터 원망과 불평이 터져 나오고 모세의 리더십은 심각하게 도전 받는다. 가나안 땅 가까이 이르러 정탐꾼을 보냈을 때, 여호수아와 갈렙을 제외한 대부분의 정탐꾼들은 가나안의 상황을 매우 비관적으로 보고한다. 이 말을 들은 백성들은 지도자들을 크게 원망한다.

하나님은 이스라엘을 애굽에서 이끌어 내실 때부터 많은 이적을 통해 하나님이 이스라엘을 구원하신다는 것을 증명해 보이셨다. 그러나 이스라엘은 이적을 볼 때뿐, 상황이 나빠지면 하나님을 신뢰하지 못하고 불평과 원망을 일삼았다. 시내 산에서 하나님과 언약을 맺고 나서 바로 우상을 만들어 섬기더니, 광야를 걸을 때는 악한 말로 원망했다. 하나님이 약속하신 땅을 돌아보고 난 뒤에는 대성통곡을 하며 원망하는 것이 아닌가.

하나님은 내심 이스라엘이 기뻐하며 감사하는 모습을 기대하셨을 것이다. 그러나 돌아온 것은 원망과 통곡. 이스라엘의 불신에 절망한 하나님은 크게 진노하시고 광야에서 40년을 유랑하게 하신다. 그러나 이것이 징계만을 의미하지는 않는다. 하나님의 기적적인 은혜를 경험하면서 하나님에 대한 신뢰를 쌓아가는 기간이기도 하다. 40년이 지나는 동안 출애굽 첫 세대는 광야에서 죽고 모세, 여호수아, 갈렙만이 세렛 시내를 건넌다. 모세는 백성들의 불신앙 때문에 여러 차례의 위기를 맞으면서도 다음 세대를 이끌고 가나안 땅 건너 편 모압 평지에 도착한다.

• • •

시내 산에서 가데스로

10장 행군 나팔 신호를 정해주시다. 출애굽 이듬해 2월 20일 행군을 시작하다.

11장 백성들이 악한 말로 원망하다. 백성들이 고기 먹지 못함을 한탄하다.

12장 아론과 미리암이 모세에게 도전하다.

광야 방랑

13장 가나안 정탐대가 비관적으로 보고하다.

14장 백성들은 모세와 아론을 원망하고, 여호수아와 갈렙은 승리를 주장하다.

하나님께서 진노하시고 백성들을 벌하시다(40년간 광야 방랑 후 죽음).

백성들이 가나안 땅을 공격하나 실패하다.

15장 가나안 땅에 들어가서 지킬 제사 규례. 안식일에 일한 사람을 죽이다.

His-heart 불뱀 그리고 놋뱀 (민 21:4-9)

광야 유랑 끝 무렵, 에돔이 길을 막아서자 이스라엘은 가나안과는 반대 방향으로 먼 길을 돌아가게 된다. 이스라엘의 불만은 극에 달하여 모세는 물론 하나님까지 원망한다. 하나님이 예비하신 가나안 땅을 불평하다가 40년을 광야에서 지냈는데도 여전히 불평하고 있다. 하나님의 실망은 진노가 되어 불뱀을 보내신다. 많은 백성이 물려 죽는다. 모세가 거두어주실 것을 기도하자 "불뱀을 만들어 장대 위에 매달라. 물린 자가 그것을 보면 살게 되리라" 하셨다. 모세가 놋쇠로 뱀을 만들어 나무에 달았을 때, 하나님의 말씀을 믿고 놋뱀을 쳐다본 자는 모두 살았다. 이는 십자가의 그리스도를 보고 믿어 구원받을 것에 대한 예표이다. 1400년 뒤 예수께서는 자신이 십자가에 달리실 것을 모세가 놋뱀을 든 사건에 비유하셨다 (요 3:14,15).

옷단 귀에 술을 만들어 달라 (하나님의 계명을 기억하여 지키게 하는 표식).

16장 ○ 고라, 다단, 아비람과 지휘관 250명이 모세에게 도전하다.

17장 ○ 아론의 지팡이에만 싹, 꽃, 살구열매가 나오다.

18장 ○ 제사장과 레위인들의 직무 구분

제물 중에서 제사장의 몫. 레위인의 몫. 레위인의 십일조

19장 ○ 부정을 씻는 물 (붉은 암송아지 재를 생수에 섞음)

[가데스에서 모압으로]

20장 ○ 미리암이 죽다. 모세가 반석을 쳐 물을 내니 가나안 진입을 불허하시다 (므리바).

에돔이 이스라엘의 통과를 거절하다. 아론이 죽다.

21장 ○ 이스라엘이 네겝의 호르마를 점령하다.

불뱀에게 물린 백성이 장대에 달린 놋뱀을 보고 살다.

이스라엘이 아모리 왕 (시혼)과 바산 왕 (옥)을 치고 요단 동쪽 지역을 점령하다.

[발락과 발람]

22장 ○ 모압 왕 발락이 발람을 불러 이스라엘에 대한 저주를 부탁하다.

23장 ○ 발람이 이스라엘을 두 차례 축복하다.

24장 ○ 발람이 이스라엘을 두 차례 더 축복하다.

25장 ○ 싯딤에서 백성들이 이방 여인을 따라 우상에게 절하다.

비느하스가 음행하는 두 남녀를 죽여 염병이 그치다.

사건	출애굽기	민수기
백성들의 음식 불평에 만나와 메추라기를 주시다	출 16장	민 11:4-15, 31-35
모세를 도울 백성의 우두머리를 임명하다	출 18장	민 11:16-30
아말렉 족속과 싸우다	출 17:8-16	민 14:39-45
반석에서 물이 나오다	출 17:1-7	민 20:1-13
이스라엘 백성이 우상을 섬기다	출 32:6	민 25:2
우상숭배자들이 죽임을 당하다	출 32:27	민 25:5
레위 족속이 우상숭배자를 죽이다	출 32:28-29	민 25:6-13
하나님께서 이스라엘 백성을 벌하시다	출 32:35	민 11:1-3, 25:9

③ 모압 평지에서

HIS-STORY 이스라엘이 가나안 건너편 모압 평지에 진을 치자 당황한 모압 왕 발락은 박수 발람을 불러 이스라엘을 저주해달라 부탁한다. 그러나 하나님께서 이를 허락하지 않으시고 오히려 축복하게 하신다. 하나님은 오래전 아브라함에게 가나안 땅을 약속하신 이래 여러 우여곡절을 거치며 그 후손을 여기까지 인도하셨다. 이제 요단강을 건너면 된다. 하나님은 모압 왕의 저주를 무력화시키시며 이방 박수까지도 사용하셔서 이스라엘을 축복하신다.

하나님은 가나안 진입에 필요한 실제적인 준비를 하도록 지도하신다. 정복 전쟁을 앞두고 병력을 파악하게 하고, 가나안 땅의 경계를 말씀하시며, 가나안 토지 분배 원칙과 분할 책임자를 정해주신다. 아울러 가나안에 들어가면 하나님을 어떻게 섬겨야 하는지 다시 한번 상기시켜주신다. 열두 지파 중 세 지파(르우벤, 갓, 므낫세 반 지파)는 요단 동편 땅에 정착하기를 희망하여 먼저 그 땅을 분배 받는다. 세 지파는 가나안 정복 전쟁에 동참하고 나서 분배 받은 땅으로 돌아올 것을 약속한다.

• • •

인구 조사

26장 두 번째 인구 조사 (레위 지파를 제외한 20세 이상 장정 601,730명, 첫 조사 대비 1,820명 감소)

27장 슬로브핫의 딸들의 토지 분배 청원을 들어주다.

시기	규례	관련 성구
매일	번제(일 년 된 숫양을 아침저녁에 한 마리씩 드림) 소제와 전제를 함께 드림	출 29:38-42 민 28:3-8
안식일	번제(일 년 된 숫양 두 마리를 드림) 소제와 전제를 함께 드림 ※ 매일 드리는 번제 외에 따로 드려야 함	레 23:3 출 20:8-11 민 28:9,10
매달 초하루 (월삭)	번제(수송아지 두 마리, 숫양 한 마리, 일 년 된 숫양 일곱 마리를 드림) 소제와 전제를 함께 드림 속죄제(숫염소 한 마리를 드림) ※ 매일 드리는 번제 외에 따로 드려야 함	민 10:10 민 28:11-15

모세가 여호수아를 후계자로 세우다.

[율법 계시]

28장 ○ 제사 규례 (매일 드리는 번제, 안식일, 초하루, 유월절, 칠칠절) (도표 참조)

29장 ○ 제사 규례 (신년제사, 속죄일, 초막절)

30장 ○ 여자가 드리는 서원의 성립 조건 (아버지 또는 남편의 동의 필요)

[정복과 정착]

31장 ○ 이스라엘이 미디안을 쳐서 이기고 전리품을 분배하다.

32장 ○ 요단 동편의 땅을 세 지파에게 분배하다(르우벤, 갓, 므낫세 반 지파).

33장 ○ 애굽에서 모압 평지까지 이스라엘의 이동경로 (애굽 라암셋부터 모압 평지까지 진을 친 곳 42개소)

　　　 가나안 땅 분배 원칙 (제비 뽑기)

34장 ○ 가나안 땅의 사방 경계를 지정하다.

　　　 토지 분할 책임자 (제사장 엘르아살, 여호수아, 각 지파 대표)

35장 ○ 각 지파에서 레위인에게 48개 성읍을 주다(6성읍은 도피성).

　　　 도피성을 정하여 부지 중에 살인한 자가 복수를 피할 수 있게 하다.

36장 ○ 슬로브핫의 딸들은 자기 지파 사람에게만 시집가도록 명하시다.

◈ 통독 순서 안내 민수기 → 신명기 → 시 90편

신명기

개관

1 저자

신명기(申命記)라는 명칭은 70인역의 제목 '듀테로노미온'('두 번째 율법'이라는 뜻)에서 유래되었다. 시내 산에서 받은 율법을 다시 말한 것이기 때문에 붙여진 제목이다. 본문 속에 모세가 기록했다는 진술이 약 40회 나타나고 있다(신 1:1-5, 4:44-46, 29:1, 31:24-26). 다른 구약성경도 모세의 저작임을 나타낸다(수 1:7; 삿 3:4; 왕상 2:3; 왕하 14:6; 스 3:2; 느 1:7; 시 103:7; 단 9:11; 말 4:4). 예수님은 광야에서 시험을 물리치실 때 신명기를 하나님의 말씀으로 인용하셨으며(마 4장), 이 책을 모세의 것으로 돌리셨다(마 19:7-9; 막 7:10; 눅 20:28; 요 5:45-47).

2 시대

레위기와 마찬가지로 신명기에는 시간이 흐르지 않는다. 이스라엘 백성들이 시내 산을 떠난 후 40년간 광야를 방랑한 끝에 요단 동편 모압 평지에 도착했는데(BC 1406), 이때 모세가 이스라엘 백성들에게 전한 마지막 설교가 신명기이다.

3 내용

출애굽 세대가 광야에서 죽고, 그다음 세대가 모압 평지에 도착하여 가나안 진입을 눈앞에 두고 있다. 출애굽 세대 중에서 오직 모세와 여호수아, 갈렙만 남았는데, 모세는 가나안에 들어가지 못한다는 하나님의 결정이 내려진 상황이다(민 20:12; 신 1:37). 더 이상 이스라엘을 인도할 수 없게 된 모세는 새 세대가 부모 세대의 쓰라린 전철을 밟지 않도록 절박한 마음으로 설교한다. 하나님을 사랑할 것과 하나님께서 주신 율법에 전적으로 순종할 것을 반복해서 강조한다. 신명기는 세 번의 설교로 이루어진다. 첫 설교는 이스라엘의 불신앙으로 가나안에 들어가지 못하고 광야를 떠돌아야 했던 과거를 설명한다. 이어서 두 번째 설교는 하나님의 율법을 설명한다. 세 번째 설교에서는 율법 준수 여부에 따라 축복과 저주가 있음을 강조하며 순종을 강조한다.

4 구조

신명기 구조는 주전 2000년대 고대 근동의 종주 - 봉신조약(宗主 - 封臣條約) 형식과 매우 유사하다. 종주국이 속국과 조약을 체결할 때 보통 조약은 다음 6가지 요소를 포함한다. ① 전문 ② 역사적 서언(왕과 봉신의 관계에 대한 역사) ③ 일반적 약정(왕에 대한 충성 요구) ④ 구체적 약정(충성을 나타내는 구체적 규정) ⑤ 신의 증언(조약의 증언을 신에게 요청) ⑥ 축복과 저주(조약의 준수와 위반에 따른 조치). 신명기에서 1장 1-4절은 전문, 1장 5절에서 4장 43절은 역사적 서언, 4장 44절에서 11장 32절은 일반적 약정, 12장부터 26장은 구체적 약정, 27장과 28장은 축복과 저주에 해당한다. 신명기에서는 하나님이 조약 당사자이시므로 '⑤ 신의 증언'에 해당하는 내용은 없다(아래 표에서 조약 항목 번호를 참조하라).

구분	설교 1		설교 2		설교 3	리더십 전환
	1:1　　　　4:44		12:1	27:1		31:1
	과거 회고 ①, ②	십계명 해석 ③	율법 해석 ④		축복과 저주 ⑥	모세에서 여호수아
장소	모압 평지					
기간	－					

개요

1 첫 번째 설교

HIS-STORY　첫 설교에서는 이스라엘이 시내(호렙) 산에서부터 모압 평지에 이를 때까지의 이스라엘 역사를 회고한다. 출애굽 첫 세대가 약속의 땅 문턱까지 갔지만 하나님에 대한 불신앙으로 진입하지 못하고 오랜 세월 광야를 유랑하다가 죽은 사실, 다음 세대가 요단 동편 족속들을 평정하고 약속의 땅 바로 앞 모압 평지에 진을 친 일, 세 지파가 요단 동편 땅에 자리 잡은 것까지를 회고한다(민수기의 요약). 모세는 약속의 땅으로 들어가기를 간청

해보았지만 하나님께서 허락하지 않으셨음을 백성들에게 전하며, 이제 하나님의 명령을 지켜야 약속의 땅에 들어갈 수 있다고 역설한다.

• • •

<과거 회고>

1장 ○ 모세가 요단 동편 땅에서 광야 여정을 회고하다.

　　　모세가 각 지파의 수령을 임명하다.

　　　가나안 땅 정탐대를 보내다. 하나님이 이스라엘을 벌하시다.

2장 ○ 세렛 시내를 건널 때 첫 세대가 죽다(모세, 여호수아, 갈렙 제외).

　　　이스라엘이 헤스본 왕 시혼을 치다.

3장 ○ 이스라엘이 바산 왕 옥을 치다.

　　　요단 동편 땅에 자리 잡은 세 지파 (르우벤, 갓, 므낫세 반 지파)

　　　모세가 가나안 진입을 허락받지 못하다.

4장 ○ 내가 너희에게 가르치는 하나님의 명령을 지키라.

　　　우상을 섬기지 말라. 하나님 외에 다른 신이 없다.

　　　모세가 요단강 동쪽에 세 개의 도피성을 지정하다.

☑ 두 번째 설교

HIS-STORY　새 세대와 함께 약속의 땅에 들어가지 못하는 모세의 마음은 안타깝기 그지없다. 출애굽 첫 세대는 하나님의 말씀에 불순종하여 실패했다. 다음 세대는 그 전철을 밟아서는 안 된다. 그래서 모세는 자신이 깨달은 하나님의 마음을 새 세대에게 설명한다. 시내 산에서 만난 하나님은 구름 속 불 가운데 계신 무서운 하나님이었다. 하지만 모세가 40년 동안 하나님을 겪어보니, 하나님이 가장 바라시는 것은 이스라엘 백성의 사랑을 받는 것이라는 것을 깨닫는다.

그래서 모세는 마음을 다하고 뜻을 다하고 힘을 다하여 하나님을 사랑해야 한다고 외친다. 하나님을 사랑한다는 것은 하나님이 주신 말씀을 지키는 것이다. 모세는 하나님의 말씀을 마음에 새기고 자식들에게도 끊임없이 가르치라고 강조한다. 그래도 마음이 놓이지 않은 모세는 하나님이 주신 말씀을 아예 몸에 붙이고 문설주에도 기록하라고 명한다(신 6:4-9). 그리고 순종할 것을 반복하여 강조하고 또 강조한다(신 7-11장).

그런 다음 하나님께서 주신 율법을 백성들에게 가르친다. 이 율법 모음의 배열순서는 언뜻

보기에 난삽해 보인다. 그런데 그 내용을 주의 깊게 살펴보면 십계명의 각 계명과 관련 있는 율법을 묶어서 정리했음을 알 수 있다. 모세가 모든 율법을 십계명의 정신을 실천하는 구체적인 규정으로 이해하고 있음을 보여준다. 예컨대 19-21장에 나오는 살인, 전쟁, 시체에 관한 율법들은 십계명 중 "살인하지 말라"는 계명에 대한 구체적 실천 방법인 것이다.

• • •

[십계명 해석]

4장 모세가 요단 동편에서 선포한 율법은 이러하다.

5장 모세가 시내 산에서 받은 십계명

6장 하나님을 사랑하라.

이스라엘아 들으라. 우리 하나님 여호와는 오직 유일한 여호와시니, 너는 마음을 다하고 뜻을 다하고 힘을 다하여 네 하나님 여호와를 사랑하라. 오늘 내가 네게 명하는 이 말씀을 너는 마음에 새기고, 네 자녀에게 부지런히 가르치며, 집에 앉았을 때에든지 길을 갈 때에든지 누워 있을 때에든지 일어날 때에든지 이 말씀을 강론할 것이며, 너는 또 그것을 네 손목에 매어 기호로 삼으며 네 미간에 붙여 표로 삼고, 또 네 집 문설주와 바깥 문에 기록할지니라(신 6:4-9).

가나안 땅에서 풍요롭게 살 때에 하나님을 잊지 말고 섬기라.

7장 하나님께서 너희를 사랑하시므로 너희를 가나안에 들이실 것이다.

법도를 지켜 행하면 가나안 땅에서 복을 주시고 번성케 하실 것이다.

8장 하나님의 명령을 지키면 가나안 땅에 들어가서 부족함이 없을 것이다.

네가 잘 살게 될 때에 애굽에서 너희를 이끌어 내신 하나님을 잊지 말라.

9장 가나안 족속을 쫓아내신 것은 너희가 의로워서가 아니라 언약 때문이다.

10장 모세가 십계명 돌판을 다시 받은 일을 설명하다.

하나님이 요구하시는 것은 하나님을 경외하고 명령과 규례를 지키는 것이다.

11장 하나님은 너희를 위하여 큰일을 행하셨다. 그가 주신 명령을 항상 지키라.

나의 모든 명령을 지키면 가나안 땅에서 풍요롭게 살 것이다.

[율법 해석]

제 1,2계명 관련 율법

(다른 신을 두지 말라. 우상을 섬기지 말라 > 우상숭배 금지, 우상숭배에 대한 징계)

12장 하나님께서 택하시는 장소에서만 제사 드리라.

가나안 족속의 신을 섬기지 말라.

13장 가나안 신을 섬기면 죽이고 성읍을 불사르라.

His-heart 말씀을 몸에 붙이고 또 문설주에 기록하라 (신 6:8,9)

이스라엘 백성들은 이 말씀을 그대로 따랐다. 조그만 가죽상자에 하나님의 말씀이 기록된 종이를 집어넣고, 이 상자에 끈을 달아 이마에도 붙이고 손목에서 팔꿈치까지 둘러 팔에도 붙였다. '테필린'이라 부른다. 그리고 길쭉한 철제함에도 말씀 적은 종이를 집어넣고 문설주에 박거나 대문에 붙여놓는다. '메주자'라고 부른다. 오늘날에도 열심 있는 유대인들은 이 전통을 따르고 있다.

▷ 예루살렘 회당 문설주에 박혀 있는 메주자. 메주자의 디자인은 매우 다양하다.

▷ 예루살렘 통곡의 벽에서 테필린을 몸에 감은 채 기도하는 유대인

제 3계명 관련 율법
(하나님 이름을 망령되게 부르지 말라 > 이방 풍속 금지, 정결한 삶, 하나님의 명령 이행)

14장 죽은 자를 위하여 이방 풍속으로 애도하지 말라.
정한 짐승을 먹고 부정한 짐승은 먹지 말라.
매년 수확의 십일조를 드리라.
삼 년마다 십일조를 내어 레위인, 객, 고아, 과부들을 먹이라.

제 4계명 관련 율법
(안식일을 거룩하게 지키라 > 안식년에 행할 일, 하나님이 주신 절기 준수)

15장 매 칠 년 끝에는 동족에게 꾸어준 빚을 면제하라.
동족이 종으로 팔려 왔으면 일곱째 해에는 자유를 주어라.
소와 양의 처음 난 수컷은 하나님께 드리라.

16장 유월절, 칠칠절, 초막절을 규례대로 지키라.

제 5계명 관련 율법
(부모를 공경하라 > 권위에 대한 존중, 지도자에 대한 대우)
각 성읍에 재판관과 지도자를 두어 공의로 재판하게 하라.

17장 다른 신을 섬긴 자는 두세 사람의 증언을 받고 죽이라.
분쟁이 생기면 제사장과 당시 재판관에게 물으라.

	왕은 병마, 아내, 은금을 많이 두지 말고, 율법서 등 사본을 평생 옆에 두고 읽으라.
18장	제사장과 레위 사람의 몫(레 7:28-34; 민 18:9-24 참조)
	가나안의 가증한 풍속을 본받지 말라(인신제사, 점쟁이, 무당, 박수 등).
	하나님께서 나(모세) 같은 선지자를 일으키실 것이니 그의 말을 들으라.

제 6계명 관련 율법

(살인하지 말라 > 생명 존중, 복수 증언을 통한 정죄, 전쟁의 원칙, 포로와 시신 처리)

19장	부지중에 살인한 자를 위하여 세 성읍을 도피성으로 지정하라.
	조상이 정한 이웃의 경계표를 옮기지 말라.
	사람의 죄는 두세 사람의 증언으로 확정하라.
20장	싸움에서 수가 적다고 두려워하지 말라.
	싸우기 전에 화평을 청하라.
	하나님께서 너희에게 주시는 성읍과 싸울 때는 다 죽이라.
21장	피살된 시체를 발견하면 가까운 성읍의 장로가 속죄 의식을 행하라.
	여자 포로를 아내로 삼을 때는 먼저 한 달 동안 애곡하게 하라.
	맏아들에게는 자기 소유에서 두 몫을 상속하라.
	부모가 패역한 아들을 고발하면 돌로 쳐 죽이라.
	나무에 매단 시신을 밤새 두지 말고 그날에 장사하라.
22장	네 형제가 잃은 소유물을 보면 못 본 체하지 말고 주인에게 돌려주라.

제 7계명 관련 율법

(간음하지 말라 > 섞지 말아야 할 것들, 간음에 대한 징계, 성적인 불결)

남녀가 이성의 의복을 입지 말라. 어미와 새끼를 함께 취하지 말라.

지붕에 난간을 설치하라. 두 종자를 함께 파종하지 말라.

겉옷 네 귀에 술을 만들라. 순결하지 않은 신부, 간음한 남녀는 돌로 쳐 죽이라.

23장	하나님의 총회에 금지된 사람 (고환 상한 자, 음경 잘린 자, 사생자, 모압인, 암몬인)
	적과 맞서고 있을 때 진영을 거룩히 하라.
	종이 주인을 피하여 네게 도망하면 네 가운데 살게 하라.
	창기가 번 돈은 하나님 전에 가져오지 말라.

제 8계명 관련 율법

(도둑질하지 말라 > 부당 이자 금지, 서원 이행, 이웃 재산 보호, 약자 착취 금지)

동족에게 꾸어줄 때 이자를 받지 말라.

하나님께 서원하거든 갚기를 더디 하지 말라.

이웃의 작물을 먹을 수는 있으나 그릇에 담지는 말라.

24장 ○ 아내에게서 수치스러운 일을 발견하면 이혼 증서를 써서 내보낼 수 있다.

새신랑은 한 해 동안 군대에 보내지 말라.

맷돌을 전당 잡지 말라. 동족을 유괴한 자는 죽이라.

제 9계명 관련 율법

(이웃에게 거짓 증거하지 말라 > 가난한 자 배려, 약한 자 억압 금지, 가혹한 벌 금지)

악성 피부병은 제사장의 가르침을 따르라.

가난한 자의 전당물은 반드시 해 질 때 돌려주라.

가난한 품꾼의 품삯은 당일에 지급하라.

아비가 자식 때문에 자식이 아비 때문에 죽지 않는다.

객이나 고아의 송사를 억울하게 하지 말고 과부의 옷을 전당 잡지 말라.

추수할 때 다시 살피지 말고 고아와 과부를 위해 남겨두라.

25장 ○ 재판의 결과로 태형을 때릴 때 사십 대를 넘기지 말라.

제 10계명 관련 율법

(이웃의 집을 탐내지 말라 > 속임수 금지, 첫 열매 봉헌, 3차년 십일조 봉헌)

남자가 아들 없이 죽었을 때 남은 형제가 죽은 자의 아내를 아내로 맞으라.

두 사람이 싸울 때 한 사람의 아내가 상대방의 음낭을 잡거든 손을 찍어버리라.

저울추와 되를 속이지 말라.

가나안에 정착하면 아말렉을 쳐 없애라.

26장 ○ 농산물의 첫 열매를 하나님 앞에 드리라.

셋째 해 십일조를 레위인, 객, 고아, 과부에게 주어 먹고 배부르게 하라.

너는 마음을 다하고 뜻을 다하여 하나님의 명령을 지켜 행하라.

❸ 세 번째 설교

HIS-STORY 세 번째 설교는 율법을 각인시키기 위한 모세의 명령을 담고 있다. 모세는 두 가지 의식을 명령한다. 약속의 땅에 들어가면 돌에 율법을 새길 것과 온 백성이 에발 산과 그리심 산에 나누어 올라가 율법 어긴 자를 저주하는 의식을 가지라고 명한다. 이스라엘 모든 회중이 함께 신앙을 다짐하는 집회를 가지라는 것이다. 설교의 결론으로 모세는 이스라엘에게 두 가지 선택지 중 현명한 선택을 하라고 말한다. 하나님의 말씀에 순종하여 복을 받고 생명을 취할 것인가, 불순종하여 저주 받고 사망에 이를 것인가. 고민할 필요가 없는 단순한 질문으로 모세는 순종을 강조하고 있다.

・・・

축복과 저주

27장 ○ 돌에 율법을 새기고 하나님께 제사 드리라.

그리심 산에서 축복을, 에발 산에서 저주를 외치라.

28장 ○ 순종하면 복을 받을 것이다. 불순종하면 저주를 받을 것이다.

29장 ○ 오늘 너희가 모인 것은 네 하나님과의 언약을 맺으려는 것이다.

30장 ○ 내가 생명과 사망과 복과 저주를 네 앞에 두었으니 생명을 택하라.

４ 리더십 전환

HIS-STORY

모세는 백성에게 가르친 율법을 기록하여 제사장에게 전한다. 그리고 백성들이 잊지 않도록 안식년마다 백성에게 낭독해주라고 명한다. 하나님께서는 모세에게 백성들이 타락했을 때 하나님께 돌아올 수 있도록 노래를 지어 가르치라고 하신다. 노래를 통해 하나님을 기억하고 회개할 수 있게 하자는 것이다. 이스라엘 백성을 향한 하나님의 안타까운 마음이 절절하다. 이 모든 일을 마친 후 모세는 느보 산에 올라 하나님께서 조상들에게 주겠다고 약속하신 땅을 본 다음 조상에게로 돌아간다.

・・・

모세에서 여호수아로

31장 ○ 모세가 여호수아를 후계자로 세우다(모세 나이 120세).

모세가 7년마다 율법을 읽어주라 명하다.

하나님께서 노래를 지어 백성에게 가르치라 하시다.

32장 ○ 모세의 노래. 하나님께서 모세에게 느보 산에 올라가라 하시다.

33장 ○ 모세가 죽기 전에 이스라엘 열두 지파를 축복하다.

34장 ○ 모세가 120세로 죽다.

✚ 통독 순서 안내 신명기 → 시 90편 → 여호수아

여호수아

개관

1 저자

여호수아(수 24:26). 부분적으로 일인칭(우리를, 우리에게)을 사용하기도 했다(수 5:1,6). 다만 여호수아 사후의 사건이 기록되어 있는 부분은 다른 사람에 의해 첨가되었을 것이다. 예를 들면, 옷니엘이 기럇 세벨을 취한 사건(수 15:13-19; 삿 1:9-15), 단 지파가 북쪽으로 이주한 사건(수 19:47; 삿 18:27-29), 여호수아의 죽음(수 24:29-33) 등이다.

2 시대

모세가 죽고 나서 이스라엘은 30일간 모세의 장례를 치른다(신 34:5-8). 여호수아서는 이때부터 이스라엘이 가나안 땅을 정복하고 지파별로 땅을 분배한 후 여호수아가 소천할 때까지의 역사를 기록한다. 열왕기상 6장 1절에 의하면 솔로몬 즉위 4년(BC 966)이 출애굽한 지 480년 되는 해라고 한다. 그렇다면 출애굽 연도는 주전 1446년, 40년의 광야 유랑을 거쳐 모압 평지에 당도했을 때는 주전 1406년이 된다. 이스라엘은 이때부터 가나안으로 향한다.

3 내용

책 제목은 이 책에 등장하는 중심 인물의 이름에 따라 붙여졌다. '여호수아'의 의미는 "여호와는 구원이시다." 여호수아가 모세의 후계자로 세워졌고 가나안 땅은 바로 앞에 있다. 40년 전에 좌절되었던 역사적 순간이 다시 온 것이다. 아브라함 자손이 민족을 이루었고 시내 산에서 하나님의 법도 받았다. 이제 이들이 하나님이 준비하신 땅으로 들어가면 하나님의 나라가 세워지게 된다. 이스라엘은 가나안을 정복함으로써 땅을 취해야 하는 상황. 하나님은 가나안 정복 전쟁을 주관하셔서 이스라엘에게 승리를 주려 하신다. 이스라엘은 오직 하나님을 신뢰하고 순종하면 된다. 하나님은 이스라엘이 요단을 건널 때부터 이적을 보여주심으로 이 점을 주지시키려 애쓰신다. 모세와 함께 하나님을 섬겨온 여호수아는 하나님을 의지하며 선한 지도력으로 이스라엘을 이끈다. 이스라엘은 가나안 정복 전쟁을 치르면서 승리는 군사적인 힘이 아니라 하나님에 대한 순종을 통하여 얻는다는 교훈을 배운다. 이스라엘은 연이은 승리를 통해 가나안을 정복하고 여호수아는 점령한 땅을 각 지파에게 분배한다. 여호수아는 이스라엘에게 하나님만 섬길 것을 당부하고 소천한다.

4 구조

구분	가나안 정복		가나안 정착			
	1:1　　　　　　6:1		13:8　　14:1　　20:1　　23:1			
	가나안 진입	가나안 정복 전쟁	요단 동쪽 땅 분배	요단 서쪽 땅 분배	땅 분배의 마무리	여호수아의 마지막 당부
장소	요단 계곡	가나안	요단 동쪽 땅 / 요단 서쪽 가나안 땅			
기간	BC 1406 – BC 1375 (약 30년)					

개요

1 가나안 정복

HIS-STORY　　하나님께서 이스라엘로 하여금 삶이 불가능한 광야에서 오랜 기간을 유랑하게 하신 것은 하나님께서 살리신다는 것을 알려주기 위함이었다. 하나님은 가나안 정복 전쟁에서도 이스라엘이 하나님을 신뢰하면 승리한다는 것을 깨닫게 하려 애쓰신다. 그리고 여러 상황을 통해 용기를 주신다. 정탐꾼을 통해 이미 가나안 족속들이 공포에 질려 있음을 알게 하시고, 요단을 건널 때는 홍해를 건널 때와 같이 물이 그친 마른 땅을 걷게 하신다.

요단을 건넌 후에는 이스라엘에게 할례를 행하게 하신다. 할례를 받은 상태에서 적이 공격해 온다면 매우 위험하다. 그러나 하나님에게는 이스라엘이 할례를 받으면서 자신들이 하나님의 선택을 받은 백성이라는 정체성을 갖는 것이 더 중요했다. 어차피 전쟁의 승리는 하나님의 손에 달린 것이었다. 그리고 나니 어느덧 유월절을 맞게 된다. 하나님의 절묘한 섭리이다. 이스라엘은 적 앞에서 절기를 지키며 구원은 하나님께 있음을 다시 한 번 새긴다.

여호수아가 여리고 가까이 정찰을 나갔을 때 그는 하나님의 군대 대장을 만난다. 하나님의 군대가 먼저 와 있었던 것이다. 첫 번째 전투에서 이스라엘은 하나님의 말씀에 따라 여리고 성 주위를 돌기만 해도 성이 무너지는 것을 경험한다. 이러한 일련의 사건들을 통해 하나님께서 주시는 메시지는 분명하다. 전쟁의 승리는 사람의 힘이 아니라 하나님에 대한 신뢰와 순종에 있다는 것이다. 이스라엘은 여호수아의 지휘에 따라 하나님을 신뢰하며 가나안 땅을 정복해 나간다.

• • •

가나안 진입

1장	하나님께서 여호수아에게 가나안으로 가라 하시다.
	여호수아가 백성들에게 양식 준비를 명하다.
2장	여리고에 정탐꾼 둘을 보내다. 정탐꾼이 라합의 도움으로 여리고에서 탈출하다.
3장	백성들이 물이 그친 요단강을 건너다.
4장	길갈에 열두 돌을 세우다.
5장	이스라엘이 하나님의 명에 따라 할례를 행하고 유월절을 지키다.
	여호수아가 여호와의 군대 대장을 만나다.

가나안 정복 전쟁

6장	이스라엘이 여리고 성 주위를 7일간 돌아 성이 무너지다.
7장	이스라엘이 아이 성 전투에서 패하다. 아간의 범죄가 밝혀져 죽이다.
8장	하나님의 지시에 따라 아이 성을 점령하다.
	에발 산에서 제사를 드리고 율법을 돌에 기록하다.
	에발 산과 그리심 산에서 율법을 낭독하다.
9장	기브온 주민들이 여호수아를 속여 화친 조약을 맺다.
10장	여호수아가 기브온을 구원하다. 우박이 떨어지고 태양과 달이 정지하다.
	여호수아가 가나안 중남부를 정복하다.
11장	여호수아가 가나안 북부 지역을 정복하다.
12장	모세와 여호수아가 정복한 왕들

❷ 가나안 정착

HIS-STORY 이스라엘이 가나안을 정복한 후 여호수아는 각 지파에게 땅을 분배한다. 이스라엘이 요단을 건너기 전에 요단 동쪽 땅은 르우벤, 갓, 므낫세 반 지파에게 이미 분배한 바 있다. 이제 요단 서쪽 가나안 땅을 나머지 지파에게 분배한다. 갈렙은 85세의 나이

His-heart 에발 산과 그리심 산에서 지킬 의식 (수 8:30-36)

모세는 이스라엘이 가나안 땅에 들어갔을 때 지켜야 할 의식 세 가지를 명령했다(신 27장). 에발 산에 큰 돌을 세우고 그 위에 율법을 기록할 것, 제단을 쌓고 하나님께 제사 드릴 것, 그리심 산과 에발 산에 서서 레위인이 율법을 낭독할 때 아멘으로 화답할 것. 여호수아는 여리고와 아이를 정복한 후 모세의 명령을 준행한다. 그리심 산과 에발 산은 아이 성에서 북쪽으로 약 30킬로미터 위치에 있으며 서로 마주보고 있다. 이스라엘은 모세의 명령에 따라 그리심 산에서는 축복의 율법에 대해 아멘을, 에발 산에서는 저주의 율법에 대해 아멘을 외쳤다. 이스라엘 온 회중이 외치는 아멘 소리는 두 산 사이 계곡을 울리며 지축을 흔들었을 것이다. 공동체가 함께 신앙을 결단하는 민족사적 사건이며 하나님이 기뻐 받으실 만한 집회였다.

▷ 세겜에서 바라본 그리심 산(좌)과 에발 산(우)

에도 불구하고 거인의 성읍 헤브론(기럇 아르바)을 정복해버림으로써 믿음의 승리를 삶으로 보여준다. 레위 지파에 대한 성읍 분배를 끝으로 땅의 분배가 마무리되고, 요단 동쪽 땅을 받은 세 지파는 자기 땅으로 돌아간다.

이로써 아브라함에게 주신 언약 즉, 자손이 번성하고 가나안 땅을 주시며 복을 주신다는 언약이 성취된다(창 12:2,3, 13:14-17, 15:4-21, 22:16-18). 하나님의 백성, 하나님께서 예비하신 땅, 그리고 하나님께서 주신 법이 있으니 하나님나라의 기틀이 모두 갖추어진 것이다. 이제 미래는 이스라엘에게 달려 있다. 시내 산에서 언약한 것처럼 하나님께서 주신 법을 잘 지킨다면 이스라엘은 거룩한 복락이 넘치는 하나님의 나라가 될 것이다. 여호수아는 하나님만 섬길 것을 간곡히 당부하며 조상에게 돌아간다.

• • •

요단 동쪽 땅 분배

13장 ○ 정복하지 못한 지역들. 모세가 분배한 요단 동쪽 지역

요단 서쪽 땅 분배

14장 요단 서쪽 땅을 분배하다. 갈렙이 헤브론(기럇 아르바)을 기업으로 받다.

15장 유다 지파가 받은 땅. 갈렙이 헤브론(기럇 아르바)과 드빌(기럇 세벨)을 정복하다.

유다 지파에 속한 성읍들

16장 에브라임 지파의 땅

17장 므낫세 반 지파의 땅(요단 서쪽). 에브라임과 므낫세 지파가 땅을 더 요구하다.

18장 이스라엘이 실로에 모여 회막을 세우다.

여호수아가 나머지 일곱 지파에게 분배받을 땅을 그려 오라 재촉하다.

베냐민 지파의 땅

19장 시므온, 스불론, 잇사갈, 아셀, 납달리, 단 지파의 땅

여호수아가 에브라임 산지 성읍 딤낫 세라를 받다.

땅 분배의 마무리

20장 도피성을 요단 동편과 서편에 각 세 곳을 지정하다.

21장 레위 지파가 각 지파로부터 48개의 성읍과 목초지를 받다.

하나님의 말씀이 다 이루어지다.

22장 여호수아가 요단 동쪽 지파들을 보내다.

세 지파가 요단 동편에 제단을 쌓다.

제단은 그들이 이스라엘 자손임을 나타내는 상징적 구조물

여호수아의 마지막 당부

23장 여호수아가 지도자들에게 율법 지킬 것을 당부하다.

24장 여호수아가 백성들에게 여호와 하나님만 섬길 것을 당부하다.

여호수아가 110세로 죽다. 제사장 엘르아살(아론의 아들)도 죽다.

 통독 순서 안내 여호수아 → 사사기 → 룻기

NOTE
연 구 노 트

사사기

개관

1 저자

사사기(師士記)는 히브리어 성경의 제목 '쇼페팀'('재판관들'이라는 뜻)의 번역이다. 사사들은
평상시에는 백성의 법적 문제를 해결해주었지만 외적의 침략이 있을 때는 군사 및 정치 지도
자로 활약했다. 사사기의 저자가 누구인지 성경에는 분명히 나타나지 않지만, 탈무드는 사
사기, 룻기, 사무엘서의 저자가 사무엘이라고 했다.

2 시대

사사가 이스라엘을 다스린 것은 여호수아의 죽음(BC 1375)부터 사울의 즉위(BC 1050) 시
점까지 약 320여 년의 기간이다. 사사기는 마지막 사사인 사무엘 이전까지의 이스라엘 역
사를 기록한다. "그때에 이스라엘에 왕이 없으므로"라는 표현으로 보아(삿 17:6, 18:1, 19:1,
21:25) 왕정시대, 즉 사울왕 즉위 이후에 기록된 것으로 보인다.

3 내용

사사기는 절망의 책이다. 하나님께는 특히 그렇다. 아브라함을 부르신 후 그 후손을 가나
안 땅에 정착시키기까지 하나님께서 쏟아부은 약 700년의 노고가 수포로 돌아갔기 때문이
다. 아브라함에게 주셨던 언약이 거의 이루어졌기에 안타까움은 더 크다.

　아브라함의 후손을 한 민족으로 키워내시고 그들에게 가나안 땅을 주셨다. 아브라함부
터 형통의 복을 주시더니 시내 산에서는 율법이라는 거룩한 복도 주셨다. 이제 그 법대로 살
기만 하면 되는 단계. 그러나 어처구니없게도 이스라엘 백성들은 하나님의 법대로 살지 못한
다. 법을 몰랐기 때문이다. 이스라엘을 거룩한 백성으로 변화시킬 수 있는 하나님의 법이 여
호수아 다음 세대에게 전혀 전해지지 않은 것이다. 모세가 이런 사태를 우려하여 하나님의

말씀을 늘 자손에게 가르치라고 그토록 간곡하게 당부했지만 우려는 현실이 되었다.

하나님을 모르는 이스라엘은 이방의 우상을 섬긴다. 그러면 하나님께서는 진노하시며 이스라엘을 이방에게 넘겨주신다. 백성들이 고통 속에서 돌이켜 하나님께 구원을 부르짖으면 하나님은 사사를 세우셔서 구원하신다. 한동안 평화가 유지되지만 사사가 죽고 나면 이스라엘은 또다시 우상에 빠진다. 사사기에는 이러한 '배교 – 이방의 압제 – 부르짖음 – 구원 – 배교'라는 패턴이 속절없이 되풀이된다. 저자는 백성들이 "각각 그 소견에 옳은 대로" 행했다고 기록한다.

4 구조

구분	서론		이스라엘의 사사들									두 가지 사건	
	1:1	2:6	3:7	3:12	4:1	6:1	10:1	10:6	12:8	13:1	17:1	19:1	
	불완전한 정복	이스라엘의 배교	옷니엘	에훗 삼갈	드보라	기드온	돌라 야일	입다	입산 엘론 압돈	삼손	미가의 집 사건	기브아 사건	
장소	가나안												
기간	BC 1375 – BC 1105 (약 270년)												

개요

1 서론

HIS-STORY 하나님께서 아브라함에게 언약을 주신 이래 하나님은 언약을 신실하게 지켜 오셨다. 이제 남은 일은 이스라엘이 하나님의 법에 따라 순종하며 사는 것이다. 그러면 하나님 안에서 복락을 누리게 될 것이었다. 그러나 이 역사적인 시점에 이스라엘은 어처구니없게도 하나님을 등지고 우상을 좇는다. 이 참담한 배신의 원인은 매우 단순하다. 하나님을 모르기 때문이었다.

모세는 이를 걱정하여 하나님의 법을 마음에 새길 것과 자손들에게 언제나 어디서나 가르칠 것을 모압 평지에서 신신당부한 바 있다(신 6:4-9). 그리고 7년마다 하나님의 율법을 백성들에게 읽어주라고도 했다(신 31:9-13). 그러나 이는 지켜지지 않았다. 여호수아가 하나님만 섬기라는 유언을 남기면서 백성들의 다짐까지 받았지만(수 24장) 하나님을 알지 못하는데 어떻게 섬길 수 있겠는가.

　하나님을 모르는 이스라엘은 이방과 다를 바 없었다. 이런 배신의 절망 속에서도 하나님은 이스라엘에게 은혜를 베푸신다. 이스라엘이 우상에 빠지면 하나님은 주변 이방이 압제하게 하여 회개를 촉구하신다. 이스라엘이 고통에 못 이겨 하나님을 찾으면 사사를 세워 구원해주신다. 그리고 나면 사사가 사는 날 동안 이스라엘은 평화를 누린다. 그러나 이 평화는 길게 가지 못한다. 사사가 죽고 나면 또다시 우상에게로 돌아가고 만다.

• • •

불완전한 정복

1장 　이스라엘이 가나안 주민을 완전히 쫓아내지 못하다.

2장 　여호와의 사자가 이스라엘을 책망하다.

이스라엘의 배교

　여호수아 다음 세대는 여호와 하나님을 알지 못하다.

　이스라엘이 하나님을 버리고 우상을 섬기다.

　반복되는 신앙행태(배교 > 이방의 압제 > 부르짖음 > 사사를 통한 구원 > 배교)

3장 　하나님이 이방 족속을 남겨두시다.

　이스라엘이 이방 족속들과 결혼하며 이방신을 섬기다.

2 이스라엘의 사사들

HIS-STORY 　3장부터는 이스라엘의 타락상과 열두 사사의 활동을 기록한다. 하나님께서는 구원은 오직 하나님으로부터 온다는 것을 알게 하려 애쓰시지만 이스라엘의 배교는 멈추지 않는다. 주변의 이방 족속들이 돌아가면서 이스라엘을 압제해도 이스라엘은 변하지 않는다.

　사사들도 온전하지 않았다. 사사 입다는 암몬과의 전쟁에 나가면서 하나님께 한 가지 서원을 한다. 승리를 주시면 자기 집에서 가장 먼저 영접 나온 사람을 번제로 바치겠다는 것이다. 하나님으로서는 기가 막히는 일이다. 인신제사는 하나님께서 극히 혐오하는 범죄이다. 일찍이 이런 일을 하는 자는 반드시 죽이라는 말씀도 주신 바 있다(레 20:1-5). 전쟁에 승리했는데 가장 먼저 영접 나온 인물은 하필 입다의 외동딸이었다. 하나님의 법을 몰랐기 때문에 벌어진 비극이었다.

　이스라엘에 신실한 지도자가 절실한 상황이다. 하나님은 자식이 없던 마노아의 가정에 아들 삼손을 주시면서 어려서부터 나실인으로 키우라 하신다. 나실인은 특별한 서약을 통해 하나님께 헌신한 사람이다(민 6:1-8). 나실인은 술을 마시지 않으며 머리카락을 자르지 않고 시체를 만지지 않는 등 거룩하게 구별된 삶을 살아야 한다. 어떻게든 거룩한 지도자를 세우려는 하나님의 특단의 방법이었다.

그러나 삼손에게서 신실함이나 리더십을 찾아보기는 어렵다. 그는 엄청난 괴력을 받았지만 개인적 복수의 차원에서 블레셋을 죽였을 뿐이다. 블레셋 여자를 좋아했고 기생집에도 드나들었으며 성품은 매우 충동적이었다. 이런 안타까운 일들이 벌어진 것은 그들이 하나님의 말씀을 알지 못했기 때문이다. 그렇기에 이스라엘은 매번 하나님의 구원을 경험하면서도 하나님과 바른 관계를 맺을 수 없었다.

● ● ●

옷니엘

3장 ○ 옷니엘이 메소포타미아로부터 이스라엘을 구원하다(40년 평화).

에훗, 삼갈

○ 에훗이 모압으로부터 이스라엘을 구원하다(80년 평화).

○ 삼갈이 블레셋으로부터 이스라엘을 구원하다.

드보라

4장 ○ 드보라가 바락을 세워 가나안으로부터 이스라엘을 구원하다(40년 평화).

5장 ○ 사사 드보라와 바락의 노래

기드온

6장 ○ 하나님이 기드온을 부르시다.

7장 ○ 300명의 군사가 나팔과 횃불만으로 미디안을 치게 하시다.

8장 ○ 기드온이 미디안 왕을 죽이다(40년 평화).

9장 ○ 기드온의 아들 아비멜렉이 스스로 왕이 되었다가 여인의 맷돌에 맞아 죽다.

돌라, 야일

10장 ○ 돌라가 23년 동안 사사가 되다. 야일이 22년 동안 사사가 되다.

입다

○ 암몬 자손이 이스라엘을 위협하다.

11장 ○ 입다가 인신제사를 서원하고 암몬과의 전쟁에 출정하다.

○ 입다가 서원한 대로 외동딸을 번제로 바치다.

12장 ○ 입다가 시비 거는 에브라임 족속 42,000명을 죽이다.

○ 사사기에 나타나는 이스라엘의 12 사사 ○

침략자	압제 기간	사사	통치 기간	성경 구절	비고
메소포타미아	8년	1. 옷니엘	40년	삿 3:7-11	▷ 삼갈, 돌라, 야일, 입산, 엘론, 압돈에 대하여는 성경에 구체적인 설명이 없다. ▷ 도표에 나타난 기간을 모두 합하면 400년이 넘는데, 이것이 사사기 기간을 말하는 것은 아니다. 사사기에 소개되는 사건들은 시기적으로 겹치기도 하며 서로 다른 지역에서 일어났다. ▷ 이 표에 나타난 사사 이외에도 사무엘상에 등장하는 엘리와 사무엘까지 이스라엘의 사사였다.
모압	18년	2. 에훗	80년	삿 3:12-30	
블레셋	–	3. 삼갈	–	삿 3:31	
가나안	20년	4. 드보라	40년	삿 4-5장	
미디안	7년	5. 기드온	40년	삿 6-8장	
–	–	6. 돌라	23년	삿 10:1-2	
–	–	7. 야일	22년	삿 10:3-5	
암몬	18년	8. 입다	6년	삿 10:6-12:7	
–	–	9. 입산	7년	삿 12:8-10	
–	–	10. 엘론	10년	삿 12:11-12	
–	–	11. 압돈	8년	삿 12:13-15	
블레셋	40년	12. 삼손	20년	삿 13-16장	

[입산, 엘론, 압돈]

○ 입산이 7년 동안 사사가 되다.

엘론이 10년 동안 사사가 되다.

압돈이 8년 동안 사사가 되다.

[삼손]

13장 ○ 여호와의 사자가 마노아의 아내에게 아들을 낳으리니 나실인으로 키우라 하다.

14장 ○ 삼손이 블레셋 사람에게 수수께끼를 내다.

청년들이 삼손의 아내를 통해 답을 알아내다.

삼손이 블레셋 사람 30명을 죽이고 그 옷을 내기 옷으로 주다.

15장 ○ 삼손의 아내가 재혼하자 삼손이 블레셋 사람의 곡식 밭에 불을 지르다.

블레셋 사람들이 삼손의 아내와 장인을 죽이니 삼손이 그 보복으로 블레셋 사람을 죽이다.

삼손이 결박을 끊고 나귀 턱뼈로 블레셋 사람 1,000명을 죽이다.

16장 ○ 삼손이 가사의 성문과 문설주를 빼들고 헤브론까지 올라가다.

블레셋 사람이 삼손의 비밀을 알아내어 힘을 빼고 종으로 부리다.

삼손이 다곤 신전을 무너뜨리고 죽다.

❸ 두 가지 사건

사사기 마지막에 나오는 두 가지 이야기는 그야말로 엽기적이다. 미가의 집에서 벌어진 일련의 사건들은 당시 백성들이 율법을 전혀 알지 못했음을 말해준다. 미가는 자기 집에 신당을 차리더니 신상을 만들고 아들 하나를 제사장으로 세운다. 그러다가 살길 찾아 헤매던 레위인을 보고는 그를 자기 신당의 제사장으로 고용한다. 그리고 레위인을 제사장으로 삼았으니 하나님이 복을 주실 것이라고 기대한다. 그는 이것을 나름 잘한 일로 생각한 것이다. 그러나 그들의 신앙행위는 모두 율법을 심각하게 위반한 것으로 경배는커녕 하나님의 진노를 부르기에 충분한 것이었다.

두 번째 이야기는 이스라엘의 공동체 의식이 무너졌음을 여실히 보여준다. 사건의 발단은 베냐민 지파의 성읍 기브아에서 일어난 살인사건이었다. 한 레위인이 집으로 가는 여정 중 기브아에서 하루를 머물렀을 때 기브아의 불량배들은 집주인에게 그를 내놓으라 협박한다. 남색하겠다는 것이다. 레위인은 자기 대신 첩을 내준다(이해하기 어려운 일이다). 그 첩은 밤새 폭행을 당하고 아침에 문밖에서 시체로 발견된다. 그러자 레위인은 첩의 시신을 열두 토막으로 내어 이스라엘 각 지파에게 보낸다. 이스라엘은 베냐민 지파에게 범인을 내놓으라고 요구한다. 베냐민 지파는 거절한다. 그러자 흥분한 이스라엘은 베냐민 지파를 상대로 전쟁을 벌인다. 광야에서 함께 고생했고 가나안 정복 전쟁을 치르면서 함께 피 흘린 동족인데, 어느새 지파 사이에 적대감이 형성되었고 이런 갈등을 조정할 최소한의 지도부조차 없었다. 동족 간의 전쟁은 치열해지고 결국 베냐민 지파가 거의 죽어 소멸될 위기까지 이른다. 막장 드라마가 따로 없다.

이 두 가지 사건은 사사 시대의 엽기적인 사회상을 보여주는 대표적인 사례이다. 하나님의 법 없이 살면 삶이 어디까지 망가질 수 있는지를 적나라하게 보여 준다. 하나님의 백성이라는 정체성을 까맣게 상실한 이스라엘은 이방 족속과 다를 바 없었다.

• • •

미가의 집 사건

17장 미가의 집이 자기 소견에 옳은 대로 하나님을 섬기다.

18장 단 지파가 미가의 집을 약탈하다.

기브아 사건

19장 한 레위인이 기브아 불량배의 협박을 받고 자기 첩을 내주다.

첩이 폭행으로 죽자 시신을 토막 내어 열두 지파에 보내다.

20장 이스라엘이 베냐민 지파와 전쟁을 벌이다.

21장 이스라엘이 베냐민 지파의 미래를 걱정하다.

그때 이스라엘 사람들이 각기 자기 소견에 옳은 대로 행하였더라.

통독 순서 안내 **사사기 → 룻기 → 사무엘상**

NOTE
연 구 노 트

룻기

개관

1 저자

저자는 알려져 있지 않다. 본문 안에 기록되어 있지 않으며 다른 책에서도 언급하지 않는다. 탈무드 전승은 저자가 사무엘이라고 하나 이 주장은 타당하지 않다. 왜냐하면 룻기 4장 17절과 22절에 다윗의 이름이 언급되는데 사무엘은 다윗이 왕이 되기 전에 죽었기 때문이다.

2 시대

룻기 1장 1절에 의하면 룻기는 사사들이 치리하던 시대에 일어난 이야기이다. 사사 시대는 이방의 침입이 잦았던 시기이지만 룻기는 이스라엘과 모압이 평화를 유지하던 시기를 배경으로 한다.

3 내용

룻기는 배교와 부도덕이 만연하던 사사 시대에 쓰여진 신실한 사랑의 이야기이다. 이스라엘이 정체성을 잃고 이방인과 다를 바 없는 삶을 살고 있으니 하나님의 마음은 참담하다. 이스라엘에서는 하나님이 가꾸고자 하시는 사랑의 공동체를 기대하기 어렵게 되었다. 그런데 오히려 이방에서 아름다운 사랑의 이야기가 발견된다.

　이스라엘 사람 엘리멜렉의 가정이 기근을 피해 모압으로 건너갔는데, 가문의 남자들이 다 죽고 여자들만 남는다. 그러자 시어머니 나오미는 유다 땅으로 돌아가면서 이방 며느리들을 고향으로 돌려보내려 하는데, 모압 여인 룻은 떠나지 않고 나오미에게 헌신한다. 룻이 시어머니와 함께 유다에 돌아왔을 때 하나님은 신실한 보아스를 통해 룻을 축복하신다. 보아스는 어려움에 처한 이들을 긍휼히 여겨 따뜻하게 대해준다. 또한 룻의 바람을 받아들여 아내로 맞는다. 하나님께서 룻과 보아스에게 복을 주시어 훗날 다윗과 그리스도가 이 혈통 가운데서 태어난다. 룻은 하나님의 백성이 되는 조건이 혈연이 아니라 하나님의 뜻대로 사는 것임을 보여준다. 하나님의 율법을 받은 이스라엘이 보여주는 엽기적인 삶과 이방 여인 룻이 보여주는 아름다운 사랑은 빛과 어두움만큼이나 대조적이다. 성경에서 사사기 바로 다음에 자리한 룻기는 사사기의 이스라엘을 더욱 초라하게 한다.

4 구조

구분	룻이 베푼 사랑		룻이 받은 축복	
	1:1 2:1		3:1 4:1	
	룻과 나오미의 귀환	룻과 보아스의 만남	보아스에 대한 룻의 요청	보아스가 룻을 맞아들임
장소	모압	베들레헴의 밭	베들레헴 타작마당	베들레헴
기간	사사 시대			

개요

1 룻이 베푼 사랑

룻과 나오미의 귀환

1장   나오미 가족의 남편들이 모두 죽다(엘리멜렉(나오미), 말론(오르바), 기룐(룻)).
오르바는 고향으로 돌아가고 룻은 시어머니를 따르다.

룻과 보아스의 만남

2장   룻이 이삭 주우러 나갔을 때 보아스가 호의를 베풀다.

2 룻이 받은 축복

보아스에 대한 룻의 요청

3장   룻이 보아스에게 기업 무를 것을 요구하다.

보아스가 룻을 맞아들임

4장   룻의 가까운 친족이 기업 무를 권리를 포기하므로 보아스가 기업 무를 것을 선포하다.

기업을 무른다는 것은 친족을 어려움이나 위험에서 구해주는 일을 말한다. 기업 무를 자가 할 일은 남에게 팔린 친척의 땅을 되찾아 주는 일(레 25:25), 종으로 팔린 친척을 되찾아 오는 일(레 25:47), 죽은 친척에 대한 복수(신 19:12) 등이다. 신명기 25장 5-10절에서는 형제가 자식 없이 죽은 경우 다른 형제가 죽은 형제의 아내를 자기 아내로 맞아들이라고 했다. 죽은 형제의 대를 이어주기 위함이다. 신명기에서는 대를 이어줄 책임이 형제에게 있다고 했는데 룻기에서는 형제가 없을 경우에는 가까운 친족에게로 그 책임이 넘어가는 것을 보여준다.

보아스가 룻을 아내로 삼아 오벳을 낳다. 오벳은 이새를, 이새는 다윗을 낳다.
(유다(다말) > 베레스 > 헤스론 > 람 > 암미나답 > 나손 > 살몬(라합) > 보아스(룻) > 오벳 > 이새 > 다윗)

◈ 통독 순서 안내 룻기 → 사무엘상 → 시 59, 56, 34, 57, 142, 52, 54편

NOTE
연 구 노 트

사무엘상하

1 저자

사무엘상하는 선지자 사무엘의 이름을 따라 붙여졌다. 사무엘상과 사무엘하는 원래 한 권의 책이었으나 70인역에서 둘로 구분했다. 사무엘상하의 저자는 확실히 알 수 없다. 역대상 29장 29,30절은 사무엘이 기록한 것임을 암시하고 있고, 사무엘은 분명히 일부를 기록했다(삼상 10:25). 그러나 사무엘상 25장에 사무엘의 죽음이 기록된 것을 보면 사무엘이 기록했어도 전부는 아님을 알 수 있다.

2 시대

이스라엘의 마지막 사사 사무엘의 출생부터 이스라엘이 왕정으로 전환된 뒤 처음 두 왕 사울과 다윗의 통치 기간의 역사를 다룬다.

3 내용

이스라엘이 하나님의 법을 모르고 이방인처럼 살고 있으니 이를 보는 하나님의 마음은 참담하다. 사사들도 하나님의 법을 모르기는 마찬가지였다. 하나님은 한나가 서원하여 바친 사무엘을 성막에서 키워 이스라엘의 지도자로 세우신다. 젖을 떼자마자 하나님께 봉헌된 사무엘은 성막에서 하나님을 섬기는 것을 보며 자란다. 장성하여 사사로 세워지자 사무엘은 우상을 타파하고 백성들이 여호와 하나님만을 섬기도록 잘 다스린다. 그가 다스릴 때 이스라엘은 오랜만에 평안했다. 하나님이 보호하심으로 외적들도 이스라엘을 넘보지 못했다.

그러나 사무엘이 늙었을 때 이스라엘 장로들은 사무엘에게 왕을 세워달라고 요구한다. 왕이신 하나님을 무시한 철없는 요구에 하나님은 진노하셨지만 결국 하나님은 그 요구를 수용하시고 사울을 왕으로 세워주신다. 그러나 사울은 하나님의 말씀에 주목하지 않고 자기 생각으로 이스라엘을 다스린다. 하나님은 사울 세운 것을 후회하시며 사울을 버리고 다윗을 왕으로 기름 부으신다. 하나님으로부터 버림받은 사울은 결국 블레셋과의 전투에서 전사한다.

사무엘하는 두 번째 왕 다윗의 생애를 기술한다. 사울의 치하에서 많은 고난을 겪으며 신앙과 인격이 성숙한 다윗은 사울이 죽은 후 분열된 나라를 잘 추스르고 법궤를 수도 다윗 성에 모신다. 그러자 하나님은 다윗에게 중요한 축복의 언약을 주신다. 다윗의 후손과 나라와 왕위를 영원히 견고하게 해주신다는 것이다(다윗 언약). 이 언약은 그리스도에 이르기까지 다윗의 후손에게 성취된다(눅 1:32,33). 다윗 왕국이 이토록 승승장구할 때 다윗은 간음과 살인이라는 범죄를 저지른다. 그는 이 범죄로 하나님의 징계를 받아 큰 재앙을 겪는다.

4 구조

사무엘상

구분	사무엘			사울		사울과 다윗		
	1:1　　4:1　　7:1		8:1　　13:1		16:1	21:1	28:1	
	부름받은 사무엘	빼앗긴 언약궤	사무엘의 통치	사울의 즉위	사울의 통치	다윗의 등장	다윗의 도피	사울의 죽음
장소	가나안							
기간	BC 1105 – BC 1010 (약 95년)							

사무엘하

구분	다윗의 승리			다윗의 범죄와 고난		
	1:1　　6:1　　8:1		11:1　　12:1		13:37	
	정치적 승리	영적 축복	군사적 승리	간음과 살인	가정의 고난	왕국의 고난
장소	헤브론 중심	예루살렘 중심				
기간	BC 1010 – BC 970 (약 40년)					

사무엘상 개요

1 사무엘

HIS-STORY

이스라엘이 하나님께 배신을 거듭하며 살기를 거의 300년, 이스라엘에 들을 귀가 없으니 하나님은 아무런 말씀을 하지 않으셨다. 그래서 당시에 하나님의 말씀이 희귀했다고 성경은 전한다(삼상 3:1). 이런 어두운 시대에, 자식이 없던 한나는 하나님께 아들을 간구하며 하나님께 바치겠다고 서원한다. 하나님은 마음을 함께할 신실한 인물이 절실하게 필요한 상황. 하나님이 한나의 기도에 응답하여 아들을 주시니 한나는 서원한 대로 사무엘이 젖을 떼자마자 엘리 제사장에게 데려가 하나님께 드린다.

사무엘은 유아 시절부터 성막에서 하나님 섬기는 것을 보며 바르게 성장한다. 성막은 하나님이 잊혀진 그 시대에 하나님을 가까이할 수 있는 유일한 장소였다. 한동안 말씀이 없으시던 하나님은 비로소 사무엘에게 말씀하기 시작하신다. 당시 엘리 제사장이 사사로 다스리던 시대였지만 제사장 자신부터 그리 신실하지 못했고, 엘리의 아들들은 하나님 앞에 악행을 저질렀다. 백성들은 법궤를 함부로 들여다보다가 죽기도 했다. 율법을 모르니 하나님께도 무례하게 행할 수밖에 없었다. 엘리의 시대가 가고 사무엘이 지도자가 되자 그는 이스라엘의 우상을 제거하고 백성들이 여호와 하나님만을 섬기게 한다.

오랜만에 바른 지도자가 세워졌다. 하나님은 사무엘이 다스릴 동안 블레셋을 막아주시고 빼앗겼던 지역도 회복하게 하신다.

• • •

부름 받은 사무엘

1장 ○ 한나가 자식을 구하며 서원하다.
　　　한나가 사무엘을 하나님께 드리다.

2장 ○ 한나의 감사기도
　　　엘리의 아들들이 악행을 저지르자 하나님께서 엘리 집안에 저주를 내리시다.

3장 ○ 하나님께서 사무엘을 부르시다.
　　　하나님께서 실로에서 다시 나타나셔서 사무엘을 통해 말씀하시다.

빼앗긴 언약궤

4장 ○ 이스라엘이 언약궤를 빼앗기고 홉니와 비느하스가 죽임 당하다.
　　　소식을 들은 엘리와 비느하스의 아내도 죽다.

5장 ○ 언약궤로 인해 재앙이 생기자 다른 성읍으로 옮기다.

6장	블레셋이 언약궤를 이스라엘의 벧세메스로 보내다.
	언약궤를 들여다보다가 70명이 죽으니 언약궤를 기럇여아림의 아비나답의 집으로 옮기다.

사무엘의 통치

7장	사무엘이 우상을 제거하고 여호와 하나님만을 섬기다.
	하나님이 큰 우레로 블레셋을 물리치게 하시다.
	사무엘이 다스릴 동안 하나님께서 블레셋을 막으시고 빼앗긴 지역을 회복하게 하시다.

2 사울

사무엘이 늙어 그 아들들을 사사로 삼았는데 이들이 뇌물을 받고 판결을 굽게 하였다. 이들을 불신한 이스라엘의 장로들은 다른 나라들처럼 자기들에게 왕을 세워달라고 사무엘에게 요구한다. 사무엘의 아들에 대한 실망이 직접적인 원인이었지만, 하나님 보시기에 장로들의 요구는 하나님에 대한 반역과 다름 없었다. 하나님께서 엄연히 이스라엘의 왕으로 계셨는데, 이것을 인정하지 않은 것이기 때문이다. 하나님은 사무엘을 통해 왕정제도의 폐해를 엄히 경고하셨지만 백성들이 고집을 꺾지 않자 결국 왕을 세워주신다.

하나님께서 세워주신 첫 왕은 사울. 그는 열심 있고 용맹했지만 이스라엘의 왕이 되기에 결정적 하자가 있었는데, 그것은 하나님의 말씀에 순종하지 않는 것이었다. 이스라엘이 하나님의 통치를 받으려면 왕이 하나님의 뜻을 받들어야 하는데, 사울은 자기 생각에 빠져 하나님의 말씀을 소홀히 했다. 결국 하나님은 사울 세운 것을 후회하시고 그를 왕위에서 버리신다.

• • •

사울의 즉위

8장	백성의 장로들이 왕을 요구하다. 사무엘이 폐해를 설명했으나 백성들이 고집하다.
9장	하나님께서 사울을 왕으로 세우라 하시다.
10장	사무엘이 사울에게 기름을 붓다. 사울이 왕으로 뽑히다.
11장	사울이 암몬을 물리치다. 사무엘이 사울을 왕으로 세우다.
12장	사무엘의 고별설교 (오직 마음을 다하여 여호와 하나님만을 진실하게 섬기라)
	하나님께서 우레와 비를 보내셔서 왕을 세워달라 한 죄악이 큼을 알게 하시다.

사울의 통치

13장	사울이 3,000명의 상비군을 배치하다.

사울이 스스로 번제를 드리다.

사무엘이 사울의 행동을 질책하고 왕의 나라가 길지 못할 것이라고 하다.

14장 요나단이 블레셋을 대담하게 습격하여 이스라엘이 승리하다.

15장 사울이 아말렉을 칠 때 하나님의 말씀을 어기다. 하나님께서 사울을 버리시다.

❸ 사울과 다윗

HIS-STORY 사울을 포기하신 후 하나님은 이새의 막내아들 다윗을 왕으로 택하신다. 하나님으로부터 버림받은 사울은 악령에 들려 번뇌한다. 다윗이 블레셋의 거인 골리앗을 죽이고 일약 인기 장수로 부상하자, 사울은 위협을 느낀 나머지 다윗을 죽이려 한다. 사울은 다윗을 사위로 삼은 후에도 여러 차례 다윗을 죽이려고 뒤를 쫓는다. 다윗은 사울 왕의 끈질긴 추격을 피해 모진 고생을 한다. 적지인 블레셋에 들어가 몸을 의지할 정도로 불안하고 정처 없는 삶을 보낸다.

그런 와중에도 하나님의 주권을 존중하는 다윗의 자세는 참으로 훌륭하다. 사울을 죽일 절호의 기회가 두 번 있었지만, 그는 하나님께서 사울을 세우셨다는 이유로 죽이지 않는다. 비록 다윗이 청소년기에 이런 극심한 고난을 겪었지만, 이는 하나님과의 깊은 관계로 들어가는 귀한 기간이기도 했다. 절체절명의 위기 상황은 하나님의 절대 주권을 확실하게 깨닫는 좋은 기회였다. 이런 하나님의 선하신 섭리 속에서 다윗은 하나님을 사랑하는 바른 왕으로 빚어져 간다. 한편 사울은 하나님의 도우심을 받지 못하고 블레셋과 힘겹게 싸우다가 결국 아들들과 함께 전사하고 만다.

• • •

[다윗의 등장]

16장 사무엘이 다윗에게 기름을 붓다. 다윗이 번뇌하는 사울을 위해 수금을 연주하다.

17장 골리앗이 이스라엘을 모욕하다. 다윗이 골리앗을 죽이다.

18장 요나단이 다윗을 자기 생명같이 사랑하다.

사울이 다윗을 시기하여 죽이려 하다. 다윗이 사울의 사위가 되다.

19장 사울이 다윗을 계속 죽이려 하다.

20장 다윗이 사울의 의중을 확인하고 도피하다.

[다윗의 도피]

21장 다윗이 놉으로 가서 제사장 아히멜렉의 도움을 받다.

	다윗이 가드 왕 아기스에게 갔다가 미친 체하며 벗어나다.
22장	다윗이 아둘람 굴로 도망하다. 400여 명이 그에게 모이다.
	사울이 놉의 제사장들을 죽이다. 아비아달만 도망하여 다윗에게 가다.
23장	다윗이 블레셋으로부터 그일라 성읍을 구원하다.
	다윗이 사울을 피하여 광야에 머물다.
	사울이 다윗을 추격하다가 블레셋의 침공 소식에 돌아가다.
	다윗이 엔게디 요새로 피하다.
24장	다윗이 사울의 겉옷만 베고 살려주다.
25장	사무엘이 죽다.
	나발이 다윗의 요구를 무시하여 아비가일이 사과하다.
	나발이 죽다. 다윗이 아비가일을 아내로 삼다.
26장	다윗이 자고 있는 사울을 살려주다.
27장	다윗이 블레셋 땅으로 피신하다.

사울의 죽음

28장	사울이 신접한 여인을 찾다.
29장	블레셋 사람들이 다윗을 전투에서 배제시키다.
30장	아말렉이 다윗의 성읍 시글락을 약탈하다.
	다윗이 아말렉을 뒤쫓아 다시 빼앗다.
31장	사울과 그의 아들들이 전사하다.

○ 시편에서 언급되는 사무엘상의 사건들 ○

사무엘상	사건	시편
19:11	사울의 군사들이 다윗의 집을 포위할 때 미갈이 다윗을 도피시키다	59편
21:10,11	다윗이 가드 왕 아기스에게 가서 신분이 노출되다	56편
21:12-22:1	다윗이 미친 체하여 가드 왕 아기스에게서 벗어나다	34편
22:1, 24:1-3	다윗이 사울을 피하여 동굴 속에 숨다	57편, 142편
22:9-19	에돔인 도엑이 사울에게 다윗이 놉의 제사장에게 들렀음을 고자질하다	52편
23:19, 26:1	십 사람들이 사울에게 다윗 있는 곳을 알려주다	54편

신실한 왕을 빚으시는 하나님

다윗이 골리앗을 거꾸러뜨리고 사울 군대의 지휘관이 되지만, 백성들의 인기를 얻자 사울의 제거 대상이 되어 도망 다니는 신세로 전락한다. 땅은 좁고 숨을 곳도 마땅치 않다. 아둘람 굴에 숨어 살 때는 사회 부적응자가 400명이나 모여 함께 지내야 했다. 자기를 지키려면 병력이 있어야 하니 쫓을 수도 없었다. 그들은 다윗과 함께 싸우며 지냈지만 결코 의병들이 아니었다. 자기들에게 손해가 있을 때에는 언제든 다윗을 칠 준비가 된 이익집단이었다(삼상 30:6). 광야를 전전할 때는 잡힐 위기에 몰리기도 했다. 다윗은 결국 자기가 그토록 미워하는 블레셋 왕에게 건너가 그의 비위를 맞추며 더부살이를 한다. 그야말로 굴욕적인 삶이다. 골리앗과 싸운 청소년 시절부터 30세에 유다 왕으로 추대될 때까지 짧지 않은 세월을 이렇게 살 수밖에 없었다.

그러나 이 세월은 다윗을 하나님의 사람으로 빚어가는 수련의 기간이었다. 정처 없이 살면서 늘 하나님을 의지할 수밖에 없었기에 하나님과 친밀한 교제를 나누는 사이가 되었다. 불편한 추종자들과 오랜 세월을 함께하며 인내를 배웠고, 갈등을 포용하는 리더십을 닦았다. 하나님은 그렇게 준비시킨 다윗을 이스라엘의 왕으로 세우신다. 하나님에게는 당신의 마음을 헤아릴 줄 아는 왕이 꼭 필요했다.

📖 통독 순서 안내 **사무엘상 → 시 59, 56, 34, 57, 142, 52, 54편 → 사무엘하**

사무엘하 개요

1 다윗의 승리

사울이 죽고 나서 다윗은 헤브론에서 유다 지파의 왕이 된다. 사울의 장군 아브넬은 사울의 넷째 아들 이스보셋을 왕으로 세운다. 이스라엘이 둘로 나뉘게 되었지만 다윗은 넉넉한 포용력으로 나라를 통합한다. 다윗은 시온 성을 정복하고 통일된 이스라엘의 수도로 삼으며 다윗 성이라 명명한다. 나라가 안정되자 다윗은 오랫동안 아비나답의 집에 방치되었던 법궤를 다윗 성으로 모셔온다. 법궤를 옮길 때 다윗은 법궤 앞에서 체면을 생각하지 않고 힘을 다하여 춤을 춘다. 숱한 역경에서 자신을 구원해주신 하나님께 대한 진정어린 감사의 표현이었다.

다윗이 하나님의 집(성전)이 없음을 안타깝게 여기니, 하나님은 선지자 나단을 통하여 다윗에게 축복의 언약을 주신다. 다윗의 후손과 다윗의 나라와 왕위가 영원하리라는 것이다(다윗 언약, 삼하 7:4-17). 이 언약은 이스라엘의 역사에 분명하게 이루어진다. 북왕국 이스라엘에는 수많은 반역으로 아홉 왕조가 나타나지만, 남왕국 유다에는 오로지 다윗의 후손 한 왕조만이 굳건하게 이어내려 간다. 이 언약은 왕정 시대에도 성취되지만 먼 훗날 그리스도에 의해 궁극적으로 성취된다(눅 1:32,33). 이러한 축복의 언약을 받은 이스라엘은 군사적으로도 승승장구한다. 주변 나라와 싸울 때마다 승리를 거두며 그들로부터 조공을 받는 강국으로 부상한다.

• • •

정치적 승리

1장 ○ 다윗이 사울의 죽음을 듣고 슬퍼하다.
　　　다윗이 사울과 요나단을 위해 조가를 짓다.

2장 ○ 다윗이 유다 왕이 되다. 이스보셋이 이스라엘 왕이 되다.
　　　기브온에서 아브넬(이스라엘)과 요압(유다) 사이에 싸움이 나다.

3장 ○ 다윗의 아들들(암논, 길르압, 압살롬, 아도니야, 스바댜, 이드르암)
　　　아브넬이 왕국 통합을 추진하다. 요압이 아브넬을 죽이다.

4장 ○ 이스보셋이 살해되다. 다윗이 이스보셋을 살해한 레갑과 바아나를 죽이다.

5장 ○ 다윗이 온 이스라엘의 왕이 되다.
　　　시온 산성을 빼앗고 성을 쌓고 다윗 성이라 이름하다.
　　　다윗이 블레셋을 쳐서 이기다.

영적 축복

6장 ○ 하나님의 궤를 다윗 성으로 옮기다.
　　　다윗이 기뻐 춤을 출 때 미갈이 다윗을 업신여기다.

7장 ○ 하나님께서 나단을 통하여 다윗에게 언약을 주시다.
　　　"네 집과 네 나라가 내 앞에서 영원히 보존되고 네 왕위가 영원히 견고하리라."

군사적 승리

8장 ○ 주변 나라들을 정복하다.

9장 ○ 다윗이 요나단의 아들 므비보셋을 배려하다.

10장 ○ 다윗이 암몬과 싸우다.

② 다윗의 범죄와 고난

📖 **HIS-STORY** 하나님의 도우심으로 다윗 왕국은 든든하게 섰는데, 다윗은 치명적인 범죄를 저지른다. 전쟁에 나가 있는 부하 우리아의 아내 밧세바를 취하는 죄를 범했는데, 이 죄를 숨기려다가 잘 되지 않자 우리아를 전쟁터에서 죽게 만든 것이다. 하나님은 다윗에게 벌을 내리신다. 밧세바가 낳은 아이는 죽고, 자식들 사이에 강간과 살인이 벌어진다. 둘째 아들 압살롬은 아버지 다윗에게 반역을 일으키고 다윗은 맨발로 도망하는 지경에 이르게 된다. 결국 압살롬은 죽고 반역은 수습되지만 다윗은 큰 고통 속에 많은 것을 잃는다. 어려서부터 하나님을 경외하고 의지한 다윗이었지만 그도 인간의 태생적인 죄성을 극복하지는 못했다. 비록 다윗이 이런 죄를 저지르기는 했지만 그 마음의 중심은 늘 하나님을 향했다. 시편 150편 중 거의 반을 다윗이 지었는데 여기에 그 마음이 잘 드러나 있다. 그래서 그는 열왕기에서 이스라엘 왕의 신실함을 평가하는 기준이 되었다(왕상 15:11 ; 왕하 14:3, 16:2, 18:3, 22:2).

• • •

[간음과 살인]

11장 ○ 다윗이 밧세바를 취하고 그녀의 남편 우리아를 죽게 하다.

[가정의 고난]

12장 ○ 하나님이 다윗에게 벌을 예고하시다(칼과 재앙의 저주, 아내를 빼앗김, 아이가 죽음).

밧세바가 낳은 다윗의 아이가 죽다. 솔로몬이 태어나다.

랍바를 점령하다.

13장 ○ 암논이 다말을 욕보이다. 압살롬이 암논을 죽이고 도망하다.

[왕국의 고난]

14장 ○ 압살롬이 예루살렘으로 돌아오다. 다윗이 압살롬과 화해하다.

15장 ○ 압살롬이 헤브론에서 반역을 일으키다. 다윗이 예루살렘에서 도망하다.

16장 ○ 시바가 므비보셋을 모함하다. 시므이가 다윗을 저주하다.

압살롬이 예루살렘에 입성하고 후새는 압살롬에게 위장 전향하다.

17장 ○ 후새가 아히도벨의 기습공격 전략을 무산시키다.

다윗은 마하나임으로 도피하고 아히도벨은 고향에 돌아가 목매어 죽다.

18장 ○ 다윗의 군대가 압살롬의 군대를 이기다. 압살롬이 요압에게 죽임 당하다.

19장 ○ 다윗이 압살롬의 죽음을 크게 슬퍼하자 요압이 다윗에게 항의하다.

시므이, 므비보셋이 다윗을 영접하다. 바르실래가 다윗을 배웅하다.

다윗 왕을 모시는 일로 이스라엘과 유다가 분쟁하다.

20장 베냐민 지파 불량배 세바가 반역을 일으키다. 요압이 세바를 쫓던 중 아마사를 죽이다. 아벨 성읍에서 세바의 머리를 베어 던지므로 요압과 군사들이 돌아가다.

21장 다윗이 기브온 사람들의 요구를 들어주다. 다윗의 용사들이 블레셋의 거인들을 죽이다.

22장 승전 감사 찬양을 올리다(시편 18편과 동일).

23장 다윗의 마지막 말. 다윗의 용사들

24장 인구 조사를 실시하다. 하나님께서 전염병으로 벌하시다.

○ 시편에서 언급되는 사무엘하의 사건들 ○

사무엘하	사건	시편
8:3-14	다윗이 주변 이방(아람, 에돔)과 싸워 승리하다	60편
11-12장	다윗이 밧세바와 동침한 후 회개하다	51편
15:13-18	다윗이 압살롬의 반역을 피하여 도망하다	3편
16:14	다윗이 유다 광야를 거쳐 피신하다	63편
22장	하나님이 다윗을 모든 원수와 사울의 손에서 건져주시다	18편(삼하 22장과 동일)
16:5-8, 20:1-2	베냐민 지파 사람들이 다윗을 대적하다	7편

통독 순서 안내 **사무엘하 → 열왕기상 1-2장 → 시 60, 51, 3, 63, 18, 7편**

열왕기상하

개관

1 저자

열왕기상과 열왕기하는 원래 한 권의 책인데 70인역에서 두 권으로 구분하기 시작했다. 이 책의 저자에 대하여는 결정적인 증거가 없다. 유대 전통은 예레미야를 저자로 보지만 확실하지 않다. 이 책에 언급된 역사자료는 솔로몬의 실록(왕상 11:41), 이스라엘 왕 역대지략(왕하 14:15,28), 유다 왕 역대지략(왕하 14:18, 15:6) 등이다. 이사야서 36-39장은 열왕기하 18-20장과 동일하다.

2 시대

열왕기서는 솔로몬 왕부터 바벨론 포로기까지 왕정 시기 이스라엘의 역사를 다루고 있다. 열왕기상 전반부는 솔로몬의 통치를 기록한다. 열왕기상 후반부와 열왕기하는 남북으로 나뉜 분열왕국의 역사를 기록한다.

3 내용

열왕기서는 솔로몬 이후 이스라엘 왕정의 역사를 기술한다. 하지만 일반 역사책처럼 정치, 사회, 경제사를 설명하려 하지 않는다. 열왕기 저자는 "시내 산에서 하나님과 맺은 언약을 이행하는가?"의 관점에서 왕들의 통치를 기술했다.

열왕기상은 솔로몬 왕의 통치와 왕국의 분열을 기록한다. 솔로몬은 하나님에게 '듣는 마음', 즉 백성들의 말을 잘 듣고 현명한 판단으로 통치할 능력을 구했는데, 그런 마음이 하나님을 기쁘시게 했다. 하나님께서는 부귀와 영화까지 덤으로 주신다. 이런 축복으로 솔로몬은 이스라엘을 크게 번영시킨다. 하지만 통치 후기에 그는 이방 여인들에게 마음을 빼앗겨 하나님을 향한 열심이 식고 우상숭배를 용인하는 잘못을 저지른다. 이에 하나님께서 열 지

106 마음관통 성경통독

파를 솔로몬의 신하 여로보암에게 넘기셔서 나라는 남왕국 유다와 북왕국 이스라엘로 나뉘게 된다.

열왕기하는 두 왕국의 타락과 멸망을 기록한다. 북왕국은 19명의 왕이 다스렸는데 모두 하나같이 악했다. 하나님을 등지고 우상을 섬기며 악정을 펼쳤다. 하나님의 애끓는 호소에도 응답할 줄 몰랐다. 하나님은 결국 타락한 이스라엘을 앗수르에 넘기신다. 남왕국 유다는 20명의 왕이 다스렸는데 8명의 비교적 경건한 왕이 나와 선왕들의 악행을 개혁했지만 백성들 사이에 만연한 불순종의 대세를 돌이킬 수 없었다. 유다의 마지막 왕들은 나라가 위태해질수록 하나님보다는 우상과 주변 강대국을 의지하려 했다. 하나님은 선지자를 보내어 여러 차례 경고하셨지만, 그들은 듣지 않고 오히려 선지자를 핍박했다. 하나님은 결국 유다를 바벨론에게 넘기신다. 예루살렘은 파괴되고 백성들은 포로로 잡혀간다.

4 구조

열왕기상

구분	통일왕국			분열왕국 전기		
	1:1　　　3:1	11:1	12:1	15:1	16:21	
	솔로몬의 등장	솔로몬의 번영	솔로몬의 쇠퇴	왕국의 분열	초기의 왕들	오므리 왕조 (아합과 엘리야)
장소	예루살렘			예루살렘, 사마리아		
기간	BC 970 – BC 930 (약 40년)			BC 930 – BC 853 (약 80년)		

열왕기하

구분	분열왕국 후기			유다 왕국		
	1:1　　　9:1	17:1	18:1	22:1	25:1	
	오므리 왕조와 엘리사	이스라엘 열 왕 유다 여덟 왕	이스라엘의 멸망	히스기야와 악한 두 왕	요시야와 악한 네 왕	유다의 멸망
장소	이스라엘에서 앗수르로			유다에서 바벨론으로		
기간	BC 853 – BC 722 (약 130년)			BC 722 – BC 560 (약 160년)		

열왕기상 개요

1 통일왕국

 밧세바의 아들 솔로몬이 다윗의 왕위를 계승한다. 솔로몬이 천 마리의 양으로 번제를 드리니 하나님께서 무엇을 줄까 물으신다. 이때 솔로몬은 자신의 무능력을 고백하며 '듣는 마음'을 주셔서 선악을 잘 분별하게 해달라고 구한다. 하나님이 주시는 통치 능력으로 나라를 다스리겠다는 것이다.

하나님은 솔로몬의 요구를 매우 기뻐하셨다. 그렇게 된다면 이스라엘은 하나님의 선하신 주권 아래 다스려질 수 있기 때문이다. 이에 하나님은 부귀와 영화도 덤으로 주신다. 솔로몬은 하나님이 주신 통치 능력을 발휘하여 이스라엘을 번영시키는 한편 하나님의 성전과 궁전을 건축한다. 정치적, 군사적, 영적으로 부흥한 이스라엘은 세계의 선망의 대상이 된다. 그러나 안타깝게도 이 번영은 솔로몬의 배교로 내리막길을 걷게 된다.

문제는 솔로몬이 맞아들인 수많은 이방 여인들. 하나님은 이방 여인과의 통혼을 엄격히 금지하셨고(출 34:16) 많은 아내를 두지도 말라고 하셨지만(신 17:17) 솔로몬은 이를 따르지 않았다. 그는 말년에 이방 여인들의 유혹에 넘어가 그들이 가져온 우상을 섬기고 신전을 건축해준다. 하나님은 솔로몬에게 두 번이나 나타나셔서 경고하셨으나 그는 돌이키지 않았다. 이에 하나님은 진노하시고 이스라엘의 열 지파를 여로보암에게 넘기신다.

• • •

[솔로몬의 등장]

1장
○ 다윗이 기력이 쇠하다. 아도니야가 스스로 왕이 되려 하다(요압과 아비아달이 동참).

다윗이 솔로몬에게 왕위를 계승하다.

2장
○ 다윗이 솔로몬에게 유언하고 죽다.

솔로몬이 인적 청산을 단행하다(아도니야, 아비아달, 요압, 시므이).

✦ 통독 순서 안내 열왕기상 1-2장 → 시 60, 51, 3, 63, 18, 7편 → 역대상 → 시 1-40편 → 열왕기상 3-10장

[솔로몬의 번영]

3장
○ 솔로몬이 '듣는 마음'(재판의 지혜)을 구하다.

솔로몬이 두 창기의 분쟁을 지혜롭게 재판하다.

4장	솔로몬이 거느린 신하들
	이스라엘이 부강해지며 솔로몬의 지혜가 널리 알려지다.
5장	성전 건축을 준비하다.
6장	7년에 걸쳐 성전을 건축하다.
7장	13년에 걸쳐 궁전을 건축하다.
	성전 부속 시설을 제작하다(놋 기둥, 바다, 물두멍, 기구들).
8장	언약궤를 다윗 성에서 성전으로 옮기고 성전 봉헌식을 거행하다.
9장	하나님께서 솔로몬에게 나타나시다(순종하면 왕위가 영원할 것이라).
	두로 왕 히람에게 성읍 20곳을 주다.
	전략적 요충지를 건축하고 국제 교역을 활성화하다.
10장	솔로몬의 영광이 세계에 알려지다.

> ✝️ 통독 순서 안내 열왕기상 3-10장 → 역대하 1-9장 → 잠언 → 아가 → 시 72, 127, 41-47편 → 열왕기상 11장

솔로몬의 쇠퇴

11장	솔로몬이 많은 이방 여인(700후궁, 300첩)과 결혼하고 우상을 섬기다.
	하나님께서 이방인(하닷, 르손)을 솔로몬의 대적이 되게 하시다.
	하나님께서 여로보암에게 열 지파를 넘기시다. 솔로몬이 40년을 통치하고 죽다.

> ✝️ 통독 순서 안내 열왕기상 11장 → 전도서 → 욥기 → 시 48-66편 → 열왕기상 12-22장

② 분열왕국 전기

 솔로몬의 아들 르호보암에 이르러 나라는 남왕국 유다와 북왕국 이스라엘로 나뉜다. 표면적으로는 르호보암이 무거운 부역을 경감해달라는 백성들의 요구를 탄압했기 때문이지만, 근본 원인은 솔로몬이 저지른 우상숭배 때문이며 이미 하나님께서 작정하신 일이었다(왕상 11:11,12). 열왕기상은 남왕국의 르호보암에서 여호사밧까지 4명의 왕과 북왕국의 여로보암에서 아하시야까지 8명의 통치를 기록한다.

유다와 베냐민을 제외한 열 지파를 받은 여로보암은 시작부터 잘못된 길을 간다. 자신이 통치하는 북왕국의 남북 경계 지점(벧엘과 단)에 금송아지 우상을 세우고, 레위인이 아닌 일

반인으로 제사장을 삼으며, 율법에 없는 절기(8/15)를 제정하는 등 율법에서 엄격히 금지하는 일을 저지른다. 나라를 주신 분은 하나님인데 그 하나님을 버리고 우상을 섬기는 여로보암의 배신에 하나님은 진노하신다(왕상 14:7-16). 첫 단추가 잘못 끼워진 북왕국 이스라엘은 끝까지 제자리를 찾지 못한다. 여로보암은 악한 왕의 상징이 되어버리고, 이스라엘에는 여덟 번의 쿠데타가 일어나 아홉 개의 왕조가 등장했다가 스러져 간다. 단 한 명의 왕도 하나님 앞에 신실하지 않았다. 아합 왕 때에는 하나님께서 선지자 엘리야를 보내어 돌이키게 하려고 애쓰셨지만 효과가 없었다. 남왕국 유다 역시 르호보암 때부터 많은 왕들이 악을 행한다. 하지만 아사, 여호사밧과 같이 경건한 왕들도 때로 나타나 나라를 바로 세우려 노력한다.

• • •

왕국의 분열

12장 열 지파가 여로보암에게 돌아서다.

이스라엘 왕 여로보암

여로보암이 율법을 거스르다(금송아지, 일반인 제사장, 틀린 절기).

13장 하나님의 사람이 여로보암의 잘못을 규탄하다.

늙은 선지자가 하나님의 사람을 속이다.

14장 여로보암 가문 남자가 다 죽을 것이라 말씀하시다.

여로보암이 22년을 통치하고 죽다.

유다 왕 르호보암

산당과 우상을 세우다. 17년 통치

초기의 왕들

15장 유다 왕 아비얌

아비의 죄를 행하다. 3년 통치

유다 왕 아사

다윗과 같이 바르게 행하며 하나님 앞에 평생 온전하게 살다. 41년 통치

남색하는 자 추방, 우상 철거, 아세라 상을 만든 어머니를 폐위시키다.

이스라엘 왕 나답

아비를 따라 악을 행하다. 2년 통치

이스라엘 왕 바아사

여로보암의 가문을 죽이고 왕이 되어 악을 행하다. 24년 통치

16장 이스라엘 왕 엘라

악을 행하다. 2년 통치. 시므리에 의해 온 집안이 죽임 당하다.

○ 유다와 이스라엘의 왕들 ○

통일왕국 이스라엘	
사울	1050-1010 (40)
다윗	1010-970 (40)
솔로몬	970-930 (40)

선지자	연대 (BC)	남 유다	북 이스라엘	연대 (BC)	선지자
스마야	930-913 (17)	르호보암	여로보암	930-910 (22)	아히야, 잇도
잇도	913-911 (3)	아비야(아비얌)			
아사랴 하나니	911-870 (41)	아사★	나답	910-909 (2)	
			바아사*	909-886 (24)	예후
			엘라	886-885 (2)	
			시므리*	885 (7일)	
			오므리*	885-874 (12)	
예후, 야하시엘 엘리에셀	873-848 (25)	여호사밧★	아합	874-853 (22)	엘리야 / 미가야
			아하시야	853-852 (2)	
	848-841 (8)	여호람(요람)	요람(여호람)	852-841 (12)	엘리야
	841 (1)	아하시야 (여호아하스)			
	841-835 (6)	아달랴	예후*	841-814 (28)	엘리사
	835-796 (40)	요아스★	여호아하스	814-798 (17)	
	796-767 (29)	아마샤★	요아스	798-782 (16)	
	790-739 (52)	웃시야★ (아사랴)	여로보암 2세	793-753 (41)	요나, 아모스
			스가랴	753-752 (6월)	
			살룸*	752 (1월)	
미가 / 이사야	750-735 (16) 734-732 요담, 아하스 공동통치	요담★	므나헴*	752-742 (10)	호세아
			브가히야	742-740 (2)	
			베가*	752-732 (20)	오뎃
	731-715 (16)	아하스	호세아*	732-722 (9)	
	715-686 (29)	히스기야★	북왕국 멸망	930-722 (209)	
나훔	697-642 (55)	므낫세			
	642-640 (2)	아몬			
스바냐 / 예레미야 / 다니엘↓	640-609 (31)	요시야★			
	609 (3월)	여호아하스			
하박국	609-598 (11)	여호야김			
	597 (3월)	여호야긴			
에스겔↓	597-586 (11)	시드기야			
	930-586 (345)	남왕국 멸망			

▷ 통치 기간이 겹치는 부분은 공동통치 기간이다.
(괄호 안의 숫자는 왕의 재위 기간)

▷ 유다는 하나의 다윗 왕조를 유지했으나, 이스라엘은 8차례의 반역으로 9개 왕조가 있었다.
(이스라엘 왕 이름의 * 표시는 새 왕조의 시작을 의미)

▷ 이스라엘 왕 19명은 모두 악한 왕이었다. 유다 왕 20명 중 8명은 선한 왕으로 평가받았다. (★ 선한 왕)

※ 왕들의 통치 연대는 학자들 간에 정확히 일치하지 않는다.

이스라엘 왕 시므리

7일 동안 재위. 오므리가 왕으로 추대되니 궁에 불을 지르고 죽다.

[오므리 왕조]

16장 이스라엘 왕 오므리

여로보암의 길로 악을 행하다. 12년 통치. 사마리아 성읍을 건축하다.

이스라엘 왕 아합

이전 사람보다 더욱 행악하다. 이세벨과 결혼. 바알 신전을 건축하다.

17장 엘리야가 아합에게 가뭄을 예언하다. 까마귀들이 음식을 공급하다.

엘리야의 기적 (사르밧 과부 집에 가루와 기름을 채우다. 죽은 아이를 살리다)

18장 엘리야의 기적 (제단에 하나님의 불을 내리다)

엘리야가 바알 선지자들을 죽이다. 큰 비가 내리다.

19장 엘리야가 호렙 산까지 도망하다. 하나님이 엘리야를 부르시다.

엘리야가 엘리사를 부르다.

20장 아합이 아람을 두 차례 이기게 하시다.

21장 아합이 나봇의 포도원을 빼앗다.

아합 가문에 재앙을 선포하시다.

"남자가 모두 죽고 개들이 이세벨을 먹으리라."

22장 선지자 미가야가 아합에게 경고하다. 아합이 화살에 맞아 죽다.

유다 왕 여호사밧

하나님 앞에 바르게 행하다. 남색하는 자 추방. 25년 통치

이스라엘 왕 아하시야

바알을 섬기며 악을 행하다. 2년 통치

 통독 순서 안내 열왕기상 12-22장 ➡ 열왕기하 1-14장 ➡ 역대하 10-25장 ➡ 요나 ➡ 아모스 ➡ 시 67-77편 ➡ 열왕기하 15-17장

HIS-heart 엘리야가 비를 오게 했다? (왕상 18장)

"엘리야가 갈멜산에 올라가 일곱 번이나 기도해서 오랜 가뭄이 그치고 비가 내렸다." 이렇게 알고 있다면 사실과는 거리가 있다. 가뭄이 삼 년째 되었을 때 하나님께서 엘리야를 불러 말씀하셨다. "너는 가서 아합에게 보이라 내가 비를 지면에 내리리라"(왕상 18:1). 엘리야는 그 말씀을 듣고 아합에게 나아가 가뭄의 원인은 바알을 섬겼기 때문이라고 지적하면서 바알 선지자와 아세라 선지자를 모두 갈멜 산에 집합시켜달라고 한다. 그 뒤에 벌어진 이야기는 18장에 잘 설명되어 있다.

그가 무심한 하나님의 마음을 움직여서 비를 오게 한 것이 아니다. 가뭄 사건은 모두 하나님에 의해 기획 연출된 것이다. 가뭄이 시작된 것, 엘리야가 그릿 시내로 간 것, 그 후에 시돈의 사르밧 과부 집에 피신한 것, 삼 년 후 아합에게 나아간 것, 엘리야가 바알 선지자를 대적하게 한 것, 가뭄이 그치고 비가 내린 것 모두 하나님이 주관하신 것이었다. 그렇게 하신 이유는 분명하다. 이스라엘이 헛된 우상숭배를 그치고 하나님께 돌아오라는 것이다.

열왕기하 개요

1 분열왕국 후기

HIS-STORY 이스라엘이 계속 악에서 헤어나지 못하자 하나님은 엘리야와 엘리사를 보내어 말씀과 이적으로 돌이키려 하신다. 그러나 이스라엘의 왕과 백성들은 하나님의 능력을 목도하면서도 하나님에게 돌아오지 않는다. 이방 도시 니느웨는 선지자 요나의 경고를 받았을 때 신속하게 회개했다. 그러나 정작 선택받은 민족 이스라엘은 반응하지 않는다. 하나님께서 선지자 아모스를 통해 이스라엘의 불의를 꾸짖으시고, 호세아를 보내어 하나님의 애타는 마음을 호소하지만 이스라엘은 돌이키지 않는다. 결국 하나님은 이스라엘을 앗수르에 넘기신다. 앗수르는 이스라엘의 수도 사마리아를 점령하고 이스라엘 백성들을 앗수르 땅으로 이주시키고, 자기 백성들도 이스라엘 지역에 이주시켜서 이스라엘은 혼합종교의 땅으로 전락하고 민족적 정체성도 잃게 된다.

남왕국의 여호람 왕은 북왕국 아합의 딸 아달랴를 왕비로 맞아들임으로써 북왕국 아합의 집처럼 타락한다. 이 때문에 아사, 여호사밧을 잇는 경건한 왕의 맥이 끊어졌다가 요아스 왕 때 가까스로 회복된다. 하나님은 유다에 선지자 이사야, 미가를 보내어 불순종을 경고하며 회개를 촉구하신다. 유다에서는 요아스 다음에 아마샤, 웃시야(아사랴), 요담 등 몇 명의 경건한 왕들이 나타나지만 온전하지 못했고 불순종의 대세를 돌이키기에는 역부족이었다.

• • •

오므리 왕조와 엘리사

1장 이스라엘 왕 아하시야

하나님이 엘리야를 보내어 아하시야를 꾸짖다.

엘리야의 기적 (아하시야가 보낸 군사들을 불태우다. 아하시야가 죽다)

2장 엘리사가 엘리야에게 구하다.

"당신의 성령이 하시는 역사가 갑절(두 몫)이나 내게 있게 하소서."

엘리야가 하늘로 올라가다.

엘리사의 기적 (여리고 성읍의 물을 고치다)

엘리사를 조롱한 아이들이 곰에게 죽다.

3장 이스라엘 왕 여호람(요람)

아합의 아들 여호람이 여로보암의 죄를 짓다. 12년 통치

엘리사의 기적 (골짜기 가득 물이 고이다)

4장 엘리사의 기적 (과부의 기름 그릇을 채워주다. 죽은 아이를 살리다. 호박국을 해독하다. 보리떡 20개로 100명을 먹이다)

5장 엘리사의 기적 (나아만의 피부병을 치유하다)

6장 엘리사의 기적 (물에 빠뜨린 도끼가 떠오르다. 아람 군대의 공격 계획을 미리 알리다. 아람 군대의 눈을 어둡게 하다)

아람 왕이 사마리아를 포위하다. 굶주림으로 음식값이 폭등하다.

7장 엘리사의 예언 (음식가격 폭락을 예언하다. 아람 군대가 도망가고 음식값이 폭락하다)

8장 수넴 여인이 자기 땅을 되찾다.

엘리사의 예언 (하사엘이 아람 왕 될 것을 말하다)

유다 왕 여호람

아내 아달랴 때문에 아합의 집과 같이 악을 행하다. 8년 통치

유다 왕 아하시야

아합의 집과 같이 악을 행하다. 1년 통치. 예후에게 죽임 당하다.

이스라엘 열 왕, 유다 여덟 왕

9장 이스라엘 왕 예후

예후가 왕으로 추대되다.

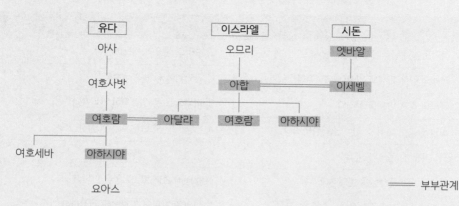

His-heart 오므리 왕조 시기 유다 – 이스라엘 – 시돈 왕가의 혈연관계

이스라엘의 아합이 시돈 여자 이세벨과 결혼하면서 배교의 피가 이스라엘과 유다에 흘러 들어온다. 이세벨은 시돈 왕 엣바알('바알과 함께'라는 뜻)의 딸로서 우상숭배에 젖은 악한 여자였다. 아합은 이세벨의 부추김을 받아 우상을 섬기고 악정을 펼쳤다. 그의 딸 아달랴 또한 그 어미와 같은 여자였다. 아달랴가 유다의 여호람과 결혼하면서 유다 왕가에도 배교의 피가 흘러든다. 그전에 유다의 아사, 여호사밧은 경건한 왕이었다. 그러나 아달랴의 영향을 받은 여호람과 아하시야는 악을 행했다(왕하 8:18,27). 시돈의 악한 피가 유다 왕가의 경건한 맥까지 끊어버린 것이다. 아달랴는 아들 아하시야가 죽자 손자들을 모두 죽이고 자신이 왕위에 앉는 패악을 저지른다. 아달랴가 손자들을 죽일 때 아하시야의 누이 여호세바는 아하시야의 아들 요아스를 빼내어 몰래 키운다. 요아스가 일곱 살이 되었을 때 여호세바의 남편인 제사장 여호야다가 아달랴를 쫓아내고 요아스를 왕위에 앉게 함으로써 다윗의 왕통은 회복된다. 아울러 유다 왕가에 침투한 악한 핏줄은 모두 제거된다. 한편 이스라엘 왕가를 더럽힌 이세벨의 핏줄들은 하나님이 세운 예후에 의해 모두 처단된다(왕하 9:1-10). 결국 이세벨의 피는 제거되었지만 이스라엘과 유다는 영적으로 큰 손실을 입었다.

10장
예후가 이스라엘 왕 요람, 유다 왕 아하시야, 이세벨을 죽이다.
예후가 아합의 아들들, 아하시야 왕의 형제들, 아합의 잔당, 바알 선지를 죽이다.
예후가 죽다. 하나님께서 이스라엘 땅을 잘라내기 시작하시다.

11장
유다 여왕 아달랴
아달랴가 자손들을 죽이고 왕이 되다. 6년 통치
제사장 여호야다가 숨겨 키운 왕자 요아스를 왕으로 추대하고 아달랴를 죽이다.
여호야다가 신앙을 개혁하다.

○ 구원하시는 하나님을 드러내는 사건들 ○

엘리야 시대	엘리사 시대
1. 까마귀들이 엘리야에게 음식을 나르다	1. 여리고 샘물이 깨끗해지다
2. 과부의 집에 가루와 기름이 채워지다	2. 골짜기에 물이 가득차다
3. 과부의 죽은 아들을 살리다	3. 과부의 그릇에 기름이 가득차다
4. 제단에 불이 내려 참 하나님을 증명하다	4. 수넴 여인의 죽은 아들이 살아나다
5. 3년 가뭄 뒤 폭우가 내리다	5. 독이 든 국을 해독하다
6. 아하시야의 군사들을 불태우다	6. 보리떡 20개로 100명을 먹이다
7. 엘리야가 하늘로 올리우다	7. 나아만 장군의 피부병을 치료하다
	8. 물에 빠뜨린 도끼가 떠오르다
	9. 아람의 공격 계획을 미리 알리다
	10. 아람 군대의 눈을 어둡게 하다
	11. 아람 군대가 도망하여 음식값이 폭락하다
	12. 하사엘이 왕이 될 것을 예언하다

12장 ○ 유다 왕 요아스

제사장 여호야다가 왕을 교훈하는 동안 하나님 앞에 바르게 행하다. 40년 통치

성전 보수 체계를 세우다. 여호야다가 죽은 후 우상을 섬기다.

신하들이 역모를 꾸며 요아스를 죽이다.

13장 ○ 이스라엘 왕 여호아하스

여로보암의 죄를 따라 악행하다. 17년 통치

아람에게 멸절 당하여 군사력이 대폭 약화되다.

이스라엘 왕 요아스

여로보암의 죄를 따라 악행하다. 16년 통치

엘리사가 죽다.

하나님께서 아람에게 빼앗겼던 성읍을 되찾게 하시다.

14장 ○ 유다 왕 아마샤

하나님 보시기에 바르게 행했으나 다윗 같지는 않음

아마샤가 신하들의 반역으로 죽임 당하다.

이스라엘 왕 여로보암 2세

여로보암을 따라 행악하다. 41년 통치

하나님께서 긍휼히 여겨 이스라엘 영토를 회복하게 하시다.

 통독 순서 안내 열왕기하 1-14장 → 역대하 10-25장 → 요나 → 아모스 → 시 67-77편 → 열왕기하 15-17장

15장 ○ 유다 왕 아사랴 (웃시야)

하나님 보시기에 바르게 행했으나 산당은 제거하지 않음. 52년 통치

나병을 얻어 평생 별궁에 살고 아들 요담이 다스리다.

이스라엘 왕 스가랴

여로보암의 죄를 짓다. 6개월 통치. 살룸에게 죽임 당하다.

이스라엘 왕 살룸

즉위 1개월 만에 므나헴에 의해 죽임 당하다.

이스라엘 왕 므나헴

여로보암의 죄를 짓다. 10년 통치. 앗수르에 은 1,000달란트를 바치다.

이스라엘 왕 브가히야

여로보암의 죄를 짓다. 2년 통치. 베가에 의해 죽임 당하다.

이스라엘 왕 베가

여로보암의 죄를 짓다. 20년 통치. 호세아에 의해 죽임 당하다.

앗수르가 이스라엘 북부 지역을 점령하고 백성들을 잡아가다.

유다 왕 요담

하나님 보시기에 바르게 행했으나 산당을 제거하지 않음. 16년 통치

16장 ○ 유다 왕 아하스

이방의 가증한 일을 행하다(자식을 불사름, 산당에서 제사). 16년 통치

[이스라엘의 멸망]

17장 ○ 이스라엘 왕 호세아

악을 행하다. 9년 통치. 앗수르가 사마리아를 점령하다.

앗수르가 이스라엘 백성을 앗수르로, 앗수르 사람을 사마리아로 이주시키다.

 통독 순서 안내 열왕기하 15-17장 → 역대하 26-28장 → 호세아 → 열왕기하 18-20장

○ 열왕기하 시대의 이스라엘, 유다, 앗수르의 왕들 ○

선지자 / 유다 왕		이스라엘 왕 / 선지자		앗수르 왕
	여호사밧★ (873-848)	아합 (874-853)	엘리야 / 미가야	살만에셀 3세 (859-824)
		아하시야 (853-852)	엘리야	
	여호람 (848-841)	요람(852-841)	엘리사	
	아하시야(841)			
	아달랴 (841-835)	예후* (841-814)		아닷니라리 3세 (811-783)
	요아스★ (835-796)	여호아하스 (814-798)		
	아마샤★ (796-767)	요아스 (798-782)		
	웃시야★ (아사랴) (790-739)	여로보암 2세 (793-753)	요나, 아모스	앗수르 쇠퇴기
		스가랴 (753-752)	호세아	
		살룸* (752)		
미가 / 이사야	요담★ (750-735)	므나헴* (752-742)		디글랏빌레셀 3세 (745-727)
		브가히야 (742-740)		
		베가* (752-732)	오뎃	
	아하스 (731-715)	호세아* (732-722)		살만에셀 5세 (727-722)
	히스기야★ (715-686)			사르곤 2세 (722-705)
				산헤립 (705-681)
나훔	므낫세 (697-642)			에살핫돈 (681-669)
	아몬 (642-640)			아슈르바니팔 (669-627)
스바냐	요시야★ (640-609)			
	여호아하스 (609)			
하박국 / 예레미야 / 다니엘	여호야김 (609-598)			
	여호야긴 (597)			
에스겔	시드기야 (597-586)			

② 유다 왕국

이스라엘의 열 지파가 멸망했으니 이제 하나님은 유다 지파에 희망을 걸 수밖에 없다. 다행히도 유다 왕국은 히스기야 왕의 영도 아래 대대적인 종교개혁 조치를 단행하고 오랜만에 하나님의 마음을 시원하게 한다. 히스기야가 당긴 개혁의 불씨가 피어나 유다가 하나님의 나라로 서야 하는 절박한 상황이다.

그러나 하나님의 기대는 무참하게 깨진다. 히스기야의 아들 므낫세는 이방 족속보다도 더 심한 악행을 저지른다. 온갖 우상을 섬기고 심지어 자기 아들을 제물로 바치는 등 끔찍한 짓을 서슴지 않았는데, 그가 그렇게 나라를 망친 세월이 자그마치 55년이었다. 그의 아들 요시야 왕은 상당한 개혁조치를 취했지만, 므낫세의 악행이 워낙 심각하여 하나님의 진노가 가라앉지 않았다.

이즈음 앗수르는 쇠락하고 바벨론이 메소포타미아 지역의 강국으로 등장한다. 요시야 다음 네 명의 왕은 바벨론의 위협에 직면하게 되는데, 그들은 하나님을 의지하지 않고 불순종을 일삼으며 주변 강대국에 기댈 생각만 했다. 상황이 심각해지자 하나님은 선지자 예레미야, 스바냐, 하박국을 보내어 임박한 멸망을 경고하지만 유다는 이 경고를 듣지 않는다.

결국 남왕국 유다는 신흥 강대국 바벨론에 의해 멸망하고 만다. 대부분의 백성들이 바벨론으로 끌려가서 70년간 포로로 살게 된다. 하나님은 이때 다니엘과 에스겔을 함께 보내어 포로 된 백성들을 깨우치게 하신다. 끝내 불순종한 유다를 징계하시면서도 어떻게든 돌이켜 바로 세우려고 애쓰는 하나님의 모습이 안쓰럽다.

• • •

| 히스기야와 악한 두 왕 |

18장 ○ 유다 왕 히스기야

하나님 보시기에 바르게 행하며 29년 통치

산당 제거, 우상 파괴, 모세가 만든 놋뱀 파괴

앗수르 왕 산헤립이 예루살렘을 포위하고 하나님을 모욕하다.

19장 ○ 하나님의 사자가 앗수르 군사 185,000명을 죽이다.

산헤립이 돌아가서 부하들에게 죽다.

20장 ○ 히스기야가 생명을 15년 연장받다.

바벨론의 사자들에게 왕궁의 모든 것을 보여주다.

히스기야가 물을 성 안으로 끌어들이다. 히스기야가 죽다.

통독 순서 안내 열왕기하 18-20장 → 역대하 29-32장 → 미가 → 이사야 → 열왕기하 21장

21장 유다 왕 므낫세

악을 행하며 55년 통치. 우상숭배, 자식을 불사름, 무죄한 자를 많이 죽이다.

유다 왕 아몬

아비처럼 악을 행하다. 2년 통치. 신하들의 반역으로 죽다.

 통독 순서 안내 열왕기하 21장 → 역대하 33장 → 나훔 → 열왕기하 22-25장

[요시야와 악한 네 왕]

22장 유다 왕 요시야

하나님 보시기에 바르게 행하며 31년 통치(8세 즉위)

성전에서 율법책을 발견하다.

23장 요시야의 종교개혁(율법 책을 읽어줌, 산당과 우상 제거, 유월절을 성대하게 지킴)

요시야 왕이 애굽의 바로 느고를 저지하다가 죽다.

유다 왕 여호아하스

하나님 보시기에 악을 행하다. 3개월 통치.

애굽에 끌려가 죽다. 바로 느고가 여호야김을 왕으로 세우다.

24장 유다 왕 여호야김

하나님 보시기에 악을 행하다. 11년 통치

유다 왕 여호야긴

하나님 보시기에 악을 행하다. 3개월 통치(18세 즉위)

왕과 만 명 이상의 백성이 바벨론에 잡혀가다.

느부갓네살이 시드기야를 왕으로 세우다.

유다 왕 시드기야

하나님 보시기에 악을 행하다. 11년 통치

[유다의 멸망]

25장 느부갓네살이 예루살렘 점령, 성전 파괴, 왕과 남은 백성을 바벨론으로 끌고 가다.

그달리야가 죽임 당하다. 여호야긴이 포로 37년 만에 석방되다.

◦ 유다 왕국의 마지막 왕들 ◦

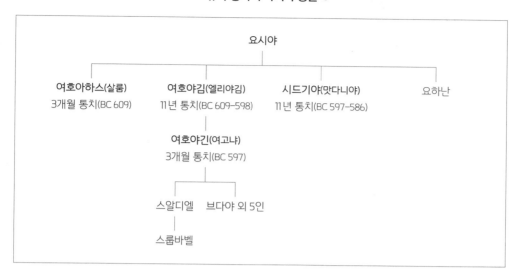

```
                              요시야
        ┌──────────────┬──────────────┬──────────────┐
   여호아하스(살룸)    여호야김(엘리야김)    시드기야(맛다니야)        요하난
  3개월 통치(BC 609)  11년 통치(BC 609-598)  11년 통치(BC 597-586)
                              │
                         여호야긴(여고냐)
                        3개월 통치(BC 597)
                    ┌─────────┴─────────┐
                  스알디엘        브다야 외 5인
                    │
                  스룹바벨
```

◦ 남왕국 유다 말기의 국제관계 스토리 ◦

앗수르와 애굽의 공격을 받던 시기 (BC 701-606)	바벨론의 공격을 받던 시기 (BC 605-586)	유다 멸망 이후 (BC 586-)
▷ 앗수르의 수도 니느웨가 BC 612년에 바벨론에 의해 함락된다. 애굽은 앗수르를 도와 바벨론의 팽창을 막으려 군사를 일으킨다. 유다의 요시야 왕은 앗수르를 도우러 가는 애굽 군대를 막아 싸우다가 전사한다. 애굽과 앗수르 연합군은 바벨론에게 패배하고 앗수르는 힘을 잃는다. ▷ 애굽의 바로 느고는 유다 왕 여호아하스(요시야의 아들)를 애굽에 인질로 잡아가면서 여호야김을 왕으로 세운다(BC 609).	▷ 애굽과 바벨론이 대치하다가 바벨론 왕 느부갓네살이 갈그미스 전투에서 애굽에 승리한다. 느부갓네살은 유다를 자신의 지배하에 복속시키고 다니엘과 그 친구들을 잡아간다(BC 605). ▷ 얼마 후 유다 여호야김 왕이 친애굽 노선으로 돌아서자 바벨론은 예루살렘을 공격한다. 이때 여호야김 왕이 죽는다. 그 뒤를 이은 아들 여호야긴은 바벨론에 인질로 잡혀간다(BC 597). 이때 유다 지도층을 포함한 만 명 이상의 백성들과 에스겔이 함께 끌려간다. 느부갓네살은 여호야긴 대신 그의 삼촌 시드기야를 왕으로 세우고 돌아간다. ▷ 시드기야 왕은 바벨론을 벗어나 애굽과 동맹을 맺으려 하다가 결국 바벨론에 의해 멸망한다(BC 586). 유다의 남은 백성들이 또 바벨론에 잡혀간다.	▷ 바벨론은 유다 지역 총독으로 그달리야를 임명한다. ▷ 유다 왕족 중 하나가 그달리야를 죽인다. 유다의 남은 사람들은 바벨론의 보복을 두려워하여 애굽으로 도망한다. 이때 예레미야를 강제로 데리고 간다.

🔖 통독 순서 안내 열왕기하 22-25장 → 역대하 34-36장 → 스바냐

역대기상하

1 저자

유대 전승에 따르면 제사장 에스라가 기록했다고 한다. 역대기는 에스라서와 문체가 유사하며 제사장적 관점에서 서술되고 있다(계보, 성전예배, 제사장의 사역, 율법에 대한 순종 등). 저자는 많은 자료를 참고하여 저술했다(대상 9:1, 27:24, 29:29; 대하 9:29, 12:15, 20:34, 26:22, 32:32, 33:19, 35:4). 본래 한 두루마리였으나 70인역에서 둘로 나누기 시작했다.

2 시대

역대기상 1-9장에서는 아담부터 다윗까지의 계보를 기록한다. 그 후에는 다윗의 통치에 초점을 맞추어 서술하기 시작하여 바사의 고레스 왕이 이스라엘에게 예루살렘 귀환을 허락하는 장면으로 마무리 된다.

3 내용

역대기상하는 사무엘하부터 열왕기하까지의 기간과 같은 시대의 역사를 기록한다. 그러나 역사를 서술하는 관점은 매우 다르다. 앞의 역사서들은 하나님이 주신 율법에 순종하는가에 초점을 맞추어 왕들의 통치를 기록했다. 그러나 역대기는 포로에서 갓 귀환한 백성들에게 용기를 주기 위해 기록했다는 점에서 큰 차이가 있다. 따라서 역대기는 과거 이스라엘의 영광의 시기를 집중적으로 다루는데, 특히 예루살렘 성전에 초점을 둔다. 성전은 하나님의 임재를 상징하는 것이기 때문이다. 역대기상 11-29장은 성전 건축 준비 과정을, 역대기하 1-9장은 성전 건축과 봉헌에 많은 지면을 할애하고 있다.

　역대기상은 다윗의 계보로 시작하여 다윗의 의로운 통치를 기록한다. 다윗의 생애에서 부정적인 사건들, 예컨대 다윗과 사울의 갈등, 밧세바 사건, 압살롬의 반역 사건 등은 과감하게 생략되었다. 반면에 다윗의 성전 건축 준비와 성전 예배 등에 관해서는 사무엘하에 없는 내용이 첨가되기도 했다. 역대기하는 다윗 왕의 통치를 귀감으로 삼는 후대 왕들에 초점을 맞춘다. 아사, 여호사밧, 요아스, 히스기야, 요시야 등 열정적인 개혁자들을 소상히 다루고 있다. 경건한 왕이 있었지만 유다는 점점 타락하여 결국 바벨론에 패망하고 포로로 끌려간다. 그러나 역대기하는 여기서 끝나지 않는다. 하나님께서 바사의 고레스 왕을 움직여 유다 백성이 예루살렘에 돌아가 성전을 건축하게 하셨다는 희망의 소식으로 마무리된다. 북왕국 이스라엘 왕들에 관한 기사는 모두 생략되고 있는데, 이는 그들이 성전과 관계가 없기 때문이다.

4 구조

역대기상

구분	다윗의 왕통		다윗의 통치				
	1:1　　　　　　　10:1	13:1	18:1	21:1	28:1	
	다윗과 이스라엘의 계보	다윗의 등극	언약궤를 성전에 모심	다윗의 승리	성전 건축 준비	다윗의 말년
장소	이스라엘					
기간	수천 년	BC 1010 – BC 970 (약 40년)				

역대기하

구분	솔로몬의 통치			유다 왕들의 통치		
	1:1　　2:1　　　　8:1		10:1	14:1	36:1	
	솔로몬의 즉위	성전의 낙성	솔로몬의 영화	왕국의 분열	아사, 여호사밧, 요아스, 히스기야, 요시야의 개혁	유다의 몰락
장소	유다					
기간	BC 970 – BC 930 (약 40년)			BC 930 – BC 538 (약 390년)		

역사서 대조

언급한 바와 같이 역대기상하는 사무엘상하, 열왕기상하와 같은 시기를 기록하는데 다른 관점에서 기록했기 때문에 내용상의 차이가 있다. 북왕국 이스라엘에 관한 내용, 남왕국 유다의 역사 중에서도 귀감이 되지 않는 내용은 생략되었다. 한편 성전과 관련된 내용, 경건한 왕의 치적에 대해서는 앞의 두 책보다 상세하게 설명한다. 이런 점에 주목하여 읽는다면 역대기를 잘 이해할 수 있을 것이다. 차이점에 대한 이해를 돕기 위해 역대기상하에서는 개요 대신 '역사서 비교표'로 대치한다.

○ **역사서 비교표** ○

사무엘하 / 열왕기상하		역대기상하	
사무엘상		**역대상**	
삼상 31장	사울과 요나단이 죽다	**대상 10장**	사울과 요나단이 죽다
사무엘하			
삼하 1장	사울이 죽은 소식을 다윗이 듣다		–
	다윗이 사울과 요나단의 죽음을 애도하다		–
삼하 2장	다윗이 유다의 왕이 되다		–
	이스보셋이 이스라엘의 왕이 되다		–
	이스라엘과 유다의 전쟁		–
삼하 3장	다윗의 아들들	**대상 3장**	다윗의 아들들
	아브넬이 이스보셋을 배반하다		–
	아브넬이 살해되다		–
	아브넬을 장사하다		–
삼하 4장	이스보셋이 살해되다		–
삼하 5장	다윗이 온 이스라엘의 왕이 되다	**대상 11장**	다윗이 온 이스라엘의 왕이 되다.
	다윗이 시온을 빼앗아 성을 둘러 쌓다		다윗이 시온을 빼앗아 성을 둘러 쌓다
	다윗의 아들과 딸들	**대상 14장**	다윗의 아들과 딸들
	다윗이 블레셋을 쳐서 이기다		다윗이 블레셋을 쳐서 이기다
삼하 6장	하나님의 궤를 다윗 성으로 옮기다	**대상 13장**	하나님의 궤를 다윗 성으로 옮기다
	–	**대상 15장**	하나님의 궤를 다윗 성으로 옮기다
	–	**대상 16장**	감사 찬양(시 96:1-13, 105:1-15, 106:47-48)
삼하 7장	나단이 묵시대로 다윗에게 고하다	**대상 17장**	나단이 묵시대로 다윗에게 고하다
	다윗의 기도		다윗의 기도
삼하 8장	다윗이 어디를 가든지 이기다	**대상 18장**	다윗이 어디를 가든지 이기다
삼하 9장	다윗과 므비보셋		–
삼하 10장	다윗과 암몬이 싸우다	**대상 19장**	다윗과 암몬이 싸우다
삼하 11장	다윗과 밧세바		
삼하 12장	나단의 책망과 다윗의 회개	**대상 20장**	다윗이 랍바를 쳐서 취하다
	다윗의 아이가 죽다		–
	솔로몬이 태어나다		–
	다윗이 랍바를 쳐서 취하다		–
삼하 13장	암논과 다말, 압살롬의 복수		–
삼하 14장	압살롬이 예루살렘으로 돌아오다		–

사무엘하 / 열왕기상하	역대기상하
다윗이 압살롬과 화해하다	–
삼하 15장 압살롬이 반역하다	–
다윗이 예루살렘에서 도망하다	–
삼하 16장 다윗과 시바, 다윗과 시므이	–
압살롬의 입성과 후새의 위장	–
삼하 17장 압살롬이 아히도벨의 모략을 따르지 않다	–
후새의 모략과 아히도벨의 죽음	–
삼하 18장 압살롬이 패하다	–
압살롬의 죽음과 다윗의 울음	–
삼하 19장 요압이 다윗에게 항의하다	–
다윗의 귀환 준비	–
다윗과 시므이, 므비보셋	
다윗과 바르실래, 남북의 분쟁	–
삼하 20장 세바의 반역, 다윗의 관리들	
삼하 21장 다윗이 기브온 사람들의 말을 들어주다	–
블레셋의 거인들을 죽인 다윗의 용사들	**대상 20장** 블레셋의 거인들을 죽인 다윗의 용사들
삼하 22장 다윗의 승전가(시 18)	–
삼하 23장 다윗의 마지막 말	–
다윗의 용사들	**대상 11장** 다윗의 용사들
–	**대상 12장** 베냐민 지파에서 다윗을 도운 용사들
–	갓 지파에서 다윗을 도운 용사들
–	베냐민과 유다에서 다윗을 도운 용사들
–	**대상 12장** 므낫세 지파에서 다윗을 도운 용사들
–	다윗의 군사들
삼하 24장 인구 조사	**대상 21장** 인구 조사
열왕기상	
왕상 1장 다윗이 늙은 때	–
아도니야가 왕이 되고자 하다	–
솔로몬이 왕이 되다	–
왕상 2장 다윗이 솔로몬에게 마지막으로 이르다	–
–	**대상 22장** 성전 건축 준비
–	**대상 23장** 레위 사람의 일
–	**대상 24장** 제사장이 맡은 일
–	레위 자손 중에 남은 자
–	**대상 25장** 찬송을 맡은 사람들
–	**대상 26장** 성전 문지기, 성전 곳간지기
–	다른 레위 사람들의 직임
–	**대상 27장** 모든 족장들과 사람들
–	각 지파를 관할하는 자들

사무엘하 / 열왕기상하		역대기상하	
	–		왕의 재산 관리자, 다윗의 모사들
	–	대상 28장	다윗이 성전 건축을 지시하다
	–		솔로몬에 대한 당부
	–	대상 29장	성전 건축에 쓸 예물
	–		다윗의 감사 기도
왕상 2장	다윗이 죽다		솔로몬의 즉위와 다윗의 죽음
	아도니야가 죽임을 당하다		–
	아비아달의 추방과 요압의 처형		–
	시므이가 처형되다		
			역대기하
왕상 3장	솔로몬이 듣는 마음을 구하다	대하 1장	솔로몬이 듣는 마음을 구하다
	솔로몬의 재판		–
왕상 4장	솔로몬이 거느린 신하들		–
	솔로몬의 영광		–
왕상 5장	솔로몬이 성전 건축을 준비하다	대하 2장	솔로몬이 성전 건축을 준비하다
왕상 6장	솔로몬이 성전을 건축하다	대하 3장	솔로몬이 성전을 건축하다
	성전 내부 장식		성전 내부 장식
왕상 7장	솔로몬의 궁		–
	놋쇠 대장장이 히람과 두 놋기둥		성전 두 기둥
	놋을 부어 만든 바다	대하 4장	놋을 부어 만든 바다
	놋받침 수레와 물두멍		물두멍
	성전 기구들		성전 기구들
왕상 8장	언약궤를 성전으로 옮기다	대하 5장	언약궤를 성전으로 옮기다
	솔로몬의 연설	대하 6장	솔로문의 연설
	솔로몬의 기도		솔로몬의 기도
	솔로몬의 축복		–
	성전 낙성식	대하 7장	성전 낙성식
왕상 9장	여호와께서 다시 솔로몬에게 나타나시다		여호와께서 다시 솔로몬에게 나타나시다
	솔로몬과 히람의 거래	대하 8장	솔로몬과 히람의 거래
	솔로몬의 나머지 업적		솔로몬의 나머지 업적
왕상 10장	스바 여왕이 솔로몬을 찾아오다	대하 9장	스바 여왕이 솔로몬을 찾아오다
	솔로몬의 재산과 지혜		솔로몬의 재산과 지혜
왕상 11장	솔로몬의 마음이 여호와를 떠나다		–
	솔로몬의 대적		–
	여로보암에게 하신 여호와의 말씀		–
	솔로몬이 죽다		솔로몬이 죽다
왕상 12장	북쪽 지파들의 배반	대하 10장	북쪽 지파들의 배반
	스마야가 여호와의 말씀을 전하다	대하 11장	스마야가 여호와의 말씀을 전하다
왕상 13장	벧엘 제단 규탄		–

사무엘하 / 열왕기상하	역대기상하
벧엘의 늙은 선지자	
여로보암의 죄	여로보암이 금송아지를 만들다
왕상 14장 여로보암 아들의 죽음	–
여로보암의 죽음	–
유다 왕 르호보암	르호보암이 방비하는 성벽들을 건축하다
–	제사장과 레위 사람이 유다로 오다
–	르호보암의 가족
–	**대하 12장** 애굽 왕 시삭의 침공
왕상 15장 유다 왕 아비얌	**대하 13장** 유다 왕 아비야
유다 왕 아사	**대하 14장** 아사가 유다 왕이 되다
–	**대하 15장** 아사의 개혁
이스라엘 왕 나답	–
이스라엘 왕 바아사	–
왕상 16장 이스라엘 왕 엘라	–
이스라엘 왕 시므리	–
이스라엘 왕 오므리	–
이스라엘 왕 아합	–
왕상 17장 엘리야와 가뭄	–
엘리야와 사르밧 과부	–
왕상 18장 엘리야와 바알 선지자들	–
가뭄이 그침	–
왕상 19장 호렙산의 엘리야	–
엘리야가 엘리사를 부르다	–
왕상 20장 아람과 이스라엘의 싸움	–
아람 군대의 두 번째 공격	–
한 선지자가 아합을 규탄하다	–
왕상 21장 나봇의 포도원	–
–	**대하 17장** 여호사밧이 유다의 왕이 되다
–	여호사밧이 강대하여지다
왕상 22장 선지자 미가야가 아합에게 경고하다	**대하 18장** 선지자 미가야가 아합에게 경고하다
아합의 죽음	아합의 죽음
–	**대하 19장** 선견자 예후가 여호사밧을 규탄하다
유다 왕 여호사밧	여호사밧의 개혁
–	**대하 20장** 여호사밧과 아람의 전쟁
–	유다 왕 여호사밧
이스라엘 왕 아하시야	–
열왕기하	
왕하 1장 엘리야와 아하시야 왕	–

사무엘하 / 열왕기상하	역대기상하
왕하 2장 엘리야가 승천하다	–
엘리사의 기적	–
왕하 3장 이스라엘과 모압의 전쟁	–
왕하 4장 과부의 기름 그릇. 엘리사와 수넴 여인	–
두 가지 기적	–
왕하 5장 나아만이 고침을 받다	–
왕하 6장 도끼를 찾다. 아람 군대를 물리치다	–
에워싸인 사마리아가 굶주리다	–
왕하 7장 아람 군대가 도망하다	–
왕하 8장 수넴 여인이 돌아오다	–
엘리사와 아람 왕 벤하닷	–
유다 왕 여호람	**대하 21장** 유다 왕 여호람
유다 왕 아하시야	**대하 22장** 유다 왕 아하시야
왕하 9장 예후가 이스라엘 왕이 되다	–
이스라엘 왕 요람이 살해되다	–
유다 왕 아하시야가 살해되다	–
이세벨 왕후가 살해되다	–
왕하 10장 아합의 아들들이 살해되다	–
아하시야 왕의 형제들이 살해되다	–
바알을 섬기는 자들이 살해되다	–
예후가 죽다	–
왕하 11장 유다 여왕 아달랴	–
여호야다의 개혁	**대하 23장** 여호야다의 개혁
왕하 12장 유다 왕 요아스	**대하 24장** 유다 왕 요아스
–	여호야다의 정책이 뒤집히다
왕하 13장 이스라엘 왕 여호아하스	–
이스라엘 왕 요아스	–
엘리사가 죽다	–
이스라엘과 아람의 전쟁	–
왕하 14장 유다 왕 아마샤	**대하 25장** 유다 왕 아마샤
유다 왕 아마샤가 죽다	유다 왕 아마샤가 죽다
이스라엘 왕 여로보암 2세	–
왕하 15장 유다 왕 아사랴	**대하 26장** 유다 왕 아사랴
이스라엘 왕 스가랴	–
이스라엘 왕 살룸	–
이스라엘 왕 므나헴	–
이스라엘 왕 브가히야	–
이스라엘 왕 베가	–
유다 왕 요담	**대하 27장** 유다 왕 요담

사무엘하 / 열왕기상하	역대기상하
왕하 16장 유다 왕 아하스	**대하 28장** 유다 왕 아하스
왕하 17장 이스라엘 왕 호세아	–
앗수르 왕이 사마리아를 차지하다	–
앗수르 사람들이 사마리아에 거하다	–
왕하 18장 유다 왕 히스기야	**대하 29장** 유다 왕 히스기야
–	유다 왕 히스기야의 성전 정화, 제사
–	**대하 30장** 유월절 준비
–	유월절을 성대히 지키다
–	다시 칠 일을 더 지키다
	대하 31장 히스기야의 개혁
앗수르가 예루살렘을 위협(사 36:1-22)	**대하 32장** 앗수르가 예루살렘을 위협(사 36:1-22)
왕하 19장 왕이 이사야의 충고를 듣고자 함(사 37:1-7)	–
앗수르가 또 위협하다(사 37:8-20)	–
이사야가 왕에게 기별하다(사 37:21-38)	–
산헤립이 죽다	–
왕하 20장 히스기야의 발병과 회복(사 38:1-8, 21-22)	히스기야의 발병과 회복(사 38:1-8, 21-22)
바벨론에서 온 사자(사 39:1-8)	히스기야의 부와 영광
히스기야가 죽다	히스기야가 죽다
왕하 21장 유다 왕 므낫세	**대하 33장** 유다 왕 므낫세
유다 왕 아몬	유다 왕 아몬
유다 왕 요시야	**대하 34장** 유다 왕 요시야
왕하 22장 율법책을 발견하다	율법책의 발견
왕하 23장 요시야가 이방 예배를 없애다	요시야가 이방예배를 없애다
요시야 왕이 유월절을 지키다	**대하 35장** 요시야 왕이 유월절을 지키다
요시야의 나머지 개혁	–
요시야가 죽다	요시야가 죽다
유다 왕 여호아하스	**대하 36장** 유다 왕 여호아하스
왕하 24장 유다 왕 여호야김	유다 왕 여호야김
유다 왕 여호야긴	유다 왕 여호야긴
유다 왕 시드기야(렘 52:1-3)	유다 왕 시드기야(렘 52:1-11)
왕하 25장 예루살렘의 멸망(렘 52:3-11)	성전 파괴와 예루살렘의 멸망
성전 붕괴(렘 52:12-33)	–
바벨론으로 잡혀가다(렘 52:24-27)	–
유다 방백 그달리야(렘 40:7-9, 41:1-3)	–
여호야긴이 석방되다(렘 52:31-34)	–
고레스의 귀환 칙령(스 1:1-4)	고레스의 귀환 칙령(스 1:1-4)

에스라

1 저자

유대 전승은 에스라를 저자로 본다. 이 책의 일부(스 7:28-9:15)는 에스라 1인칭 관점에서 서술되었다. 본문에 저자가 언급되지는 않으나 에스라는 저자로 추정하기에 가장 적절한 사람이다.

2 시대

바벨론이 바사에 의해 멸망하고 바사 왕 고레스는 유다 백성들이 고향에 돌아가 성전 짓는 것을 허락한다. 에스라서는 유다 백성들의 예루살렘 1차 귀환(BC 537)부터 약 80년 뒤의 2차 귀환(BC 458) 사이 기간에 일어난 일들을 기록한다.

3 내용

에스라서는 유다 백성들이 바벨론에서의 70년 포로생활로부터 돌아오게 하신다는 약속(렘 25:12, 29:10)을 하나님께서 어떻게 이루어 가시는가를 보여준다. 하나님은 바사 왕 고레스로 하여금 바벨론을 정복하게 하시고(BC 539), 예루살렘 성전을 건축하라는 조서를 내리게 하신다(BC 538). 스룹바벨의 지휘 아래 약 5만 명의 백성이 희망을 품고 예루살렘으로 돌아온다.

그들은 바벨론에 의해 파괴된 성전을 재건하기 위해 공사를 시작한다. 하지만 주변 토착민들의 반대에 부딪혀 중단했다가 착공 20년 만에 완공한다. 포로에서 놓여 고향에 돌아왔고 성전도 재건했지만 유다 백성들은 하나님의 말씀을 제대로 지키지 않고 여전히 이방 여인들과 통혼하고 살아간다. 이에 하나님은 제사장이자 학자인 에스라를 유다로 보내어 백성들의 영적 재정비를 이끌게 하신다.

4 구조

구분	성전 재건		영적 재정비	
	1:1　　　　　　　　3:1		7:1　　　　　　　　9:1	
	1차 예루살렘 귀환	성전 건축	2차 예루살렘 귀환	백성의 회복
장소	바사에서 예루살렘으로			
기간	BC 537 – BC 516 (약 20년)		BC 458 – BC 457 (1년)	

개요

1 성전 재건

HIS-STORY

바벨론을 정복한 바사의 고레스 왕은 유다 백성에게 예루살렘으로 돌아가 성전을 건축하라는 조서를 내린다. 이는 하나님의 섭리에 따른 것이었다. 유다 백성 약 5만 명이 예루살렘으로 돌아온다(BC 537). 귀환 이듬해에 성전 건축을 시작한다. 그러나 주변 이방 족속의 방해로 공사는 중단된다. 10년 넘게 재개할 용기를 내지 못하니, 하나님께서 선지자 학개와 스가랴를 보내어 성전 건축을 격려해주신다. 유다의 지도자 스룹바벨과 예수아는 하나님의 격려에 힘입어 공사를 재개한다. 이를 탐탁지 않게 여긴 지방 총독은 성전 건축 허가 여부를 다리오 왕에게 질의한다. 다리오 왕은 고레스가 내렸던 조서의 존재를 확인하고 오히려 적극 지원할 것을 명한다. 이후 바사 관리들의 신속한 지원 하에 성전이 완공된다.

● ● ●

1차 예루살렘 귀환

1장 ○ 고레스가 예루살렘 성전 건축 조서를 내리다.

유다 백성들이 예루살렘으로 돌아오다.

2장 ○ 돌아온 사람들 (49,897명)

성전 건축

3장 ○ 하나님께 제사를 드리기 시작하다. 성전 건축을 시작하다.

4장 ○ 앗수르 이주민들의 방해로 성전 건축이 중단되다.

앗수르 이주민들이 성벽 재건 공사를 고발하여 중단되다.

 통독 순서 안내 에스라 1-4장 → 학개 → 스가랴 → 에스라 5-6장

5장 　 선지자 학개, 스가랴의 격려로 성전 건축을 재개하다.

　　　총독이 다리오 왕에게 성전 건축 허가 여부를 질의하다.

6장 　 다리오 왕이 고레스 칙령 문서를 확인하고 적극 지원을 명하다.

　　　다리오 왕 6년에 성전을 완공하고 봉헌식을 거행하다(BC 516). 유월절을 지키다.

 통독 순서 안내 에스라 5-6장 → 에스더 → 요엘 → 시 82-110편 → 에스라 7-10장

---

2 영적 재정비

유다 백성이 바벨론에서 돌아온 지 약 80년, 그리운 본향에 돌아왔고 성전도 재건되었으니 새 나라를 이루고도 남을 시간이다. 그러나 그러지 못했다. 이제 우상을 찾지는 않게 되었으나 하나님을 섬기는 열정이 뜨겁지도 않다. 하나님은 유다 백성의 신앙 부흥을 위하여 에스라를 보내신다. 에스라는 바사 왕 아닥사스다의 신임을 받는 제사장. 에스라는 유다 백성에게 율법을 가르치기로 결심하고 유다 백성 1,755명(남자)과 함께 유다 땅으로 돌아온다(BC 458). 아닥사스다 왕은 조서를 내려 에스라를 적극적으로 지원한다. 도착해보니 예루살렘의 상황이 암울하다. 유다 백성들이 이방 여인들과 결혼하여 살고

○ 유다의 바벨론 유수와 예루살렘 귀환 ○

연도	사건	이방 왕		재위 기간	비고
BC 605	1차 포로 (다니엘과 친구들)	바벨론	느부갓네살	BC 605-562	
BC 597	2차 포로 (에스겔)				
BC 586	3차 포로 (유다 백성들)				
	바벨론 유수		(세 명의 왕)		
			나보니두스	BC 556-539	
			벨사살	BC 553-539	나보니두스와 공동통치
BC 539	고레스 왕 바벨론 정복	바사	고레스	BC 559-530	BC 539 바벨론 정복
BC 538	예루살렘 귀환 칙령				
BC 537	1차 귀환 (스룹바벨 주도)				
BC 536	성전 착공				
BC 534	성전 공사 중단				
–	–		캄비세스	BC 530-521	
BC 520	성전 공사 재개		다리오 1세	BC 521-486	고레스 칙령 확인 후 성전 공사 지원
BC 516	성전 재건 완료				
	에스더서 사건		아하수에로	BC 486-465	에스더의 남편
BC 458	2차 귀환 (에스라 주도)		아닥사스다	BC 465-424	성벽공사 중지 명령
BC 444	3차 귀환 (느헤미야 주도)				에스라, 느헤미야 지원
–			다리오 2세	BC 423-404	

있는 것이 아닌가. 그 가운데는 심지어 제사장들도 있었다. 이는 모세가 엄격히 금지한 일이다(출 34:16; 신 7:3). 에스라가 참담한 현실에 울며 기도하니, 백성들은 이방 아내와 그 자식들을 내보내겠다고 다짐한다.

● ● ●

2차 예루살렘 귀환

7장 ○ 에스라가 이스라엘에 율법을 가르치려 예루살렘에 오다. 아닥사스다 왕의 지원

8장 ○ 에스라와 함께 돌아온 백성들 (남자만 1,755명)

안전한 여정을 위한 에스라의 금식기도. 예루살렘 도착

통독 순서 안내 에스라 7-10장 → 느헤미야 → 말라기

NOTE
연 구 노 트

느헤미야

1 저자

많은 학자들이 역대기서와 에스라서, 느헤미야서의 유사점이 많아 같은 저자가 썼을 것으로 추정한다. 1인칭으로 쓰여진 글은 느헤미야가 직접 쓴 글이다(느 1:1-7:5, 12:27-43, 13:4-31). 나머지 글은 아마도 에스라가 썼을 것이다.

2 시대

바사 왕 아닥사스다(BC 465-424) 통치 기간에 일어난 일. 느헤미야는 바사 왕의 술 맡은 관원으로서 왕의 허락을 받아 BC 444년 예루살렘에 와서 12년간 사역하였고, 잠시 바사에 갔다가 다시 예루살렘으로 돌아왔다.

3 내용

에스라가 예루살렘으로 돌아간 지 십여 년이 흘렀을 때, 느헤미야는 동생으로부터 예루살렘이 환난을 당하고 있다는 소식을 듣는다. 그는 고심 끝에 왕의 허락을 받아 예루살렘으로 향한다. 그는 주위 이방인들의 방해를 지혜롭게 물리치고 리더십을 발휘하여 성벽 수축 공사를 단기간(52일)에 완료한다. 성이 제대로 모습을 갖추자 백성들은 즐거워하며 에스라에게 율법책 읽어줄 것을 청한다. 에스라는 율법을 읽어주며 영적 부흥을 이끈다. 율법을 들은 백성들은 크게 기뻐하며 초막절을 즐거이 지키고, 죄를 회개하고, 율법을 지킬 것을 결단한다. 언약의 문서까지 작성하고 대표자들이 날인까지 한다. 오랜만에 찾아온 뜨거운 부흥이다.

그러나 느헤미야가 바사로 돌아가자 이러한 부흥의 열기는 곧 식고 백성들의 삶은 종전으로 되돌아간다. 느헤미야는 예루살렘에 다시 돌아와 백성들의 잘못을 엄히 꾸짖으며 흐트러진 질서를 바로잡는다.

4 구조

구분	성벽 재건		영적 회복	
	1:1　　　　　　　3:1	8:1		11:1
	성벽 공사 준비	성벽 재건	언약 갱신	언약에 대한 순종
장소	예루살렘			
기간	BC 444 – BC 432 이후			

개요

1 성벽 재건

HIS-STORY 　유다 백성이 예루살렘에 돌아와 성전을 건축한 지 70여 년이 지났지만, 예루살렘 성은 허물어지고 유다 백성은 여전히 주변으로부터 환난을 당하고 있는 상황이다. 동생을 통하여 이 소식을 들은 느헤미야는 하나님께 이스라엘의 회복을 간구하고 또한 자신이 왕으로부터 은혜 입기를 기도드린다. 그는 왕의 허락을 얻고 물자도 지원 받아 예루살렘으로 건너간다. 느헤미야는 탁월한 리더십으로 유대인 공동체를 결속시키며 단기간에 성벽을 재건한다. 주변 이방인들은 예루살렘 성벽 수축을 방해하고 느헤미야를 해치려 하지만 느헤미야는 이에 지혜롭게 대처한다.

● ● ●

[성벽 공사 준비]

1장　느헤미야가 예루살렘의 환난 소식을 듣고 기도하다.

2장　느헤미야가 아닥사스다 왕의 허락을 받아 예루살렘으로 가다.

[성벽 재건]

3장　예루살렘 성벽을 재건하다.

4장　주변의 방해를 물리치다.

5장　느헤미야가 가난한 동족에게 이자 받는 지도층을 꾸짖다.

　　　느헤미야가 12년 동안 자기 녹을 받지 않다.

6장　느헤미야가 자기를 해치려는 음모에 응하지 않다.

52일 만에 성벽 공사를 완료하다(6/25).

7장 느헤미야가 지도자들을 세우다.

포로에서 처음 돌아온 사람들에 대한 기록(총 49,942명)

2 영적 회복

성벽 공사가 끝나니 백성들은 에스라에게 율법을 읽어달라 청한다. 에스라가 율법책을 읽어주니 백성들이 크게 감동한다(7/1), 백성들은 율법의 절기 규정을 발견하고는 초막절을 크게 기뻐하며 지킨다(7/15-22), 그 뒤 감동한 백성들은 죄를 회개하며 율법에 순종할 것을 굳게 언약한다(7/24). 이어 성벽 봉헌식도 거행한다. 포로 귀환 이후 무기력하던 유다에 뜨거운 영적 부흥의 바람이 일어난 것이다. 그러나 느헤미야가 유다를 떠나 한동안 바사에 다녀왔을 때, 영적 부흥은 식고 가증스런 일들이 다시 벌어지고 있음을 본다. 분노한 느헤미야는 백성들의 잘못을 엄히 꾸짖으며 다시 바로잡는다.

• • •

언약 갱신

8장 에스라가 백성들의 요구에 따라 율법책을 읽어주다(7/1).

율법을 보고 초막절을 성대하게 지키다.

9장 백성들이 죄를 뉘우치고 언약을 세워 기록하다.

10장 언약에 인봉한 사람들의 명단

언약의 내용(이방과 혼인 금지, 안식일 매매 및 경작 금지, 안식년에 빚 탕감, 성전세 납부, 제단용 나무 준비, 첫 소산 봉헌, 십일조)

언약에 대한 순종

11장 백성들이 거주할 장소를 정하다.

12장 포로에서 돌아온 제사장, 레위인들의 명단

느헤미야가 성벽을 봉헌하다.

제사장과 레위인에게 율법에 정한 몫을 주다.

13장 느헤미야가 바사를 다녀온 후 개혁 조치를 취하다.

His-heart 구약 역사의 마지막 장면

하나님은 바벨론에 포로 된 유다를 다시 세우기 위해 무진 애를 쓰셨다. 바사의 고레스로 하여금 바벨론을 무너뜨리게 하시고, 유다 백성들을 예루살렘으로 돌아오게 하셨다. 그러나 그들은 호의적이지 않은 환경에 사기가 추락해 성전 건축을 포기하고 산다. 그러자 하나님은 학개와 스가랴 선지자를 보내어 한편으로는 꾸짖고 한편으로는 격려하여 성전을 완성하게 하신다. 성전이 재건되었지만 신앙에 변화가 없자 하나님은 에스라를 보내어 율법을 가르치게 하신다. 또 유다가 주변 이방인들에게 공격당하는 것을 불쌍히 여기셔서 훌륭한 지도자 느헤미야를 보내어 무너진 예루살렘 성벽을 단숨에 재건하게 하신다. 하나님의 은혜가 이렇게 퍼부어지자 비로소 유다에 신앙의 부흥이 일어난다. 하나님의 법을 순종하겠다고 결의를 다지기까지 한다. 하지만 느헤미야가 잠깐 자리를 비우는 사이 백성들의 열기는 금세 식어버리고 신앙은 옛날로 돌아가버리고 만다. 하나님의 노력이 무색하게도 구약 역사서의 마지막 장면이 이런 모습으로 끝난다.

아브라함을 부르실 때부터 여기까지 하나님은 불순종하는 백성들을 붙잡고 할 수 있는 모든 방법으로 인도하셨다. 마지막에는 바벨론 유수라는 극단적인 조치까지 취해보았지만 그들은 하나님에게 돌아오기를 기뻐하지 않았다. 애 끓인 세월이 어언 1700년(아브라함을 부르실 때가 BC 2100년경, 느헤미야가 바사로 돌아갔을 때가 BC 432년이므로 사이 기간은 약 1700년이 된다), 하나님은 그 참담한 마음을 선지자 말라기를 통해 토로하신다. 할 말을 잃은 하나님은 400년 동안 침묵하신다.

 통독 순서 안내 느헤미야 → 말라기 → 시 111-150편

에스더

개관

1 저자

본문에서는 저자가 누구인지 알 수 없다. 당시 바사에 살고 있던 유대인이 기록했을 것으로 추정한다.

2 시대

바벨론에 포로가 되었던 유다 민족은 세 차례에 걸쳐서 본국으로 귀환했다. 에스더서는 1차 귀환(BC 537)과 2차 귀환(BC 458) 사이에 바사에서 일어났던 유대인 말살 음모를 기록했다. 에스더서는 바사의 아하수에로 왕 3년(BC 484)에 왕궁에서 성대한 잔치가 벌어지는 장면으로 시작한다. 왕의 재위 12년(BC 475) 말에 사건이 마무리된다(에 3:7, 9:17).

3 내용

포로로 잡혀갔던 유다 백성 중 약 5만 명이 예루살렘으로 돌아갔지만 바사에는 여전히 많은 수의 유대 백성들이 남아 있었다. 에스더서는 하나님께서 바사 땅에 있는 유대 백성들을 섭리하고 보호하시는 이야기이다. 평범한 유대인 남매를 사용하셔서 유대인을 죽이려는 바사 고관의 음모를 뒤집고 유다 민족을 구원하신다. 이로써 여호와 하나님은 유다뿐만 아니라 바사에서도 유다 백성들을 돌보시고 바사의 역사를 주관하신다는 것을 보여준다. 바사 왕 아하수에로는 히브리식 이름이며 헬라식 이름은 '크세르크세스'이다. 에스더의 히브리 이름은 '하닷사'(에 2:7). 에스더는 별을 뜻하는 페르시아어 '스타라'에서 유래한 것이다.

④ 구조

구분	유대인에 대한 위협			유대인의 승리	
	1:1	2:21	5:1	8:4	
	에스더가 왕후로 선택됨	하만의 음모	모르드개의 승리	이스라엘이 대적을 물리침	
장소	바사				
기간	BC 484 – BC 475 (10년)				

개요

① 유대인에 대한 위협

HIS-STORY 바사의 왕후 와스디가 폐위되고 나서 에스더가 왕후로 선택된다. 에스더의 사촌 오빠 모르드개는 왕궁 경비를 서다가 왕을 암살하려는 음모를 듣는다. 모르드개는 곧 이 음모를 에스더에게 알리고 에스더는 왕에게 아뢰어 왕을 음모로부터 구한다. 한편 바사의 최고위 대신 하만은 자신에게 절하지 않는 모르드개를 괘씸히 여긴 나머지 모르드개뿐만 아니라 그의 동족 유대인을 모두 죽일 음모를 꾸민다. 유대인 죽일 날짜를 제비 뽑아 정한 뒤, 왕을 꼬드겨 유대인을 죽이라는 조서를 공포하게 한다. 모르드개는 이 절박한 상황을 에스더에게 알리고 민족을 구하라고 당부한다.

• • •

[에스더가 왕후로 선택됨]

1장 ○ 와스디 왕후가 폐위되다.

2장 ○ 에스더가 왕후가 되다. 모르드개가 왕의 목숨을 구하다.

[하만의 음모]

3장 ○ 하만이 왕의 재가를 받아 유대인을 죽이는 조서를 내리다.

4장 ○ 에스더가 백성을 구하기로 결심하다.

② 유대인의 승리

에스더는 민족을 구할 결심을 하고 왕에게 나아간다. 자신이 베푸는 잔치에 하만과 함께 참석해달라고 왕에게 청한다. 에스더가 잔치 자리에서 하만의 음모를 왕에게 고하니, 왕이 진노하여 하만을 나무에 달아 처형한다. 모르드개는 왕의 허락을 받아 유대인을 치려는 자들을 죽여도 좋다는 조서를 내린다. 이로써 먼저 내려졌던 조서가 무력화되고 유대인들은 자기들의 대적을 합법적으로 죽인다. 모르드개는 이를 기념하여 유대 종교력으로 12월 14,15일 이틀을 절기로 지정한다(부림절, 부르=제비를 뽑다). 왕은 모르드개를 최고위 관리로 임명한다.

• • •

[모르드개의 승리]

5장 ○ 에스더가 왕과 하만을 잔치에 초청하다. 하만이 모르드개를 죽일 나무를 세우다.

6장 ○ 왕이 자신을 구한 모르드개를 존귀하게 대우하다.

7장 ○ 에스더가 하만의 음모를 왕에게 알리니 왕이 하만을 나무에 달라 명하다.

[이스라엘이 대적을 물리침]

8장 ○ 유대인들에게 살길이 열리다.

9장 ○ 유대인들이 대적들을 진멸하다. 대적에서 벗어난 기념으로 절기를 정하다(부림절).

10장 ○ 모르드개가 바사의 최고위 관리가 되다.

His-heart 남아 사는 백성을 향한 하나님의 마음

고대인들의 신(神) 개념은 몇 가지 공통점을 가진다. 지역마다 다스리는 신이 있고 신에게도 성별이 있으며 특별한 능력이 있다고 믿었다. 예컨대 바알은 가나안 지역의 남성 신이며 비와 풍요를 주는 신이라고 생각했다. 이스라엘 백성들이 과거에 바알을 섬겼던 것은 농사에 덕을 보려 했던 것이다. 모압은 그모스, 암몬은 몰렉, 시돈은 아스다롯, 바벨론 땅에서는 마르둑을 섬겼다. 이런 신 개념에 따르면 여호와 하나님은 유다 땅의 신이다. 에스더의 이야기는 바로 이 잘못된 개념을 바로잡아준다. 하나님이 바사의 권력자도 처벌하시고 유다 백성을 보호하신다는 것을 보여줌으로써, 여호와 하나님은 온 세계의 하나님이심을 웅변적으로 드러내고 있다. 이방에 남아 사는 백성들까지도 돌보시고 위로를 베푸시는 하나님의 사랑이 따뜻하다.

 통독 순서 안내 에스더 → 요엘 → 에스라 7-10장

욥기

1 저자

본문에서 시사하는 바가 없으며 알려져 있지 않다. 주석가들의 의견은 매우 다양하다.

2 시대

욥기에 나타나는 사회상으로 보아 족장 시대에 일어난 사건으로 추정하나 확실치 않다.

3 내용

하나님은 사탄에게 욥을 보여주며 "인간이 스스로 하나님을 경외하며 악에서 떠나 살 수 있다"고 말씀하신다. 사탄은 "인간은 진정으로 하나님을 경외할 수 없다. 하나님을 따르는 것은 자기가 얻는 유익 때문일 뿐이다"라고 주장한다. 사탄은 하나님께 욥을 시험해보자고 제안한다. 하나님께서 이를 허락하시므로 욥은 큰 재앙을 당하여 모든 것을 잃는다.

욥의 세 친구들은 "인간이 겪는 고난은 죄 때문이다. 하나님은 죄를 심판하신다"라고 주장한다. 욥 자신은 친구들의 주장에 동의하지 않으며, 자신이 당한 고난의 이유를 알 수 없다고 말한다. 하나님은 폭풍우 가운데서 욥에게 말씀하신다. 욥은 하나님이 온 우주의 창조자이자 주권자이시며 미미한 자신이 헤아릴 수 없는 분이심을 깨닫는다. 욥이 하나님 앞에 겸손히 회개하자 그가 잃었던 것들이 두 배로 회복된다.

4 구조

구분	욥의 고난	욥의 논쟁						욥의 회복	
	1:1　　　3:1	15:1	22:1	29:1	32:1	38:1	42:1	
	사탄의 시험	1차 논쟁	2차 논쟁	3차 논쟁	욥의 최종 진술	엘리후의 연설	하나님의 말씀	욥의 회개와 회복
장소	우스 땅 (북 아라비아)								
기간	족장 시대 (BC 2000년경)								

개요

1 욥의 고난

HIS-STORY 하나님께서 욥이 하나님을 경외하며 악을 떠나 정직하게 사는 것을 보시고, 사탄에게 "욥을 보았느냐?" 물으시니, 사탄은 욥이 가진 신앙의 순수성을 부정하며 그가 가진 것을 빼앗으면 달라질 것이라고 주장한다. 하나님께서 허락하시므로 사탄이 재앙을 일으켜 욥의 소유를 빼앗는다. 그러나 욥은 하나님을 원망하지 않는다. 사탄은 다시 욥의 생명을 위협하면 반응이 달라질 것이라고 주장한다. 하나님께서 허락하시므로 사탄이 욥의 온몸에 종기가 나게 하지만 욥은 하나님께 범죄하지 않는다. 욥의 친구 엘리바스, 빌닷, 소발이 욥을 위로하러 찾아온다.

• • •

사탄의 시험

1장　하나님이 욥의 신실함을 사탄에게 말씀하시다.

사탄이 욥의 순수성을 부정하며 욥의 소유물을 칠 것을 제안하니 하나님이 허락하시다.

욥이 종과 가축과 자녀를 잃었으나 하나님을 원망하지 않다.

2장　하나님이 욥의 신실함을 다시 사탄에게 말씀하시다.

사탄이 다시 욥의 신실함을 부정하며 뼈와 살을 칠 것을 제안하니 하나님이 허락하시다.

욥이 온몸에 종기가 났으나 입술로 범죄하지 않다. 친구들이 찾아오다.

2 욥의 논쟁

세 친구는 욥을 위로하러 왔다가 욥과 논쟁을 벌인다. 세 친구들은 욥의 고난이 죄 때문이라고 생각한다. 그래서 하나님께 죄를 자백하고 회개할 것을 촉구한다. 욥은 친구들이 주장하는 인과응보 프레임에 동의하지 않으며 자신이 당한 재앙의 원인을 알 수 없다고 한탄한다. 친구들은 이런 욥을 교만하다고 질책한다. 욥과 세 친구의 논쟁이 3차에 걸쳐 진행되는데 같은 주장이 반복될 뿐이다. 마지막에 엘리후라는 젊은이가 나타나 논쟁에 끼어든다. 그는 하나님은 고통을 통해 깨닫게도 하시고 잘못을 고쳐주기도 하신다고 주장한다. 그의 통찰이 세 친구들보다는 한 단계 더 나아간 것이지만 여전히 사실과는 거리가 멀다. 욥이 겪는 고난의 발단은 죄가 아니었다. 또 욥으로 하여금 무엇을 깨닫게 하려는 것도 아니었다. 오히려 하나님이 욥을 대견하게 여기셨기 때문에 시작된 일이 아닌가.

• • •

1차 논쟁

3장	○ 욥이 자기 생일을 저주하다.
4-5장	○ 엘리바스의 발언 1
6-7장	○ 욥의 대답
8장	○ 빌닷의 발언 1
9-10장	○ 욥의 대답
11장	○ 소발의 발언 1
12-14장	○ 욥의 대답

2차 논쟁

15장	○ 엘리바스의 발언 2
16-17장	○ 욥의 대답
18장	○ 빌닷의 발언 2
19장	○ 욥의 대답
20장	○ 소발의 발언 2
21장	○ 욥의 대답

3차 논쟁

22장	○ 엘리바스의 발언 3
23-24장	○ 욥의 대답
25장	○ 빌닷의 발언 3

His-heart "네 시작은 미약하였으나 네 나중은 심히 창대하리라" (욥 8:7-14)

가게 벽에 걸린 액자에서 자주 보는 구절이다. 그런데 이 구절은 하나님께서 주신 약속의 말씀이 아니라 욥의 친구 빌닷이 욥에게 건네는 말이다. 빌닷이 욥을 정죄하고 회개를 촉구하면서 던진 말이 "네 시작은 미약하였으나 네 나중은 심히 창대하리라"이다. 일단 빌닷의 판단은 틀렸다. 욥의 고난은 죄 때문이 아니었다. 오히려 하나님이 욥의 신실함을 기뻐하시지 않았는가. 둘째로 빌닷과 친구들이 주장한 인과응보 프레임도 적절한 것이 아니었다. 그들의 주장에 의하면 하나님은 경직된 심판자에 불과하다. 그래서 하나님은 욥의 친구들에게 노하시며 그들의 말이 옳지 못하다고 질책하셨다(욥 42:7-9). 하나님께서 옳지 않다 판정하신 말을 벽에 걸 이유가 무엇인가.

26-28장	욥의 대답

※ 욥기 27장 13-23절에 소발의 이름이 나타나 있지는 않지만 이 부분을 소발의 발언으로 보는 견해도 있다. 발언의 내용이 이전 소발의 발언과 궤를 같이 한다. 또한 28장은 욥의 말이 아닌 독립된 장으로 보는 견해도 있다. 그 앞에서 보이는 욥의 흔들리는 감정과는 달리 28장의 주인공은 매우 초연하다. 앞의 문맥과는 다른 주제(지혜)를 다룬다.

[욥의 최종 진술]

29-31장	욥의 마지막 말

[엘리후의 연설]

32-37장	엘리후의 연설

③ 욥의 회복

욥의 마지막 발언이 끝나자 하나님께서 폭풍우 가운데서 욥에게 말씀하신다. 하나님은 우주를 창조하시고 보존하시는 분으로서의 자신의 권능과 지혜를 말씀하신다. 욥의 개인적 고난이나 논쟁의 주제에 대하여는 언급하지 않으신다. 그러나 욥은 문득 깨닫는다. 인간은 하나님이 창조하신 광대한 우주를 알지 못할 뿐 아니라 창조하신 원리를 이해할 수도 없다. 하나님은 이 모든 존재의 근원이시다. 그런데 인간이 어떻게 하나님을 판단할 수 있겠는가. 욥이 하나님의 주권을 깨닫고 회개하자 그가 잃었던 것들이 두 배로 회복된다.

• • •

His-heart 하나님의 답변

욥과 친구들의 긴 논쟁 끝에 하나님께서 침묵을 깨고 드디어 말씀을 시작하신다(욥 38-42장). 그런데 욥이 애타게 궁금해 하는 점에 대해서는 아무 말씀이 없고, 천지창조에 대한 말씀만 계속하신다. 욥이 당한 고난의 이유를 밝히는 것보다 중요한 것은 하나님에 대한 욥의 인식을 바로잡는 것이었다. 하나님은 온 만물을 창조하셨다. 그리고 모든 만물은 하나님에 의해서 유지되고 있다. 욥도 창조하셨다. 욥의 생명은 하나님으로부터 나오고 있다. 그러므로 하나님은 욥에게 타자(他者)가 아니라 존재의 근원이다. 하나님이 계시므로 인간이 있고 만물이 있는 것이다. 따라서 욥이 하나님을 자기 밖의 객체(客體)로 이해한다면 매우 잘못안 것이다. 다행히도 욥은 하나님의 말씀을 알아들었다. 하나님을 대상화(對象化)한 자신의 인식 자체가 잘못되었다는 것을 깨달은 것이다.

하나님의 말씀

38장 　지구와 천체를 지으신 하나님

39장 　동물들을 지으신 하나님

40장 　베헤못을 지으신 하나님

41장 　리워야단을 지으신 하나님

욥의 회개와 회복

42장 　욥이 하나님의 말씀을 깨닫고 회개하다.

　하나님께서 세 친구의 주장에 노하시며 번제를 드리라 명하시다.

　하나님께서 욥에게 소유를 갑절로 주시다.

통독 순서 안내　욥기 → 시 48-66편 → 열왕기상 12-22장

NOTE
연 구 노 트

시편

1 용어

시편은 시집이 아니라 찬양집이다. 히브리어 성경의 제목이 '테힐림'(찬양들)이다. 시편의 삼분의 이 정도는 제목을 가지고 있다. 그런데 가장 많은 제목이 '미즈모르'(57회)로, "반주에 맞춘 노래"를 뜻한다(이 단어가 한글 성경에서는 '시'로 번역되어 오해의 소지가 있다). 다음으로 많은 제목은 '쉬르'(29회)인데 "노래"라는 뜻이다(한글 성경에도 '노래'로 번역되었다). 시편은 영어로 'Psalm'인데 이는 70인역의 제목 'Psalmos'(노래)를 번역한 것이다. 이처럼 시편은 시집이 아니라 찬양집이다. 우리가 사용하고 있는 찬송가집과 다른 점은 악보가 없다는 것뿐이다.

2 시대

모세부터(90편) 포로기(137편)를 거쳐 포로 시대 후기(126편)까지 약 천 년에 걸쳐 완성되었다. 여러 개의 작은 문집들이 모여서 5권의 찬양집으로 편집되었다.

3 구조

시편의 저자는 다윗 73편, 아삽 12편, 고라 자손 10편, 솔로몬 2편, 모세 1편, 헤만 1편, 에단 1편, 그리고 나머지 50편은 저자를 알 수 없다. 고라는 레위족으로 그 아들들은 그 아비가 반역하여 죽을 때(민 16장) 죽지 않았고(민 26:10,11), 다윗 시대 고라 자손은 성가대원(대상 6:37), 예배를 돕는 자(대하 29:14), 성전 문지기(대상 26장)로 섬겼다. 헤만, 아삽, 에단은 다윗 시대의 레위 지파 음악가로서 성전에서 찬송을 맡았다(대상 6:31-48, 15:17-19; 대하 5:12).

구분	제1권	제2권	제3권	제4권	제5권	합계
	1–41 (41)	42–72 (31)	73–89 (17)	90–106 (17)	107–150 (44)	
다윗	3-9, 11-32, 34-41 (37)	51-65, 68-70 (18)	86 (1)	101, 103 (2)	108-110, 122, 124, 131, 133, 138-145 (15)	(73)
아삽		50 (1)	73-83 (11)			(12)
고라 자손		42, 44-49 (7)	84, 85, 87 (3)			(10)
솔로몬		72 (1)			127 (1)	(2)
모세				90 (1)		(1)
헤만			88 (1)			(1)
에단			89 (1)			(1)
무명인	(4)	(4)	(0)	(14)	(28)	(50)

※ 괄호 안의 숫자는 편수

4 히브리 시 수사법

시편 가사의 장르는 물론 시(詩)이다. 히브리 시에는 다음과 같은 수사법을 자주 사용하기 때문에 염두에 두고 읽어야 한다. 시편뿐 아니라 시 장르의 글에서 자주 발견된다. 특히 잠언은 대부분 평행법을 사용하고 있다.

① 평행법(parallelism)

두 시구(詩句)가 일대일 상응관계를 이루게 하는 구성 방법으로 저자가 전달하고자 하는 의미를 강화시키기 위한 수사법이다.

○ 동의적 평행법 : 전반부의 핵심 내용을 후반부에서 다른 단어로 반복한다.

여호와는 나의 빛이요 나의 구원이시니 내가 누구를 두려워하리요

여호와는 내 생명의 능력이시니 내가 누구를 무서워하리요 (시 27:1)

○ 반의적 평행법 : 전반부와는 대조되는 내용을 후반부에서 제시한다.

무릇 의인의 길은 여호와께서 인정하시나

악인의 길은 망하리로다 (시 1:6)

○ 점진적 평행법 : 전반부에서 언급한 내용을 근거로 후반부에서 확대하거나 발전시킨다.

오직 여호와의 율법을 즐거워하여

그의 율법을 주야로 묵상하는도다 (시 1:2)

② 알파벳 두운시(acrostic poem)

각 행의 첫 글자가 히브리어 알파벳의 순서대로 붙여지는 형식이다. 첫 행의 첫 글자가 히브리어의 첫 알파벳(알렙)으로 시작되고, 둘째 행의 첫 글자는 두 번째 알파벳(베트)으로 시작되는 식이다. 이렇게 지으면 각 행의 첫 글자를 알고 있기 때문에 암송하기가 쉬워진다. 히브리어 알파벳은 22개로 이루어진다. 알파벳 두운시로는 9, 10, 25, 34, 111, 112, 119, 145편이 있다. 9편과 10편은 합쳐서 한 편의 알파벳 두운시를 이룬다.

5 중복된 시들

53편과 14편, 70편과 40편 13-17절, 108편과 57편 7-11절, 60편 5-12절은 서로 내용이 동일하다.

개요

시를 요약하는 것은 무의미하다. 단어 하나만 바꿔도 감흥이 달라지기 때문이다. 따라서 본 개요에서는 각 시의 주제에 따라 유형을 분류하고 각 유형에 속하는 대표적인 시편을 소개하기로 한다.

1 주요 유형

(탄원시) 고난, 질병, 박해, 패배, 고뇌 등의 힘든 상황을 피력하며 도움을 간구하는 시. 가장 많은 유형으로서 시편 전체의 1/3 정도를 차지한다.

개인 탄원시	3, 5-7, 13, 17, 22, 25-28, 35, 39, 41-43, 51, 54-57, 61, 64, 69, 71, 86, 88, 102, 109, 130, 140-143
공동체 탄원시	12, 44, 60, 74, 79, 80, 83, 85, 90, 126, 137

찬양시 하나님의 창조, 임재, 주권, 역사 등을 찬양하는 시

일반 찬양시	8, 29, 33, 65, 95, 100, 103, 104, 113, 114, 117, 134-136, 145-150
여호와의 왕권을 기리는 시	47, 93, 96-99
시온의 노래	46, 48, 76, 84, 87, 122

감사시 대적, 질병, 죄 등으로부터의 구원을 감사하는 시

| 개인 감사시 | 9, 10, 30, 32, 34, 92, 116, 118, 138 |
| 공동체 감사시 | 67, 107, 124 |

2 기타 유형

제왕시 기름부음 받은 왕이 나타나 있는 시

| 2, 18, 20, 21, 45, 72, 89, 101, 110, 132, 144 |

메시아시 이스라엘의 장래 구원을 이야기하며 그리스도를 나타내는 시

| 8, 16, 22, 35, 40, 41, 55, 69, 102, 109 |

신뢰시 힘든 상황을 무릅쓰고 하나님께 대한 신뢰를 표현한 시

| 개인 신뢰시 | 4, 11, 16, 23, 62, 91, 121, 131 |
| 공동체 신뢰시 | 115, 125, 129 |

지혜시 구약 지혜문학의 사상을 담고 있는 시

| 1, 19, 34, 37, 49, 73, 111, 112, 119, 127, 128 |

순례자의 노래 절기에 예루살렘에 올라가는 노래

| 120-134 |

저주시 불의한 자를 저주하는 시

| 7, 35, 58, 59, 69, 83 |

His-heart 알파벳 두운시 119편

119편은 176절로 이루어진 알파벳 두운시이다. 왜 176절인가 하면 22개의 알파벳마다 8번씩 반복했기 때문이다. 성경 전체에서 절수가 가장 많다. 각 행의 첫 글자가 알파벳 순서대로 시작하는 원칙은 일반 두운시와 마찬가지인데, 동일한 알파벳으로 시작하는 행을 여덟 번 반복하고 나서 다음 알파벳으로 넘어간다는 점이 다르다. 첫 글자가 정해져 있으니 가사를 쓰기가 쉽지 않다. 그런데 119편에는 고난도의 조건이 한 가지 더 추가되었다. 그것은 모든 행마다 '율법' 또는 '율법'과 유사한 뜻을 가진 단어가 들어가게 하는 것이다. '증거', '법도', '율례', '계명', '규례', '약속', '판단' 등이 그것이다. 처음 여덟 절만 살펴보았을 때 밑줄 친 부분이 '율법'을 뜻하는 단어들이다. 매 절마다 핵심 단어를 이루고 있다.

1절 행위가 온전하여 여호와의 율법을 따라 행하는 자들은 복이 있음이여

2절 여호와의 증거들을 지키고 전심으로 여호와를 구하는 자는 복이 있도다

3절 참으로 그들은 불의를 행하지 아니하고 주의 도를 행하는도다

4절 주께서 명령하사 주의 법도를 잘 지키게 하셨나이다

5절 내 길을 굳게 정하사 주의 율례를 지키게 하소서

6절 내가 주의 모든 계명에 주의할 때에는 부끄럽지 아니하리이다

7절 내가 주의 의로운 판단을 배울 때에는 정직한 마음으로 주께 감사하리이다

8절 내가 주의 율례들을 지키오리니 나를 아주 버리지 마옵소서 (시편 119:1-8 개역개정)

이 여덟 절은 모두 히브리어 알파벳의 첫 글자인 '알렙'으로 시작한다. 이런 조건들을 부과하면 시적 창의성을 발휘할 여지가 현저하게 줄어든다. 아무리 어렵더라도 각 행마다 '율법'이라는 뜻의 단어를 꼭 집어넣으려 했던 시편 기자의 열정이 참으로 대단하다.

NOTE
연 구 노 트

잠언

개관

1 저자

본문은 솔로몬(잠 1:1, 10:1), 지혜자(잠 22:17, 24:23), 아굴(잠 30:1), 르무엘의 어머니(잠 31:1)가 저자임을 나타난다. 열왕기상 4장 32절에 의하면 솔로몬은 3,000가지 잠언과 1,005편의 노래를 지었다고 한다. 여기에는 800개 잠언이 수록되어 있다. 히스기야 시대에 편집되었으며(잠 25:1) 본문은 7개의 모음집으로 구분된다.

2 시대

잠언이 특정 시대를 배경으로 창작되지는 않았다. 솔로몬이 우상에 빠지기 전인 그의 중년기에 기록했을 것으로 추정한다. 솔로몬으로부터 약 250년 뒤 히스기야 왕(BC 715-686) 재위 시 그 신하들이 편집했다.

3 내용

일상생활의 여러 방면에서 지혜롭게 살아가는 방법을 가르친다. 잠언에 나타난 주제는 지혜와 어리석음, 의인과 악인, 겸손과 교만, 정의와 복수, 근면과 게으름, 부와 가난, 사랑과 증오, 절제와 분노, 삶과 죽음, 과묵과 다변, 우정과 적의, 관대와 탐욕 등이며 그에 대한 가르침이 들어 있다. 잠언은 또한 하나님에 초점을 둔다. 하나님의 본성, 사역, 축복에 대해서 언급하며 인간과 주님의 관계를 강조한다. 아울러 다른 사람과의 관계 즉 남편과 아내, 부모와 자녀, 친구, 이웃, 종, 고아, 궁핍한 자, 아이에 대한 올바른 관계에 대하여 언급한다. 이 모두 시간과 공간을 초월하여 누구에게나 적용되는 것들이다.

④ 형식

잠언은 짧고 기억하기 쉬운 형식으로 표현된다. 일반적인 격언과는 달리 이행(二行)으로 된 경구(警句)를 기본 형식으로 한다. 많지 않으나 4행, 6행, 8행 경구도 볼 수 있으며 더 긴 경구(예를 들면 청년에 대한 잠언)도 나타난다. 반의적 평행법을 주로 사용한다. 잠언의 마지막 부분 31장 10-31절은 알파벳 두운시 형식으로 지어졌다.

⑤ 구조

구분	서언		지혜의 원리						
	1:1 1:8	10:1		22:17	24:23	25:1		30:1	31:1
	잠언의 목적	청년에 대한 잠언	솔로몬의 잠언 1	지혜자의 말씀 1	지혜자의 말씀 2	솔로몬의 잠언 2		아굴의 잠언	르무엘 어머니의 잠언
장소	유다								
기간	BC 950 – BC 700년경								

개요

잠언은 함축적인 짧은 경구로 되어 있고 각 경구의 내용도 독립적이기 때문에 본문을 더 이상 요약할 수 없다. 본 개요에서는 각 모음집의 특징을 소개하기로 한다.

청년에 대한 잠언

'내 아들아'라는 말로 시작되는 청년에 대한 메시지는 세 가지를 강조한다. 지혜의 길을 추구할 것, 하나님을 경외할 것, 여자와 부정한 관계를 피할 것. 각 주제에 대하여 설교조로 소상하게 가르친다.

솔로몬의 잠언 1 – 솔로몬의 잠언 2

앞의 모음집과는 구성 형식이 매우 다르다. 대부분이 한 절로 된 지혜를 가르치고 있는데, 각각의 격언은 그 자체로 독립적이다. 다루는 주제는 매우 다양하다. 중간에 두 개의 '지혜 있는 자의 말씀'이라는 글이 삽입되어 있는데 그의 신원은 알려져 있지 않다.

잠언이 엄숙하기만 한 것은 아니다. 다음과 같은 잠언은 웃음이 절로 나게 만든다. "길로 지나가다가 자기와 상관없는 다툼을 간섭하는 자는 개의 귀를 잡는 자와 같으니라"(잠 26:17). 누가 지나가는 개의 귀를 잡았다가 혼쭐이 난 적이 있는 모양이다. 그 상황이 코믹하게 연상되면서도 경계심을 갖게 된다. "차라리 새끼 빼앗긴 암곰을 만날지언정 미련한 일을 행하는 미련한 자를 만나지 말 것이니라"(잠 17:12). 분노한 곰의 표정이 연상되면서 미련한 사람에 대해 새삼 생각하게 된다. "미련한 아들은 그의 아비의 재앙이요 다투는 아내는 이어 떨어지는 물방울이니라"(잠 19:13). 지붕에 구멍이 나서 물이 계속 떨어진다면 얼마나 심난할 것인가? 다투는 아내와 사는 심난함을 재미있게 표현했다.

아굴의 잠언

아굴은 자신의 무지를 고백하면서 하나님께 기도를 드림으로 시작한다. 삶에 대한 자신의 통찰을 이야기하는데 동물을 설명의 도구로 즐겨 사용한다.

르무엘 어머니의 잠언

르무엘 왕의 어머니가 르무엘에게 훈계한 잠언이다. 여자, 술, 재판에 대한 간략한 교훈(잠 31:1-9)을 말한 후에 현숙한 아내에 대하여 묘사한다. 이 부분은 22절로서 알파벳 두운시 형식으로 지어졌다.

 통독 순서 안내 잠언 → 아가 → 시 72, 127편, 41-47편

NOTE
연 구 노 트

전도서

개관

1 저자

이 책에 직접적인 언급은 없지만 이 책의 내용은 솔로몬 왕이 저자임을 암시하고 있다. 저자는 자신을 '다윗의 아들 예루살렘 왕'이라고 하면서(전 1:1,12), 누구보다 지혜로웠으며(전 1:16), 큰 사업을 시행했고(전 2:4-6), 비교할 수 없을 만큼 부유했고, 많은 처첩을 두었다고(전 2:7,8) 설명한다. 탈무드의 전승도 솔로몬의 저작임을 인정한다.

2 시대

솔로몬의 말년 BC 930년경에 기록된 것으로 추정한다. 유대 전승에 의하면 아가서는 솔로몬의 청년기에, 잠언은 중년기에, 전도서는 노년기에 기록되었다고 한다.

3 내용

히브리어 원제목은 '코헬렛'으로서 문자적으로는 "모으는 사람"이라는 뜻이며 '회중에게 말하는 사람' 즉 설교자나 전도자를 가리켰다. 우리말로는 "도를 전하는 책"이라는 뜻에서 전도서(傳道書)로 번역했다.

책의 내용은 솔로몬의 인생론을 담고 있다. 전도서의 핵심이 되는 낱말은 '헛되다'이다. 저자는 자신이 경험하고 관찰한 것, 즉 보이는 세계 안에서의 삶을 숙고한다. 저자의 지혜는 삶의 지평선 너머까지는 간파할 수 없다. 단지 죽음의 현상만을 관찰할 수 있고 인간이 위치해 있는 한계를 자각할 뿐이다.

저자는 '헛되다'라는 표현을 37회나 사용하면서 인간적인 관점에서는 모든 것이 헛되다고 선포한다. 인간은 자신의 노력으로 궁극적이거나 영속적인 그 어떤 것도 성취할 수 없다. 그리고 이 세상은 인간이 해결할 수 없는 수많은 불평등, 불합리, 불확실성으로 가득 차 있다.

또한 인간은 하나님이 정해놓으신 것을 바꿀 수도, 이해할 수도, 예견할 수도 없다. 그래서 인생은 헛되다.

그러나 전도서는 무신론이나 회의주의에 빠지지 않는다. 저자는 삶의 한계를 받아들이고 주어진 삶을 즐거워할 것을 권한다. 그리고 하나님을 경외하고 그의 명령들을 지키는 것이 모든 사람의 본분이라고 결론짓는다(전 12:13).

④ 구조

구분	서론	증거		권고	
	1:1　　　　1:12	2:18	7:1		12:9
	모든 것이 헛됨	인간 성취의 헛됨	인간 수고의 헛됨	불합리, 불확실한 삶에 대한 대처	결론
장소	–				
시기	BC 930년경				

개요

① 서론

HIS-STORY 전도자는 모든 것이 헛되다고 선언함으로 시작한다. 자연은 끊임없이 순환하고 사람들은 끊임없이 왔다 가는데, 인간은 살았을 때 만족을 얻을 수 없거니와 죽으면 기억되지도 않으니 인생은 헛되다고 설명한다.

• • •

[모든 것이 헛됨]

1:1-3 　 사람의 모든 수고가 헛되다

1:4-11 　 해 아래 새것이 없다. 세상에서 만족을 얻을 수 없다. 사람들이 기억됨도 없다.

2 증거

HIS-STORY

사람들이 추구하는 지혜, 지식, 즐거움을 가진다 해도 궁극적인 만족을 누릴 수 없다. 전도자는 모든 사람이 결국에는 죽고 잊혀지기 때문에 인생은 헛되다고 지적한다. 이어서 전도자는 사람이 살면서 하는 모든 수고 또한 헛되다고 설명한다. 수고에 따른 결과를 자기가 누리지 못하는 일이 있는가 하면, 그 결과에 대해 스스로 만족하기도 어렵다. 또한 인간이 하나님의 섭리를 잘 알 수 없으며 인간이 할 수 있는 일은 지극히 제한되어 있다. 뿐만 아니라 세상에는 억울하고 불합리한 일들도 많다. 그렇기에 인간의 모든 수고가 헛되다고 한다. 삶은 이렇게 허망한 것이지만, 전도자는 한 가지를 긍정한다. 사람이 자기가 수고해서 얻은 것으로 즐겁게 먹고 마시는 것. 이는 하나님이 주신 선물이라고 여러 차례 강조한다.

• • •

인간 성취의 헛됨

1:12-18 지혜와 지식도 헛되다. 지혜가 많으면 번뇌도 많아진다.

2:1-11 즐거움도 헛되다. 원하는 대로 해보았지만 무익하다.

2:12-17 지혜자나 우매자나 동일하다. 결국 모두 죽고 다 잊혀진다.

인간 수고의 헛됨

2:18-26 모든 수고도 헛되다. 수고해서 남에게 넘겨주게 된다.

그러나 사람이 먹고 마시고 수고함으로 기뻐하는 것은 하나님의 선물이다.

3:1-15 모든 것에 하나님의 때가 있고 하나님의 일을 사람이 알 수 없다.

그러나 사람이 먹고 마시고 수고함으로 낙을 누리는 것은 하나님의 선물이다.

3:16-17 재판하는 곳에도 악이 있다.

3:18-22 사람과 짐승이 다 죽을 운명이다.

그러므로 사람이 자기 일을 즐거워하는 것보다 나은 것이 없다.

4:1-3 학대 받는 자들이 있다. 태어나지 않아 이런 악을 보지 않은 자가 복되다.

4:4-6 수고와 재주 때문에 이웃에게 시기를 받으니 이것도 헛되다.

4:7-12 재산이 있어도 만족할 줄 모르고 끝없이 수고만 하니 이것도 헛되다.

4:13-16 왕이 많은 백성을 통치한다 해도 헛되다. 훗날 누구도 그를 기뻐하지 않을 것이기 때문이다.

5:1-9 권면 (하나님을 경외하라)

5:10-20 재물이 많은 것도 헛되다. 그래도 만족하지 못하고 걱정도 커진다. 결국 빈손으로 간

다. 그러나 수고하여 얻은 것으로 먹고 마시고 즐거워하는 것은 선하고 아름다운 일이다.

6:1-2   소유가 많아도 자신은 누리지 못하고 다른 사람이 누리는 일이 있으니 이것도 헛되다.

6:3-9   사람이 오래 산다 해도 행복을 누리지 못한다면 낙태된 자가 차라리 낫다.

6:10-12   헛된 삶을 사는 사람에게 무엇이 좋은지 누가 알겠는가? 그가 죽은 다음에 해 아래에 무슨 일이 있을지 아무도 모른다.

3 권고

HIS-STORY 그렇기 때문에 인간은 자신의 한계를 잘 인식하고 지혜롭게 살아야 한다. 그리고 할 수 있는 한 주어진 삶을 즐거워해야 한다. 지혜로운 삶에 대한 전도자의 구체적인 권면이 제시된다. 결국 헛된 인생에서 인간이 붙잡아야 할 것은 하나님밖에 없다. 전도자는 하나님을 경외하고 그 명령을 지키는 것이 사람의 마땅한 본분이라고 결론짓는다.

• • •

불합리, 불확실한 삶에 대한 대처

7:1-8:8   권면 (지혜롭게 살라)

8:9-17   악인과 의인 사이에 차이가 없으니 이것도 헛되다.

사람이 먹고 마시고 즐거워하는 것보다 나은 것이 해 아래 없다.

9:1-12   모든 사람의 운명은 다 똑같다. 죽으면 아무것도 모르며 잊혀진다.

그러니까 기쁨으로 먹고 마시라. 사는 날 동안 네 아내와 함께 즐겁게 살라.

9:13-16   가난한 자가 지혜로 성을 구했으나 그를 오래 기억하는 사람이 없는 것을 보았다.

9:17-11:8   권면 (지혜롭게 살라)

11:9-12:8   권면 (청년들아 하나님을 기억하라)

결론

12:9-14   하나님을 경외하고 그의 명령들을 지킬지어다. 이것이 모든 사람의 본분이니라.

His-heart 솔로몬이 몰랐던 것

솔로몬은 우리 보통 사람보다 여러 면에서 출중하다. 하나님께서 탁월한 능력을 주셨고(왕상 4:29-34) 해보고 싶은 일들을 다 해보았으니 경험의 폭도 훨씬 넓다(전 2:1-12). 그런데 그가 오늘의 평범한 그리스도인이라면 다 알고 있는 사실을 모르는 것이 있었으니, 그것은 죽음 이후의 삶이다. 그가 죽음 이후에 대하여 몰랐다는 것은 전도서 본문에서 여러 번 확인된다(전 2:16,17, 3:19-21, 9:3-6). 그래서 그의 인생론은 허무로 가득하다. 존재가 소멸되는데 무슨 의미를 찾을 수 있겠는가. 그러면 인간은 어떻게 살 것인가? 이 질문에 대해 솔로몬은 "하나님을 경외하고 그의 명령들을 지키는 것이 사람의 본분이다"라고 결론짓는다. 죽음 앞에 모든 가치는 설 자리가 없어지지만 하나님을 경외하는 것이 피조물의 도리라는 것은 거부할 수 없다는 것이다. 삶을 관조하는 그의 통찰력이 뛰어나다. 그러나 그의 결론에는 공허감이 짙게 배어 있다.

우리는 솔로몬의 인생론을 어떻게 받아들여야 할 것인가? 우리 입장은 솔로몬과는 사뭇 달라야 한다. 우리는 사후의 삶에 대해 잘 알고 있다. 하나님의 자녀가 된 우리는 소멸되지 않는다. 지금 입은 육신을 벗고 나면 새 몸을 입고 하나님의 나라로 옮겨 하나님과 함께 살게 될 것이다. 그리고 이생에서 하나님과 맺은 모든 아름다운 추억은 다 가져갈 것이다. 그렇기 때문에 우리 인생은 절대 헛되지 않다. 주 안에서 산다면 이생에서의 모든 일들, 심지어 고난까지도 의미를 갖는다. 따라서 우리가 하나님을 경외하고 그의 명령을 지키는 것이 단지 본분이기 때문만은 아니다. 그것이 우리 인생 최고의 가치이고 기쁨이기 때문에 하는 것이 아니겠는가. 우리의 경외함에는 감사의 눈물과 기쁨의 찬양이 넘쳐야 마땅하다.

통독 순서 안내 전도서 → 욥기 → 시 48-66편

NOTE
연구 노트

아가

개관

1 저자

전통적인 견해는 솔로몬을 저자로 본다. 솔로몬의 이름이 7번 신랑(남자 주인공)으로 언급된다(아 1:1,5, 3:7,9,11, 8:11,12). 여기서 남자 주인공은 왕후 60명, 비빈 80명을 거느렸다고 했는데(아 6:8), 열왕기는 솔로몬이 후궁 700명, 첩 300명을 거느렸다고 기록하고 있다(왕상 11:3). 솔로몬은 1,005편의 노래를 지었고 동식물에 대한 해박한 지식을 지녔었는데(왕상 4:32,33), 아가서의 저자는 식물에 대하여 21번, 동물에 대하여 15번 언급하고 있다.

2 시대

아가서의 시대적 배경을 특정할 만한 근거는 없다. 솔로몬 재위 초기에 기록한 것으로 추정된다.

3 내용

아가(雅歌)로 번역된 이 책의 제목은 히브리어로 '쉬르 핫쉬림'으로 "노래 중의 노래"라는 뜻이다. 솔로몬이 지은 연가(戀歌)로서 한 여자 목자와 솔로몬의 사랑을 노래하고 있다. 등장인물은 남자(솔로몬), 여자(술람미 여인), 그리고 예루살렘의 여자들이다. 희곡이라 할 만큼 분명한 이야기 구조를 가지고 있지는 않지만 전체적인 이야기의 흐름은 발견할 수 있다. 두 남녀가 만나 사랑을 키우고 고백하며 마침내 청혼하여 결혼하고 그 후 관계적 위기를 경험하지만 다시 첫사랑을 회복하는 것을 기본 줄거리로 한다. 남자와 여자 주인공이 독창을 주고받는 사이에 합창단인 예루살렘 여자들이 적절히 개입하여 이야기를 이어가는 형식으로 진행된다(새번역 성경에는 등장인물 별로 내용이 구분되어 있다).

아가서에서 말하는 사랑은 다분히 육체적인 것이다. 벌거벗은 여인의 몸에 대한 자세한 묘사(아 4:1-5, 12-15, 5:10-6:1, 6:4-7, 7:1-6)뿐 아니라 육체적 결합에 대한 묘사(아 4:6-5:1, 6:11-13)도 나온다. 은유적으로 표현되어 있지만 성애적 사랑을 노래하고 있음을 쉽게 알 수 있다. 이것은 하나님께서 성적인 사랑을 부부 사이의 아름다운 사랑의 모습으로 인정하신다는 것을 나타낸다. 유대인들은 아가서의 사랑을 이스라엘에 대한 하나님의 사랑으로 이해했다. 고대 기독교인들은 그리스도의 교회에 대한 사랑으로 이해했다. 하나님께서 그 백성을 아가서에 나타난 격정적인 사랑으로 사랑하시는 것은 맞다. 하지만 성경에 나타난 육체적 사랑을 거북해 할 필요는 없다. 먼저 문자적인 관점에서 이해하고 이차적인 의미를 살펴보면 된다.

④ 구조

구분	사랑의 시작		사랑의 심화	
	1:1　　　　　　　3:6		5:2　　　　　　　6:4	
	사랑에 빠짐	사랑으로 하나됨	사랑의 위기	사랑이 깊어짐
장소	이스라엘			
기간	–			

개요

① 사랑의 시작

HIS-STORY 남녀가 서로에 대한 사랑의 고백을 주고 받고 나서(아 1:1-2:3) 두 번의 만남(아 2:4-17)을 갖는다. 결혼 전날 밤 신부는 신랑을 잃어버렸다가 다시 찾는 꿈을 꾼다(아 3:1-5). 신부는 결혼식 날 신랑의 멋진 모습에 감탄하고(아 3:6-11), 신랑은 신부의 몸의 아름다움에 감탄하며 드디어 둘은 한 몸이 된다(아 4:16-5:1).

• • •

[사랑에 빠짐]

1:1 　　　○ 제목

1:2-2:17 ○ 남녀의 만남과 사랑 고백

| 3:1-5 | ○ | 신부의 꿈 |

<table>
<tr><td></td><td></td><td>사랑으로 하나됨</td></tr>
<tr><td>3:6-11</td><td>○</td><td>신랑에 대한 신부의 찬사</td></tr>
<tr><td>4:1-15</td><td>○</td><td>신부에 대한 신랑의 감탄</td></tr>
<tr><td>4:16-5:1</td><td>○</td><td>신랑과 신부의 하나됨</td></tr>
</table>

2 사랑의 심화

HIS-STORY 신랑이 신부에게 왔을 때 문을 바로 열어주지 못해 신랑이 가버린다(아 5:2-7). 신부는 친구들에게 도움을 청한다(아 5:2-8). 결국 양을 치고 있는 신랑을 찾고 (아 6:2,3), 둘은 또다시 서로의 몸에 찬사를 보내며 한몸을 이루고 사랑을 노래한다(아 6:4-8:4). 신부는 신랑에게 변치 않는 사랑을 요구하고 자신의 정조를 결단한다(아 8:5-14).

• • •

<table>
<tr><td></td><td></td><td>사랑의 위기</td></tr>
<tr><td>5:2-7</td><td>○</td><td>관계의 위기</td></tr>
<tr><td>5:8-6:3</td><td>○</td><td>신랑에 대한 찬사와 관계의 회복</td></tr>
<tr><td></td><td></td><td>사랑이 깊어짐</td></tr>
<tr><td>6:4-10</td><td>○</td><td>신랑의 신부에 대한 감탄</td></tr>
<tr><td>6:11-12</td><td>○</td><td>신랑과 신부의 하나됨</td></tr>
<tr><td>7:1-9</td><td>○</td><td>신랑의 신부에 대한 찬사</td></tr>
<tr><td>7:10-8:4</td><td>○</td><td>신부의 신랑에 대한 갈망</td></tr>
<tr><td>8:5-14</td><td>○</td><td>사랑의 확증</td></tr>
</table>

His-heart 사랑의 본질

성경 안에 육체적 사랑이 묘사된 것을 거북하게 여기는 것은 육체적 사랑을 더럽게 여기는 비성경적 편견 때문이다. 하나님은 아담 혼자 사는 것을 좋지 않게 생각하시고 배필을 지어주셨다(창 2:18). 둘 사이의 성적인 욕망과 기쁨 역시 하나님의 창조의 한 부분임에 틀림없다. 사랑의 본질은 '하나됨'이다. 남자와 여자의 육체적 결합은 하나됨이라는 사랑의 본질이 몸을 통해 이루어지는 것이라 할 수 있다. 하나됨의 원형은 하나님 속에 있다. 서로 다른 삼위의 하나님이 사랑으로 완벽한 하나됨을 이룬 것이 사랑의 원형인 것이다. 그 하나됨의 힘이 너무 강하기 때문에 셋이면서도 유일하신 하나님이라고 하지 않는가. 그래서 사랑이라 일컬어지는 모든 것은 하나됨을 갈구한다. 이성애, 가족애, 우정, 동포애, 인류애 모두 하나됨을 지향하지 않는가.

 통독 순서 안내 아가 → 시 72, 127편, 41-47편 → 열왕기상 11장

이사야

1 저자

아모스의 아들 이사야(사 1:1). 이름의 뜻은 "여호와는 구원이시다." 아모스, 호세아, 미가와 같은 시대의 인물로서 웃시야 왕이 죽던 해에 사역을 시작했다(사 6:1). 그는 삶의 대부분을 예루살렘에서 보내며 히스기야 왕 때는 큰 영향력을 행사했다.

오늘날 일부 학자들은 40-66장을 이사야가 아닌 후대 사람이 첨가한 것으로 주장하기도 한다. 이 부분의 예언이 앞부분과 현격히 다르기 때문이다. 35장까지는 불순종하는 유다가 심판받을 것을 준엄하게 경고해 왔는데, 40장부터는 포로가 된 유다를 향하여 위로의 예언을 선포한다. 예루살렘의 멸망과 바벨론 포로 사건은 과거의 일로 묘사된다(사 47:6, 49:15, 52:1,2, 54:7,8, 60:10,15, 63:18, 64:10,11). 그런데 바벨론 포로 사건은 이사야가 죽은 후의 일이기 때문에 이사야가 포로가 된 유다에게 예언한다는 것은 시기적으로 맞지 않아 40장 이후는 후대 사람이 쓴 것으로 주장하는 것이다.

그렇지만 이사야가 먼 미래의 유다를 향해 예언한다는 것이 불가능한 것은 아니다. 하나님께서 계시를 주시면 얼마든지 가능한 일이다. 어떠하든지 이사야서의 권위는 손상되지 않는다. 신약성경 여러 곳에서 40-66장의 구절들이 이사야의 글임을 인정하고 있다(마 3:3, 8:17, 12:17-21 ; 막 1:2,3 ; 눅 3:4-6 ; 요 1:23, 12:38-41 ; 롬 9:27, 10:16-21 ; 행 8:28,32,33).

2 시대

이사야는 웃시야 왕 마지막 해(BC 739)에 사역을 시작하여 요담, 아하스, 히스기야(BC 715-BC 686) 시대까지 활동했다. 당시 앗수르는 디글랏빌레셀 왕 치하에서 강성해지고 있었다. 그는 동쪽 정벌을 마친 후 이스라엘과 유다를 포함한 지중해 연안의 작은 나라들을 침공했다. 결국 이스라엘이 앗수르에 패망하고(BC 722) 유다는 힘겹게 저항하고 있었다.

③ 내용

이 책의 주제는 이사야라는 이름이 가진 뜻, 곧 "여호와는 구원이시다"로 압축할 수 있다. 1-35장은 심판 예언으로 가득 차 있다. 백성들은 하나님을 거역하고 우상숭배와 불의를 저질렀다. 외세의 침입이 있을 때는 하나님보다 강대국과의 동맹에 더 기대를 걸었다. 이사야는 이 모든 악행을 책망하며 이에 대한 심판이 있을 것을 경고한다.

36-39장에서는 히스기야 재위 기간 중 하나님께서 앗수르의 침공으로부터 구원해주시고, 히스기야의 생명을 연장시켜주신 일을 회상한다. 이 이야기를 전환점으로 하여 40장부터는 시간이 미래로 이동한다. 이제 이사야의 예언은 포로로 잡혀간 유다 백성을 대상으로 한다. 전반부와는 달리 40장 이후에서는 위로와 소망의 메시지가 주어진다. 이사야는 하나님께서 바벨론을 멸망시키고 유다 백성들을 예루살렘으로 돌아가게 하실 것이며, 나아가 하나님의 구원이 유다를 넘어 이방에까지 확대될 것이라고 선포한다.

예수 그리스도의 초림에 관한 예언이 여러 차례 자세히 언급되며, 재림에 대한 예언도 여럿 찾아볼 수 있다. 이사야서에는 '이스라엘의 거룩한 자'라는 표현이 자주 나타난다(총 26회, 1-39장에서 12회, 40-66장에서 14회). 구약의 다른 책에서는 오직 6회만 나타난다. '예루살렘에 이르는 큰 길'도 자주 반복되는 표현이다(사 11:16, 35:8-10, 40:3,4, 57:14, 62:10)

④ 구조

구분	심판의 예언					삽입구(역사)	위로의 예언	
	1:1　　7:1　　13:1　　　24:1　28:1　　　36:1　　　40:1　　　56:1							
	유다 고발	믿음 촉구	열방 심판	주의 날	다가올 재앙과 축복	히스기야의 구원	이스라엘의 구원	다가올 미래
장소	이스라엘과 유다							
기간	BC 739 – BC 680년경 (약 60년)							

개요

① 심판의 예언

이사야는 유다의 죄를 고발하며 이에 대한 심판이 있을 것을 경고하는 한편(사 1-6장), 당시 유다를 위협하던 주변 나라(이스라엘, 아람, 앗수르)는 멸망할 것이므로 두려워하지 말고 하나님만 의지하라고 안심시킨다(사 7-12장). 이사야의 경고는 주변 11개 나라로 확대되어 그들에 대해서도 하나님의 구체적인 심판 계획이 있음을 선포한다(사 13-23장). 이방 나라 역시 여호와 하나님의 손 안에 있음을 말해주는 것이다. 이방 우상을 즐겨 섬기는 유다 백성들이 귀담아 들어야 하는 선포이다.

마지막으로 이스라엘과 유다에 대하여 "화 있을진저"(히브리어 감탄사 '호이')로 시작하는 하나님의 경고가 여섯 번 선포된다(사 28-35장). 이사야는 유다가 입술로는 하나님을 공경하나 마음은 하나님을 떠났으며, 이사야를 통해 전한 하나님의 말씀을 무시하고, 하나님보다 주변 강대국과의 동맹을 더 의지하는 불신앙을 저질렀기 때문에 재앙이 임할 것이라고 경고한다.

1-35장은 전체적으로 다가올 심판을 경고하는 어두운 분위기이지만 희망의 메시지도 보석처럼 박혀 있다. 구원의 날에 대한 선포(사 24-27장), 메시아에 대한 예언(사 9,11,28,32장) 등이 그것이다. 역사서를 읽다가 선지서로 넘어가면 이야기의 흐름이 끊긴 것처럼 느껴지는데, 이는 선지서가 기본적으로 시기를 달리하는 여러 예언의 모음집이기 때문이다.

● ● ●

유다에 대한 고발

1장 ○ 내가 자식을 양육하였거늘 그들이 나를 거역했다.

신실하던 성읍이 어찌 창기가 되었는가. 우상을 섬긴 자들은 부끄러움을 당하리라.

2장 ○ 마지막 때에 많은 민족이 예루살렘으로 모일 것이다. 다시는 전쟁이 없을 것이다.

우상을 섬기는 교만한 자들에게 여호와의 날이 임할 것이다.

3장 ○ 예루살렘과 유다가 하나님을 모독했기 때문에 쓰러질 것이다.

시온의 딸들(예루살렘 백성들)이 꼬리치고 다니는구나.

하나님께서 너희 하체를 드러내시리라.

4장 ○ 그날이 오면 주님께서 예루살렘을 깨끗하게 하시고 보호하실 것이다.

5장 ○ 내가 포도원(이스라엘 족속)을 가꾸었으나 들포도가 열렸으므로 그 밭을 황무지로 만들 것이다. 먼 나라들을 불러 탐욕, 술 취함, 악행, 불의에 빠진 자들을 심판하실 것이다.

6장 ○ 하나님이 이사야를 선지자로 부르시다.

하나님에 대한 믿음 촉구 메시아에 대한 예언은 ★을 붙여서 표기했다.

7장 ○ (아하스 왕에게) 아람과 이스라엘의 동맹을 두려워하지 말라. 그들의 뜻은 이루어지지 못하리라. 아기(임마누엘)가 선악을 분간하기 전에 앗수르가 두 나라(아람, 이스라엘)를 멸망시킬 것이다.

하나님께서 네 백성에게 앗수르 왕을 보내어 굴욕과 고통을 당하게 할 것이다.

8장	이사야의 아들 이름을 '마헬살랄하스바스'(노략이 속히 올 것이다)라고 지으라. 아이가

8장 ○ 이사야의 아들 이름을 '마헬살랄하스바스'(노략이 속히 올 것이다)라고 지으라. 아이가 태어나 "내 아빠, 내 엄마"라고 부르기 전에 앗수르 왕이 다메섹과 사마리아를 노략질하리라.

앗수르가 유다까지 침략할 것이나 하나님께서 우리와 함께 계시니 그들이 패망할 것이다.

먼 나라 백성들은 끝내 패망할 것이다. 오직 만군의 주만을 두려워하라.

신접한 자와 무당에게 묻지 말고 오직 율법과 증거의 말씀을 따르라.

9장 ○ 한 아기의 탄생*(그는 통치자, 모사, 전능하신 하나님, 영존하시는 아버지, 평강의 왕이라 할 것이다. 그가 다윗의 보좌에 앉아 영원히 그 나라를 굳게 세울 것이다)

하나님께서 교만한 에브라임과 사마리아 주민을 심판하실 것이다.

10장 ○ 앗수르를 나의 도구로 사용하였으나 교만해졌으므로 벌하겠다.

그날이 오면 이스라엘의 남은 자들이 여호와를 진실하게 의지할 것이다.

내 백성들아, 앗수르가 너를 때려도 두려워하지 말라. 내가 진노로 멸하리라.

앗수르 왕이 쳐들어오겠지만 주께서 베어버리실 것이다.

11장 ○ 이새의 줄기에서 날 싹*(그 위에 여호와의 영이 강림하실 것이며, 그가 여호와를 경외하며 세상을 공의로 심판할 것이다. 그때 내 거룩한 산에서 해됨도 상함도 없을 것이다)

그날에 주께서 앗수르에서 남은 백성을 위하여 큰 길이 있게 하시되 이스라엘이 애굽에서 나오던 날과 같게 하시리라.

12장 ○ 그날이 오면 너희는 주께 감사 찬송을 부를 것이다.

열방에 대한 심판

13장 ○ 바벨론 심판 (메대 사람을 불러 멸망시킬 것이다)

14장 ○ 이스라엘 귀환 (주께서 이스라엘을 다시 택하시고 고향 땅에서 살게 하실 것이다)

바벨론 심판 (내가 일어나 바벨론을 치겠다)

앗수르 심판 (내가 나의 땅에서 앗수르 사람들을 으스러뜨리겠다)

블레셋 심판 (내가 블레셋 사람을 굶어 죽고 칼에 죽게 하겠다)

15장 ○ 모압 심판 (모압이 황폐해질 것이다)

16장 ○ 모압 심판 (모압이 수확을 거두지 못해 통곡할 것이다)

17장 ○ 다메섹(아람)과 에브라임(이스라엘) 심판 (구원의 하나님을 잊고 우상을 섬겼기 때문이다)

18장 ○ 구스(에티오피아) 심판 (가지를 찍어 짐승에게 더질 것이다)

19장 ○ 애굽 심판 (내가 너희를 부추겨 서로 싸우게 하고 포악한 왕이 다스리게 하겠다)

20장 ○ 애굽과 구스 심판 (벗은 몸으로 앗수르에 끌려 갈 것이다)

21장 ○ 바벨론 멸망 환상 (이사야에게 환상을 보여주시다)

아라비아 심판 (도망 다니는 신세가 될 것이다)

22장 예루살렘 심판 (하나님의 경고를 무시한 예루살렘이 엘람 군대에게 무너질 것이다)

고위 관리 셉나를 쫓아내고 그 자리를 엘리아김에게 맡길 것이다 (왕하 18:18, 26 참조).

23장 두로와 시돈 심판 (멸망할 것이다. 주께서 교만한 자를 비천하게 하시려고 정하셨다)

'주의 날'에 대한 예언 이사야의 종말론. "그날에"라는 표현이 반복적으로 나타난다.

24장 하나님께서 온 땅을 황폐하게 하실 것이다.

그날에 여호와께서 예루살렘의 왕이 되시고 영광을 나타내시리라.

25장 찬양 (주는 가난한 자의 요새이시며 폭풍 중의 피난처이십니다)

하나님께서 세상 모든 민족을 시온 산으로 부르셔서 풍성한 잔치를 베푸실 것이다.

그날에 백성들이 "하나님의 구원을 기뻐하며 즐거워하자" 할 것이다.

26장 그날에 유다 백성이 하나님을 신뢰하는 노래를 부르게 될 것이다.

27장 그날에 하나님께서 뱀과 용을 죽이시리라.

그날에 너희는 아름다운 포도원을 두고 노래를 불러라.

그날에 쫓겨났던 자를 모으실것이며 그날에 그들이 예루살렘에서 주께 예배할 것이다.

다가올 재앙과 축복 "화 있을진저"라는 표현이 반복적으로 나타난다.

28장 화 있을진저 에브라임의 술취한 자들의 교만한 면류관(사마리아)이 발에 밟힐 것이다.

그들이 이사야의 가르침을 조롱하니 다른 민족을 불러 가르치게 하실 것이다.

시온의 기초 돌* (내가 시온에 견고한 기초 돌을 놓으리니 그것을 의지하는 자는 불안하지 않을 것이다)

농사는 하나님의 원리에 따라 하는 것이다. 하나님의 경영은 기묘하며 지혜는 광대하시다.

29장 화 있을진저(1절의 '슬프다'로 번역된 원어가 '화 있을진저'와 같은 단어인 '호이'이다) 아리엘(예루살렘)이여 내가 너를 둘러 진을 치며 너를 치겠다.

내 백성이 입술로는 나를 공경하나 마음은 내게서 멀리 떠났다.

화 있을진저 자기 음모를 주님 모르게 깊이 숨기는 자들이여.

오래지 않아 복된 세상이 올 것이며 야곱 자손은 하나님을 경외할 것이다.

30장 화 있을진저 거역하는 백성들이여. 애굽의 보호를 받으려 하나 아무 도움도 받지 못한다.

너희가 하나님의 법 듣기를 싫어하고 허망한 것을 의지하니 너희 나라를 무너뜨릴 것이다.

그러나 하나님께서 예루살렘 백성들의 부르짖음을 들으시고 백성의 상처를 고치실 것이다.

하나님께서 맹렬한 진노로 앗수르를 치실 것이고, 주의 백성은 소고 치며 수금을 탈 것이다.

31장 화 있을진저 도움을 구하러 애굽으로 내려가는 자들이여.

하나님만이 예루살렘을 보호하신다.

나 만군의 여호와가 예루살렘을 보호할 것이라. 너희는 우상을 버리고 돌아오라.

32장 공의로 다스릴 왕* (장차 한 왕이 공의로 통치하고 방백들이 정의로 다스릴 것이다)

His-heart 유다를 향한 하나님의 마음

1-35장까지 읽다보면 하나님이 주시는 말씀에 일관성이 없다는 느낌이 들기도 한다. 무서운 경고가 있는가 하면 위안을 주는 말씀이 있고 온 세상이 망할 것 같다가도 메시아가 오신다는 희망의 메시지도 주신다. 그러나 이 모든 말씀은 유다를 돌이키려는 하나의 목적에 맞추어져 있다. 하나님을 거역하고 우상을 섬기는 유다를 하나님은 용납할 수가 없다. 그래서 심판이 있을 것이라고 엄하게 경고하신다. 그렇지만 하나님이 바라는 것은 유다를 심판하는 것이 아니라 하나님께 돌아오게 하는 것이다. 그래서 하나님은 유다가 편한 마음으로 돌아올 수 있도록 온갖 배려를 다 해주신다. 유다를 가장 두렵게 하는 존재는 앗수르였다. 그래서 하나님은 앗수르가 침략해 오겠지만 하나님께서 멸망시킬 것이라고 안심시키신다. 그리고 주변의 이방 나라들도 심판하겠다고 하신다. 이방 역시 하나님의 주권 아래 있으니 이방 우상을 섬기거나 이방 나라를 의지하려 하지 말라는 말씀이다. 또한 하나님은 메시아가 와서 나라를 굳게 세우고 온 세상을 통치할 것이라는 희망을 수시로 말씀해주신다. 유다의 민족적 자존감을 회복시켜주시고 하나님 안에서만 민족의 미래가 있다는 것을 가르치시는 것이다. 배신의 등을 돌린 유다에게 정성을 다하시는 하나님, 그러나 유다 백성은 그 마음을 알지 못했다.

다 파괴될 것이나 주님께서 영을 보내주시면 회복될 것이다.

33장 화 있을진저 학대하고 속이는 자여.

기도 (주님 은혜를 베풀어 주십시오. 구원이 되어 주십시오)

이제 내가 일어나 나의 권능을 나타내 보이겠다. 두려워 말라. 의롭게 살면 안전할 것이다.

하나님이 우리와 함께하셔서 예루살렘은 강하고 부유해질 것이다.

34장 하나님께서 원수들을 벌하실 것이다. 에돔은 폐허가 될 것이다.

35장 두려워 말라. 너희 하나님이 너희를 구하시리라. 하나님께서 사람을 고치시고 사막에 시내가 흐를 것이다. 거기에 '거룩한 길'이라 불리는 큰 길이 있어 구원받은 자들이 그 길로 시온에 이르러 기뻐할 것이다.

2 삽입구 (히스기야 재위 때의 역사, 왕하 18:13-27, 대하 32:1-19 참조)

이 역사적 삽입구는 BC 701년 유다에 대한 앗수르의 침공을 회상한 것이다. 하나님은 히스기야 왕의 기도를 들으시고 유다를 앗수르 왕 산헤립의 손에서 구원하신다. 히스기야는 병으로 죽게 되었으나 하나님께 간구하여 15년을 더 살게 된다. 교만해진 그는 어리석게도 바벨론의 사신들에게 자기의 모든 보물을 보여준다. 이사야는 히스기야에게 바벨론 사람들이 어느 날 그 모든 보물을 다 가져갈 것이며 후손이 바벨론에 끌려가 환관이 될 것이라고 예언한다. 이 역사 이야기는 이사야가 경고했던 심판(사 1-35장)이 어떤 모습으로 올 것인지 힌트를 주고 있다. 당시 바벨론은 세력이 미약한 나라였기 때문에 유다가 이 예언을 믿기는 어려웠을 것이다. 그러나 이사야가 세상을 떠나고 약 100년 후에 이 예언은 사실이 된다. 40장부터는 바벨론에 잡혀간 유대 백성들을 향한 메시지가 선포된다.

• • •

히스기야의 구원

36장 ○ 앗수르 왕 산헤립이 부하 랍사게를 보내어 예루살렘을 협박하고 하나님을 모욕하다.

37장 ○ 이사야가 산헤립이 제 나라로 돌아가 죽임 당할 것이라고 예언하다.

산헤립이 투항하라는 협박 편지를 보내자 히스기야 왕이 하나님께 기도하다.

하나님의 사자가 앗수르 군대를 전멸시키다.

산헤립은 돌아가 후일 아들에게 죽임 당하다.

38장 ○ 히스기야 왕이 병들어 죽게 되자 하나님께 간구하여 생명이 15년 연장되다.

39장 ○ 히스기야가 바벨론 사신들에게 궁궐과 그 소유를 다 보여주다.

이사야가 히스기야의 소유가 바벨론으로 옮겨질 것이라 예언하다.

3 위로의 예언

HIS-STORY 40장부터 이사야가 예언하는 대상은 포로로 잡혀간 유다 백성들이다. 이들은 이미 심판을 받고 있는 상황이다. 따라서 이사야의 메시지는 포로 된 유다가 예루살렘으로 돌아오게 될 것이라는 위로와 소망의 예언으로 바뀐다. 하나님께서 바사 왕 고레스에게 기름 부어 세상을 정복하게 할 것이며, 이는 하나님이 택하신 이스라엘을 돕게 하기 위함이라는 구체적인 내용도 계시된다(사 45:1-7). 에스라서 1장에 기록된 고레스의 선포를 보면 그가 이사야서에 기록된 자신에 대한 예언을 보았음이 분명하다(스 1:1-4). "주의 종"이라고 표현된 메시아의 도래가 네 차례 선포된다. 56장 이후에는 구원이 유다를 넘어 이방으로 확대되고 궁극적인 구원의 날까지를 바라본다. 유다가 바벨론에서 예루살렘으로 돌아온다는 메시지와 이방 민족이 예루살렘으로 모인다는 메시지가 함께 나타난다.

• • •

40장 ○ 내 백성을 위로하라. 노역의 때가 끝났고 죄악이 사함 받았다.

주님은 인간이 헤아릴 수 없는 하나님이다.

어찌 하나님께서 사정을 모르신다고 불평하느냐?

오직 하나님을 앙망하는 자는 새 힘을 얻으리라.

41장 ○ 누가 동방에서 한 정복자(고레스)를 일으켰느냐? 나 여호와라.

이스라엘아, 너는 두려워 말라. 나는 너의 하나님이니 너를 도와 강하게 할 것이다.

내가 북쪽에서 한 사람(고레스)을 일으켜 오게 했는데, 이 일을 알려준 자가 없다.

보라. 그들의 우상은 바람이요 헛것일 뿐이다.

42장 ○ 주의 종 1*(나의 종, 내 마음에 기뻐하는 자, 곧 내가 택한 사람을 보라. 내가 나의 영을 그에게 주었은즉 그가 이방에 정의를 베풀리라. 흑암에 앉은 자를 감방에서 나오게 하리라)

세상 사람들아, 새 노래로 주님을 찬송하여라. 땅끝에서부터 그를 찬송하여라.

내가 오랫동안 침묵을 지켰으나 이제 눈 먼 백성을 지름길로 인도하리라.

이스라엘이 귀와 눈이 멀어 순종하지 않으므로 주께서 노략 당하게 하셨으나 깨닫지 못했다.

43장 ○ 두려워하지 말라. 내가 너를 지명하여 불렀나니 너는 내 것이라. 너를 돌아오게 할 것이다.

너희는 나의 증인, 나의 종으로 택함을 입었다. 나 외에 다른 신은 없다.

내가 새 일을 행하리라. 광야에 새 길을 사막에 강을 내리라(포로 귀환).

너희 죄악으로 나를 괴롭게 하였으나 나는 네 죄를 기억하지 아니하리라.

44장 ○ 이스라엘아, 두려워 말라. 나의 영을 네 자손에게 부어줄 것이다. 나 외에 다른 신은 없다.

우상을 만드는 자는 수치를 당할 것이다.

내가 너를 창조하였고 네 죄를 구속하였다. 예루살렘과 성전이 다시 세워질 것이다. 고레스가 나의 기쁨을 성취하리라.

45장 ○ 하나님께서 고레스에게 하신 말씀(그 앞에 많은 나라가 항복하게 하겠다. 내가 이스라엘을 위하여 네 이름을 불러 칭호를 주었다. 나 외에 다른 신은 없다)

내가 땅과 사람과 하늘을 창조하였다. 내가 공의로 그를(고레스) 일으켰다. 그가 사로잡힌 나의 성읍을 건축하고 내 백성을 값없이 놓으리라.

나는 공의를 행하며 구원을 베푸는 하나님이라. 나 외에 다른 신이 없느니라.

46장 ○ 바벨론의 신 '벨'과 '느보'는 엎드러졌다. 나 외에 다른 신은 없다. 내가 시온을 구원하리라.

47장 ○ (바벨론에게) 네가 내 백성을 가혹하게 대했다. 네가 교만하므로 네게 재앙이 임하리라.

48장 ○ 이제 내가 새 일을 알려주겠다. 내 이름을 위하여 내가 참고 너를 멸절하지 않으리라.

내가 사랑하는 자(고레스)가 나의 뜻을 바벨론에게 행할 것이다.

나는 너를 인도하는 하나님이다. 바벨론에서 나와서 하나님이 구속하셨다고 외치라.

49장 주의 종 2* (네가 내 종이 되어 이스라엘을 돌아오게 할 것이다. 너를 이방의 빛으로 삼아 나의 구원이 땅끝까지 이르게 하리라)

여인이 자기 자식을 잊을지라도 나는 너를 잊지 않을 것이다. 예루살렘이 회복될 것이다.

50장 주의 종 3* (하나님이 내 귀를 열어주셔서 주님을 거역하지 않았다. 나를 때리고 모욕하는 자들을 피하지 않았다. 주께서 나를 도우시는데 나를 정죄할 자가 누구냐)

51장 내가 아브라함을 부르고 복 준 것을 생각하라. 나의 구원과 공의는 영원할 것이다.

깨어라 예루살렘아. 나의 분노의 큰 잔을 거두어서 그 잔을 너를 괴롭게 하던 자들에게 두리라.

52장 사로잡힌 딸 시온아, 하나님께서 예루살렘을 구속하셨다. 너희는 거기서(바벨론) 떠날지어다.

주의 종 4* (내 종이 지극히 존귀하게 되리라. 많은 나라들을 놀라게 하리라)

53장 그가 찔림은 우리의 허물 때문이요 그가 상함은 우리의 죄악 때문이라. 주께서 우리 모두의 죄악을 그에게 담당시키셨다.

54장 내(하나님)가 잠시 너(이스라엘)를 버렸으나 이제 나의 자비가 네게서 떠나지 않을 것이다.

네가 살 성은 아름답고 화려할 것이며 네 자녀들은 번영과 평화를 누릴 것이다.

55장 하나님께 돌아오라. 그가 너그럽게 용서하시리라.

[다가올 미래]

56장 이방인도 나의 언약을 지키면 내 백성이 될 것이다.

이스라엘의 지도자들은 눈 멀고 탐욕이 심하며 분별력이 없다.

57장 네가 모은 우상에게 구원해달라고 해보라. 오히려 바람에 날려 갈 것이다.

내 백성의 탐욕의 죄 때문에 내가 쳤으나 이제 그들을 고쳐주고 도와주며 인도하겠다.

58장 내가 기뻐하는 금식은 억압 받는 사람을 풀어주며 가난한 사람을 먹이고 입히는 것이다. 그렇게 하면 네가 부를 때 내가 응답하리라.

안식일을 제대로 지키면 하나님 안에서 즐거움을 얻으리라.

59장 하나님의 손이 짧아 구원하지 못한 것이 아니라 너희 죄악이 너희와 하나님을 갈라놓았다.

우리가 하나님을 배반했기 때문에 정의가 멀고 공의가 우리에게 미치지 못한다.

하나님께서 중재자가 없음을 이상히 여기시고 친히 구원을 베푸실 것이다.

60장 일어나라. 빛을 발하라. 하나님의 영광이 네 위에 임하였다. 이방나라들이 재물을 가지고 와서 이스라엘의 거룩한 이에게 드릴 것이다. 해와 달 대신에 네 하나님이 영원한 빛이 되시리라.

구약성경에 메시아에 대한 예언이 많이 있지만 이사야서에서는 탄생부터 재림까지 좀 더 자세히 기록되어 있다. 예수님의 탄생(사 7:14, 9:6), 기름부음 받으심(사 11:2, 61:1), 예수님의 인격(사 11:3,4, 42:3), 예수님의 말씀 선포(사 61:1,2), 예수님의 고난(사 50:5,6, 52:13-53:12), 예수님의 죽음(사 53:8,9). 예수님의 부활(사 25:8), 예수님의 승천(사 52:13), 예수님의 재림(사 4:2-6, 11:3-10, 32:1-8, 52:13-15)에 대한 예언이 모두 기록되어 있다. 52장 13절에서 53장 12절은 시편 22편과 함께 메시아의 속죄에 관한 가장 분명하고 놀라운 예언으로 꼽는다.

61장 구원의 기쁜 소식* (주 여호와의 영이 내게 임하셨으니, 이는 가난한 자에게 아름다운 소식을 전하고 마음이 상한 자를 고치고 포로된 자에게 자유를 선포하게 하셨다)

62장 이방 나라들이 예루살렘의 영광을 볼 것이다.

성문으로 나아가 백성이 올 큰 길을 닦으라. 사람들이 너를 '거룩한 백성'이라 할 것이다.

63장 내가 노하여 민족들을 짓밟았다. 내가 분하여 그들의 선혈이 땅에 쏟아지게 했다.

주께서 백성들을 친히 구원해주셨으나 그들이 반역하여 그들을 치셨다.

기도 (주님, 돌아오소서. 원수가 주의 성소를 유린하였습니다)

64장 주여, 강림하셔서 원수들이 떨게 하소서. 주여, 너무 분노하지 마소서.

우리는 다 주님의 백성입니다. 예루살렘이 황폐한데 가만히 계시렵니까?

65장 우상숭배 죄악에 대하여 내가 모두 보응하겠다.

내가 새 하늘과 새 땅을 창조하리니 이전 것은 기억되지 않으리라. 새 예루살렘에서는 슬픔이 없고 풍요롭고 안전하게 살 것이다. 나의 성산에서는 해함도 상함도 없으리라.

66장 마음이 가난하고 통회하는 자는 내가 돌보겠지만 우상숭배하는 자에게는 멸망이 있으리라. 예루살렘을 사랑하는 자들아, 다 기뻐하라. 너희가 예루살렘에서 위로를 받으리라.

때가 되면 다른 민족들도 나의 영광을 볼 것이며, 그들이 내 영광을 모든 민족에게 전파하리라.

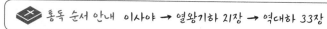

통독 순서 안내 이사야 → 열왕기하 21장 → 역대하 33장

예레미야

개관

1 저자

예레미야. 이름의 뜻은 "여호와께서 세우신다" 또는 "여호와께서 던지신다." 예루살렘 북쪽 5킬로미터 지점의 제사장 성읍 아나돗의 제사장 힐기야의 아들. 그의 예언은 서기 바룩이 받아썼다.

2 시대

예레미야는 유다 역사의 마지막 40년간 사역했다. 요시야 왕 13년(BC 627)에 선지자로 부름 받아 시드기야 왕 11년(BC 586)까지 하나님의 말씀을 선포했다. 북왕국 이스라엘은 예레미야가 사역을 시작하기 약 100년 전(BC 722)에 앗수르에게 멸망했다. 예레미야 사역 당시 유다 북쪽에는 앗수르를 누르고 부상하는 바벨론이 있었고, 남쪽에는 애굽이 버티고 있었다. 하나님을 떠난 유다는 두 강대국 사이에서 시달릴 수밖에 없었다(자세한 내용은 121p를 참조하라).

BC 627-606	앗수르와 애굽에 의해 위협을 받던 시기	요시야, 여호아하스, 여호야김 재위
BC 605-586	바벨론의 공격을 받던 시기	여호야김, 여호야긴, 시드기야 재위
BC 586-580	유다 멸망 이후	그달리야 재위

3 내용

북왕국은 이미 멸망했고 이제 남왕국 유다마저 멸망의 길로 가고 있었다. 유다의 신앙을 개혁하려 했던 요시야 왕은 전사하고 경건치 못한 네 명의 왕이 잇달아 통치하면서 유다는 쇠망해갔다. 백성들은 영적 도덕적 타락의 길에서 방황했다. 하나님은 괴로워하시며 유다를 돌이킬 극단의 조치를 결심하신다. 바벨론을 들어 유다를 치는 것이다. 상황이 심각한 만큼 여러 명의 선지자를 보내어 다가올 심판을 경고하신다. 스바냐, 하박국이 같은 시대에 보냄을 받았다.

예레미야는 백성들에게 100번 넘게 "돌아오라", "회개하라"고 촉구하면서 무서운 심판이 임박했다고 선포한다. 장차 바벨론이 침략해올 텐데 이것이 하나님의 심판이기 때문에 바벨론에 대항하지 말고 복종하라고 경고했다. 예레미야는 이런 신랄한 예언 때문에 동족들로부터 핍박받고 옥에 갇히는 등 갖은 고초를 겪었다. 유다를 심판할 수밖에 없는 하나님과 하나님에게 돌이키지 않는 백성 사이에서 예레미야는 괴로워하며 평생 눈물로 사역할 수밖에 없었다. 하나님의 명령에 따라 결혼도 하지 않았다.

바룩이 처음 기록했던 예레미야의 예언은 여호야김 왕이 불살라버린 적이 있다(렘 36장). 우리가 보는 예레미야서는 바룩이 기억을 되살려 다시 기록한 것이다(렘 36장). 그래서인지 예레미야서는 연대기적으로 배열되지 않았다. 연대기적 순서는 아래 '예레미야서의 연대기적 배열'을 참조하라.

④ 구조

구분	소명	유다에 대한 예언				이방에 대한 예언	예루살렘의 멸망
	1:1 2:1	26:1	30:1	34:1		46:1	52:1
	선지자직 임명	유다에 대한 정죄	예루살렘의 갈등	예루살렘의 미래 회복	예루살렘의 함락	아홉 나라에 대한 정죄	유다 왕국의 종말
장소	유다					열방	바벨론
기간	BC 627 – BC 580 년경 (약 50년)						

○ 예레미야서의 연대기적 배열 ○

요시야 시대	여호아하스와 여호야김 시대	여호야긴과 시드기야 시대	예루살렘 함락 이후
1장-6장	7:1-15 → 26장 → 22:1-19 → 7:16-20장 → 25장 → 46-51장 → 36:1-8 → 45장 → 36:9-32 → 35장	22:20-24장 → 21장 → 27-31장 → 34:1-7 → 37:1-10 → 34:8-22 → 37:11-38:13 → 39:15-18 → 32-33장 → 38:14-39:14 → 52:1-30	40-44장 → 52:31-34

개요

1 소명

선지자직 임명

1장 ○ 예레미야가 부르심을 받다.

　　 　　살구나무 가지와 끓는 가마 환상을 보여주시다.

2 유다에 대한 예언

HIS-STORY 　　예레미야의 메시지는 비유, 강론, 행동 등 여러 형태로 선포된다. 유다가 장차 받을 심판의 원인을 열거하고 유다에 닥칠 심판, 즉 바벨론의 침공을 경고한다. 유다 백성들은 하나님의 성전이 자기들을 지켜줄 것이라고 믿는데 이것은 착각이라는 것을 또한 지적한다. 마지막 왕 시드기야에게는 바벨론의 침공이 하나님의 심판이기 때문에 항복하라고 전한다. 예레미야는 이런 하나님의 말씀을 전하고 평생 핍박을 받는다. 하나님과 예레미야의 대화 속에 돌이키지 않는 유다에 대한 답답하고 절망적인 하나님의 심정이 드러난다.

● ● ●

유다에 대한 정죄 　대화 부분에서는 화자 앞에 '–' 표기를 붙였다. 메시아에 대한 예언은 ★를 붙여서 표기했다.

2장 ○ 내가 신혼 때의 사랑을 기억하고 있다. 내가 무엇을 잘못했기에 나를 멀리하느냐.

　　 　내 백성의 두 가지 죄악은 생수의 근원 된 나를 버린 것과 터진 웅덩이(우상)를 판 것이다.

　　 　이스라엘이 포로 된 것은 나를 떠나 애굽과 앗수르를 의지했기 때문이다.

　　 　이방신을 섬기다가 환난을 당하면 나에게 구원해달라고 한다. 수치를 당할 것이다.

3장 ○ 많은 남자와 음행을 하고도 창녀처럼 뻔뻔한 얼굴을 하고 부끄러움도 모르는구나.

　　 　이스라엘이 간음하여 쫓아냈더니 유다는 더 심하구나. 돌아오라. 나는 너의 남편이다.

4장 ○ 이스라엘아 돌아오라.

　　 　내가 북방에서 큰 멸망을 가져오리라. 네 마음의 악을 씻으라. 그러면 구원을 얻으리라.

　　 　예레미야의 탄식 (슬프고 아프다. 내가 전쟁의 나팔소리를 들음이로다)

　　 　멸망을 당한 자여, 어찌 하려느냐. 네가 단장하고 꾸밀지라도 헛된 일이다.

5장 ○ 만일 의로운 자를 한 사람이라도 찾으면 내가 이 성읍을 용서하리라.

　　 　내가 먼 데서 강한 민족을 불러 네가 믿는 성을 칼로 멸하리라.

　　 　파도가 바다의 한계를 넘지 않거늘 너희는 나를 배반했다. 내가 벌하지 않겠느냐.

유다 백성들은 별 문제의식 없이 우상을 섬겼지만 하나님에게는 끔찍한 고통이었다. 하나님은 당신의 심정을 비유를 통해 토로하신다.

하나님이 보시기에 유다 백성은 발정 난 야생 암나귀였다. 우상을 향해 열을 내는 모습이 수컷을 향해 헐떡거리는 암나귀 같다는 것이다(렘 2:24). 아내가 다른 남자에게 헐떡거리며 덤빈다면 남편의 심정이 어떨 것인가. 또 유다는 많은 남자와 음행을 하고도 부끄러움을 모르는 여자라고 하시며, 그러고도 남편에게 돌아올 수 있겠느냐고 반문하신다(렘 3:1,2). 불순종하는 유다의 모습에 대해서 이런 한탄도 하신다. 세상을 삼킬 것 같은 큰 파도라도 하나님이 정하신 해안선을 넘지 않고(렘 5:22), 미물인 철새들도 하나님이 정하신 때를 따라 돌아오는데(렘 8:4-7) 정작 하나님의 형상대로 지은 인간이 하나님의 말씀을 넘어서고 무시하다니 기가 막힌 일이다. 유다 백성들이 무심하게 저지른 우상숭배가 하나님에게는 이렇게 큰 고통이었다.

6장 예루살렘에서 피난하라. 재앙과 큰 파멸이 북방에서 밀려온다.

- 예레미야 : 주의 말씀을 자기들에 대한 욕으로 여기니 참기 어렵습니다.

- 하나님 : 내가 그들을 벌하여 그들이 거꾸러지리라.

선한 길을 가지 않겠다 하니 내가 재앙을 내리리라.

잔인한 한 북방 민족이 일어나 시온의 딸인 너를 치러 올 것이다. 너희는 통곡할지어다.

7장 예레미야의 성전 설교 (성전 안에 있다고 안전할 것 같으냐? 내가 실로에서처럼 행하리라)

너는 이 백성을 위하여 내게 기도하지 말라. 그들은 우상을 섬겨 나를 격노케 하고 있다.

너의 머리털을 밀고 통곡하라. 유다 자손이 힌놈 골짜기에서 그 자녀를 불살랐다.

8장 새들도 돌아올 때를 지키는데 내 백성들은 항상 나를 떠나 물러감은 어찜이냐.

- 예레미야 : 슬프다. 내 백성이 심히 먼 땅에서 부르짖는 소리가 들린다.

9장 - 하나님 : 내가 내 딸 백성을 어떻게 할꼬? 내가 예루살렘을 황폐케 하리라.

- 예레미야 : 모두 황무지가 되었습니다.

- 하나님 : 내가 예루살렘을 돌무더기로 만들고 유다 성읍에 주민이 없게 하겠다.

- 예레미야 : 이 땅이 왜 망했는지 이유를 말할 수 있도록 주의 말씀을 받은 자가 누구인가?

- 하나님 : 이 백성이 바알을 쫓았으므로 이방 가운데 흩어놓고 전멸시키겠다.

곡하는 여인을 부르라. 죽음이 창문을 넘어 들어왔다!

지혜, 용맹, 부를 자랑하지 말고 나를 아는 것을 자랑하라.

10장 우상은 사람이 만든 것이다. 여호와만이 참 하나님이시다.

예레미야의 기도 (주님, 징계를 너그럽게 하소서. 분노는 이방 족속에게 하소서)

11장 나는 언약(출 19:6)을 지켰지만 내 백성은 언약을 지키지 않았으므로 재앙을 내린다.

아나돗 사람들이 예레미야를 암살하려 하다.

12장 - 예레미야 : 어찌하여 악한 자가 형통하고 평안합니까? 따로 갈라놓으십시오.

- 하나님 : 사람과 달리기를 힘들어 하면 말과는 어찌 달리겠느냐?

내 소유로 택한 백성이 내게 덤벼들어 내가 원수의 손에 넘겼다.

내 백성의 땅에 손을 대는 악한 나라는 뽑아버리겠다.

13장 내가 유다와 예루살렘의 교만을 썩은 허리띠처럼 썩게 하겠다.

내가 이 땅의 모든 자들이 취하여 서로 충돌하여 상하게 하리라.

교만하지 말라. 네가 음행을 저질렀으므로 네 치마를 들춰 수치를 드러내리라.

14장 - 예레미야 : 우물이 마르고 땅이 갈라지고 들나귀의 눈이 흐려지는도다.

　우리가 죄를 지었어도 주의 이름을 위하여 일하소서. 버리지 마옵소서.

- 하나님 : 너는 이 백성을 위하여 복을 구하지 말라. 그들을 멸하리라.

- 예레미야 : 어떤 선지자들은 칼과 기근이 이르지 않고 평강할 것이라 합니다.

- 하나님 : 거짓 예언이다. 내 백성의 파멸로 내 눈이 밤낮으로 눈물을 흘리리라.

- 예레미야 : 우리가 범죄했습니다. 우리와 세우신 언약을 기억하시고 폐하지 마소서.

15장 - 하나님 : 모세와 사무엘이 내 앞에 섰다 해도 내 마음을 돌이킬 수 없다. 지쳤다.

- 예레미야 : 다 나를 저주합니다. 주를 위하여 부끄러움을 당하고 있습니다.

- 하나님 : 내가 너를 강하게 할 것이다. 네 원수가 네게 간구하게 될 것이다.

- 예레미야 : 주의 손에 붙들려 홀로 앉아 있습니다. 어찌 저의 고통은 그치지 않나이까?

- 하나님 : 너는 나의 입이 될 것이다. 내가 너와 함께하여 너를 건질 것이다.

16장 예레미야 생애에 대한 주님의 뜻 (아내를 맞지 말고 자녀를 두지 말라. 초상집에 가지 말고 울지 말라. 잔치 집에서 먹지 말라)

내가 그들을 조상의 땅으로 다시 인도해 들일 것이다.

내가 사냥하듯이 그들을 잡아내겠다. 숨을 수가 없다.

17장 유다의 죄는 금강석 촉으로 그들의 마음판과 제단에 기록되어 있다.

예레미야의 기도 (나를 고치소서. 나를 구원하소서. 나를 박해하는 자들이 치욕을 당하게 하소서)

예루살렘 문에 서서 안식일을 거룩하게 지키라고 전하라.

18장 내가 멸하려 하다가도 악에서 돌이키면 (토기장이처럼) 내 뜻을 돌이킬 것이다.

내 백성은 나를 잊고 허무한 것에 분향하고 있다. 그들로 웃음거리가 되게 하리라.

19장 지도자들에게 항아리를 깨뜨리며 "이와 같이 성읍을 무너뜨릴 것이다"라고 말하라.

20장	제사장 바스훌이 예레미야에게 차꼬를 채우다.
	- 예레미야가 바스훌에게 : 바벨론에 의해 유다가 멸망하고 너도 바벨론에서 죽으리라.
	- 예레미야가 하나님에게 : 내가 종일토록 모욕거리가 됩니다. 그들에게 보복해주소서.
21장	- 시드기야 왕 : 느부갓네살이 떠나도록 예레미야가 하나님께 간구해달라.
	- 예레미야 : 주께서 친히 진노로 너희를 치실 것이다. 바벨론에게 항복하라.
22장	유다 왕실에 대한 하나님의 말씀 (정의와 공의를 행하라. 약한 자를 압제하거나 학대하지 말라)
	살룸(여호아하스) 왕에 대한 경고 (살룸이 잡혀간 곳에서 죽으리라)
	여호야김 왕에 대한 경고 (예루살렘 문 밖에 던져지고 나귀와 같이 매장 당하리라)
	고니야(여호야긴) 왕에 대한 경고 (바벨론의 느부갓네살에게 넘겨줄 것이다)
23장	때가 이르러 다윗에게 한 의로운 가지를 일으키리니 세상에 공의를 행하리라*
	선지자들의 거짓 꿈을 듣지 말라. 하나님의 입에서 나온 것이 아니다.
	"여호와의 '짐스러운 말씀'(맛사)이 무엇이냐?"라 말하지 말라.
24장	좋은 무화과는 내게 돌아올 것이며 나쁜 무화과는 멸절되기까지 저주 받을 것이다.
25장	이 땅이 폐허가 될 것이며 이 민족이 70년 동안 바벨론 왕을 섬길 것이다.
	내가 칼을 불러 세상의 모든 주민을 칠 것이다.

예루살렘의 갈등

26장	예레미야의 성전 설교 (내가 이 성전을 실로처럼 되게 하겠다. 7장 참조)
	제사장과 선지자들이 예레미야를 죽여야 한다고 주장하나 고관과 백성들이 반대하다.
	선지자 우리야가 예레미야와 같은 내용을 예언하니 여호야김이 그를 연행하여 죽이다.
27장	외국 사신들에 대한 경고 (바벨론 왕을 섬기지 않는 나라는 벌하리라)
	시드기야 왕에 대한 경고 (바벨론을 섬기지 않으리라는 선지자들을 믿지 말라)
	제사장과 백성에 대한 경고 (성전 기구가 속히 돌아오리라는 말을 믿지 말라)
28장	예레미야가 하나냐의 거짓 예언을 질책하다. 하나냐가 죽다.
29장	바벨론 포로에게 보낸 예레미야의 편지 (거기에서 집 짓고 밭 갈고 결혼하고 살라. 70년이 차야 돌아오게 될 것이다)
	예레미야를 모함하는 거짓 예언 편지를 보낸 스마야를 벌할 것이다.

예루살렘의 미래 회복

30장	내가 야곱의 집 포로들을 돌아오게 할 것이다. 너희들의 하나님이 되리라.
31장	처녀 이스라엘아 내가 다시 너를 세우리라.
	내가 이스라엘 집과 유다 집에 새 언약을 맺으리라. 내가 그들의 하나님이 되리라.
32장	예레미야가 사촌 하나멜에게서 아나돗의 밭을 사다.

- 예레미야 : 밭을 샀으나 이 성은 갈대아인에게 넘기셨지 않습니까?

- 하나님 : 유다 자손이 다시 돌아오게 할 것이다. 이 땅에서 밭을 사게 될 것이다.

33장 이스라엘과 유다의 포로가 돌아오게 할 것이다.

그날 다윗에게서 한 가지가 나게 하리니 그가 정의와 공의를 실행할 것이다. *

[예루살렘의 함락]

34장 시드기야 왕에 대한 예언 (내가 이 성을 바벨론에게 넘기고 너는 끌려갈 것이다)

너희가 놓아주었던 종을 다시 끌어다 종으로 부렸다. 내가 칼, 기근, 전염병을 주리라.

35장 레갑 사람들은 선조의 명령을 잘 지키는데, 너희는 끊임없이 말해도 내게 순종하지 않는다.

36장 예레미야의 말을 기록한 글을 낭독하게 하니 여호야김 왕이 듣고 불태워 다시 기록하다.

37장 느부갓네살이 시드기야를 왕으로 세우다.

예레미야는 갈대아인들이 성을 불태우리라 예언하다.

38장 예레미야를 시위대 뜰 구덩이에 던지자 내시 에벳멜렉이 끌어 올리게 하다.

시드기야의 질문에 대한 예레미야의 대답 (항복해야 살고 성이 불타지 않는다)

39장 예루살렘이 18개월 포위 끝에 함락되다. 왕자들은 죽임 당하고 왕과 백성들이 끌려가다.

예레미야가 석방되다. 하나님께서 에벳멜렉에게 구원을 약속하시다.

40장 예레미야가 바벨론 압송 도중 느부사라단이 풀어주니 그다랴에게 가서 함께 살다.

그다랴가 총독이 되다. 요하난이 그다랴에게 암살 계획을 알려주나 그다랴가 믿지 않다.

41장 그다랴가 왕족 이스마엘에게 암살당하다.

42장 남은 백성들이 예레미야에게 하나님의 뜻을 물으니 예레미야가 애굽에 가면 죽는다고 전하다.

43장 요하난이 예레미야의 말을 믿지 않고 백성들과 예레미야와 바룩을 데리고 애굽으로 가다.

44장 애굽으로 들어간 모든 유다 사람이 칼과 기근에 멸절되리라.

45장 하나님께서 바룩에게 구원을 약속하시다.

❸ 이방에 대한 예언

HIS-STORY 여기에서는 아홉 개의 이방 나라에 대한 예언이 선포된다. 예언의 순서는 서쪽(애굽)에서 시작하여 동쪽 나라(바벨론)로 진행된다. 당시 유다 백성은 이방 신들을 섬기는 일이 많았는데, 예레미야는 그 우상들은 거짓이며 이방 민족들도 여호와 하나님께서 다스리는 것임을 선포한다. 예레미야는 특히 유다를 멸망시킬 바벨론도 결국에는 심판 받아 멸망할 것이라고 예언한다.

• • •

46장 ○ 애굽에 대한 심판의 말씀

47장 ○ 블레셋에 대한 심판의 말씀

48장 ○ 모압에 대한 심판의 말씀

49장 ○ 암몬, 에돔, 다메섹, 게달과 하솔, 엘람에 대한 심판의 말씀

50장 ○ 바벨론에 대한 심판의 말씀

그날이 오면 이스라엘 백성과 유다 백성이 돌아와 나와 언약을 맺을 것이다.

51장 ○ 우상은 거짓이요 생기가 없으나 주님은 만물을 지으신 분이다.

내가 바벨론을 나의 철퇴로 사용했으나 이제 내가 너를 쳐서 황무지로 만들겠다.

예레미야가 스라야에게 바벨론에 닥칠 재난을 기록한 책을 주며 강에 던지라 하다.

④ 예루살렘의 멸망

HIS-STORY 성경에는 예레미야가 40년간 선포한 유다 멸망 사건이 여러 차례 상세히 서술되어 있다(왕하 24:18-25:21, 25:27-30 ; 렘 39:1-10, 52:4-16). 그에 따르면 예루살렘은 함락되어 파괴되며 약탈당한다. 지도자들은 죽임을 당하고 백성들은 바벨론으로 포로가 되어 끌려간다.

• • •

유다 왕국의 종말

52장 ○ 시드기야가 11년 통치하고 바벨론에 끌려가 옥에 갇혀 있다가 죽다.

느부사라단이 성전과 왕궁을 불사르고 성벽을 헐고 백성 4,600명을 잡아가다.

바벨론 왕 에윌므로닥이 여호야긴을 감옥에서 풀어주고 평생 왕의 앞에서 먹게 하다.

> ✟ 통독 순서 안내 예레미야 → 예레미야애가 → 오바댜

예레미야애가

1 저자

예레미야. 예루살렘이 파괴되고 함락된 모습을 목격자만이 묘사할 수 있는 생생함으로 기록하고 있다.

2 시대

바벨론 왕 느부갓네살은 예루살렘을 약 1년 반 동안 포위한 끝에 BC 586년 4월(히브리 종교력)에 점령했다. 약탈이 끝나자 다음 달에는 도성과 성전을 불태우고 마침내는 성벽까지 허물었다. 바벨론 군사들이 모든 것을 파괴하고 포로들과 떠났을 때 예루살렘은 폐허가 되었다. 예레미야는 이 모든 과정을 목도했고 그 뼈저린 고통과 슬픔을 애가로 기록했다.

3 내용

예레미야애가는 한 도시의 멸망을 애도하는 조가(弔歌)이다. 한때는 자랑스런 도시였으나 이제는 바벨론의 침공으로 초토화된 예루살렘을 눈물로 묘사했다. 예레미야는 다섯 편의 시로 개인과 공동체의 슬픔을 표현한다. 1,2,4장은 "에카!"라는 단어로 시작된다. "어찌하여!"(how)라는 뜻으로 극도의 놀라움이나 비통함을 표현하는 말이다. 개역개정에서는 "슬프다!"라고 번역했다. 1-4장은 두운시(acrostic poem) 형식으로 구성된다. 즉, 각 행의 첫 글자는 히브리어 알파벳 순서대로 시작한다. 따라서 각 장의 절수는 알파벳의 개수와 같이 22절이 된다. 3장 역시 알파벳 두운시이지만 약간의 규칙 변화가 있다. 3개 행이 동일한 알파벳으로 시작한다. 따라서 총 66행이 된다. 5장은 1-4장처럼 총 22절로 이루어지지만 두운시 형식은 아니다.

❹ 구조

구분	예루살렘의 파괴	하나님의 진노	예레미야의 고난	예루살렘의 포위	회복을 비는 기도
	1:1	2:1	3:1	4:1	5:1
장소	예루살렘				
기간	BC 586년경				

개요

예루살렘의 파괴

1장 ○ 예레미야는 예루살렘이 파괴되어 적막해진 모습과 주변으로부터 비웃음을 당하는 현실에 탄식하며 슬퍼한다. 하나님께서 예루살렘을 돌아보아주시고 대적들의 죄를 심판해주시기를 호소한다.

하나님의 진노

2장 ○ 예레미야는 하나님께서 마치 원수를 대하듯 예루살렘을 삼키셨다고 슬퍼한다. 이러한 파멸은 하나님께서 옛날에 명령하신 말씀을 이루신 것이라고 인정한다(애 2:17; 신 28:15-68 참조). 애가는 예루살렘이 하나님께 드리는 탄원으로 끝난다.

예레미야의 고난

3장 ○ 예레미야는 자신이 겪는 극심한 고통을 호소한다. 그러다가 하나님의 긍휼과 사랑을 회상하고는 희망을 발견한다. 그는 하나님께서 자신을 구해주신 것처럼 다시 구원해주실 것과 원수들을 복수해주실 것을 호소한다.

예루살렘의 포위

4장 ○ 예루살렘이 포위된 기간에 벌어진 극심한 굶주림을 묘사한다. 이 비참한 상황이 벌어진 이유는 선지자와 제사장들이 죄악을 저질렀고(애 4:11-16), 이방 애굽을 의지했으며(애 4:17-19), 기름 부어 세우신 이가(시드기야 왕) 함정에 빠졌기 때문이라고 탄식한다.

회복을 비는 기도

5장 ○ 마지막 애가는 유다가 겪은 비참한 상황을 슬프게 묘사하며, 이는 죄를 지었기 때문이라고 고백한다. 그리고 하나님께서 진노를 푸시고 돌이켜주실 것을 호소한다.

통독 순서 안내 예레미야애가 → 오바댜 → 에스겔

에스겔

1 저자

부시의 아들 에스겔. 예레미야와 스가랴처럼 제사장이었다(렘 1:1 ; 슥 1:1 ; 겔 1:3). 이름의 뜻은 "하나님께서 강하게 하신다." 에스겔은 유다 백성이 주전 597년 바벨론에 포로로 잡혀갈 때 그 무리 속에 있었다. 사로잡힌 지 5년(BC 593) 그의 나이 30세에 하나님의 부르심을 받아(겔 1:2) 22년간 사로잡혀온 유다 백성들에게 하나님의 말씀을 선포했다(겔 29:17). 에스겔이 바벨론에 도착했을 때 다니엘은 이미 알려져 있었다(겔 14:14, 20, 28:3). 다니엘과는 동년배이며 예레미야보다는 약 20년 연하이다.

2 시대

느부갓네살은 세 번에 걸쳐 예루살렘을 공격했다. 주전 605년 여호야김을 항복시키고 다니엘을 포함한 유다의 주요 인물을 잡아갔다. 주전 597년 느부갓네살은 다시 침공하여 여호야긴 왕을 비롯한 만여 명을 잡아갔는데, 이때 에스겔도 잡혀갔다. 주전 586년에는 예루살렘을 함락시키고 남은 백성을 잡아갔다(자세한 내용은 121p를 참조하라). 에스겔은 예루살렘 함락 전 7년(BC 593-586), 함락 후 15년(BC 586-571) 동안 하나님의 말씀을 선포했다.

3 내용

바벨론에 끌려간 유다 백성들은 회개하지는 않고 언제 풀려날 것인지에만 관심이 있었다. 에스겔은 유대인 포로들에게 잡혀온 이유를 알려주며, 곧 구원받을 희망이 없다는 사실을 일깨워 준다. 에스겔이 바벨론에 끌려간 지 12년 되는 해에 예루살렘이 함락된다(겔 33장). 예루살렘 멸망 이후에는 에스겔의 메시지 내용이 바뀌어 유다와 이스라엘이 회복될 것을 선포한다. 에스겔이 메시지를 전하는 방법은 독특했다. 그는 속담, 비유, 환상을 전했으며 상징적인 행위를 통해 메시지를 전하기도 했다. 하나님께서 "이마가 굳고 마음이 굳은"(겔 3:7) 백성들의 주목을 끌기 위해 알려주신 방법이었다.

에스겔의 메시지에는 몇 가지 특징이 있다. 그는 부르심을 받을 때 하나님의 영광을 본 이래 책 전체를 통해 '하나님의 영광'을 계속 언급한다(겔 1:4-28, 3:12,23, 8:4, 9:3, 10:4,18,19, 11:22,23, 39:11,21, 43:2-5, 44:4). 하나님은 "내가 여호와인 줄 알게 하기 위하여" 일하신다고 60번 넘게 말씀하신다(겔 6:7,10,13,14 외 다수). 또한 "내 이름이 더럽혀지지 않도록 내 이름을 위하여" 일하신다는 것을 15번이나 말씀하신다(겔 20:9,14,22,39,44, 36:20-23, 39:7,25, 43:7,8). 백성들이 하나님을 따르지 않는데도 그들을 위해 일하셔야 했던 하나님의 답답한 마음이 드러난다.

4 구조

구분	에스겔의 소명		유다에 대한 심판		이방에 대한 심판	이스라엘의 회복	
	1:1　　2:1　　　4:1		13:1　　25:1		33:1	40:1	
	영광을 보다	소명을 받음	임박한 심판	유다의 죄악	열방에 대한 심판	이스라엘의 회생	새 왕국 이스라엘
장소	바벨론						
기간	BC 593 - BC 571 (22년)						

개요

1 에스겔의 소명

HIS-STORY　하나님은 에스겔에게 하나님의 압도적인 영광과 위엄의 환상을 보여주시고 선지자로 세우신다. 당시 바벨론에 잡혀온 유다 백성들은 사태의 심각성을 깨닫지 못하고 있었다. 죄악을 회개하기보다는 포로에서 풀려날 것만 바라보고 있었다. 하나님은 마음이 굳은 이 백성들을 상대할 수 있도록 에스겔을 강하게 해주시며 두려워하지 말라고 격려하신다.

• • •

하나님의 영광을 보다

1장 ○ 에스겔이 그발 강가에서 하나님의 영광을 보다(나이 30세, 사로잡힌 지 5년째 되는 해).

소명을 받음

2장 ○ 에스겔이 선지자로 부르심을 받다.

3장 ○ 에스겔이 두루마리 책을 먹다.

주의 영이 에스겔을 들어 올려 텔아비브로 데려가시다.

② 유다에 대한 심판

에스겔 선지자는 상징적인 행위와 메시지를 통해서 유다의 심판이 확실함을 선포한다(4-12장). 하나님께서 에스겔에게 매우 이상하게 보이는 행동을 하라고 명하시는데, 이는 하나님의 말씀에 둔감해진 유다 백성들의 주목을 끌어 그들이 당하게 될 재앙의 심각성을 깨닫게 하려는 것이었다. 하나님은 에스겔에게 멀리 예루살렘의 상황을 환상으로 보여주신다. 에스겔은 우상숭배가 극에 달한 예루살렘의 충격적인 모습을 본다. 그리고 하나님의 영광이 예루살렘을 떠나시는 광경을 보게 된다(8-11장). 13장부터는 유다의 죄악상과 앞으로 내려질 심판의 양상을 선포한다(13-24장). 당시 선지자들은 거짓으로 예언하고 장로들은 우상을 섬기며 왕은 다른 나라를 의지했다. 백성들은 자신의 죄악을 깨닫지 못하고 조상 탓을 하고 있었다. 하나님께서는 이런 유다를 칼로 끊어버리겠다고 하신다.

• • •

임박한 심판

4장 ○ 상징행위 1 (예루살렘이 공격 받는 모형을 만들라. 예루살렘이 포위 공격당할 것을 보여줌)

상징행위 2 (옆으로 누워 백성의 죄악을 짊어지라. 이스라엘과 유다의 범죄한 역사를 나타냄)

상징행위 3 (인분 불로 떡을 구워 먹으라. 백성이 여러 나라로 쫓겨나 먹게 될 음식을 나타냄)

5장 ○ 상징행위 4 (털을 깎아 불사르고 칼로 치고 흩으라. 백성이 병과 기근, 칼로 죽고 흩어질 것을 나타냄)

6장 ○ 메시지 1 (내가 전쟁을 일으켜 너희의 우상숭배를 심판하겠다)

7장 ○ 메시지 2 (너희에게 종말이 왔다. 칼과 전염병과 기근으로 너희의 역겨운 행위를 갚아주겠다)

8장	환상 1 (유다 장로들이 앞에 있을 때 에스겔에게 예루살렘의 우상숭배 장면을 보여주시다)
9장	환상 2 (예루살렘을 탄식하는 자의 이마에 표를 그리고 나머지는 모두 죽이라 하시다)
10장	환상 3 (여호와의 영광이 성전을 떠나시다)
11장	환상 4 (여호와의 영광이 예루살렘을 떠나시다)
	에스겔이 본 환상을 사로잡힌 자들에게 말해주다.
12장	상징행위 5 (포로의 짐을 꾸리고 백성 앞에서 끌려가라. 백성이 포로로 끌려갈 것을 알림)
	상징행위 6 (떨면서 음식을 먹고 근심하면서 물을 마시라. 땅이 황폐하여 놀라게 될 것을 보여줌)
	내가 하는 말이 너희 생전에 이루어지리라.

유다의 죄악

13장	본 것 없이 예언하는 자들에게 화가 있을 것이다.
14장	에스겔에게 나온 장로들이 우상을 섬긴다는 것을 하나님이 알려주시다.
	내가 예루살렘이 칼, 기근, 짐승, 전염병으로 황폐하게 할 것이다.
15장	포도나무를 땔감으로 불에 던지듯 내가 예루살렘도 그렇게 할 것이다.
16장	내가 들에 버려진 너를 아름답게 키워 왕후로 높였더니, 지나가는 모든 자와 행음하였다.
17장	큰 독수리(느부갓네살), 백향목 높은 가지(여호야긴), 포도나무(시드기야), 다른 독수리(애굽)의 비유
	내가 심은 가지가 아름다운 백향목(메시아)이 되어 그 아래 각종 새가 깃들 것이다.
18장	심판을 받는 것은 조상 탓이 아니라 자기가 행한 죄악 때문이다.
19장	유다 왕들의 비참한 미래 (젊은 사자 1 여호아하스, 젊은 사자 2 여호야긴, 키 큰 가지 시드기야)
20장	에스겔 앞에 장로들이 오자 하나님께서 그들 조상의 우상숭배 사실을 알리라 하시다.
	내게 범죄하는 자는 다시 이스라엘에 들어가지 못하게 하겠다.
	내가 너희를 너희 조상에게 맹세한 땅에 인도하여 들일 때에 내가 여호와인 줄 알리라.
	내가 유다 남쪽부터 불을 질러 북쪽까지 타게 하겠다.
21장	내가 너를 대적하여 칼(바벨론)을 빼어 의인과 악인을 끊을 것이다.
	상징행위 7 (허리가 끊어지듯이 슬피 울라. 다가올 재앙이 너무 크다는 것을 보여줌)
	상징행위 8 (바벨론 왕이 올 두 길을 땅에 그리라. 바벨론이 예루살렘을 공격할 것을 보여줌)
22장	예루살렘이 저지른 가증한 일들을 알게 하라.
	이스라엘 족속이 찌꺼기같이 되었다. 그러므로 내가 노여움으로 너희를 녹이리라.
	선지자는 거짓 예언하고, 제사장은 율법을 범하고, 고관들은 불의한 이익을 탐하고, 백성

들은 포악과 강탈을 일삼았다.

23장 오홀라(사마리아)가 행음하여 앗수르에 넘겼는데, 오홀리바(예루살렘)는 더 심하다.

24장 녹슨 가마(예루살렘)와 고기(백성들) 비유(불을 피워 고기를 녹이고 가마를 달구어 녹을 없애라)

상징행위 9(아내가 죽어도 슬퍼하지 말라. 예루살렘 멸망으로 놀란 자들의 모습을 보여 줌)

③ 이방에 대한 심판

유다의 이웃나라들인 암몬, 모압, 세일, 에돔, 블레셋, 두로, 시돈, 애굽에 대한 심판이 선포된다. 이들이 심판 받는 이유는 유다가 심판 받는 이유와는 판이하게 다르다. 유다는 하나님께 순종하지 않고 우상을 섬겼기 때문에 심판 받지만, 이방 나라들이 심판 받는 이유는 이스라엘과 유다를 대적했기 때문이다. 유다를 괴롭힌 이방을 심판하시는 하나님의 모습에서 유다를 향한 하나님의 끊을 수 없는 사랑이 드러난다.

• • •

[열방에 대한 심판]

25장 암몬에 대한 심판(이스라엘과 유다가 어려움 당할 때 멸시하며 기뻐했다)

모압과 세일에 대한 심판(유다 족속이 다른 이방 족속과 다름이 없다고 했다)

에돔과 블레셋에 대한 심판(에돔과 블레셋이 내 백성에게 지나치게 보복했다)

26장 두로에 대한 심판(예루살렘이 황폐해졌으니 내가 번영하리라 했다)

27장 두로에 대한 애가(바다 가운데 빠질 것이다)

28장 두로 왕에 대한 심판(여러 나라가 너를 칠 것이다)

시돈에 대한 심판(너를 심판하여 이스라엘에게 찌르는 가시가 없게 하겠다)

29장 애굽에 대한 심판(이스라엘에게 갈대 지팡이 같았다. 네가 부러져서 이스라엘을 다치게 했다)

30장 애굽에 칼이 임할 것이다. 동맹국 백성들도 칼에 엎드러질 것이다.

31장 애굽은 앗수르와 같은 운명이 될 것이다.

32장 애굽은 사자가 아니라 물을 더럽히는 악어이다.

가장 강력한 약을 썼는데도 병이 낫지 않으면 희망이 없다. 마찬가지로 가장 엄한 벌을 내렸는데도 뉘우치지 않으면 방법이 없다. 유다 백성이 바로 이런 상황이다. 바벨론에 포로로 끌려가는 극단적인 징계를 받으면서도 회개할 줄을 몰랐다. 그러니 하나님은 상황이 심각하다는 것을 깨우쳐주는 일까지 더 하셔야 한다. 그런데 백성들의 마음이 어두우니 웬만해서는 알아듣지 못한다. 그래서 하나님은 특단의 방법을 사용해야 했다. 이를 감당할 사람이 바로 에스겔. 그가 백성들에게 메시지를 전하는 방법은 주로 이상한 행동을 하는 것이었다. 자기 수염을 잘라 태운다든지, 하루 종일 옆으로 누워 있다든지, 통곡을 하는 등 정신 나간 사람처럼 행동을 했다. 보통 말로 해서는 심각성을 깨닫지 못하기 때문에 취한 방법이었다. 모두 예루살렘의 멸망을 예고하는 내용이었다. 아울러 하나님은 결정적인 환상을 보여주셨는데, 그것은 하나님이 성전을 떠나시는 광경이었다. 아직도 본국 송환을 바라보고 있는 유다 백성들에게 예루살렘에 더 이상 하나님이 계시지 않다는 것을 선포한 것이다. 유다는 성전이 있으면 하나님도 함께 계신다는 생각에 안이한 삶을 살아왔다. 이 고정관념을 깨버린 것이다. 징계를 하면서도 배려하며 가르쳐야 하는 하나님의 마음이 힘들다. 이를 몸으로 보여주어야 하는 에스겔도 힘들다. 그래서 처음부터 하나님은 에스겔의 얼굴을 굳게, 이마를 금강석처럼 강하게 해주셨다(겔 3:8).

4 이스라엘의 회복

HIS-STORY   에스겔은 잡혀온 지 12년에 예루살렘 함락 소식을 듣는다. 이후로는 에스겔의 메시지가 바뀌어 유다와 이스라엘의 회복을 선포하기 시작한다. 에스겔은 골짜기의 마른 뼈가 일어나는 환상을 본다. 이는 이스라엘 민족이 회복될 것을 상징하는 것이었다. 사로잡힌 지 25년에 에스겔은 환상 중에 예루살렘에 세워질 새 성전의 모습을 자세히 본다. 이어서 주의 영광이 그 성전으로 들어가시는 장면도 보게 된다. 10장에서 성전을 떠났던 하나님의 영광이 다시 돌아오신 것이다. 에스겔은 그 성전에서 물이 나와 강을 이루고 물이 이르는 곳마다 모든 것이 살아나리라는 계시를 듣는다. 이어서 새 땅과 새 성읍에 대해서도 구체적인 계시를 받는다.

• • •

이스라엘의 회생

33장 ○ 내가 너를 이스라엘 족속의 파수꾼으로 삼으니 나를 대신하여 그들에게 경고하라.

악인이라도 돌이켜 정의와 공의를 행하면 살 것이다.

사로잡힌 지 열두째 해 에스겔이 예루살렘 함락 소식을 듣는다.

이스라엘에 남아 있는 자들이 그 땅을 소유할 것으로 착각하나 내가 모두 죽게 하리라.

백성들이 네(에스겔) 말을 듣고도 그대로 행하지 않는다. 자기 이익을 따를 뿐이다.

34장 양떼를 먹이지 않고 잡아먹기만 하는 이스라엘 목자들에게 화가 있을 것이다.

내가 목자들을 대적하여 양떼를 그 손에서 찾을 것이다.

내가 한 목자를 세워 양떼를 먹이게 할 텐데 그는 내 종 다윗이다(다윗 혈통의 메시아).

35장 에돔 네가 이스라엘에게 칼을 휘둘렀다. 너를 황폐하게 하리라.

36장 내가 내 이름을 위하여 너희를 고국 땅에 들어가게 하고 새 영을 너희 속에 두겠다.

37장 에스겔이 골짜기 마른 뼈들에게 하나님의 말씀을 대언하니 큰 군대가 되다.

유다와 이스라엘이 다시는 나뉘지 않을 것이며 내 종 다윗이 그들의 왕이 될 것이다.

38장 내가 마곡의 왕 곡으로 하여금 여러 날 후 평안히 사는 이스라엘을 침략하게 할 것이다.

곡이 이스라엘을 치러 오면 내가 그들을 심판하여 내가 여호와인 줄 알게 하리라.

39장 침략자 곡이 멸망할 것이며 이스라엘은 7년 동안 무기를 불태울 것이다.

내가 이제 포로 된 야곱의 자손을 돌아오게 하며 이스라엘에게 사랑을 베풀 것이다.

새 왕국 이스라엘

40장 사로잡힌 지 25년째 해에 하나님이 에스겔에게 새 성전의 모습을 보여주시다.

41장 성전의 성소, 지성소, 골방들, 나무 제단, 성전의 문들

42장 제사장의 방들, 성전의 담

43장 하나님께서 성전에 들어가시다. 번제단의 모양과 크기

44장 여호와의 영광이 성전에 가득 차다.

45장 거룩한 구역을 정하여 하나님께 예물로 드리라. 유월절과 초막절 규례

46장 안식일과 초하루 규례, 매일 드리는 제사, 성전 부엌

47장 성전에서 물이 나와 강을 이루고 강 좌우에 과실나무가 자랄 것이다. 제비 뽑아 땅을 나누라.

48장 예루살렘이 이제부터 '여호와삼마'(여호와께서 거기 계시다)라 불릴 것이다.

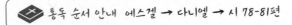 통독 순서 안내 에스겔 → 다니엘 → 시 78-81편

NOTE
연구 노트

다니엘

1 저자

다니엘. 이름의 뜻은 "하나님은 나의 심판자이시다." 본문 7장 2절에서는 자서전처럼 일인칭이 사용되었고, 12장 4절에는 다니엘이 쓴 것으로 나타난다. 예수님은 다니엘서 9장 27절을 인용하면서 "선지자 다니엘이 말한 바"라고 하셨다(마 24:15). 그는 왕가 또는 귀족 가문의 용모가 준수하고 지적으로 명민한 소년이었다(단 1:4). 바벨론에 잡혀가 3년간 엘리트 교육을 받았다. 거기서 '벨드사살'("벨이 생명을 지켜준다"라는 뜻, 벨은 바벨론 신 중의 하나)이라는 이름을 받았다.

2 시대

다니엘은 주전 605년 느부갓네살에 의해 바벨론으로 잡혀갔으며 바벨론이 멸망한 뒤 바사의 고레스 왕 3년(BC 536)까지 활동했다(단 10:1). 잡혀갈 당시 다니엘은 소년이었는데(단 1:4), 만약 그가 16세였다면 고레스 3년(BC 536)에는 85세가 되었을 것이다. 바벨론은 느부갓네살 왕(BC 605-562) 때 최고의 전성기를 누렸다. 그 뒤 몇 명의 왕이 짧은 기간을 다스리다가 마지막 왕 나보니두스(BC 555-539) 때 바사 왕 고레스에 의해 멸망한다. 다니엘서에 나오는 벨사살은 나보니두스의 아들로서 아버지와 함께 바벨론을 통치했다.

3 내용

다니엘서는 하나님이 온 세상을 다스리신다는 것을 포로된 유다 백성들에게 알게 함으로써 그들에게 용기를 북돋워주기 위하여 씌어졌다. 다니엘은 이방 땅에서 자신의 믿음을 지키며 올곧게 산다. 하나님은 신실한 다니엘과 함께하신다. 왕이 본 환상을 해석할 수 있도록 가르쳐주시고, 바벨론을 지혜롭게 다스리게 하시며, 죽을 위기에 처할 때마다 놀라운 이적으로 구원하신다. 다니엘의 비범한 능력이 하나님에게서 온 것을 알게 된 이방 왕들은 다니엘의 하나님을 높이라는 지시를 내린다. 후반부에서 하나님은 다니엘에게 여러 환상을 통해 세계와 이스라엘의 장래를 보여주신다. 이 모든 일은 하나님께서 이스라엘뿐만 아니라 세계의 역사까지 주관하신다는 것을 말해준다. 다니엘을 통해 바벨론에서도 하나님의 영광이 선포될 때 포로 된 유다 백성들은 하나님의 위대하심을 다시 깨닫게 되었을 것이다. 다니엘서는 두 개의 언어로 기록된 점이 특이하다. 이방 나라에 대한 하나님의 계획과 관련이 있는 2-7장은 그들의 언어(아람어)로 기록되었고 나머지는 히브리어로 기록되었다. 다니엘은 다른 선지자처럼 백성들에게 하나님의 말씀을 선포하지는 않았다. 그러나 예수님은 다니엘을 선지자라고 하셨다(마 24:15).

④ 구조

구분	다니엘의 삶				다니엘이 본 환상			
	바벨론 시대			메대와 바사 시대	바벨론 시대		메대와 바사 시대	
	1:1 2:1 5:1			6:1 7:1	8:1	9:1	10:1	
	바벨론 왕궁으로	느부갓네살의 환상	벨사살의 환상	다리오의 조서	네 짐승 환상	양과 염소 환상	칠십 이레 환상	이스라엘 장래 환상
특징	다니엘이 다른 사람의 꿈을 해석				천사가 다니엘의 꿈을 해석			
언어	히브리어	아람어				히브리어		
장소	바벨론, 바사							
기간	BC 605 – BC 536 (약 70년)							

개요

① 다니엘의 삶

HIS-STORY 다니엘과 그 친구들은 바벨론에 인질로 끌려가 교육을 받으면서도 단호하게 신앙의 지조를 지킨다. 그들의 지혜가 바벨론 술객보다 월등했기 때문에 왕에게 어려운 일이 생길 때마다 부름을 받는다. 다니엘은 느부갓네살 왕이 꾼 두 개의 꿈과 바벨론의 마지막 왕 벨사살이 본 글씨를 해석한다. 이 일로 바벨론의 왕들은 다니엘의 하나님을 찬양하게 된다. 다니엘과 그 친구들은 신앙의 지조를 지킨 것 때문에 두 번 죽을 고비를 겪는다. 풀무 불에 던지우고 사자 굴에도 던지웠으나 하나님께서 보호해주시므로 해를 입지 않는다. 이 놀라운 사실에 바벨론 왕 느부갓네살과 바사 왕 다리오는 다니엘의 하나님을 찬양한다. 이처럼 다니엘이 겪은 사건들은 모두 하나님의 위대하심을 증명하는 계기가 되어 이방 왕들이 하나님을 찬양하는 결과로 이어진다. 바벨론에 살던 유대인 포로들에게 이 소식이 전해졌을 때 그들은 자기들의 하나님이 얼마나 위대하신지 깨달았을 것이다.

• • •

바벨론 시대

바벨론 왕궁으로

1장 ○ 여호야김 3년에 이스라엘 왕족과 귀족 소년 몇 명이 느부갓네살 왕궁으로 끌려가다.

다니엘과 친구들의 지혜와 총명이 바벨론 박수나 술객보다 월등하게 되다.

느부갓네살의 환상

2장 ○ 느부갓네살의 꿈(거대한 신상)을 다니엘이 해석하다.

왕이 다니엘의 하나님이 모든 신의 신이라고 고백하며 다니엘이 바벨론을 다스리게 하다.

3장 ○ 다니엘의 세 친구가 금 신상에 절하기를 거부하여 풀무 불에 던지웠으나 해를 입지 않다.

왕이 다니엘의 하나님을 찬양하고 하나님을 경솔히 말하는 자를 죽이라는 조서를 내리다.

4장 ○ 느부갓네살의 꿈(땅 중앙의 높은 나무)을 다니엘이 해석하다.

다니엘의 예언이 왕에게 임하다. 왕이 회복되고 나서 하나님을 찬양하다.

벨사살의 환상

5장 ○ 벨사살이 잔치 중에 손가락이 나타나 벽에 글을 쓴 것을 다니엘이 해석하다.

그날 밤 벨사살 왕이 죽임 당하고, 메대 사람 다리오가 나라를 얻다.

메대와 바사 시대

다리오의 조서

6장 ○ 다니엘이 예루살렘을 향해 기도했다는 이유로 사자 굴에 던져졌으나 상하지 않다.

다리오 왕이 조서를 내려 다니엘의 하나님을 두려워하라 명하다.

② 다니엘이 본 환상

하나님은 다니엘에게 미래의 일을 환상으로 보여주신다. 이 환상은 천사가 다니엘에게 해석해준다. 두 번의 짐승 환상을 통해 세상에 일어날 나라들을 알려주시기도 하고, 천사가 직접 장래 일과 그 시기를 설명하기도 한다. 이 계시에서 앞으로 어떤 나라가 일어날 것인지, 계시된 장래의 일이 언제를 말하는 것인지는 크게 중요하지 않다. 중요한 것은 온 세상이 이스라엘의 하나님에 의해 경영된다는 사실이다. 이를 통해서도 유다 백성은 자신들의 하나님이 참 하나님이심을 깨닫게 되었을 것이다.

• • •

바벨론 시대

네 짐승의 환상

7장 다니엘이 네 짐승의 환상을 보다 (사자, 곰, 표범, 무서운 짐승).

천사가 환상을 해석해주다 (네 큰 짐승은 세상에 일어날 네 왕).

양과 염소 환상

8장 다니엘이 양과 염소 환상을 보다 (두 뿔 가진 숫양과 한 뿔 가진 숫염소).

가브리엘 천사가 환상을 해석해주다 (숫양은 메대와 바사의 왕들, 숫염소는 헬라 왕).

메대와 바사 시대

칠십 이레 환상

9장 다니엘이 예루살렘이 황폐한 기간 70년을 깨닫고(렘 25:12) 이스라엘의 회복을 간구하다.

다니엘이 기도할 때 가브리엘 천사가 날아와 예루살렘의 회복과 장래 일을 설명하다.

이스라엘 장래 환상

10장 다니엘이 고레스 3년에 전쟁 환상을 보고 세 이레 동안 슬퍼할 때 힛데겔 강가에서 세마포 입은 사람을 보다. 천사가 나타나 다니엘의 기도가 응답받았음을 설명하다.

11장 천사가 남방 왕과 북방 왕이 싸울 것과 성소를 더럽힐 것을 예언하다 (남방 왕은 프톨레마이오스 왕조, 북방 왕은 셀류코스 왕조를 가리킴).

12장 천사가 세상 끝 날의 일을 예언하다.

His-heart 이방에서도 왕이신 하나님

하나님은 유다를 바벨론 땅으로 보내어 징계하시지만 거기에서도 하나님의 사람을 통해 메시지를 주셨다. 가장 먼저 간 사람이 다니엘. 그는 느부갓네살 왕이 데려간 유다의 첫 인질이었다(BC 605). 그는 느부갓네살 왕 가까이에 있으면서 느부갓네살로 하여금 여호와 하나님을 찬양하게 만들어 이방 땅에 하나님의 영광을 선포했다. 그다음으로 간 사람은 에스겔. 유다 지도자들이 대거 끌려갈 때 함께 갔다(BC 597). 그는 유대인 포로 거주지에 살면서 유다 백성에게 하나님의 말씀을 전했다. 하나님의 징계를 받고 난 후 유다가 다시 회복된다는 소망을 전해주었다. 에스더는 유대인 포로의 후손으로 바사 시대의 인물. 그는 아하수에로 왕의 왕비가 되어 유대인을 하만의 음모에서 구해냄으로써 하나님께서 온 세상의 하나님이심을 보여주었다(BC 484-475). 비록 유다가 불순종하여 이방의 포로가 되었지만 거기서도 하나님의 주권 아래 있었다.

 통독 순서 안내 다니엘 → 시 78-81편 → 에스라 1-4장

NOTE
연 구 노 트

호세아

개관

1 저자

브에리의 아들 호세아. 이름의 의미는 "구원"이다.

2 시대

호세아는 북왕국 여로보암 2세 때부터 북왕국의 멸망을 지나 남왕국 히스기야 왕 때까지 활동했다. 호세아가 사역을 시작할 당시 이스라엘은 여로보암 2세 치하에서 정치적 경제적으로 번영을 누리고 있었다. 그러나 앗수르의 디글랏빌레셀 3세(BC 745-727)가 앗수르를 부강하게 일으켜 세운 후 이스라엘은 점차 쇠퇴하기 시작했다. 이스라엘의 마지막 여섯 왕의 통치 기간은 길지 않았다. 네 명의 왕(스가랴, 살룸, 브가히야, 베가)은 살해되었고 마지막 왕 호세아는 앗수르에 포로로 잡혀갔다.

3 내용

이스라엘은 첫 왕 여로보암 때부터 하나님의 말씀을 불순종했다. 하나님은 엘리야, 엘리사를 보내어 많은 이적을 보이며 하나님만이 구원이심을 알게 했지만 이스라엘의 왕들은 돌이키지 않았다. 열두 명의 왕이 지나갔지만 하나님을 바로 섬기는 왕은 하나도 없었다.

하나님은 이스라엘을 돌이키기 위해 특단의 방법을 취하신다. 하나님은 호세아를 부르시고 그에게 고멜이라는 음란한 여인과 결혼하라고 하신다. 그리고 호세아 가정의 비극을 통해 하나님과 이스라엘 사이의 비극을 알게 하신다. 고멜이 호세아와 결혼한 것처럼 이스라엘은 하나님과 정혼했다. 고멜이 다른 남자에게 간 것처럼 이스라엘도 다른 이방신들을 따랐다. 호세아가 아내의 간음으로 고통받은 것처럼 하나님도 같은 고통을 받으신 것이다.

호세아는 자신의 비극을 통해 하나님의 고통을 깨닫고 이스라엘 백성들을 향해 하나님을 알아야 한다고 외친다. 호세아의 메시지는 두 가지로 압축된다. 하나님은 이스라엘의 죄를 심판하신다. 그러나 하나님의 신실하신 사랑은 변함이 없다는 것이다. 같은 시대에 북왕국에서 아모스, 남왕국에서는 미가, 이사야가 활동했다.

4 구조

구분	부정한 아내와 신실한 남편			부정한 이스라엘과 신실하신 하나님			
	1:1　　　2:2　　　3:1			4:1　　　6:4　　　9:1　　　11:1			
	선지자의 결혼	음란한 아내	아내를 되찾음	이스라엘의 영적 간음	이스라엘의 회개 거부	하나님의 심판	이스라엘의 돌이킴
장소	북왕국 이스라엘						
기간	BC 755년경 – BC 710년경 (약 45년)						

개요

1 부정한 아내와 신실한 남편

HIS-STORY 호세아는 하나님의 말씀에 따라 음란한 여인 고멜과 결혼하여 세 자녀를 낳는다. 하나님은 이스라엘에 대한 징표로 그들의 이름을 '이스르엘'(하나님이 흩으신다), '로루하마'(긍휼히 여김을 받지 못하는 자), '로암미'(내 백성이 아니다)라고 지어주셨다. 이 이름은 앞으로 있을 하나님의 심판을 나타낸다. 고멜은 호세아를 버리고 다른 남자에게로 간다. 호세아는 고멜을 사랑하라는 하나님의 말씀에 순종하여 값을 치르고 그녀를 집으로 데려온다.

• • •

선지자의 결혼

1장　호세아가 음란한 여인 고멜과 결혼하여 자녀를 낳다(이스르엘, 로루하마, 로암미).
　　　이스라엘 자손이 많아지고 한 통치자를 세우고 번성할 것이다.

음란한 아내

2장　네 어미(이스라엘)는 더 이상 내 아내가 아니다. 음행을 그치지 않으면 목말라 죽게 하겠다. 그러나 내가 달래어서 네게 진실함으로 장가들어 영원히 살겠다.

3장 ○ 호세아가 남의 남자에게 간 아내를 값을 치르고 데려와 타이르다.

이스라엘 자손들이 마지막 날에는 하나님에게 돌아올 것이다.

② 부정한 이스라엘과 신실하신 하나님

HIS-STORY 호세아는 자신의 고통스런 체험을 통해 비로소 하나님의 고통을 어느 정도 알게 된다. 하나님은 이스라엘이 '나'(하나님)를 아는 지식이 없어 망한다고 탄식하신다. 그래서 호세아는 "우리가 하나님께 돌아가자, 힘써 하나님을 알자"고 외친다. 그러나 이스라엘은 여전히 하나님을 떠나 우상을 섬기고 앗수르와 애굽을 의지한다. 이스라엘이 회개하기를 거부하므로 하나님은 이스라엘이 이방으로 잡혀가 여러 나라를 떠돌게 될 것이라고 경고하신다. 하나님은 징계를 내리시면서도 가슴 아파하시며 다시 돌아오게 하리라고 다짐하신다. 호세아는 이스라엘을 향하여 "네 하나님께로 돌아오라"고 간절하게 호소한다.

• • •

이스라엘의 영적 간음

4장 ○ 이 땅에 진실도 사랑도 하나님을 아는 지식도 없다.

네가 지식을 버렸으니 나도 너를 버려 내 제사장이 되지 못하게 하겠다.

내 백성이 음행을 저지르고 있다. 그들이 부끄러운 일을 당하리라.

5장 ○ 호세아의 경고 (이스라엘이 음행으로 더러워졌으므로 하나님이 떠나셨다)

유다와 이스라엘 사이에 전쟁을 일으키리니 환난을 당할 때 나를 찾으리라.

이스라엘의 회개 거부

6장 ○ 호세아의 호소 (오라. 우리가 여호와께로 돌아가자)

우리가 여호와를 알자. 나는 인애를 원하고 제사를 원하지 않으며 번제보다 나 하나님 아는 것을 원하노라.

7장 ○ 왕들이 반역으로 죽임을 당해도 내게 부르짖는 자가 없다.

이스라엘이 나를 떠나 앗수르와 애굽으로 달려가니 내가 징계하리라.

8장 ○ 이스라엘이 언약을 어기고 우상을 섬기니 원수가 독수리처럼 덮칠 것이다.

하나님의 심판

9장 ○ 이스라엘은 애굽과 앗수르에 잡혀가 부정한 음식을 먹게 되리라.

10장 ○ 하나님이 우상의 제단을 치시리라. 전쟁이 일어나 성이 무너지리라.

HIS-heart 하나님의 입장 바꿔보기

우리는 살다가 억울한 일을 당하면 상대에게 입장 바꿔 생각해보라고 한다. 호세아 선지자의 결혼 이야기는 하나님이 기획하신 '입장 바꿔보기'이다.

이스라엘은 별 고민 없이 우상을 섬겼지만 그것은 하나님에게 큰 고통이었다. 이스라엘을 짝사랑하셨기 때문이다. 하나님은 오랜 세월 그들의 탈선을 저지하고 경고했지만 이스라엘은 돌이키지 않았다. 그래서 하나님이 생각하신 소통의 방법이 '입장 바꿔보기'이다. 사람을 하나님 되게 할 수는 없는 일. 그러나 사람을 하나님과 비슷한 상황에 놓아보는 것은 가능하다. 그것은 바로 음란한 여인과 함께 사는 것. 하나님은 호세아에게 그 역할을 지우신다. 호세아의 아내 고멜은 자기 좋을 대로 집을 나가 간음을 저지른다. 그런데 하나님은 그녀를 찾아서 집으로 데려와 사랑해주라고 하신다. 그런 고통스런 상황이 바로 하나님이 지내온 세월이었던 것이다. 호세아는 하나님의 말씀을 행동에 옮기면서 하나님의 찢어지는 가슴을 느끼게 된다. 그래서 그는 이스라엘을 향해 외쳤다. "우리가 여호와를 알자. 힘써 여호와를 알자!"(호 6:3).

통독 순서 안내   호세아 → 열왕기하 18-20장 → 역대하 29-32장

요엘

개관

1 저자

브두엘의 아들 요엘. 이외에는 거의 알려진 것이 없다. 이름의 의미는 "여호와는 하나님이시다."

2 시대

이 책에는 시대적 배경에 대한 명백한 언급이 없으며, 학자들이 추정하는 연대는 주전 9세기에서 4세기까지 매우 폭이 넓다. 이 책에서는 다음과 같은 이유로 바벨론 포로기 이후 시기로 본다. ① 우상숭배에 대한 책망이 없다. ② 왕이 언급되지 않는다. ③ 바벨론 유수가 과거의 사건으로 묘사된다(욜 3:2,3). ④ 예루살렘의 정복이 언급된다(욜 3:17). ⑤ 에돔에 대한 분노(욜 3:19)는 바벨론이 유다를 정복할 때 에돔이 유다를 공격한 사실과 부합한다(옵 1-21). 성전에서 제사가 드려지고 있었기 때문에(욜 1:9,13, 2:17) 성전이 재건된 주전 516년 이후에 기록되었을 것이다.

3 내용

요엘서는 여호와의 날이 가까워졌다는 주제를 다루고 있다. 여호와의 날은 하나님을 거스르는 백성과 열방에 대한 심판의 날이다. 그러나 하나님을 신뢰하는 신실한 자들은 구원받고 회복되는 날이기도 하다. 요엘은 유다가 심각한 기근에 놓여 있는데, 이보다 더 두려운 메뚜기떼의 재난이 임박했다고 경고한다. 그날에 하나님은 유례없는 응징을 내리실 것이다. 따라서 마음을 다하여 하나님께 돌아오라고 촉구한다. 그러면 기근으로부터 회복될 것이며 하나님께서 이스라엘 가운데 영원히 계실 것이라고 한다. 그다음에 요엘은 먼 미래의 여호와의 날에 있을 구원과 심판을 예언한다.

4 구조

구분	여호와의 날 경고			유다의 회복	
	1:1　　　　　　2:1　　　　　　　2:12		2:18　　　　　2:28		
	기근 재앙	임박한 여호와의 날	회개 촉구	회복의 약속	궁극적인 주의 날
장소	남왕국 유다				
기간	BC 515년경				

개요

1 여호와의 날 경고

HIS-STORY 메뚜기떼가 곡식과 과실을 모두 갉아먹고 가뭄이 닥쳐 유다는 심각한 기근에 놓인다. 요엘은 하나님께 부르짖으라고 외친다. 그리고 이보다 더 두려운 메뚜기 재앙이 또 닥칠 것이라고 경고한다. 이제라도 온 백성이 애통하며 하나님께 돌아와 하나님의 긍휼을 구하라고 촉구한다.

• • •

[기근 재앙]

1:1-20　　메뚜기떼와 가뭄으로 식량이 다하였다. 하나님의 성전에 모여 부르짖으라.

[임박한 여호와의 날]

2:1-11　　먹구름 같은 메뚜기떼가 또 몰려와서 온 땅을 황폐하게 할 것이다.

[회개 촉구]

2:12-17　　너희 마음을 찢고 돌아오라. 모여서 부르짖으라.

2 유다의 회복

HIS-STORY 요엘은 백성들에게 회복을 선포한다(유다 백성들이 요엘 선지의 경고를 받고 회개한 것으로 보인다. 욜 2:12-17 참조). 하나님께서 이른 비와 늦은 비를 내리시고 풍성한 수확을 거두게 하실 것이다. 메뚜기떼로 입은 손해도 갚아주시고 하나님은 이스라엘 가운데 계실 것이다. 이어서 요엘은 좀 더 먼 미래를 예언한다. 훗날 때가 되면 하나님께서 자신의 영을 만민에게 부어주실 것이다(이는 예수 부활 후 오순절에 시작되어 오늘날에도 진행형이다). 크고 두려운 심판의 날에 하나님의 이름을 부르는 자를 구원하실 것이다. 때가 되면 유다를 회복시킬 것인데, 그때 이스라엘을 흩어놓고 땅을 나눠 가진 모든 나라들은 심판을 받을 것이며 유다는 영원할 것이다.

• • •

회복의 약속

2:18-27 ○ 하나님께서 불쌍히 여기실 것이라. 북쪽 군대(메뚜기떼)를 쫓아내고, 이른 비와 늦은 비를 주시며 이미 입은 피해도 보상해주실 것이다.

궁극적인 주의 날

2:28-32 ○ 그 후에 내가 내 영을 만민에게 부어줄 것이다. 누구든지 주의 이름을 부르는 자는 구원을 얻을 것이다.

3:1-21 ○ 내가 유다를 회복시킬 때 내 백성을 흩어놓은 모든 민족을 모아 심판할 것이다. 주께서 그의 백성에게는 피난처가 되실 것이다. 유다와 예루살렘은 영원할 것이다.

📖 통독 순서 안내 요엘 → 시 82-110편 → 에스라 7-10장

NOTE
연 구 노 트

아모스

1 저자

아모스. 유다 드고아 지방의 목자였으나 이스라엘에서 사역했다. 주로 이스라엘 왕이 거주하던 벧엘에서 말씀을 선포했다. 이름의 의미는 "짐" 또는 "짐진 자"이다.

2 시대

아모스가 예언하던 때는 유다 웃시야 왕(BC 790-739)과 이스라엘 여로보암 2세(BC 793-753) 시대였다(암 1:1). 이때 두 나라는 영토를 크게 확장하고 군사적, 경제적으로 안정되어 태평성대를 구가했다. 당시 아람과 앗수르는 세력이 약해져 있었기 때문에 여로보암 2세는 영토를 확장할 수 있었다. 이로 인해 교역로가 확장되어 무역이 번창하면서 이스라엘은 부(富)를 축적하게 되었다. 그러나 백성들의 신앙은 타락에 빠졌다. 아모스의 예언이 있고 2년 뒤에 큰 지진이 일어났다.

3 내용

이스라엘이 외적으로는 번영했지만 그 이면에는 지도층의 부정과 탐욕, 가난한 자들에 대한 압제, 위선적인 종교 행사, 우상숭배 등의 죄가 가득했다. 이스라엘은 선민(選民)이기 때문에 안전할 것이라는 그릇된 풍조가 만연했고, 하나님의 연단하시는 손길(기근, 가뭄, 질병, 죽음, 파괴 등)에 대해서도 무감각해져 갔다. 아모스는 준엄하게 백성들을 꾸짖으며 심판이 머지않았음을 선포한다. 당시 앗수르, 바벨론, 애굽 등 주변 국가는 상대적으로 약화된 상황이었기 때문에, 다른 나라의 침략이 있을 것이라는 아모스의 예언을 믿으려 하지 않았다. 그러나 그 예언이 선포된 지 30년이 못 되어 이스라엘은 멸망당하고 만다.

4 구조

구분	여덟 나라 심판	이스라엘의 죄			이스라엘이 받을 심판	이스라엘의 회복
	1:1　　　　　3:1				7:1　　　　　9:11	
	심판 예언	이 말씀을 들으라 1	이 말씀을 들으라 2	이 말씀을 들으라 3	다섯 가지 환상	회복의 약속
장소	열방들	이스라엘				
기간	BC 760 – BC 753년경					

개요

1 여덟 나라 심판

HIS-STORY 하나님 말씀에 둔감해진 이스라엘을 위해 하나님은 유다 사람을 선지자로 보내시는 특단의 조치를 취하신다. 유다 사람이 이스라엘에서 말씀을 선포한다는 것은 특이한 일이었기에 백성들은 호기심을 가지고 주목했을 것이다. 이스라엘 백성들에게는 아모스의 예언이 매우 통쾌한 것이었다. 이스라엘을 괴롭히던 주변 이방 나라가 심판 받을 것을 선포했기 때문이다. 그러나 상황은 곧 반전된다. 주변 이방에 대한 심판이 선포된 다음에는, 이스라엘에 대한 준엄한 심판의 메시지가 본격적으로 선포된다.

• • •

[심판 예언]

1장 ○ 다메섹 심판 (길르앗을 괴롭힌 죄를 심판하겠다)

가사 심판 (사로잡은 자들을 에돔에 넘긴 죄를 심판하겠다)

두로 심판 (형제의 계약을 어기고 사로잡은 자를 에돔에 넘긴 죄를 심판하겠다)

에돔 심판 (형제를 칼로 쫓으며 분을 품은 죄를 심판하겠다)

암몬 심판 (길르앗의 아이 밴 여인의 배를 가른 죄를 심판하겠다)

2장 ○ 모압 심판 (에돔 왕의 뼈를 불살라 재를 만든 죄를 심판하겠다.

유다 심판 (여호와의 율법을 지키지 않고 조상들이 따르던 것에 미혹된 죄를 심판하겠다)

이스라엘 심판 (의인과 연약한 자를 학대한 죄, 성적 타락, 나실인과 선지자를 방해한 죄를 심판하겠다.

② 이스라엘의 죄

📖 **HIS-STORY** 2장에서 이스라엘의 죄에 대한 지적에 이어, "이 말씀을 들으라"로 시작되는 좀 더 자세한 책망과 경고가 세 차례 선포된다. 이스라엘의 지도층은 힘없는 자, 가난한 자, 의인을 학대하고 착취했다. 하나님의 절기와 성회를 멸시했다. 이에 대해 하나님은 한 나라를 일으켜 이스라엘을 칠 것이며 사로잡아 가게 할 것이라고 경고하신다. "너희가 내게로 돌아오지 아니하였느니라"라는 말씀이 다섯 번 나온다(암 4:6,8,9,10,11).

● ● ●

이 말씀을 들으라 1

3장 ○ 사마리아에서 학대와 포학과 겁탈이 자행되고 있다. 대적들이 네 궁궐을 약탈하리라.

이 말씀을 들으라 2

4장 ○ 힘없는 자를 학대한 자들아, 때가 되면 사람들이 너희를 갈고리로 끌고 가리라. 내가 여러 재앙으로 징계했으나 돌아오지 않았다. 다시 징계할 것이니 하나님 만나기를 준비하라.

이 말씀을 들으라 3

5장 ○ 너희는 가난한 자를 착취하고 의로운 자를 학대했다. 절기와 성회를 멸시했다. 내가 제물을 받지 않고 노래도 듣지 않겠다. 정의를 물같이 공의를 강같이 흐르게 하라.

6장 ○ 이제 너희가 사로잡혀 갈 것이다. 한 나라를 일으켜 너희를 칠 것이다.

③ 이스라엘이 받을 심판

📖 **HIS-STORY** 하나님은 아모스에게 이스라엘에 닥칠 미래 심판의 모습을 보여주신다. 첫 두 가지 심판은 아모스의 간청에 따라 내려지지 않는다. 그럼에도 불구하고 나머지 환상에서 보이는 심판의 모습은 이스라엘의 멸망이다.

● ● ●

다섯 가지 환상

7장 ○ 메뚜기 재앙 환상(아모스의 간청으로 취소되다)

불 재앙 환상(아모스의 간청으로 취소되다)

다림줄 환상(다림줄을 백성 가운데 두고 용서하지 않겠다)

8장 ○ 여름 과일 한 광주리(이스라엘의 끝이 이르렀으니 용서하지 않겠다)

(히브리어로 여름(카이츠)과 끝(케츠)은 발음이 유사하다)

안식일을 가볍게 여기고 물건을 속여 팔고 가난한 자를 팔아넘긴 죄를 심판하겠다.

9장   ○   제단 곁의 주님 환상(성전을 무너뜨려 죽이고, 남은 자는 칼로 죽이겠다)

4 이스라엘의 회복

마지막으로 먼 미래에 다윗 왕국이 회복되고 영원히 지속될 것이라는 희망과 위로의 말씀이 주어진다.

● ● ●

회복의 약속

9:11-15   ○   그날이 오면 다윗의 무너진 장막을 일으킬 것이다.

그들이 성읍을 건축하고 풍요롭게 살며 내가 준 땅에서 다시 뽑히지 아니하리라.

His-heart 하나님의 당혹감

이스라엘이 계속 우상을 섬겨 하나님의 도움을 받지 못하니 국력이 갈수록 쪼그라든다. 11대 왕 여호아하스 때에는 아람에게 크게 패배하여 병력이 현저하게 줄어들었다. 마병이 50명, 병거가 10대밖에 남지 않았다고 열왕기는 전한다(왕하 13:7). 나라꼴이 말이 아니다. 하나님은 고난받는 이스라엘을 불쌍히 여기셔서 13대 왕 여로보암 2세 때에는 빼앗긴 영토를 되찾고 국력도 회복하게 하신다(왕하 14:25-27). 이스라엘이 회개한 것도 아니었다. 그냥 긍휼히 여기신 것이다. 그런데 이스라엘이 살 만하게 되자 문제가 또 생긴다. 경제가 좋아진 것은 일부 지도층의 이야기일 뿐 일반 백성들은 지도층의 갑질에 더 학대를 당하게 된 것이다. 하나님이 방치하면 나라가 위태해지고 하나님이 번영케 하면 있는 자들이 갑질을 해대니 기가 막힌 일이다. 이럴 수도 저럴 수도 없다. 아모스를 보내실 때 하나님의 마음은 이랬다.

 통독 순서 안내 아모스 → 시 67-77편 → 열왕기하 15-17장

오바댜

개관

1 저자

오바댜. 이름의 뜻은 "여호와를 예배하는 자"이다.

2 시대

시대를 추측할 수 있는 정보는 10-14절의 내용뿐이다. 에돔이 유다 백성이 당한 재앙을 방관하고 재물을 빼앗았다는 이 구절에 가장 부합하는 사건은 바벨론에 의한 예루살렘의 멸망이다(애 4:21 ; 겔 35:15). 예루살렘 멸망(BC 586) 이후 오래지 않아 기록되었을 것이다.

3 내용

오바댜서는 에돔에 대한 예언이다. 에서와 야곱의 배 속부터의 싸움은 그들의 후손 에돔과 이스라엘의 싸움으로 이어진다. 에돔은 이스라엘 출애굽시 가나안 여정에서 에돔 지역 통과 요청을 단호히 저지했다. 다윗, 솔로몬 시대에는 이스라엘에 종속되었으며 무역로 장악 때문에 계속 싸웠다. 예루살렘 멸망 당시 에돔은 바벨론에 가담하여 유다의 성읍들을 점령했다 (애 4:21 ; 겔 35:15).

BC 5세기경에는 나바테야 사람들에 의해 영토를 빼앗겨 팔레스타인 남쪽으로 이동하여 살면서 이두매인이라고 불렸다. 헤롯은 바로 이 이두매인으로서 로마의 분봉왕이 되어 유다를 다스렸다. 이두매인들은 AD 70년 예루살렘을 지키기 위해 함께 싸웠으나 이후로 역사에서 사라졌다. 오바댜가 예언한 대로 '영원히 멸절'(옵 10절)되었다.

오바댜는 에돔이 저지른 범죄의 진상을 밝히면서 완전한 멸망을 선포한다. 에돔에게는 회개하라는 경고도 위로나 희망의 말도 없다. 에돔의 운명은 확정되었으며 구원의 가능성은 전혀 없다.

4 구조

구분	에돔에 대한 심판			이스라엘의 회복
	1　　　　　　　10　　　　　　15　　　　　　　19			
	심판의 예고	심판의 이유	심판의 날	이스라엘이 땅을 되찾음
장소	에돔과 이스라엘			
기간	BC 586년 이후			

개요

1 에돔에 대한 심판

심판의 예고

1-9 　　네가 멸시받고 약탈당하고 배신당하고 멸절될 것이다.

심판의 이유

10-14 　야곱이 환난을 당하는 날에 기뻐하고 공격에 가담하고 재물에 손을 대었다.

심판의 날

15-18 　여호와께서 만국을 벌할 날에 너도 행한 대로 받을 것이다.

2 이스라엘의 회복

이스라엘이 땅을 되찾음

19-21 　내 백성이 에서의 땅과 이스라엘과 유다 땅을 차지할 것이다.

통독 순서 안내　오바댜 → 에스겔 → 다니엘

요나

1 저자

가드헤벨에 거주하는 아밋대의 아들 요나. 가드헤벨은 나사렛 북쪽 5킬로미터 떨어진 곳에 있었다. 이름의 의미는 "비둘기"다. 요나는 이스라엘 여로보암 2세(BC 793-753) 때의 선지자로 아모스와 호세아 직전에 북왕국에서 활동했다(왕하 14:25).

2 시대

이스라엘은 여로보암 2세의 통치 하에서 영토가 크게 확장되었고 번영과 안정을 누렸다. 하나님께서 이스라엘의 고난이 심한 것을 불쌍히 여기셔서 여로보암 2세 때에 영토를 회복하게 하신 것이다(왕하 14:26,27). 요나는 이를 예언한 바 있다(왕하 14:25). 당시 앗수르는 세력이 약화된 상황이었다.

3 내용

구약성경의 다른 책들과는 달리 요나서는 이방 나라의 구원을 다룬다. 하나님은 언약 백성인 이스라엘뿐만 아니라 이방 나라도 긍휼히 여기신다. 다만 하나님의 뜻은 하나님이 택하신 이스라엘을 제사장 나라로 삼아 온 세계를 구원하시는 것이다(출 19:5,6). 그러나 이스라엘은 도덕적 영적 타락에 빠져 이 사명을 감당하지 못하고 있었다.

　선택한 이스라엘이 하나님께 불순종하는 상황에서 하나님은 이방 니느웨에 심판을 경고하려고 요나를 보내신다. 그러나 요나는 앗수르가 구원받는 것을 원하지 않았기 때문에 도망간다. 우여곡절 끝에 요나는 마지못해 니느웨에 심판을 선포했는데, 니느웨 주민들이 즉각 회개하므로 하나님은 재앙을 내리시지 않는다. 요나는 실망하여 하나님께 화를 낸다.

　그러나 하나님은 요나의 자기 중심적 판단을 지적하시고 니느웨를 긍휼히 여기시는 하나님의 마음을 말씀하신다. 이방의 회개와 이스라엘의 불순종이 대조를 이룬다.

4 구조

구분	요나의 사명 회피			요나의 사명 이행		
	1:1　　　　1:4	2:1	3:1	4:1　　　　4:5		
	요나의 불순종	요나에 대한 심판	요나의 기도	요나의 순종	요나의 항변	하나님의 마음
장소	바다			니느웨		
기간	BC 760년경					

개요

1 요나의 사명 회피

HIS-STORY　하나님께서 엘리야와 엘리사를 보내어 타락한 이스라엘을 돌이키려 하셨지만 이스라엘은 하나님을 떠나 악행을 계속했다. 이스라엘을 제사장 나라 삼아 온 세계를 구원하시려는 하나님의 큰 계획이 지체되는 상황이다(출 19:5,6). 이스라엘의 불순종에 지친 하나님은 니느웨에 요나를 보내어 심판을 경고하게 하신다. 요나는 이스라엘의 대적 앗수르가 용서받는 것을 원치 않았기에 반대 방향인 다시스로 도망한다. 도중 풍랑이 일고 바다에 빠져 물고기 배 속에 갇히자 그는 하나님께 회개 기도를 올린다.

• • •

요나의 불순종

1:1-3　하나님께서 니느웨로 가서 외치라 하셨으나 다시스로 도망하다.

요나에 대한 심판

1:4-17　요나가 바다로 던져지고 물고기가 3일간 요나를 삼키다.

요나의 기도

2:1-10　요나가 불순종을 회개하다.

His-heart 이방보다 못한 이스라엘

이스라엘은 첫 왕 여로보암 때부터 하나님에게 불순종하며 회개하지 않았지만, 요나의 말을 들은 이방 니느웨의 회개는 즉각적이고 거국적이었다. 심지어 가축들까지 금식을 시켰다. 이방인의 순종과 이스라엘의 불순종. 어처구니 없는 상황이다. 전에도 이런 일이 있었다. 이스라엘이 가나안에 들어간 후 하나님의 법을 망각하고 엽기적인 삶을 살아갈 때, 이방 여인 룻은 시어머니를 사랑으로 섬기며 아름답게 살지 않았는가. 정성으로 키운 하나님의 백성의 타락과 하나님의 눈길도 받지 못한 이방 족속의 아름다운 헌신. 하나님의 애끓는 노력이 무상해지는 장면이다.

❷ 요나의 사명 이행

HIS-STORY 물고기 배에서 나온 요나는 니느웨로 가서 마지못해 단 하루 동안 하나님의 심판을 선포한다. 그런데 니느웨는 요나의 성의 없는 메시지를 듣고도 왕부터 백성에 이르기까지 대대적으로 회개한다. 이에 하나님은 심판 계획을 철회하신다. 요나는 매우 실망하여 하나님께 성을 내며 니느웨의 멸망을 기다린다. 하나님은 요나에게 니느웨를 불쌍히 여기는 하나님의 마음을 이해시키려고 식물과 벌레와 바람을 사용하신다. 이스라엘이 하나님에게 선택받은 것은 공로가 아니라 오직 하나님의 긍휼하심이었다. 그런 이스라엘이 하나님께서 니느웨를 긍휼히 여기시는 것을 비판하는 것은 가당치 않은 일이다. 게다가 이스라엘은 엘리야와 엘리사를 통해 지속적인 지도를 받고서도 회개하지 않았지만, 니느웨는 요나의 성의 없는 선포를 한 번 듣고 거국적으로 회개했다. 이방 나라의 즉각적인 회개와 이스라엘의 끊임없는 불순종이 대조를 이룬다.

• • •

[요나의 순종]

3:1-10 ○ 요나가 니느웨로 가서 하루 외치니 니느웨가 회개하다.
하나님께서 재앙의 뜻을 거두시다.

[요나의 항변]

4:1-4 ○ 요나가 니느웨의 구원에 대하여 성내다.

[하나님의 마음]

4:5-11 ○ 박넝쿨을 사용하여 니느웨를 아끼시는 하나님의 마음을 말씀하시다.

📖 통독 순서 안내 요나 → 아모스 → 시 67-77편

NOTE
연구 노트

미가

개관

1 저자

모레셋 사람 미가. 이름의 의미는 "누가 하나님과 같으냐?"이다. 가드모레셋은 예루살렘에서 남서쪽으로 40킬로미터가량 떨어진 유다와 블레셋 접경지대에 위치해 있다. 아모스와 마찬가지로 미가도 시골사람이었다. 주로 유다를 향해 예언했으나 사마리아 멸망을 예언하기도 했다(미 1:6).

2 시대

주전 8세기 전반 앗수르가 쇠퇴했을 때 이스라엘과 유다는 번영할 수 있었다. 유다 왕 웃시야와 이스라엘 왕 여로보암 2세의 시기이다. 그러나 모든 백성이 골고루 경제적 번영을 누렸던 것은 아니다. 지도층의 탐욕과 착취로 약한 백성들은 고통받았다. 미가 당시에는 앗수르가 다시 강성해져서 이스라엘과 유다를 위협했다. 미가는 이스라엘이 멸망하기 전부터 유다 히스기야 왕의 종교개혁 이전까지 사역했다.

3 내용

미가의 메시지는 세 개의 큰 문단으로 나뉘는데 각 문단은 "들으라"라는 명령문으로 시작한다(미 1:2, 3:1, 6:1). 부와 권력을 가진 소수에 의해 다수의 가난한 백성들이 억눌리고 시달리는 현실에 분노한 선지자는 사회적, 정치적 지위를 이용하여 사리사욕을 채우려는 자들의 죄악을 폭로하고 임박한 하나님의 심판을 경고한다. 심판의 경고 다음에는 미래의 소망에 대한 메시지가 이어진다. 시온은 전에 없었던 큰 영광을 미래에 얻을 것이며(미 4장) 장차 메시아적 구원자를 통하여 더 큰 절정에 이를 것이다(미 5장). 5장 2절에 메시아의 출생이 정확히 예언되었다. 아모스 선지자가 같은 내용의 메시지를 북왕국에 전한 바 있다.

4 구조

구분	첫째 메시지		둘째 메시지		셋째 메시지	
	1:1　　　　　2:12	3:1	4:1	6:1	7:1	
	심판의 경고	남은 자	심판의 경고	미래의 구원	하나님의 고발	미가의 탄원
장소	유다 이스라엘					
기간	BC 735 – BC 710년경					

개요

1 첫째 메시지

미가서는 하나님의 심판을 선포하며 시작된다. 사마리아가 그 우상과 함께 멸망할 것이며 유다 또한 멸망하고 그 백성들이 사로잡혀 갈 것이다. 이어서 미가는 권력을 가진 자들이 백성들을 착취하고 예언자들을 훼방한 죄를 신랄하게 고발한다.

● ● ●

[심판의 경고]

1:1-16 　내가 사마리아와 예루살렘을 폐허로 만들겠다. 네 자녀들이 사로잡혀 가리라.

2:1-11 　권력을 가지고 백성의 것을 탈취하는 자들에게 내가 재앙을 내릴 것이다.

[남은 자]

2:12-13 　야곱아 내가 반드시 이스라엘의 남은 자를 모으고 내가 앞장서서 인도할 것이다.

2 둘째 메시지

미가는 지도층의 죄를 구체적으로 고발한다. 통치자들은 백성들을 착취했고 선지자들은 받아먹는 것에 따라 예언을 다르게 했다. 제사장들은 돈을 받아야만 교훈을 말해주었다. 이러므로 예루살렘은 무너질 것이다. 멸망을 선포한 다음에는 분위기가 반전된다. 미가는 미래 어느 날에 있을 유다의 구원을 선포한다. 그날에는 잡혀간 유다 백성들은 물론 모든 민족이 시온 산에 모일 것이며 하나님께서 영원히 다스리실 것이다. 아울러 메시아의 도래가 계시된다. 이스라엘을 다스릴 분이 베들레헴에서 나오실 것인데 그는 태초부터 계셨던 분이며 평화를 가져다주실 것이다.

• • •

3:1-12   통치자들은 백성을 착취하고 선지자와 제사장은 돈을 밝히니 예루살렘은 멸망할 것이다.

미래의 구원

4:1-5   장차 올 하나님의 날 (그날이 오면 모든 민족이 주님의 산으로 몰려와 하나님을 의지하며 영원히 살 것이다)

4:6-5:1   포로 귀환 (그날이 오면 잡혀간 백성들을 다시 불러 모아, 내가 시온산에서 영원히 다스릴 것이다. 이제 너희는 바벨론으로 가게 되고 거기서 구원을 얻을 것이다)

5:2-15   장차 올 왕 (베들레헴 에브라다야, 너는 유다 족속 중에 작을 지라도 이스라엘을 다스릴 자가 네게서 내게로 나올 것이라. 그의 기원은 태초에까지 거슬러 올라간다)

③ 셋째 메시지

HIS-STORY   하나님은 답답한 나머지 산을 향하여 이스라엘을 고발하신다. 하나님은 애써 이스라엘을 구원하셨건만 이스라엘은 하나님이 짐이라도 지운 것처럼 하나님을 거스르고 있지 않은가. 그래서 하나님은 백성들에게 애굽에서 데리고 나올 때를 기억해보라고 말씀하신다. 백성들은 자신들의 문제를 깨닫지 못하고 하나님이 무엇을 바치기를 원한다고 생각한다. 미가는 이 생각을 바로 잡아준다. 하나님이 원하시는 것은 바로 하나님의 백성이 거룩하게 사는 것이다. 그것은 공의와 인자(사랑)를 행하며 겸손한 마음으로 하나님을 따르는 것이다. 마지막으로 미가는 모든 사람이 타락한 현실을 개탄하며 자신은 하나님만을 바라볼 것을 다짐한다. 그리고 하나님께서 용서해주시고 다시 사랑해주실 것을 기도한다.

• • •

하나님의 고발

6:1-5   하나님의 고발 (내가 너희를 괴롭히기라도 했느냐? 내가 애굽에서 인도해낸 것을 기억해보라)

6:6-7   백성들의 반응 (내가 무엇을 가지고 주님 앞에 나아가야 합니까? 번제물? 기름? 맏아

들?)

| 6:8 | 미가의 대답 (하나님이 구하시는 것은 오직 공의를 행하며 인자를 사랑하며 겸손히 네 하나님과 함께 행하는 것이다!) |
| 6:9-16 | 하나님의 고발 (너희가 가짜 되와 저울과 추로 속였으니 나도 너를 황폐하게 할 것이다) |

미가의 탄원

7:1-6	미가의 탄식 (이 땅에 경건한 사람, 정직한 사람이 없구나! 모두가 타락했다!)
7:7-13	미가의 기대 (하나님께서 나를 빛 가운데로 인도하실 것이니 내가 그의 공의를 볼 것이다)
7:14-20	미가의 기도와 찬양 (옛적에 우리 조상에게 맹세하신 대로 성실과 인애를 베풀어주십시오)

 통독 순서 안내 미가 → 이사야 → 열왕기하 21장

나훔

개관

1 저자

엘고스 사람 나훔. 이름의 뜻은 "위로"이다. 니느웨가 멸망할 것이라는 나훔의 메시지는 유다에게 위로가 되었을 것이다.

2 시대

BC 760년경 요나가 니느웨에 경고하여 이 거대한 이방 도시가 회개하게 되었고 하나님은 은혜를 베풀어 심판을 멈추셨다. 그러나 회개는 오래 지속되지 못했다. 디글랏빌레셀 3세(BC 745-727) 때부터 군사적으로 강해지자 앗수르는 교만해졌다. 잔인한 살륙과 파괴, 약탈을 통해 주변 나라를 점령하거나 속국으로 삼았고 우상숭배가 만연했다. BC 722년에는 앗수르 왕 사르곤 2세가 이스라엘을 멸망시켰다. 그다음 왕 산헤립은 유다 왕 히스기야 통치 기간 중 예루살렘을 포위했다. 이때 그는 하나님을 모욕하는 망발을 저지른다(왕하 18:33-35, 19:10-13). 나훔 선지자 시대(BC 660-630년경)에 앗수르는 아슈르바니팔 왕(BC 669-627)이 통치했으며 애굽의 노아몬(테베)까지 원정 가서(BC 664) 무너뜨릴 정도로 강력했다. 요나의 경고가 있은 지 약 100년이 지난 후 나훔은 니느웨의 멸망을 예언한다. 나훔은 요나와는 달리 니느웨로 가지 않고 유다에서 예언을 선포했다.

3 내용

니느웨는 난공불락의 큰 요새였다. 성벽의 높이는 약 26미터, 폭은 세 대의 전차가 나란히 지나갈 정도였고 성벽 둘레에는 너비 24미터, 깊이 약 15미터의 해자(방어용 호수)가 있었으며 티그리스 강의 지류인 코세르 강이 성읍 가운데를 통과했다고 한다. 그러나 나훔은 니느웨가 멸망할 것이라는 하나님의 심판을 선포한다. 니느웨는 하나님을 거슬러 대적했으며(나

1:2) 성 안에는 거짓과 포악이 가득했다(나 3:1). 나훔은 니느웨가 '범람하는 물로'(나 1:8) 멸망당할 것이라고 예언했는데, 이 예언은 정확히 실현되었다. 티그리스 강이 범람하여 제방이 터지고 성벽의 일부가 파괴되었다. 바벨론 군대는 허물어진 성벽으로 침투하여 성을 약탈하고 불을 질렀다(BC 612). 이로써 앗수르가 멸망했고 그 후로 흔적조차 발견되지 않다가 1842년 이라크의 모술에서 고고학자에 의해 거대한 니느웨 시의 잔해가 발견되었다. 나훔서는 다른 선지서와는 달리 회개를 촉구하는 메시지가 없고 심판의 메시지로만 끝난다.

4 구조

구분	니느웨 멸망의 선포		니느웨 멸망의 서술		
	1:1　　　　1:9	2:1		3:1　　3:12	
	하나님의 진노	유다의 구원	멸망의 과정	멸망의 이유	멸망의 모습
장소	유다 (앗수르의 수도 니느웨에 대한 예언)				
기간	BC 660 – 630년경				

개요

1 니느웨 멸망의 선포

HIS-STORY

나훔은 여호와의 성품에 대한 분명한 묘사로 서두를 시작한다. 여호와는 질투하시며 보복하시는 하나님이시다. 노하기를 더디 하시고(나 1:3) 선하시며 보호해 주시지만(나 1:7,8), 하나님을 대적하는 자들에게는 진노하시며 무서운 능력으로 보복하신다. 니느웨는 심판 받고 유다를 얽매던 결박이 풀려질 것이다.

• • •

하나님의 진노

1:1-8　하나님은 하나님을 대적하는 자에게 보복하시며 진노하신다. 그가 범람하는 물로 그곳(니느웨)을 진멸하실 것이다.

유다의 구원

1:9-15　그들(앗수르)이 강하고 많을지라도 멸절당할 것이다. 내가 네(유다) 멍에를 깨뜨릴 것이다.

2 니느웨 멸망의 서술

니느웨가 함락되고 약탈당하는 모습이 중계방송 하듯이 묘사된다. 메대와 바벨론 군대가 번개처럼 달리는 광경, 강의 수문이 터져서 왕궁이 휩쓸려 내려가고 왕후가 끌려가는 광경, 백성들은 도망하고 침략군들이 약탈하는 광경 등이 생생하게 묘사된다. 이러한 화가 미친 이유는 앗수르가 포악했고 타락했기 때문이다(나 3:1-7). 나훔은 앗수르가 애굽의 노아몬을 공격했던 것처럼 니느웨도 같은 모습으로 파괴될 것이라고 선포한다.

● ● ●

멸망의 과정

2:1-13 ○ 파괴하는 자가 너를 치러 올라왔다. 강의 수문이 열리고 왕궁이 소멸될 것이다.

멸망의 이유

3:1-11 ○ 거짓과 포악이 가득하며 음행과 마술로 많은 나라를 미혹했다.

멸망의 모습

3:12-19 ○ 큰 성읍 노아몬(테베)이 멸망한 것처럼 저도 피할 곳을 찾아 허둥댈 것이다.

통독 순서 안내 나훔 → 열왕기하 22-25장 → 역대하 34-36장

○ 열왕기하 시대의 이스라엘, 유다, 앗수르의 왕들 ○

유다 왕 / 선지자		이스라엘 왕 / 선지자		앗수르 왕
	여호사밧★ (873-848)	아합 (874-853)	엘리야	살만에셀 3세 (859-824)
		아하시야 (853-852)		
	여호람 (848-841)	요람 (852-841)	엘리사	
	아하시야 (841)			
	아달랴 (841-835)	예후* (841-814)		아닷니라리 3세 (811-783)
	요아스★ (835-796)	여호아하스 (814-798)		
	아마샤★ (796-767)	요아스 (798-782)		
	웃시야★ (790-739) (아사랴)	여로보암 2세 (793-753)	요나, 아모스	앗수르 쇠퇴기
		스가랴 (753-752)		
		살룸* (752)		
	요담★ (750-735)	므나헴* (752-742)	호세아	디글랏빌레셀 3세 (745-727)
		브가히야 (742-740)		
		베가* (752-732)		
미가 · 이사야	아하스 (731-715)	호세아* (732-722)		살만에셀 5세 (727-722)
	히스기야★ (715-686)			사르곤 2세 (722-705)
				산헤립 (705-681)
나훔	므낫세 (697-642)			에살핫돈 (681-669)
	아몬 (642-640)			아슈르바니팔 (669-627)
스바냐	요시야★ (640-609)			
	여호아하스 (609)			
하박국 · 다니엘 · 예레미야	여호야김 (609-598)			
	여호야긴 (597)			
에스겔	시드기야 (597-586)			

하박국

개관

1 저자

하박국(합 1:1, 3:1). 히브리 동사 '하바크'에서 파생된 이름으로 "껴안다" 또는 "손을 모으다"라는 의미이다. "이 노래는 지휘하는 사람을 위하여 내 수금에 맞춘 것이니라"(합 3:19)라는 말은 하박국이 예배에서 찬양 사역자였음을 짐작케 한다.

2 시대

유다에 죄악이 만연한 상황(합 1:2-4)과 바벨론의 침공이 당시 백성들이 믿지 못할 놀라운 사건으로 묘사되고 있는 점(합 1:5,6)으로 보아 하박국서의 시대적 배경은 여호야김의 통치 시기(BC 609-598)로 추정된다. 여호야김이 영적 도덕적으로 악행을 저질렀던 점, 당시 바벨론의 세력은 커지고 있었으나 아직 메소포타미아 지역을 벗어나지 않았던 상황이 본문에 부합한다. 바벨론의 나보폴라살 왕(BC 626-605)은 BC 612년에 니느웨를 멸망시켰다. 뒤를 이은 느부갓네살 왕은 서쪽으로 진격하여 갈그미스 전투에서 애굽을 격퇴했고(BC 605), 같은 해 여호야김이 다스리던 유다에 진군하여 귀족 청년들을 인질로 잡아갔다(단 1:2). 하박국 당시에는 바벨론이 아직 강국으로 부상하지 않았던 때였으므로 이 끔찍한 하나님의 경고를 믿기 어려웠을 것이다.

3 내용

하박국서는 독특한 책이다. 일반적으로 선지자들은 하나님께서 주신 메시지를 백성들에게 선포하는데, 하박국은 먼저 하나님께 질문을 던지고 하나님이 답하신다. 하박국은 죄악에 빠진 나라의 상황이 얼마나 계속되어야 하는가를 하나님께 묻는다. 하나님은 바벨론을 들어 유다를 징벌하는 회초리로 삼을 것이라고 답하신다. 하박국은 다시 어째서 악인(바벨론)

이 의인(유다)을 멸망하게 하시느냐고 묻는다. 하나님은 바벨론 역시 엄하게 심판할 것이라고 대답하신다. 하박국은 하나님께서 자신이 상상할 수 없는 방법으로 공정하게 해결하심을 깨닫고 하나님을 신뢰하며 기다리는 법을 배운다. 염려의 질문으로 시작하지만 신뢰의 기도와 찬양으로 마무리된다.

4 구조

구분	하박국의 호소				하박국의 기도	
	1:1 1:5		1:12 2:2		3:1	3:16
	첫째 호소	하나님의 대답	둘째 호소	하나님의 대답	하나님의 징벌	찬양
장소	유다					
기간	BC 609 – 605년경					

개요

1 하박국의 호소

HIS-STORY 하박국은 하나님에게 묻는다. 유다에 폭력과 불의와 강탈이 가득하여 정의가 실종되고 율법이 가볍게 여겨지는 상황인데 언제까지 내버려두시겠냐는 원망 섞인 질문이다. 하나님은 사나운 바벨론 민족을 불러 심판하시겠다고 하신다. 하박국은 더 당혹해 하며 의로우신 하나님께서 어떻게 훨씬 더 사악한 나라를 시켜 유다를 징벌하실 수 있는지를 묻는다. 하나님은 바벨론의 죄를 일일이 나열하며 그들 역시 자기 죄로 심판받을 것이라고 하신다. 그들의 죄는 탐욕, 강탈, 폭력, 부도덕, 우상숭배이다. 그런데 이 죄악들은 바로 유다가 저지른 죄이기도 하다. 유다가 바벨론보다 나을 게 하나도 없는 상황이다. 따지듯 물었던 하박국은 머쓱해질 수밖에 없다. 하나님은 자신의 주권과 위엄에 대한 말씀으로 응답을 마무리 지으신다. "오직 여호와는 그 성전에 계시니 온 땅은 그 앞에서 잠잠할지니라"(합 2:20)

• • •

첫째 호소

1:1-4 ○ 만연한 죄악과 패역에 대하여 부르짖어도 듣지 아니하시니 언제까지 내버려두시겠습

니까?

| 하나님의 대답 |

1:5-11   내가 사납고 성급한 갈대아 사람을 일으켰다. 그들이 성을 점령할 것이다.

| 둘째 호소 |

1:12-2:1   어찌 악인(바벨론)이 자기보다 의로운 사람(유다)을 삼키는데도 잠잠하십니까?

| 하나님의 대답 |

2:2-20   너는 이 묵시를 기록해라. 이 묵시는 정한 때가 되면 반드시 이루어진다. 그(바벨론)는 교만하며 정직하지 못하다. 그러나 의인은 믿음으로 살리라. 탐욕, 강탈, 폭력, 부도덕, 우상숭배를 저지른 자(바벨론)에게 화가 있을 것이다!

❷ 하박국의 기도

HIS-STORY   하박국은 하나님께서 위대한 권능으로 악한 나라들을 징벌하신 일을 회상한다 (합 3:3-15). 앞으로 벌어질 하나님의 무서운 징벌을 생각할 때 하박국은 두려움에 떤다. 그러나 공의로우신 하나님의 계획에 순종해야 함을 깨닫는다. 그리고 눈앞의 상황이 어렵더라도 하나님의 구원을 신뢰하겠다는 다짐의 찬양을 올려드린다(합 3:16-19). 이 단락은 '하박국의 기도'라고 했으나(합 3:1) 내용은 신뢰시에 가깝다.

• • •

| 하나님의 징벌 |

3:1-15   하박국이 악한 나라를 징벌하시는 하나님의 위엄과 권능을 노래하다.

| 찬양 |

3:16-19   두려워하며 하나님께 신뢰의 찬양을 드리다.

"비록 무화과나무가 무성하지 못하며 포도나무에 열매가 없으며 감람나무에 소출이 없으며 밭에 먹을 것이 없으며 우리에 양이 없으며 외양간에 소가 없을지라도 나는 여호와로 말미암아 즐거워하며 나의 구원의 하나님으로 말미암아 기뻐하리로다 주 여호와는 나의 힘이시라 나의 발을 사슴과 같게 하사 나를 나의 높은 곳으로 다니게 하시리로다."

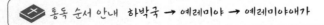
통독 순서 안내   하박국 → 예레미야 → 예레미야애가

NOTE
연구노트

스바냐

1 저자

스바냐(습 1:1). 이름의 뜻은 "여호와가 숨기신다." 히스기야의 현손. 왕가 출신이므로 요시야 왕의 궁정에 자유롭게 출입하면서 예언했을 것이다.

2 시대

스바냐는 유다 왕 요시야 시대(BC 640-609)에 활동했다(습 1:1). 요시야는 아버지 아몬이 살해당하여 8세의 어린 나이에 즉위했다. 그는 성년이 되자 1차 종교개혁을 실시했다. 이때 산당을 철폐하고 우상을 부수었다(대하 34:3-7). 6년 후에는 성전에서 율법책이 발견되면서 백성들에게 율법을 읽어주고 유월절을 성대하게 지키는 등 2차 종교개혁을 단행했다(대하 34:8-35:19). 그러나 므낫세와 아몬의 악정은 이미 유다에 돌이킬 수 없는 극심한 상처를 주었고 요시야의 개혁은 너무 미약하고 늦었다(왕하 23:25-27). 스바냐는 회개하지 않는 백성들을 향해 심판의 메시지를 선포했다.

3 내용

북왕국은 이미 멸망했고(BC 722), 남왕국 유다는 히스기야 왕 시대에 살아나는 듯했으나 악한 왕 므낫세에 이르러 유다는 전례 없는 우상숭배로 치달았다. 요시야가 신앙의 개혁을 시도했지만 배교의 물결을 되돌리기에는 역부족이었다. 유다마저 잃게 될 절망적인 상황에서 하나님은 스바냐를 보내어 하나님의 진노와 임박한 심판을 준엄하게 선포하게 하신다. 여러 차례 나타나는 '멸절하리라', '진멸하리라'라는 표현에서 하나님의 절망적인 심정이 드러난다. 그러나 스바냐서가 심판의 경고로만 끝나지는 않는다. 심판이 끝난 후에는, 하나님께서 정하신 그날에 이스라엘과 열방이 하나님을 바로 섬기며 찬양하게 될 것이라는 소망의 메시지도 선포된다.

4 구조

구분	주의 날에 있을 심판					주의 날에 있을 구원	
	1:1　　　1:4		2:4	3:1	3:8	3:9	3:11
	온 땅에 대한 심판	유다에 대한 심판	이웃 나라에 대한 심판	예루살렘에 대한 심판	온 땅에 대한 심판	열방의 구원	이스라엘의 회복
장소	유다와 열방						
기간	BC 630년경						

개요

1 주의 날에 있을 심판

이스라엘이 우상을 숭배하다가 멸망해버렸는데 유다도 같은 길을 가고 있다. 이스라엘 열두 지파 중에 열 지파를 잃고 겨우 두 지파가 남았는데, 이마저 잃을 위기에 처하자 하나님은 크게 진노하신다. 내가 "진멸하리라!"는 말씀이 1장 2-6절 사이에 일곱 번이나 나온다. 그러나 이 진노는 적개심에서 나오는 진노가 아니다. 상실의 슬픔에서 나오는 하나님의 절규인 것이다. 유다마저 잃는다면 온 세상이 무슨 의미가 있겠는가. 그래서 '여호와의 날'에(습 1:7,14, 2:2) 온 세상도 유다도 다 멸망시켜버리고 말겠다고 하신다.

'여호와의 날'은 하나님이 섭리하시는 미래의 어느 날이다. 대세는 기울어졌지만 작은 희망은 열려 있다. 만약 이제라도 유다가 공의를 추구하고 하나님 앞에 겸손히 나온다면 심판의 재앙에서 숨김을 얻을 수 있다(습 2:3). 이 단락은 다섯 가지 주제를 다루는데 가운데 주제인 '이웃 나라에 대한 심판'을 중심으로 앞뒤의 주제가 대칭을 이루고 있다. 히브리 글에서 자주 발견되는 전개방식(교차대구법)이다.

• • •

온 땅에 대한 심판

1:1-3　　내가 땅 위의 모든 것을 진멸하리라.

사람, 짐승, 새, 물고기들과 악인들을 진멸하겠다!

[유다에 대한 심판]

1:4-2:3 내가 유다와 예루살렘의 모든 주민을 치겠다. 우상숭배하는 자들을 멸절하리라!

진노가 내리기 전에 여호와를 찾으며 공의와 겸손을 구하라. 혹시 숨김을 얻으리라.

[이웃 나라에 대한 심판]

2:4-15 블레셋의 땅 가나안, 모압, 암몬, 구스, 앗수르가 멸망하리라.

[예루살렘에 대한 심판]

3:1-7 패역하고 더러운 성읍에 화 있을진저. 순종하지도 않고 하나님께 나아가지도 않는구나! 방백, 재판장, 선지자, 제사장 모두 타락했다.

[온 땅에 대한 심판]

3:8 그러므로 온 땅이 나의 질투의 불에 소멸되리라.

❷ 주의 날에 있을 구원

HIS-STORY 하나님의 고통에 찬 심판의 경고 다음에 분위기가 반전된다. '그때에', '그날에'로 시작하는 두 가지 메시지가 선포되는데, 이는 하나님께서 섭리하시는 미래의 어느 날이다. 그날에는 열방도 하나님을 섬길 것이며 이스라엘도 형벌을 마치고 정결해진 모습으로 예루살렘으로 돌아와 하나님과 함께할 것이다. 그때는 하나님께서 그 백성을 기뻐하시며 마음껏 사랑하실 것이다.

• • •

[열방의 구원]

3:9-10 그때에 여러 백성들이 내 이름을 부르며 나를 섬기게 하리라.

[이스라엘의 회복]

3:11-13 그날에 이스라엘의 남은 자들은 여호와의 이름을 의지하여 보호를 받을 것이며 악을 행하지 않을 것이다.

3:14-18 전심으로 기뻐하며 즐거워할지어다. 여호와가 네 형벌을 그치셨고 너와 함께 계신다. 사람들이 이렇게 말할 것이다. "너의 하나님 여호와가 너의 가운데 계시니 그는 구원을 베푸실 전능자이시라 그가 너로 말미암아 기쁨을 이기지 못하시며 너를 잠잠히 사랑하시며 너로 말미암아 즐거이 부르며 기뻐하시리라."

3:19-20 내가 너희를 사로잡힌 곳에서 데려와 모든 민족 가운데서 칭찬과 명성을 얻게 하겠다.

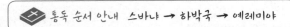 통독 순서 안내 스바냐 → 하박국 → 예레미야

NOTE
연구노트

학개

개관

1 저자

학개. 본문에 학개의 이름이 열 번 언급된다. 에스라서 5장 1절과 6장 14절에 스가랴와 함께 성전 재건을 독려한 인물로 묘사되었다. 유다 백성이 스룹바벨의 인도하에 바벨론에서 귀환할 때 함께 돌아왔다. 2장 3절에 이전 성전(솔로몬 성전)을 언급했는데, 이는 학개가 예루살렘 성전이 파괴되기 전 모습을 본 적이 있음을 짐작케 한다. 그렇다면 학개는 매우 연로한 선지자였을 것이다.

2 시대

주전 538년 바사 왕 고레스는 칙령을 내려 유대인들이 고국에 돌아가 성전을 재건하도록 허락했다. 스룹바벨의 인도하에 1차 포로 귀환이 이루어졌고 주전 536년부터 성전 건축이 시작되었다. 그러나 사마리아인들의 방해로 주전 534년에 공사가 중단되었다.

3 내용

백성들은 성전 공사를 중단한 지 14년이 지나도록 공사를 재개하지 못하고 있었다. 사람들은 성전 건축할 때가 아직 이르지 않았다고 합리화하며 자기들의 집은 잘 짓고 살았다. 하나님은 학개 선지자를 보내어 성전을 방치한 것을 질책하시는 한편 하나님께서 함께하신다는 메시지로 용기를 주신다. 백성들은 이 말씀을 듣고 성전 공사를 재개한다. 그러자 하나님은 성전 건축에 따른 미래의 축복을 말씀해주신다.

❹ 구조

구분	성전 건축 격려			성전 건축의 축복	
	1:1	1:12	2:1	2:10	2:20
	성전 건축 촉구	성전 공사 재개	성전의 영광	수확의 회복	미래의 축복
장소	예루살렘				
기간	BC 520 6월 1일	BC 520 6월 24일	BC 520 7월 21일	BC 520 9월 24일 (유대 종교력)	

개요

❶ 성전 건축 격려

HIS-STORY 유다 백성이 바벨론에서 돌아와 성전 재건 공사를 시작했지만 곧 중단되고 백성들은 세월이 흐를수록 그 일을 잊기 위한 구실을 찾았다. 그들은 성전을 건축할 때가 아직 이르지 않았다고 주장하면서도(학 1:2) 자기들의 집은 잘 지었다. 이에 하나님은 그들이 경제적인 어려움을 겪게 하신다. 그런데도 백성들은 하나님에 대한 무관심 때문에 어려움을 겪는다는 것을 알지 못했다. 그래서 하나님은 학개를 통해 그들의 상황을 지적하시며 성전 건축을 촉구하신다. 스룹바벨, 여호수아 그리고 모든 백성이 그 말씀에 순종하여 성전 재건에 착수한다. 몇 주가 지나자 백성들은 현재의 성전이 과거 솔로몬의 성전에 비해 초라한 것을 한탄한다. 학개는 하나님의 언약을 상기시키며(학 2:4,5) 새 성전의 영광이 더 클 것이라고 격려한다(학 2:6-9).

• • •

(성전 건축 촉구)

1:1-11   하나님께서 총독 스룹바벨과 대제사장 여호수아에게 이르시되 "내 집은 황폐하였는데 너희는 잘 지은 집에서 사는 것이 옳으냐? 그러므로 너희가 애를 써도 거두지 못하는 것이다!"

(성전 공사 재개)

1:12-15   "내가 너희와 함께하노라" 하시며 총독 스룹바벨, 대제사장 여호수아, 백성들의 마음

을 감동시키시니 그들이 공사를 다시 시작하다.

[성전의 영광]

2:1-9   "이 성전이 보잘것없게 보이지만 굳세게 일하라. 이 성전의 나중 영광이 이전 영광보다
크리라."

2 성전 건축의 축복

 하나님은 제사장에게 곡식과 과일 경작이 실패한 이유를 설명하신다. 부정한 것
을 만진 자가 다른 물건을 만지면 그것도 부정해지듯이 성전을 건축하지 않은 손
으로 농사를 지었기 때문에 실패했다는 것이다. 그러나 공사를 재개했으므로 다시 복을 주
리라고 하신다. 또한 여러 왕국들의 세력을 멸하신다는 계획과 스룹바벨을 귀하게 여기신다
는 것을 말씀하신다.

• • •

[수확의 회복]

2:10-19   "너희가 성전을 황폐하게 하여 수확이 없었으나 이제 오늘부터는 내가 복을 주리라."

[미래의 축복]

2:20-23   "내가 여러 나라 세력을 멸할 것이다. 그날에 내가 너를 인장(印章)으로 삼을 것이
다!"

  📖 통독 순서 안내 : 학개 → 스가랴 → 에스라 5-6장

○ 유다의 예루살렘 귀환과 성전 건축 ○

연도	사건	이방 왕		재위기간	비고
BC 605	1차 포로 (다니엘과 친구들)	바벨론	느부갓네살	BC 605-562	
BC 597	2차 포로 (에스겔)				
BC 586	3차 포로 (유다 백성들)				
	바벨론 유수		(세 명의 왕)		
			나보니두스	BC 556-539	
			벨사살	BC 553-539	나보니두스와 공동 통치
BC 539	고레스 왕 바벨론 정복	바사	고레스	BC 559-530	BC 539 바벨론 정복
BC 538	예루살렘 귀환 칙령				
BC 537	1차 귀환 (스룹바벨 주도)				
BC 536	**성전 착공**				
BC 534	**성전 공사 중단**				
–	–		캄비세스	BC 530-521	
BC 520	**성전 공사 재개**		다리오 1세	BC 521-486	고레스 칙령 확인하고 성전공사 지원
BC 516	**성전 재건 완료**				
	에스더서 사건		아하수에로	BC 486-465	에스더의 남편
BC 458	2차 귀환 (에스라 주도)		아닥사스다	BC 465-424 BC 465-424	성벽 공사 중지 명령
BC 444	3차 귀환 (느헤미야 주도)				에스라, 느헤미야 지원
–	–		다리오 2세	BC 423-404	

스가랴

1 저자

스가랴. 이름의 의미는 "하나님이 기억하신다." 조부는 잇도이며 아버지는 베레갸. 바벨론에서 태어났으며 1차 포로 귀환 때 조부와 함께 돌아왔다(슥 1:1,7; 느 12:4,16). 에스라서 5장 1절과 6장 14절에 학개와 함께 성전 재건을 독려하는 인물로 묘사된다.

2 시대

시대적 배경은 학개서와 동일하다. 포로에서 돌아온 유다 백성들이 성전 건축을 시작했으나 주변의 반대와 정착의 어려움 때문에 공사를 중단하고 있었다. 중단한 지 14년이 지났을 때 백성들은 학개 선지자를 통해 하나님의 말씀을 듣고 다리오 왕 제2년(BC 520) 6월 24일에 성전 공사를 재개했다(학 1:15). 스가랴의 예언은 같은 해 8월에 시작되었다.

3 내용

스가랴는 성전 공사를 마치지 못한 백성들을 책망하는 대신 용기를 북돋워주었다. 1-8장은 성전 재건을 격려하는 말씀이다. 여덟 가지 환상으로 하나님께서 성전을 완성하게 하시고 예루살렘을 번영케 하실 것을 보여주신다. 9장 이후에는 성전을 완성한 후 펼쳐질 이스라엘의 미래가 계시된다. 하나님은 열방 중에서 이스라엘을 구원하시고 메시아를 보내실 것이다. 그로 인해 죄를 씻어줄 샘이 열릴 것이다. 역사의 종말에는 여호와 하나님이 온 세상의 왕이 되시며 이방 나라도 하나님을 경배할 것이다. 신약성경에서 스가랴서가 메시아에 관한 예언으로 여럿 인용되었는데, 분명한 예는 스가랴서 9장 9절(마 21:5; 요 12:15에 인용), 11장 12,13절(마 27:9,10에 인용), 12장 10절(요 19:37에 인용) 등이다.

4 구조

구분	여덟 가지 환상			금식에 대한 질문	이스라엘의 미래	
	1:1 1:7		6:9 7:1	9:1	12:1	
	회개 촉구	여덟 가지 환상	여호수아 즉위	금식과 순종	하나님의 심판과 구원	하나님나라의 도래
장소	예루살렘					
기간	BC 520 8월	BC 520 11월 24일		BC 518 9월 4일 (유대 종교력)		

개요

1 여덟 가지 환상

HIS-STORY

스가랴서는 내게로 돌아오라는 하나님의 호소로 시작한다. 악한 길에서 떠나 하나님에게 돌아오면 하나님도 백성들에게 돌아가겠다고 하신다. 몇 개월 후 스가랴는 일련의 환상을 보게 된다(슥 1:7). 천사가 스가랴에게 환상을 설명해준다. 처음 다섯 환상은 위로의 환상이다. 성전이 재건되고 예루살렘이 번영할 것을 보여준다. 마지막 세 환상은 심판의 환상이다. 죄악과 우상이 제거되고 대적들이 심판받게 된다는 것을 보여준다. 성전 공사를 갓 재개한 백성들에게 힘을 북돋아주기 위한 메시지였다.

● ● ●

[회개 촉구]

1:1-6   너희는 내게로 돌아오라. 그리하면 내가 네게로 돌아가리라.

[여덟 가지 환상]

1:7-17   환상 1 천사의 질문에 대한 하나님의 말씀

천사가 "언제까지 유다를 불쌍히 여기지 않으시렵니까?"

"내가 불쌍히 여겨 돌아왔으니 내 집이 그 가운데 건축되고 성읍이 풍부할 것이다"

1:18-21   환상 2 네 뿔과 대장장이 네 명

대장장이들이 이스라엘과 유다를 압제한 네 뿔(나라)을 떨어뜨리게 할 것이다.

2:1-13   환상 3 측량줄을 손에 잡은 사람

예루살렘이 성벽을 두를 수 없을 만큼 커질 것이다. 내가 몸소 성곽이 되어주리라.

② 금식에 대한 질문

HIS-STORY 하나님은 금식에 관한 백성의 질문을 받고 스가랴를 통해 답하신다. 당시 이스라엘 백성은 예루살렘 멸망을 애통하며 금식했다. 10월(유대 종교력)에 바벨론이 침공하여 예루살렘을 포위했고 이듬해 4월에 예루살렘이 함락되었다. 5월에 성전이 파괴되었고 7월에는 그다랴 총독이 암살당했다. 유다 백성은 바벨론 포로로 잡혀갔을 때 이 사건들을 애통하며 각 사건이 일어난 달에 금식했다. 백성의 질문은 바벨론에서 돌아온 지금도 금식을 계속해야 하느냐 하는 것이다.

하나님은 금식에 대한 백성들의 오해를 바로잡아 주신다. 금식은 하나님을 위한 것이 아니라 자신들의 필요에 따라 행한 것이었다. 문제는 금식이 아니라 하나님께 대한 불순종이다. 불순종 때문에 그 모든 사건들이 벌어졌던 것이다. 이어서 하나님은 예루살렘을 회복시킨다는 말씀을 주시며 금식이 변하여 기쁨의 절기가 될 것이니 이제는 진리와 화평을 사랑하라고 하신다.

••••

금식과 순종

7:1-7   금식을 해오던 대로 해야 합니까?

           금식은 너희를 위한 것이지 나를 위한 것이 아니다.

7:8-14   내가 준 율법과 선지자의 말을 듣지 않았기 때문에 내가 그들을 여러 나라에 흩었다.

8:1-23   이제 내가 돌아와 예루살렘에 거하겠다. 금식이 변하여 기쁨의 절기가 되고 이방 백성들도 예루살렘을 흠모할 것이다. 오직 너희는 진리와 화평을 사랑하라.

3 이스라엘의 미래

HIS-STORY   8장까지 가까운 미래의 일을 보여주었다면 9장 이후에는 좀 더 먼 이스라엘의 미래를 보여준다. 앞으로도 이방 나라의 공격은 있겠지만 하나님은 그들을 심판하시고 이스라엘을 보호하실 것이다. 현존하는 통치자들과는 다른 겸손한 왕이 예루살렘에 올 것이다. 이스라엘은 그를 거부하여 찌를 것이며 그날에 예루살렘에 큰 슬픔이 있을 것이다. 그날에 이스라엘 백성들의 죄와 더러움을 씻는 샘이 열릴 것이다. 역사의 종말에는 여호와 하나님이 온 세상의 왕이 되시며 이방 나라도 하나님을 경배할 것이다.

••••

하나님의 심판과 구원

9:1-8   하나님께서 주변 이방 족속들도 심판하신다. 그들도 하나님께로 돌아올 것이다.

9:9-17   예루살렘아, 기뻐하라. 네 왕이 네게로 오신다. 그는 공의의 왕, 구원을 베푸시는 왕이다. 그는 겸손하여 어린 나귀를 탈 것이다. 그가 이방에게 평화를 선포할 것이며 온 세상을 다스릴 것이다.

10:1-12   내가 유다 족속을 구원하여 옛날처럼 번성케 하겠다.

11:1-17   하나님의 명에 따라 스가랴 선지자가 '잡혀 죽을 양떼'를 치다가, 양치기를 그치고 양치기 막대기(은총, 연합)를 꺾어버리다. 하나님께서 악한 목자를 세우니 그가 양들을 학대하다. 악한 목자가 재앙을 당하다.

하나님나라의 도래

12:1-9   그날에 예루살렘을 치러 오는 이방 나라들을 내가 멸망시키리라.

12:10-14   내가 예루살렘 주민에게 은총과 간구의 영을 부어주리니, '그들이 찌른 그'를 바라보고 슬퍼하기를 외아들을 잃고 슬퍼하듯 하리라.

13:1-6	○	그날에 예루살렘 주민의 죄와 더러움을 씻어줄 샘이 열릴 것이다.
13:7-9	○	칼아, 내 목자를 쳐라. 양떼의 삼분의 이(⅔)는 멸망하고 삼분의 일(⅓)은 연단하여 내 백성이라 할 것이다.
14:1-21	○	이방 나라를 모아 예루살렘과 싸우게 하리라. 그때에 하나님께서 이방 나라들을 칠 것이다. 그날에 여호와께서 천하의 왕이 되실 것이다. 이방 나라 중에 남은 자가 해마다 하나님께 경배하며 초막절을 지킬 것이다.

📖 통독 순서 안내 스가랴 → 에스라 5-6장 → 에스더

NOTE
연 구 노 트

말라기

개관

1 저자

말라기. 이름의 뜻은 "나의 사자"(messenger)이다. 이 이름은 3장 1절 "보라 내가 내 사자를 보내리니 그가 내 앞에서 길을 준비할 것이요"에서 '내 사자'와 같은 글자이다.

2 시대

말라기는 느헤미야가 12년간의 사역을 마친 뒤 바사로 돌아갔던 기간(BC 432 이후)에 활동했다. 유다가 바벨론에서 귀환한(BC 538) 지 약 100년, 학개와 스가랴의 시기(BC 520년경)로부터 약 80년이 지난 시기이다. 유대인들은 종교적 관용과 제한적 자치라는 바사의 개화된 정책의 혜택을 누렸지만 외세에 대한 굴종을 뼈저리게 느꼈고(느 1:3, 9:36) 이웃 나라들의 끊임없는 적대에 시달렸다(스 4:23; 단 9:25). 메시아가 오시고 하나님이 임재하신다는 스가랴의 예언들은 아직 성취되지 않은 가운데 이스라엘 백성들은 실의에 빠져 있었고 그들의 신앙은 형식적이었다.

3 내용

포로에서 돌아온 유다 백성들은 노골적인 우상숭배에서는 벗어났지만, 여전히 하나님의 명령에 불순종했고, 하나님에 대하여 불신과 냉소를 품고 지극히 형식적인 신앙생활에 빠져 있었다. 하나님께서는 말라기를 통하여 하나님에 대한 백성들의 진정성 없는 신앙 행위와 하나님에 대한 잘못된 인식을 지적하신다. 말라기서는 다른 선지서와는 달리 하나님과 백성 간의 대화 형식으로 구성되었다. 하나님께서 백성들을 책망하시면 백성들이 이를 이해하지 못하고 질문을 제기한다. 그러면 하나님은 더 충분한 증거로 백성들에게 논박하신다. 총 여섯 개의 논박으로 구성된다.

구분	여섯 차례의 논박						결어
	1:1 1:6	2:10	2:17	3:6	3:13	4:4	
	하나님의 사랑을 부인함	하나님을 멸시함	하나님께 항의함	하나님을 괴롭게 함	하나님의 것을 도둑질함	하나님을 대적함	엘리야의 도래
장소	예루살렘						
기간	BC 432 이후						

개요

1 여섯 차례의 논박

HIS-STORY 하나님은 시내 산에서 이스라엘 백성들과 언약을 맺으시고 거룩한 백성으로 삼으려 무진 애를 쓰셨다. 그러나 백성들은 하나님의 법을 버리고 우상을 좇으며 자기 뜻대로 살았다. 하나님은 많은 선지자를 보내어 꾸짖고 타이르며 징벌도 해보았지만 소용이 없었다. 마지막에는 북왕국 이스라엘을 해체시키고 남왕국 유다를 바벨론에 포로로 보내는 극단적인 처방까지 내려보았으나 변화가 없었다.

모든 하나님의 노력이 무산된 시점에 하나님은 말라기 선지자를 보내어 그동안에 백성들의 모습을 회고하신다. 백성들은 하나님이 자기들을 사랑하셨다는 것을 인정하지 않았다. 제사를 귀찮아하며 병들거나 저는 짐승을 제물로 바쳤다. 하나님께서 하지 말라고 명하신 것은 아무렇지 않게 행했고, 하라고 명하신 것은 쉽게 생략했다. 그러면서 하나님을 섬겨봐야 소용없다는 말까지 서슴지 않았다. 이런 하나님의 지적에 대하여 백성들은 정색을 하며 자신들의 행위를 부정한다. 자신이 무엇을 잘못했는지조차 깨닫지 못하는 백성에게 하나님은 더 구체적으로 설명해주신다.

• • •

하나님의 사랑을 부인함

1:1-5 논박 1
  - 하나님 : 내가 너희를 사랑하였노라.
  - 이스라엘 : 주께서 어떻게 사랑하셨나이까?

- 하나님 : 내가 야곱을 사랑하고 에서를 미워하지 않았느냐.

하나님을 멸시함

1:6-14　논박 2

- 하나님 : 내가 아버지일진대 나를 공경함이 어디 있느냐?

- 이스라엘 : 우리가 언제 주의 이름을 멸시했나이까?

- 하나님 : 너희가 제사를 번거로워하며 훔친 것, 병든 것, 저는 것을 가져왔지 않느냐.

2:1-9　내 말을 듣지 않고 내 이름을 영화롭게 하지 않으면 너희에게 저주를 내릴 것이다.

하나님께 항의함

2:10-12　논박 3

어찌 거짓을 행하고, 이방의 딸들과 결혼하느냐? 야곱의 집에서 끊어버리리라.

2:13-16　- 이스라엘 : 하나님이 제사를 받지 않으신다고 울면서 "어찌 된 일입니까?"

- 하나님 : 아내에게 거짓을 행했기 때문이다.

하나님을 괴롭게 함

2:17　논박 4

- 이스라엘 : 말로 여호와를 괴롭게 하고도 "우리가 언제 여호와를 괴롭혀 드렸나이까?"

- 하나님 : 너희가 "정의의 하나님이 어디 계시냐?"라고 하지 않았느냐.

3:1-4　너희가 사모하는 언약의 사자가 임하여 불과 잿물로 깨끗하게 할 것이다.

3:5　내가 점치는 자, 간음하는 자, 거짓 맹세 하는 자, 품꾼, 과부, 고아, 나그네를 압제하는 자, 나를 경외하지 않는 자를 심판할 것이다.

하나님의 것을 도둑질함

3:6-12　논박 5

- 하나님 : 내게로 돌아오라. 그리하면 나도 너희에게 돌아가리라.

- 이스라엘 : 우리가 어떻게 해야 돌아가리이까?

- 하나님 : 나의 것을 도둑질했다. 이는 십일조와 봉헌물이다.

하나님을 대적함

3:13-15　논박 6

- 이스라엘 : 너희가 완악한 말로 나를 대적하고도 "우리가 무슨 말로 주를 대적하였나이까?"

- 하나님 : 너희가 "하나님을 섬기는 것이 헛되다" 하지 않았느냐.

3:16-18　하나님께서 하나님을 경외하는 자들의 이름을 기념책에 기록하셨다.

4:1-3　교만한 자와 악을 행하는 자는 지푸라기처럼 불살라질 것이다. 내 이름을 경외하는 자에게는 공의로운 해가 떠올라서 치료하는 광선을 비추리니 너희가 외양간에서 나온

송아지같이 뛰게 될 것이다.

② 결어

아브라함부터 말라기의 시대까지 하나님은 갖은 노력을 기울이셨지만 백성들의 불순종은 해결되지 않았다. 더 이상 개선의 여지가 없는 상황이다. 하나님의 마음도 돌아섰다. 마지막으로 하나님은 한 가지 가능성을 열어놓으신다. 장차 엘리야를 보내서 하나님과 백성 사이에서 서로의 마음을 돌이키게 할 텐데, 그때도 돌이키지 않으면 저주가 있을 것이라는 말씀을 남기시고 400년간 침묵하신다.

• • •

[엘리야의 도래]

4:4 ○ 모세에게 명령한 법을 기억하라.

4:5-6 ○ 내가 엘리야를 보내어 아비의 마음을 자녀에게, 자녀의 마음을 아비에게 돌이키게 하리라. 돌이키지 아니하면 두렵건대 내가 와서 저주로 그 땅을 칠까 하노라.

통독 순서 안내 말라기 → 시 111-150편 : 구약의 끝

3 ^부

신 구 약

중 간 사

○ 신구약 중간사 개요

신구약 중간기는 구약의 마지막 선지자 말라기 이후부터 예수님의 탄생까지 약 400년의 기간을 말한다. 성경에는 이 시대에 관한 기록이 없으나, 이때에도 우리가 알아야 할 많은 역사적 사건이 있었다. 이 중간사를 이해하지 못하고서는 신약성경을 올바로 이해할 수 없을 만큼 서로 밀접하게 연관되어 있다. 신구약 중간기는 크게 페르시아 통치시대(BC 400-331), 헬라 통치시대(BC 331-142), 유대 독립시대(BC 142-63), 로마 통치시대(BC 63-AD 70)로 구분된다(각 시대별로 기록된 기간은 각 나라의 존속 기간이 아니라 유대가 그 통치하에 놓였던 기간을 말한다).

1 페르시아 통치시대 (BC 539 – 331)

페르시아 왕 고레스가 BC 539년 바벨론을 정복한 후 칙령을 내려 유대인들이 본토로 귀환하여 성전을 건축하게 했다. 이후 유다는 페르시아의 지배하에 놓이는데 유대 지역의 실제적인 통치자는 대제사장이었다. 다윗과 솔로몬 시대의 대제사장 사독(왕상 1:8,26,32,34)의 후손들이 BC 172년까지 대제사장 직무를 수행했다(헬라 통치시대 중반까지). 페르시아는 약 200년간 존속되다가 다리오 3세 때에 헬라의 알렉산더 왕에게 패망한다(BC 331).

2 헬라 통치시대 (BC 331 – 142)

마게도니아 왕 필립이 헬라를 통일한 다음, 그의 아들 알렉산더는 에게 해 건너 아시아를 침공하여 BC 333년에 소아시아와 시리아를 점령하고, BC 332년에 이집트를 정복한 후, BC 331년에 페르시아를 정복한다. 이로써 알렉산더는 세계를 제패하게 된다.

알렉산더의 역사적 중요성은 무력에 의한 세계 정복보다 헬라 문화를 세계에 보급한 데에 있다. 그는 젊어서 죽었지만 그가 보급한 헬라 문화는 세계에 큰 영향을 주었다. 그는 피정복민들에게 헬라어 사용은 물론 이름, 의복, 음식, 주택, 철학, 학문, 생활 등 모든 면에서 헬라식으로 할 것을 강요했다. 대부분의 유대인들은 헬라화를 받아들였다. 그러나 경건한 유대인들은 이에 항거하고 더욱더 율법 연구에 몰두했다. 바벨론 포로기 이전에 유대인들의 최대 적이 '우상숭배'였던 것처럼 포로 귀환 이후에 유대인들의 최대 적은 '헬라화'였다.

알렉산더가 BC 323년 33세의 나이에 죽자 헬라 제국은 알렉산더 휘하의 장군들에 의해 분할 통치되었다. 그들은 정권 장악을 위해 서로 싸우다가 결국 이집트의 알렉산드리아를 중심으로 하는 프톨레마이오스 왕조와 시리아의 안디옥을 중심으로 하는 셀류코스 왕조가 주요 세력으로 부상했다. 유다는 BC 323-198년까지는 프톨레마이오스 왕조의 지배를 받았고, BC 198-142년까지는 셀류코스 왕조의 지배를 받았다.

① 프톨레마이오스 왕조 통치 기간 (BC 323-198)

프톨레마이오스 왕조는 유대인들에게 관대하여 팔레스타인의 유대인들은 어느 정도 자유와 번영을 누렸다. 프톨레마이오스 2세는 알렉산드리아에 있는 유대인들에게 구약성경을 헬라어로 번역하게 했다. 유대인들은 각 지파에서 6명씩 선임하여 72명이 번역에 참여했다. 이것이 바로 70인역 성경이다. 유대인들에 대한 직접적인 통치는 대제사장들에 의해 이루어졌다. 그러나 유대는 프톨레마이오스 왕조에게 조공을 바쳤고 문화의 헬라화는 계속되었다.

② 셀류코스 왕조 통치 기간 (BC 197-142)

셀류코스 왕조의 안티오쿠스 3세가 BC 198년 프톨레마이오스 왕조를 제압하고 패권을 장악한 후 셀류코스 왕조는 유대를 50년 이상 지배했다. 셀류코스 왕조는 강압적인 헬라화 정책을 추진했다. BC 167년에는 안티오쿠스 4세가 사독 가문의 대제사장을 파직시키고 뇌물을 많이 바친 유대인 메넬라오스(사독 가문이 아닌 인물)를 대제사장으로 임명했다(BC 171). 유대인들이 반발하자 안티오쿠스 4세는 예루살렘 성전에 제우스 신상을 세우는 만행을 저지른다(단 11:31). 뿐만 아니라 유대인들의 할례, 안식일 준수, 절기 축제를 금지했고 성경 사본들을 불태웠으며 이 같은 명령을 어기면 사형에 처했다.

이에 정통파 유대인들은 강하게 반발했다. 원로 제사장 맛다디아와 그의 아들들(유다, 요나단, 시몬)을 중심으로 독립투쟁이 일어났다(BC 167). 유다는 마카베오라는 별명으로도 불렸는데 이는 "망치질하는 자"라는 뜻이었다. 게릴라전에 뛰어났던 유다 마카베오는 투쟁 끝에 예루살렘에 입성하여 성전의 우상과 이교 제단을 파괴하고 새 제단을 봉헌했다(BC 164). 유대인들은 이 날을 기념하여 수전절(修殿節, 히브리어로는 '하누카')로 지킨다. 투쟁은 약 25년간 계속되다가 BC 142년 맛다디아의 아들 중 마지막 생존자인 시몬(당시 대제사장)의 활약으로 유대는 독립과 자치를 쟁취하게 된다. 셀류코스 왕조는 동쪽으로 세력을 넓혀오는 로마 군대와 부딪치게 된다. 소아시아의 마그네시아 전투(BC 190)에서 참패한 후 세력이 점차 약해지다가 결국 BC 64년 로마에 패망함으로써 헬라 시대가 끝이 난다.

❸ 유대 독립시대 (BC 142-63)

유대가 독립을 쟁취한 후, 맛다디아 제사장 가문이 유대인 총회에서 대제사장 가문으로 추대되어 약 80년간 유대를 통치한다. 맛다디아 대제사장의 증조부의 이름 하스모니아를 따라 하스몬 왕조라고 부른다. 하스몬 왕조는 헬라의 셀류코스 왕조가 약해진 사이 영토를 확장해 가며 상당한 번영을 이룬다.

○ 하스몬 왕조의 왕들 ○

순서	이름	재위 기간	통치 기간 중 주요 사항
1	시몬	BC 143-134	외교에 능하여 셀류코스 왕조로부터 독립을 획득. 지혜롭게 통치하므로 백성들이 시몬을 "신뢰할 만한 선지자가 나타날 때까지 영원토록 대제사장"이라고 선포함
2	요한 히르카누스	BC 134-104	시몬의 셋째 아들. 주변 지역을 정복하며 영토를 넓힘. 이두매인들에게 할례와 유대교 신앙을 강요함. 경건한 인물로서 바리새파와 손을 잡고 헬라주의를 제압했으나 대제사장직을 내려놓으라는 바리새파의 직언에 사두개파와 손을 잡음
3	아리스토불루스	BC 104-103	히르카누스의 아들. 형제들을 죽이고 대제사장직을 차지함. 영토를 북쪽 레바논 산지까지 확장. 술과 질병으로 일찍 죽음
4	알렉산더 얀네우스	BC 103-76	히르카누스의 아들이자 아리스토불루스의 동생. 주변 지역을 정복하여 유대의 영토를 다윗시대와 같은 정도로 확장시킴. 사두개파와 손잡고 바리새파를 탄압함. 바리새파가 반란을 일으키자 주모자를 색출하여 800여 명의 랍비를 십자가에 처형함
5	알렉산드라	BC 76-67	아리스토불루스의 아내. 남편이 죽고 나서 남편의 동생인 얀네우스와 결혼. 70대 노과부로 9년 동안 통치. 장자 히르카누스 2세에게 대제사장 직책을, 둘째아들 아리스토불루스 2세에게는 군대의 통수권을 물려줌
6	히르카누스 2세와 아리스토불루스 2세	BC 67-63	군 통수권자인 동생 아리스토불루스 2세가 사두개파 군대를 이끌고 예루살렘으로 진격하여 대제사장직을 찬탈. 히르카누스 2세가 로마에 도움을 요청하니 폼페이우스가 예루살렘을 점령하여 유대인의 독립시대가 끝남

그러나 경건한 유대인들은 그들이 전통적인 대제사장 가문(사독의 후손)이 아니었기 때문에 이 왕조의 정통성을 비판했고 왕조 내내 갈등이 있었다. 하스몬 왕조는 처음에 바리새파와 손을 잡고 헬라주의를 제압했으나 바리새파가 하스몬 왕가에게 대제사장직을 내려놓을 것을 주장하자 사두개파와 손을 잡게 된다. 시몬의 손자 알렉산더 얀네우스는 자신에게 대항하는 바리새파 지도자 800명을 색출하여 십자가에 처형하기도 했다.

그러다가 맛다디아의 고손(高孫) 대에 이르러 형제간에 권력 쟁탈 싸움이 일어났다. 장남(히르카누스 2세)이 동생(아리스토불루스 2세)에게 권력을 빼앗기게 되자 야심에 찬 안티파테르와 한편이 되어 로마의 폼페이우스에게 도움을 청했다. 안티파테르는 유대교로 개종한 이두매인(에돔 족속)으로서 이두매 지역 장관을 맡고 있던 인물이다.

당시 로마는 카이사르, 폼페이우스, 크라수스가 공동으로 통치하며(1차 삼두정치) 헬라를 제압하고 지중해 연안을 점령해나가고 있었다. 폼페이우스는 도움 요청을 구실 삼아 BC 63년 예루살렘을 침공하여 아리스토불루스 2세의 세력을 진압하고 장남인 히르카누스 2세를 유대의 대제사장으로 세웠다. 이 과정에서 히르카누스 2세가 대제사장 자리를 찾기는 했지만, 정치적 실권은 약삭빠르게 로마의 환심을 산 안티파테르에게 빼앗긴다. 그리고 유대는 로마의 속국이 됨으로써 독립시대는 끝이 난다.

4 로마 통치시대 (BC 63 – AD 70)

주전 8세기에 작은 도시국가로 출발한 로마는 주전 6세기에 왕을 몰아내고 공화정을 표방하며 세력을 키워갔다. 공화정(共和政)은 개인이 아니라 집단이 통치하는 정치 형태로서 로마는 원로원(귀족 300명으로 구성), 원로원에서 선출한 임기 1년의 두 명의 집정관(귀족 출신), 그리고 평민회에서 선출한 호민관(평민 출신)이 다스렸다. 이러한 체제는 포에니 전쟁 이후 세 명의 유력자가 결탁하여 공동으로 다스리는 삼두정치 체제로 바뀐다. 첫 삼두정치 통치자는 카이사르, 폼페이우스, 크라수스였다. 유대가 이 시기에 폼페이우스에게 도움을 청했다가 지배당하게 된 것은 앞서 언급한 바 있다. 이 체제에서 카이사르가 나머지 둘을 물리치고 절대 권력자로 부상하자 이를 경계한 원로원은 카이사르를 암살한다(BC 44). 2차 삼두정치의 주인공은 카이사르의 양아들인 옥타비아누스, 카이사르의 부하였던 안토니우스와 레피두스였는데 결국은 옥타비아누스가 권력을 장악한다. 원로원은 그에게 아우구스투스('존엄한 자'라는 뜻) 칭호를 헌정하면서 로마는 사실상 황제가 다스리는 제정 체제로 넘어간다(BC 27).

이두매인 안티파테르는 1차 삼두정치 시기에 로마에 의해 유대 행정장관으로 임명된다(BC 47). 안티파테르가 유대인에 의해 암살당하자(BC 43) 그의 두 아들 파사엘과 헤롯이 로마에 의해 유대 공동 분봉왕으로 임명된다(BC 41). 잠시 하스몬 가문의 안티고누스(아리스토불루스 2세의 아들)가 파사엘을 죽이고 대제사장 자리를 차지했으나, 헤롯이 로마의 권력자 안토니우스(2차 삼두정치의 통치자)의 세력을 업고 다시 유대의 왕이 된다(BC 37). 이로써 로마시대와 더불어 유대에서는 헤롯 왕가의 시대가 시작된다. 헤롯은 자신의 권력을 유지하기 위해 많은 사람을 죽인 잔인한 성품의 인물이었다. 헤롯의 생명이 다해갈 때쯤 하나님은 긴 침묵을 끝내시고 독생자를 이 세상에 보내신다. 황제 아우구스투스가 호적 신고를 명하여 요셉과 마리아가 고향으로 갔을 때 베들레헴의 어느 말구유에 예수님이 태어나신다.

말라기 선지(先知)를 끝으로 하나님께서 침묵하신 400년 동안 세상은 여러 번 바뀌었다. 그러나 유대는 여전히 주변 강대국의 지배를 벗어나지 못했다. 다윗 가문의 왕통을 영원히 보존해주신다는 하나님의 언약이 있었지만 유대는 수백 년 동안 자신들의 왕을 세울 수 없었다. 지배국의 허락을 받아 대제사장이 다스렸을 뿐이었다. 헬라 셀류코스 왕조의 지배하에서는 성전이 모독당하는 수모를 겪기도 했다. 유대 독립시대 이후에는 정통성 있는 사독 계열의 대제사장이 아니라 독립 전쟁를 주도했던 하스몬 가(家)가 대제사장을 세습했다. 이들은 정치 권력까지 가지게 되면서 권력 유지를 위해 탄압과 살인도 거침없이 저질렀다. 로마의 지배하에서는 정치적 실권이 이두매인 안티파테르에게 넘어가더니 급기야 그의 아들 헤롯이 유대의 왕이 되는 어처구니없는 지경에까지 이르렀다. 유대인이 사람으로 여기지 않던 이방인이 유대의 왕이 된 것이다. 예수께서 이 땅에 오실 때 유대의 모습은 정치적으로도 신앙적으로도 이렇게 무너져 있었다.

◯ 신구약 중간사 연대기

● 페르시아 통치시대 : BC 539 – 331 (약 210년)

BC 539   페르시아 왕 고레스가 바벨론 정복

538   유대인 포로 본국 귀환을 허용하는 고레스 칙령 포고

536   포로 1차 귀환(스룹바벨과 대제사장 여호수아가 인도, 약 5만 명)

516   제2 성전 완공

490   페르시아의 그리스 공격 실패 : 마라톤 전투 (다리오 1세 통치 시기)

480   페르시아의 그리스 공격 실패 : 테르모필레 전투, 살라미스 해전 (아하수에로 통치 시기)

470   소크라테스 출생

457   포로 2차 귀환(에스라 인도, 남자 약 1800명, 아닥사스다 1세 통치 시기)

444   포로 3차 귀환(느헤미야 인도, 아닥사스다 1세 통치 시기)

432   느헤미야의 페르시아 방문

● **구약성경의 끝**

431   펠로폰네소스 전쟁(아테네와 스파르타의 30년 전쟁)으로 두 동맹국들이 쇠약해짐

428   플라톤 출생

394   아리스토텔레스 출생

359   마케도니아 왕 필립(필립포스) 즉위

336   필립 사망, 알렉산더 즉위(즉위 당시 20세)

334   알렉산더가 페르시아 공격 시작

● 헬라 통치시대 : BC 331 – 142 (약 190년)

331   알렉산더 왕이 지중해 연안을 점령 후 페르시아를 정복

323	알렉산더 왕 사망(33세) 후 그의 부하들이 분할 통치
	프톨레마이오스 왕조가 유대를 통치한 시기 : BC 323-198 (약 130년)
285	프톨레마이오스 2세가 구약성경(히브리어)을 헬라어로 번역하게 함(70인역)
	셀류코스 왕조가 유대를 통치한 시기 : BC 197-167 (약 30년)
197	셀류코스 왕조가 유다 지배 시작
190	안티오쿠스 3세가 마그네시아 전투에서 로마에게 패배
167	맛다디아 제사장의 아들 유다(마카베오)가 독립 항쟁 개시
164	유다(마카베오)가 성전의 우상과 이교 제단을 파괴하고 새 제단을 봉헌. 수전절로 지킴
	● 유대 독립시대 : BC 142 – 63 (약 80년)
142	유대 독립 쟁취, 하스몬 왕조 시작
	● 로마 통치시대 : BC 63 – AD 70 (약 130년)
63	로마의 폼페이우스 예루살렘 점령
60	로마 1차 삼두정치 시작(카이사르, 폼페이우스, 크라수스), 카이사르가 실권 장악
44	카이사르가 암살당하고 2차 삼두정치 시작(옥타비아누스, 안토니우스, 레피두스)
37	헤롯이 로마의 지원으로 안티고누스로부터 예루살렘 탈환. 33년간 유대 통치 시작
27	옥타비아누스에게 원로원이 '아우구스투스'(존엄한 자) 칭호 헌정
19	헤롯, 예루살렘 성전 재건 사업 시작(AD 64년 완성)
	● **신약성경의 시작**
BC 4	예수님 탄생
	헤롯 유아 살해 명령
	헤롯이 사망하자 헤롯의 세 아들이 분할 통치
	– 헤롯 안디바(BC 4-AD 39) : 갈릴리, 베뢰아 지방 통치
	– 헤롯 아켈라오(BC 4-AD 6) : 사마리아, 유대, 이두매 지방 통치
	– 헤롯 빌립 2세(BC 4-AD 34) : 갈릴리 동쪽과 북쪽 통치
AD 14	로마 아우구스투스 사망(79세). 티베리우스(디베료) 즉위(14-37)
26	세례 요한 사역 시작
	아켈라오 통치 지역에 본디오 빌라도가 유다 총독으로 부임
27	예수님의 공생애 시작

30	예수님의 수난과 부활
33	바울의 회심. 회심 후 아라비아 방문(33-36)
37	바울, 예루살렘 1차 방문(행 9:26).
	가이우스(칼리굴라) 황제 즉위(37-41)
	헤롯 아그립바 1세 즉위(37-44)
41	클라우디우스(글라우디오) 황제 즉위(41-54)
46	대기근. 바울, 예루살렘 2차 방문(행 11:30). 바울 1차 전도여행(46-47)
48	헤롯 아그립바 2세 즉위(48-100)
49	바울, 예루살렘 3차 방문(예루살렘 공회, 행 15:2-4). 바울 2차 전도여행(49-52)
52	바울, 예루살렘 4차 방문(행 18:21,22). 바울 3차 전도여행(52-57)
54	네로 황제 즉위(54-68)
57	바울 체포 및 가이사랴 구금(57-59)
59	베스도 유다 총독 부임. 바울의 로마 이동
60	바울, 로마에서 가택 연금(60-62)
62	바울, 감옥에서 석방
64	로마 대화재. 네로의 기독교인 박해
	헤롯 성전 완공
65?	바울, 로마에서 두 번째 투옥 및 순교
69	유대인의 반란
70	베스파시아누스의 아들 티투스가 예루살렘 진압
	산헤드린 공회 폐지. 유다 멸망

○ 신약시대의 세계

예수 그리스도의 탄생을 전후한 팔레스타인 지역의 상황은 헬레니즘(헬라의 언어와 문화)이라는 바탕 위에 로마를 통한 정치적 통일이 국제화의 시대를 열어 가고 있었다. 이런 국제화의 조류는 팔레스타인 지역뿐만 아니라 로마의 지배하에 있던 모든 지역이 로마를 중심으로 생활하도록 강요하였다. 따라서 이스라엘의 정신적 주체성이 남아 있었다 하더라도 로마에 의해 강요된 변화가 삶의 전반적인 부분을 차지하게 된다.

1 정치

① 로마

BC 753년경 작은 도시국가로 출발한 로마는 왕정과 공화정의 정치적 변혁기를 지나 황제 중심의 제정 체제로 정착되면서 대제국으로 부상했다. 로마 제국은 속주라고 불리는 영토로 나누어졌는데, 속주의 통치자는 황제가 임명하느냐, 원로원이 임명하느냐에 따라 황제 속주와 원로원 속주로 구분되었다. 군대가 주둔해 있는 접경 지역과 같이 정치 경제적으로 중요한 속주는 황제가 총독을 임명해 다스리게 하는 한편, 로마에서 멀지 않은 속주에는 원로원이 총독을 선출하여 파견했다. 몇몇 지역은 황제의 허락을 받은 왕들이 지배하기도 했다.

로마 당국의 식민지 정책은 유화적이어서 지방 자치정부가 그 지역의 특성을 보존하면서 통치하도록 허락했다. 그러나 지방 자치정부에 주어진 권한은 국토 개발, 경범죄 처벌, 재산 양도 등 경미한 것들이었고, 외교 관계, 사형 집행권, 세금의 징수 등은 로마 당국에서 파견한 관리에 의해서만 시행하도록 했다.

신약성경 시대의 로마 황제는 아우구스투스(아구스도)를 시작으로 티베리우스(디베료), 칼리굴라, 클라우디우스(글라우디오), 네로를 거쳐 11대 황제 도미티아누스까지 이른다. 성경에는 세 명의 황제가 언급된다.

○ 신약시대의 로마 황제 ○

순서	이름	재위 기간	유대 관련 사항
1	아우구스투스 (아구스도)	BC 27- AD 14	로마 전역에 호적하라는 명을 내림(눅 2:1)
2	티베리우스 (디베료)	14-37	세례 요한이 활동할 때(눅 3:1), 예수님의 공생애 시기의 황제(마 22:17 ; 눅 20:22-25 ; 요 19:12)로서 성경에는 '가이사'로 언급됨 갈릴리 호수 서안에 있는 도시 '디베랴'는 이 황제의 이름을 딴 것
3	가이우스(칼리굴라)	37-41	(독단적인 정치로 근위대에게 암살당함)
4	클라우디우스 (글라우디오)	41-54	바울 선교여행 기간의 황제(행 11:28). 유대인을 로마에서 추방함(행 18:2)
5	네로	54-68	64년 로마 대화재 후 기독교를 박해함(1차 대박해)
6,7,8	갈바, 오토, 비텔리우스	68-69	(무능과 오만으로 일찍 죽임 당함)
9	베스파시아누스 (부)	69-79	70년에 예루살렘을 멸망시킴
10	티투스 (장남)	79-81	예루살렘 멸망 당시 로마군 지휘관
11	도미티아누스 (차남)	81-96	90년부터 기독교를 박해함(2차 대박해) 요한계시록 기록 당시의 황제

② 팔레스타인

BC 63년 예루살렘을 정복한 로마는 이두매 사람(에돔 족속)인 안티파테르에게 정치 권력을 주었고, 그가 죽은 후에는 그의 아들 헤롯이 유대와 사마리아를 통치하게 했다. 그는 당시 로마 황제였던 아구스도(아우구스투스)의 정책에 따라 팔레스타인 안에서 헬라 로마 문화 증진에 주력했다. 로마의 환심을 사기 위하여 사마리아를 재건하여 세바스테(헬라어로 '아우구스투스의 도시'라는 뜻)라 명명했고, 지중해변에 항구도시를 개발하고 가이사랴('카이사르의 도시'라는 뜻)로 명명했다.

그는 이방인으로 유대인의 왕이 되었기 때문에 유대인의 지지를 받지 못했다. 그래서 그는 유대인의 환심을 사려고 첫 아내 도리스를 버리고 하스몬 가문의 여인 마리암네를 아내로 맞이했다. 또한 BC 19년에는 유대인이 기뻐할 성전 보수공사에 착수했다. 그는 잔혹하여 자기 왕권을 노린다고 생각되는 사람은 가족마저도 예외 없이 처단했다. 예수님의 탄생 소식을 듣고 자신의 왕위를 지키기 위해 유아 살해 명령을 내리는 잔인함도 보였다(마 2:16-18).

헤롯 대왕이 죽은 후 로마는 그의 세 아들을 분봉왕으로 삼아 팔레스타인 지역을 셋으로 나누어 다스리게 했다. 헤롯 안디바(안티파스)에게는 갈릴리와 베뢰아 지역을, 헤롯 아켈라오(아켈라우스)에게는 사마리아, 유대, 이두매 지역을, 헤롯 빌립(필립포스)에게는 갈릴리 동쪽과 북쪽 지역이 분배되었다. 아켈라오의 통치 기간은 길지 못했다. 그는 지나치게 억압적으로 통치하여 결국 유대인들이 아우구스투스 황제에게 고소했고 AD 6년에 폐위되어 추방되었다. 그의 자리는 로마에서 보낸 총독이 맡기 시작했다. 빌라도가 바로 다섯 번째 총독이었다.

그 후 헤롯 아그립바 1세 때 잠정적으로 통합이 이루어지기도 했으나, AD 44년 그가 죽은 뒤 팔레스타인 지역은 분봉왕 없이 로마 총독의 직접적인 통치를 받게 되었다. 당시 나이가 어렸던 헤롯 아그립바 1세의 아들 헤롯 아그립바 2세(AD 27년 출생)는 AD 48년 클라우디우스(글라우디오) 황제로부터 왕의 칭호와 함께 팔레스타인 북부 지역을 받아 다스리다가 AD 100년에 죽었다(더 자세한 내용은 신약개관 중 '신약시대 통치자들', '헤롯 왕조 가계도'를 참조).

당시 유대인들의 최고 사법기관으로 산헤드린이 있었다(성경에는 '공회'로 번역됨). 신약시대 이전부터 있었던 기구로서 대제사장을 수장으로 하며 70명의 제사장, 장로, 서기관들로 구성되었다. 이 산헤드린의 주요 기능은 백성들의 종교생활과 일상생활에 관해 재판하는 것이었다. 판결을 통해 형을 선고할 수 있었으나 사형은 로마에 속한 권한이었다.

2 종교

① 로마

로마 당국은 국가의 부흥과 식민지 정책의 일환으로 종교에 대해 관용적인 태도를 취했다. 일반 대중들은 개인적 수호신을 섬기는 경향이 있었다. 여기에 소아시아, 바사 등 동방으로부터 신비종교들이 들어왔고 점성술과 마술도 민간에 널리 퍼졌다. 로마 제국의 종교적 특성 중 가장 중요하게 부각된 것은 황제 숭배이다. 원래 이 사상은 영웅과 신을 동일시하는 동방 세계에서 유래한 것으로 알렉산더 대왕 때 서방 세계에 도입되어 로마시대에 이르러 절정을 이루었다. 로마가 종교에 대해 관용적이었지만 황제 숭배는 모든 제국민들에게 요구되었다.

② 팔레스타인

유대교는 유일신을 섬기는 배타주의에도 불구하고 로마 제국 내의 공인된 종교가 되었다. 당시 유대교 안에는 다음과 같은 여러 분파가 있었다.

○ 사두개파

이들은 부유한 귀족 지배 계층으로 주로 제사장으로 이루어진 집단이었고 산헤드린의 많은 자리를 점하고 있었다. 이들은 BC 2세기 하스몬 왕조 때부터 70년 예루살렘 성전이 파괴될 때까지 권력의 편에서 세력을 형성했다. 구전으로 내려오는 율법을 받아들이지 않았고 모세오경만 인정했다. 성전 예배를 율법의 중심으로 보았다. 내세와 부활, 영적 세계, 천사의 존재를 믿지 않고 지극히 현세적이었다. 이 명칭은 다윗, 솔로몬시대의 제사장이었던 '사독'에서 유래했다고 보는 견해가 많으나 분명치는 않다.

○ 바리새파

'바리새'라는 명칭은 '분리된 자'라는 뜻의 히브리어 '페루쉼'에서 나온 말로 세속적인 것으로부터 분리하려는 태도에서 유래된 명칭이다. 헬라의 셀류코스 왕조가 율법을 금지하고 헬라화를 강요하며 핍박할 때 끝까지 정절을 지키며 저항한 '하시딤'(충성스런 사람들)이라는 무리가 있었는데, 여기에서 바리새파가 나온 것으로 본다. 율법을 엄격하게 지키려 노력했으며 모세오경 이외에 구전되는 가르침(마 15:2)도 중요하게 여겼다. 영혼 불멸과 부활, 천사의 존재를 믿었다. 이들 중에는 대율법학자나 경건한 지도자들도 많았으며 산헤드린 공회의 일원이었다.

○ 에세네파

이 명칭은 '경건한 사람들'이라는 뜻의 아람어 '하사야'에서 유래했다고 한다. 이들은 도시를 떠나 공동체생활을 하며 정결한 삶을 추구했다. 엄격하게 규정된 일과에 따라 함께 일하면서 성경 해석을 포함한 종교적 문제 연구에 많은 시간을 할애했다. 평소 흰옷을 입었으며 정결 의식에 세심한 주의를 기울였고 안식일을 매우 엄격하게 준수했다. 독신으로 살면서 모든 재산을 공동으로 소유했고 노예를 두지 않았다.

○ 열심당

로마가 팔레스타인을 통치하게 되자 이에 항거한 유대인 무리이다. AD 6년 분봉왕 헤롯 아켈라오가 면직되고 로마가 유대 땅을 통치하게 되었을 때 유대인들에게 호적등록 명령이 내려졌는데 이는 세금 징수를 위한 조치였다. 이에 강하게 반발하면서 적극적으로 정치적인 운동에 참여하게 된 무리가 열심당이다. 원래 바리새파에 속해 있었으나 바리새파의 수동적인 태도에 불만을 가지고 바리새파를 떠났다. 이들은 이방의 지배에 순종하는 것은 죄를 범하는 것이며 황제에게 세금을 납부하는 것은 십계명의 첫 계명을 어긴 것으로 간주했다. 따라서 이스라엘을 무력으로라도 이방으로부터 해방시키는 것을 자신들의 목표로 삼았다.

3 사회

로마의 사회 구조는 원로원 의원과 그 가족, 기사 계급, 일반 시민, 노예에서 해방된 자유민, 인구의 1/3을 차지하는 노예 등으로 구분되어 피라미드 형태를 이루고 있었다. 신약시대 로마 제국에서 시민권은 시민권을 가진 부모에게서 출생하거나 노예에서 시민으로 해방되거나 군 복무나 특별 칙령을 통해 얻을 수 있었다.

대부분의 가정에는 노예가 있었다. 로마 경제는 노예 제도에 크게 의존했다. 노예는 전쟁에서 사로잡히거나 자발적으로 노예가 되거나 노예 집안에서 태어남으로 배출되었다. 특정 인종이 노예가 되는 것은 아니었다. 노예의 삶도 상당히 다양했다. 광업, 농업에 쓰이는 노예가 있는가 하면 가사 노예는 요리, 미용, 종, 첩의 역할을 했다. 특별히 훈련받은 노예들은 중요한 직위에 오를 수도 있었고 소유주를 위해 사업을 경영할 수도 있었다.

로마가 이룩한 중요한 업적은 법률에 있었다. 헬레니즘의 민주 정신을 계승한 로마는 법률을 통해 제도화했다. 로마의 법률은 모든 공법과 사법의 효시인 12동판법(BC 449)에서 시작하여 민사소송법, 명예법, 황제의 칙령을 포함하는 사법(私法)과 형법 등으로 발전해 갔다. 특히 황제의 칙령은 국법으로 불릴 만큼 강력한 것이었다. 이런 일련의 법률들은 훗날 유스티니아누스(483-565)에 의해 12권의 법전과 50권의 요람 그리고 4권의 법학 개요로 정리된다. 로마 당국은 법과 질서의 효율적 운영을 위해 지역 안에서 발생한 문제는 그 지역 안에서 해결하도록 각 총독과 행정장관에게 자치권을 부여했다. 그러나 시민권을 가진 자에게는 자신이 요청할 경우 황제 앞에서 재판을 받을 수 있는 특권이 주어졌다.

팔레스타인 지역에서는 혈통이 중시되었다. 빈번한 외세 침입으로 유대인의 혈통 유지가 어려웠기 때문에 만일 양친 가계가 4대에 걸쳐 순수하다는 것을 증명할 수만 있다면 유대 사회 안에서의 사회적 지위와 신분 보장이 가능했다. 이러한 혈통과 종교적 성향에 의해 팔레스타인의 유대인 사회에는 사두개파, 바리새파, 에세네파 등 계층이 형성되어 있었으며, 정치적 독립을 위해 결성된 열심당의 활동은 로마 당국을 괴롭히는 한 요인이 되기도 했다.

4 경제

정치 권력을 잡고 있는 로마 본토가 경제적으로는 비교적 풍요로운 삶을 영위한 반면, 대다수의 식민지 주민들은 빈곤 속에 허덕여야 했다. 로마에서는 밀, 포도, 올리브 등을 주요 작물로 하는 농업 경제를 주축으로 노예를 통한 광업, 제조업이 고루 발전했다. 그러나 본국의 산업보다는 잘 정비된 도로와 해상수단을 통해 신속히 운반되는 식민지로부터의 생산물이 로마 경제를 풍요롭게 했다. 또한 근동 여러 나라와의 무역도 활발하게 진행되었는데 주로 아마포, 산호, 유리, 금속제품 등을 수출하고 향료, 보석, 상아, 비단 등을 수입했다. 한편 팔레스타인 지역에서는 전통적 농업 중심의 산업 체제에 의존하고 있었는데, 기술의 낙후와 노예 인력 과잉공급 현상이 나타나 전반적인 임금의 하락과 생활의 빈곤을 가져왔다. 더욱이 예루살렘에 거주하는 극소수의 랍비와 제사장들이 상당 부분의 농토를 독점하고 있었기 때문에 대중의 빈곤이 더욱 가중될 수밖에 없었다.

5 문화

알렉산더 치하에 꽃피게 된 헬레니즘은 로마인의 생활에도 지대한 영향을 끼쳤다. 헬라 문화권에 살던 유대인이 모국어를 잊어버릴 만큼 헬라어는 이미 무역과 국제 교류의 통용어로 정착되어 있었고 로마시대에도 이러한 현상은 계속되었다. 헬라인들의 습성을 따라 로마인들도 공중목욕탕을 지어 목욕을 즐겼다. 그러나 유대인들은 물이 귀할 뿐 아니라 옷 벗는 것을 부정하게 여겼기 때문에 대다수는 목욕 시설을 외면했다. 로마인들은 경기장을 지어 노예를 이용한 투기와 전차 경기를 즐겼다. 특히 황제를 위한 운동 경기가 5년마다 개최되었다. 헤롯도 예루살렘에 경기장과 체육관을 건설했는데, 대다수의 유대인들은 이를 달가워하지 않았다. 대체로 당시의 문화나 생활양식은 일부 특권층 위주로 진행되었고 쾌락을 위한 인권의 말살이 자연스럽게 저질러졌다.

6 교육

로마는 정치적으로 세계를 정복했지만 문화적 영역만은 헬레니즘의 그늘을 벗어나지 못했다. 로마인들은 문화, 사상, 교육 등 생활의 전반적인 면에서 헬라의 양식을 거의 답습하고 있었다. 로마인들은 7-12세 동안 학교에서 교육을 받았는데 시와 격언의 암기가 주요한 교육의 내용이었고 출세의 수단으로 웅변을 중시했다. 한편 각 가정에서는 '파이다고고스'라는 노예 신분의 가정교사를 두어 자녀의 생활을 시중들게 했다(갈 3:24,25에서 '초등교사' 또는 '몽학선생'으로 번역되었다). 이 과정을 마친 뒤에도 공부를 계속하려면 중등학교에 진학했으며 여자의 경우에 이 과정을 밟을 수 없었다. 한편 유대인들에게는 여전히 가정이 교육의 중요한 장소였으며, 회당에 딸린 학교에서는 토라(율법)를 교재로 한 암기식 교육을 진행했다. 상급학교에서는 유대 교훈의 대전집인 학카다와 할라카를 가르쳤다. 이러한 교육방식은 유대인의 결속과 율법 준수 등에 크게 기여했다.

4^부 신약 개관

○ 신약성경의 구조

총 27권으로 이루어진 신약성경은 복음서, 역사서, 서신서, 예언서 네 개의 범주로 분류하여 편집되었다. 복음서는 우리에게 구원을 베푸신 예수님의 삶을 설명한다. 역사서인 사도행전은 복음이 세상에 전파되는 과정을 기록했다. 서신서는 복음 전파 과정 중에 세워진 교회들에 보내진 편지인데 복음의 바른 의미와 신앙의 바른 방향에 대하여 말해준다. 예언서는 요한계시록 한 권으로 앞으로 전개될 역사와 교회의 미래에 대한 하나님의 계시를 보여준다.

1 복음서 : 마태복음 – 요한복음 (4권)

예수님의 일생에 관한 기록이다. 인류를 구원하시는 예수님의 행적이 기록되었기 때문에 '기쁜 소식'이라는 의미로 '복음서'(福音書)라고 부른다. 예수님의 행적을 기록한 책이 여러 권인 것은 사람에 따라 예수님에게서 받는 감동과 의미가 다르기 때문이다. 예컨대 유대인 마태가 보는 예수님은 이스라엘이 오랫동안 고대하던 메시아였다. 반면에 이방인 누가가 본 예수님은 인종을 뛰어넘어 죄인과 연약한 자들을 찾아오신 분이었다. 이렇듯 네 가지 복음서는 상호 보완적이다. 네 권 모두를 읽음으로써 우리는 예수님을 바로 알 수 있다.

2 역사서 : 사도행전 (1권)

예수께서 부활하고 승천하신 후 제자들은 성령을 받는다. 사도행전은 성령에 감동된 제자들이 교회를 세우고 복음을 세계에 전파하는 과정을 생생하게 기록한다. 예수께서 말씀하신 대로 예루살렘에서 유대와 사마리아와 이방 땅까지 복음이 전파된다. 베드로와 바울의 전도 활동을 중심으로 기록했다.

❸ 서신서 (21권)

① 바울서신 : 로마서 – 빌레몬서 (13권)

바울은 3차에 걸쳐서 전도여행을 다녔고 체포된 후에는 로마로 압송되어 재판을 받았다. 이 모든 여정을 통해 바울은 복음을 전하고 교회를 세웠다. 바울은 개척한 교회들을 방문하기 어려울 때는 편지를 보내어 신앙의 교리적 측면과 실천적 측면의 가르침을 주었다. 총 13개의 편지를 보냈으며 이중에서 바울이 로마 셋집에 연금되었을 때 보낸 편지인 에베소서, 빌립보서, 골로새서, 빌레몬서를 옥중서신이라고 부른다. 바울이 교회의 담임 교역자에게 목회의 방향을 지도하기 위해 보낸 편지인 디모데전서와 디도서는 목회서신이라고 한다.

② 공동서신 : 히브리서 – 유다서 (8권)

바울서신이 아닌 나머지 서신서는 공동서신이라고 부른다. 공동서신이라는 용어는 이 편지들이 특정한 교회나 개인에게 보내진 편지가 아니라 전체 교회를 대상으로 기록되었다는 뜻에서 붙여진 이름이다. 따라서 서신의 수신자가 아니라 저자를 서신의 제목으로 삼았다. 다만 히브리서는 저자가 불확실해서 서신의 수신자를 제목으로 붙였다. 예수님의 동생 야고보와 유다, 사도 베드로와 사도 요한이 공동서신의 저자들이다.

❹ 예언서 : 요한계시록 (1권)

요한은 사도 중에서 가장 오랜 세월을 살며 사역했다. 그는 말년에 역사의 종말과 교회의 미래에 관한 하나님의 계시를 받는다. 계시에 의하면 이 세상이 그리스도를 거역하고 있지만 결국 악은 심판을 받고 그리스도의 승리로 끝나게 되며 성도들은 새 하늘과 새 땅에서 살게 된다. 극심한 핍박 속에서 고난을 받는 성도들에게 소망을 주기 위해 기록되었다. 구약의 예언서가 하나님을 떠난 백성을 향한 경고의 메시지를 담고 있었다면, 신약의 예언서인 요한계시록은 세상에 대한 하나님의 심판과 교회의 궁극적인 승리를 알려줌으로써 박해받고 있는 교회에게 위로와 격려를 준다.

○ 신약성경의 시대순 배열

1 복음서와 역사서

복음서의 메시지는 역사서(사도행전)와 구분되지만 성경을 시대순으로 배열한다면 역사서의 시작으로 볼 수 있다. 복음서에는 예수님의 탄생부터 십자가 고난, 부활, 승천까지 기록되었는데, 사도행전은 바로 그 뒤를 이어 예수님의 승천부터 복음이 예루살렘과 유대와 사마리아와 이방까지 전파되는 과정을 기록하고 있다.

2 서신서

서신서는 복음 전파 과정에서 세워진 교회들에게 보낸 편지이므로 사도행전과 밀접한 관계가 있다. 바울이 1차 전도여행 때 갈라디아 지역을 전도했고, 갈라디아서는 전도여행 후 이 교회들에게 보낸 것이다. 바울이 2차 전도여행 당시 마게도니아 지역을 전도했는데, 이때 잠시 들렀던 데살로니가에 보낸 편지가 데살로니가전후서이다. 바울이 3차 전도여행 중 에베소에 3년간 머물 때 고린도교회에 문제가 생겼는데 이에 대한 가르침을 주는 편지 고린도전후서를 보낸다. 바울은 3차 전도여행이 끝날 무렵 로마에 갈 계획을 세우고 로마교회에 보낸 편지가 로마서이다. 바울은 예루살렘에서 체포되고 로마에 압송되어 셋집에 머물며 재판을 기다릴 때 자신이 개척한 소아시아 지역 교회에 편지를 보낸다. 이 편지가 옥중서신이라고 불리는 에베소서, 골로새서, 빌립보서, 빌레몬서이다. 바울은 석방되고 난 후 에베소교회를 맡고 있는 디모데와 그레데교회를 맡고 있는 디도에게 목회를 돕기 위한 편지를 보내는데, 이것이 각각 디모데전서와 디도서이다. 이 두 서신은 목회서신이라고 불린다. 바울이 두 번째 체포되었을 때 로마의 지하감옥에서 디모데에게 마지막 편지 디모데후서를 보낸다. 요한이 만년에 보낸 편지 세 개가 전해진다(요한 일이삼서). 나머지 공동서신과 사도행전의 연관성은 찾기 어렵다. 각 편지의 내용으로부터 기록 시기를 추정하여 표에 배열했다.

3 예언서

요한계시록은 사도 요한이 그의 만년에 기록한 것으로 신약성경 중에 가장 늦게 기록되었다. 요한계시록은 역사의 종말에 있을 하나님의 심판과 교회의 궁극적인 승리를 선포한다.

역사서	**복음서**	**사도행전**				

	1차 전도여행	2차 전도여행	3차 전도여행	바울 1차 투옥	석방	바울 2차 투옥

서신서	갈라디아서	데살로니가 전서	고린도전서	에베소서	디모데전서	디모데후서	요한일서
	야고보서	데살로니가 후서	고린도후서	골로새서	디도서	히브리서	요한이서
			로마서	빌립보서	베드로전서	유다서	요한삼서
				빌레몬서	베드로후서		

예언서						요한계시록

◯ 신약 역사 개요

0 신구약 중간시대 : 바사 - 헬라 - 로마

말라기 선지자를 끝으로 하나님께서 400년간 침묵하시는 동안 근동 지역은 바사에서 헬라를 거쳐 로마가 지배하게 된다. 유다는 로마 지배하에서 이두매 사람 헤롯을 왕으로 섬기게 된다. 유대교는 여러 분파로 나뉘고 백성들은 하나님을 여전히 형식적으로 섬겼다.

1 예수님의 탄생

하나님께서는 스스로 돌이킬 능력이 없는 백성들을 구원하기 위해 독생자 예수님을 이 땅에 보내셨다. 예수님은 사람과 같이 성장하셨다. 청년이 되신 후 요한에게 세례를 받고 마귀에게 시험을 받으신 후 하나님의 아들로서 공생애를 시작하셨다.

2 예수님의 공생애

공생애 첫해 유대 지역에 약 8개월 동안 복음을 전하시고, 갈릴리 지역으로 돌아와 가버나움으로 거처를 옮기시면서 둘째 해까지 갈릴리 지역을 중심으로 백성들에게 능력을 행하시며 복음을 전파하셨다. 셋째 해에 들어 오병이어 사건 이후로는 주변 이방 지역으로 다니시며 제자들을 훈련하셨다. 공생애 셋째 해 초막절에 예루살렘에 올라가셨다가 바리새인들로부터 배척을 받게 되자 예루살렘을 떠나 주변 지역에 머무시다가 이방 베뢰아 지역을 전도하시고 유월절이 임박하여 예루살렘으로 올라가셨다.

3 예수님의 고난, 부활, 승천

유월절 식사를 마친 예수님은 겟세마네에서 기도하시다가 유대인들에게 잡혀 로마 당국에 넘겨진다. 어린 양을 잡는 유월절에 예수님은 온 인류의 대속물로 십자가에 달리셨다. 안식일 다음 날 아침, 하나님께서 예수님을 살리심으로 예수님은 부활의 첫 열매가 되셨다. 40일 동안 제자들과 지내시다가 성령을 약속하시며 승천하셨다.

❹ 교회의 시작과 성장 : 예루살렘, 유대, 사마리아 복음 전파 (행 1–12장)

오순절에 성령께서 임하시니 성령 받은 제자들이 능력으로 복음을 전하여 많은 자들이 회개하고 믿었다. 유대 종교 지도자들의 핍박으로 스데반이 순교하니 믿는 자들이 예루살렘 밖으로 흩어졌고, 이들을 통해 복음은 주변으로 전파된다. 빌립과 베드로가 사마리아 지역에 복음을 전파하여 많은 자들이 믿게 되었고, 바울은 다메섹 도상에서 예수님을 만나 회심한다. 안디옥에도 복음이 전파되어 교회가 세워진다. 헤롯(아그립바 1세)에 의해 야고보 사도가 순교한다.

❺ 교회의 확장 : 땅끝까지 복음 전파 (행 13–28장)

① 바울의 1차 전도여행

안디옥교회가 바울과 바나바를 선교사로 파송하니 구브로를 거쳐 갈라디아 지방을 다니며 복음을 전했다. 얼마 후에 갈라디아교회에 이방인도 할례를 받아야 한다는 거짓 주장이 퍼져 바울은 이를 바로잡기 위한 편지 갈라디아서를 보낸다. 이와 같은 문제로 예루살렘 공의회가 열렸고, 회의 결과 이방인 신자들에게는 할례 등 율법의 짐을 지우지 않기로 결정했다.

② 바울의 2차 전도여행

바울은 실라와, 바나바는 마가와 전도여행을 출발한다. 바울은 성령의 인도를 받아 마게도냐 지방으로 건너가 빌립보, 데살로니가, 베뢰아, 아덴에서 전도하고 고린도에 이르러 1년 반 체류하면서 브리스길라, 아굴라와 함께 동역했다. 여기서 3주밖에 머물지 못했던 데살로니가교회를 격려하기 위하여 데살로니가전후서를 써 보냈다.

③ 바울의 3차 전도여행

바울은 이전에 전도했던 지역을 순방한 후 에베소에 도착, 약 3년 동안 머물며 두란노서원에서 제자를 양육한다. 여기에 머물 때 고린도교회의 문제와 질문에 대한 답변으로 고린도전후서를 써 보낸다. 은 세공업자들의 소요가 있은 후 바울은 에베소를 떠나 마게도냐 지방을 순방한 다음 고린도에서 석 달을 머문다. 이때 로마 방문을 계획하며 로마서를 써 보낸다.

④ 바울의 체포와 로마 이송

바울이 예루살렘에 돌아오자 유대인들에게 체포된다. 유대인들의 암살 기도를 피하여 가이사랴에 이송되었다가, 바울이 황제에게 상소하므로 로마로 이송된다.

⑤ 바울의 1차 투옥

바울은 로마 병사가 호위하는 가운데 셋집을 얻어 자유롭게 사람을 만나며 복음을 전한다. 구금 상태에서 에베소서, 빌립보서, 골로새서, 빌레몬서를 써서 각 교회로 보냈다.

⑥ 바울의 석방

석방되면서 함께 있었던 디도를 그레데에, 디모데를 에베소에 사역자로 파송한다. 후일 그들의 목회를 돕고자 디도서, 디모데전서를 써서 보냈다.

⑦ 바울의 2차 투옥

바울은 네로의 박해 때 다시 투옥된다. 바울은 마지막을 예감하며 디모데에게 디모데후서를 써서 보냈고 여기서 순교한다.

6 교회의 미래 (요한계시록)

하나님은 사도 요한을 통해 핍박받고 있는 교회를 격려해주셨다. 요한계시록은 역사의 종말에 있을 하나님의 심판과 교회의 궁극적인 승리를 보여준다.

○ 신약시대의 팔레스타인 ○

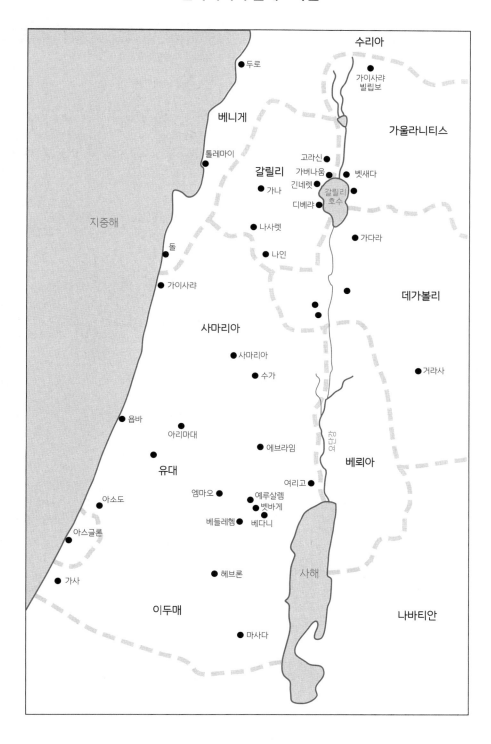

수리아

두로

가이사랴
빌립보

베니게

가울라니티스

톨레마이

갈릴리

고라신
가버나움
긴네렛
디베랴

벳새다

갈릴리
호수

가나

가다라

지중해

나사렛

나인

돌

데가볼리

가이사랴

사마리아

사마리아

수가

거라사

욥바

아리마대

유대

에브라임

베뢰아

여리고

엠마오

예루살렘
벳바게

아소도

베들레헴

베다니

아스글론

사해

가사

헤브론

이두매

나바티안

마사다

○ 신약시대의 통치자들 ○

	신약의 주요 사건	연도	로마 황제	유대 지역 왕* / 총독	인접 지역 왕
				헤롯 대왕*(BC 37-4)	
예수님의 생애	예수님 탄생	BC 4	아우구스투스 (BC 27-AD 14)	헤롯 아켈라오* (BC 4-AD 6)	헤롯 안디바 (BC 4-AD 39) 갈릴리와 베뢰아
	예수님의 사생애	BC 4-26	티베리우스 (14-37)	코포니우스(6-9) 암비비우스(9-12) 루푸스(12-15), 그라투스(15-26)	
	예수님의 공생애	27-30		빌라도(26-36)	헤롯 빌립 2세 (BC 4-AD 34) 이두래와 드라고닛
	예수님의 수난과 부활	30			
바울의 생애	바울의 회심	33/34			
	아라비아 방문	33-36			
	예루살렘 1차 방문	36/37	칼리굴라 (37-41)	마르셀루스(36-37) 마를루스(37-41)	헤롯 아그립바 1세 (37-44) 팔레스타인 북부
	예루살렘 2차 방문(구제)	46	클라우디우스 (41-54)	헤롯 아그립바 1세*(41-44)	
	1차 전도여행	46-47		파두스(44-46) 알렉산더(46-48) 쿠마누스(48-52)	헤롯 아그립바 2세 (48-70) 팔레스타인 북부
	예루살렘 3차 방문(공의회)	49			
	2차 전도여행	49-52			
	예루살렘 4차 방문	52			
	3차 전도여행	52-57	네로 (54-68)	벨릭스(52-60)	
	체포 / 가이사랴 투옥	57-59			
	로마에서 가택 연금	60-62		베스도(60-62)	
	석방 후 전도여행	62-64?			
	※ 대화재	64		알비누스(62-64) 플로루스(64-66)	
	2차 투옥 / 순교	65?	갈바 / 오토 비텔리우스 베스파시아누스		
	※ 유대인 혁명	66-70			
	예루살렘 멸망	70			

유대 통치자	성경에 나타난 행적 및 특기 사항
헤롯 대왕	예수님 탄생 소식에 유아살해 명령을 내림(마 2:16-18)
헤롯 아켈라오	유대, 사마리아, 이두매 분봉왕(눅 3:1). 잔인한 성격으로 일찍 폐위 당함
헤롯 안디바	갈릴리와 베뢰아의 분봉왕(눅 3:1). 이복형제의 아내이자 조카인 헤로디아와 결혼. 이를 책망하는 세례 요한을 죽임(막 6:20-29). 호송되어 온 예수님을 희롱하고 빌라도에게 넘김(눅 23:7-11)
헤롯 빌립 2세	이두래와 드라고닛의 분봉왕(눅 3:1). 헤롯 가문에서 가장 존경받음. 가이사랴 빌립보를 건설
본디오 빌라도	예수님을 심문하고 유대인들에게 넘겨줌(막 15장)
헤롯 아그립바 1세	성경에 헤롯왕으로도 기록됨(행 12:1). 요한의 형제 야고보를 죽였고(행 12:2), 베드로를 옥에 가둠(행 12:3-5). 교만함으로 하나님의 심판을 받아 죽음(행 12:23)
헤롯 아그립바 2세	가이사랴의 베스도에게 문안하러 갔을 때 구속되어 있는 바울의 변론을 들음(행 25-26장). 바울의 죄를 찾을 수 없으나 가이사에게 호소하였기 때문에 석방시킬 수 없다고 함(행 26:30-32).
벨릭스	바울이 체포되었을 때 바울을 불러 아내 드루실라와 함께 바울의 이야기를 들음(행 23-24장)
베스도	헤롯 아그립바 2세, 버니게와 함께 바울의 변론을 들음(행 25-26장)

○ 헤롯 왕조 가계도 ○

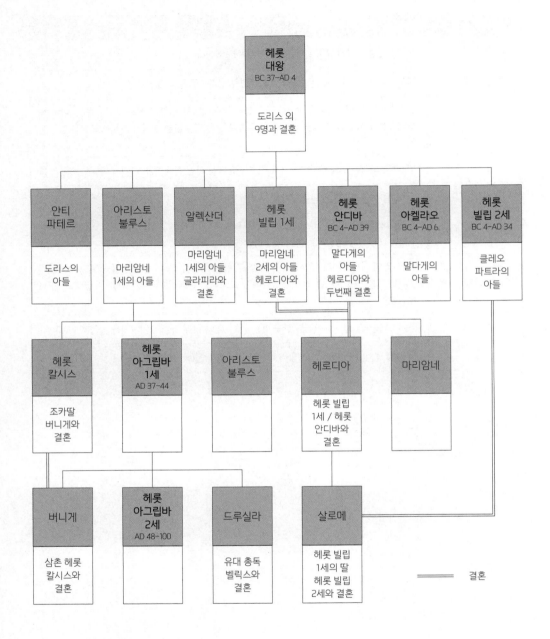

헤롯 대왕 (BC 37–AD 4)
도리스 외 9명과 결혼

- **안티파테르** — 도리스의 아들
- **아리스토불루스** — 마리암네 1세의 아들
- **알렉산더** — 마리암네 1세의 아들 글라피라와 결혼
- **헤롯 빌립 1세** — 마리암네 2세의 아들 헤로디아와 결혼
- **헤롯 안디바** (BC 4–AD 39) — 말다게의 아들 헤로디아와 두번째 결혼
- **헤롯 아켈라오** (BC 4–AD 6) — 말다게의 아들
- **헤롯 빌립 2세** (BC 4–AD 34) — 클레오파트라의 아들

- **헤롯 칼시스** — 조카딸 버니게와 결혼
- **헤롯 아그립바 1세** (AD 37–44)
- **아리스토불루스**
- **헤로디아** — 헤롯 빌립 1세 / 헤롯 안디바와 결혼
- **마리암네**

- **버니게** — 삼촌 헤롯 칼시스와 결혼
- **헤롯 아그립바 2세** (AD 48–100)
- **드루실라** — 유대 총독 벨릭스와 결혼
- **살로메** — 헤롯 빌립 1세의 딸 헤롯 빌립 2세와 결혼

══════ 결혼

○ 신약 통독 일정 ○

주	내용		역사서	서신서	예언서	분량
1주	예수님의 생애		마 → 막	–	–	44
2주	예수님의 생애		눅 → 요	–	–	45
3주	교회의 확장	서신서 개요 교회의 시작과 성장	행 1–12장 →	약	–	37
		바울의 1차 전도여행	행 13–14장 →	갈	–	
		바울의 2차 전도여행	행 15장–18:22 →	살전 → 살후	–	
4주		바울의 3차 전도여행	행 18:22–19:20 →	고전	–	46
			행 19:21–41 →	고후		
			행 20:1–6 →	롬		
5주		바울의 체포, 로마압송 바울의 옥중서신	행 20:7–28장 →	엡 → 골 → 몬 → 빌	–	50
		바울의 목회서신 히브리서	–	딤전 → 딛 → 딤후 → 히	–	
6주		공동서신	–	벧전 → 벧후 → 유 → 요일	–	16
				→ 요이 → 요삼		
7주	교회의 미래		–	–	계	22

▷ 신약성경을 시대순으로 재구성하여 역사서를 먼저 읽고 동시대의 서신서를 읽도록 구성했다.

▷ 하루에 6장 내외를 정독하여 총 7주에 신약을 통독할 수 있는 일정이다. 1회 이상 정독한 후에는 자신의 역량에 따라 기간을 조정하여 읽도록 한다.

▷ 복음서는 시기별로 세분하지 않고 각 복음서를 따로 읽는다. 각 복음서의 특징을 이해하기 위함이다.

5부

신약 책별개요

◌ 예수님의 생애 개요

복음서마다 예수님에 대한 관점과 그 생애를 소개하는 방식이 달라 예수님의 생애를 통합적으로 이해하는 데 어려움이 있다. 다음 표(287p)는 네 개의 복음서를 종합하여 구성한 예수님의 생애 개요이다. 요한복음에 네 번의 유월절이 기록된 것을 통해 예수님이 3년의 공생애를 보내셨다는 것을 알 수 있는데(다른 복음서에는 예수님의 예루살렘 상경이 한 번 나타난다), 이를 기반으로 여러 복음서의 내용을 종합하면 다음과 같은 흐름을 추정해볼 수 있다.

세례와 시험을 받으신 예수께서는 공생애 첫해를 시작하신다. 제자 다섯을 부르시고(요 1:43-51) 가나에서 이적을 베푸신다(요 2:1-12). 공생애 첫 유월절(유대력으로 1월 14일, 이후 7일간 무교절)을 지키러 예루살렘에 올라가신다(요 2:13). 이때 성전에서 장사하는 자들을 내쫓으시고 여러 표적을 보이신다. 바리새인 니고데모는 조용히 예수님을 방문한다. 명절이 끝나고 예수께서는 유대 땅을 다니시며 세례를 베푸신다(요 3:22). 그 후 사마리아를 거쳐 갈릴리로 돌아가시는데 이때는 추수하기 넉 달 전쯤 되는 때였다(요 4:35). 보리 추수는 유월절 전후로 시작된다. 그러니까 예수께서 유월절에 예루살렘에 올라오신 후 유대 땅을 다니시다가 갈릴리로 돌아가시던 때가 유월절 넉 달 전이라면 유대 땅에 8개월 정도 다니신 것을 알 수 있다. 이후 갈릴리에서 사역하신다.

둘째 해 가버나움을 중심으로 갈릴리 지역에서 사역을 하시다가, 두 번째 유월절에 예수님은 다시 예루살렘에 올라가신다(요 5:1). 여기서 안식일에 베데스다 연못에서 38년 된 병자를 고치시는데 이때부터 유대인들의 박해가 시작된다. 예루살렘에서 돌아오신 후 열두 제자를 임명하시고 갈릴리 지방을 중심으로 많은 자들에게 가르치시고 능력을 베푸신다. 날이 갈수록 백성들 사이에 예수님의 명성이 높아진다.

셋째 해 계속 갈릴리 지방에서 사역하시는 중 유월절이 가까웠을 때 오병이어의 이적을 베푸신다(요 6:1-15). 예수님의 병 고치고 귀신을 쫓아내는 권능과 오천 명을 먹이시는 이적을 체험한 백성들은 예수님에게로 구름처럼 몰려든다. 예수께서는 세 번째 유월절에는 예루살렘에 올라가지 않으신다. 이때부터는 제자들과 갈릴리 주변 이방 땅(두로, 시돈, 데가볼리, 가이사랴빌립보 등)을 다니시며 제자들을 훈련하시다가 초막절(유대력으로 7월 15일부터 7일간)에 예루살렘에 은밀히 올라가신다(요 7:10). 예루살렘에서 가르치고 능력을 행하시니 유대인들이 경계하며 예수님을 돌로 치려 한다. 수전절(유대력으로 9월 25일)에 성전 안에서 유대인들의 질문에 답하시는데 이때도 그들이 돌로 치려 하므로 요단강 너머 베뢰아 지방으로 건너가신다. 여기서 약 3개월 전도하신 다음 네 번째 유월절에 맞추어 다시 요단강을 건너 여리고를 거쳐 예루살렘으로 올라가신다.

예루살렘에서 고난받으시고 십자가에 달리신 후 삼 일 만에 부활하신다. 처음 막달라 마리아에게 보이신 후 40일 동안 제자들에게 나타나셨다가 모든 민족을 제자로 삼으라는 말씀을 당부하시고 하늘에 오르신다(마 28:19-20). 더 자세한 내용은 '사복음서 대조'(332p)를 참조하라.

○ 예수님의 생애 개요 ○

시기	예수님의 주요 사역	지역	기간	비고	마태	마가	누가	요한
탄생	말씀이 육신이 되심				–	–	–	○
	예수 탄생과 성장				○	–	○	–
사역 준비	요단강에서 세례 받으심				○	○	○	○
	광야에서 시험 받으심				○	○	○	–
공생애 첫 해	다섯 제자를 부르시고 가나로 가심	유다	8개월	민중사역	–	–	–	○
	유월절 1 예루살렘 상경 (장기 여행)				–	–	–	○
	성전 정화, 표적을 행하심				○	○	–	○
	니고데모에 거듭남을 가르치심				–	–	–	○
	유대 전도				–	–	–	○
	사마리아를 거쳐서 갈릴리로 이동				–	–	–	○
	갈릴리 전도	갈릴리	4개월		○	○	○	○
	가버나움으로 거처를 옮기심				○	–	○	–
	갈릴리 전도				○	○	○	–
공생애 둘째 해	**유월절 2** 예루살렘 상경 (단기 여행)	갈릴리	1년		–	–	–	○
	베데스다 연못가 병자를 고치심				–	–	–	○
	아버지의 일을 하심을 선포				–	–	–	○
	열두 제자 임명				○	○	○	–
	산상설교(평지설교)				○	–	○	–
	갈릴리 전도				–	–	○	–
	거라사 지방 전도				○	○	○	–
	갈릴리 전도				○	○	–	–
공생애 셋째 해	**유월절 3** (상경하지 않으심)	갈릴리 주변 이방	6개월	제자 훈련	–	–	–	○
	오병이어의 이적 5천 명을 먹이심				○	○	○	○
	수로보니게 지방 전도				○	○	–	–
	데가볼리 지방 전도				○	○	–	–
	가이사랴 빌립보 여행				○	○	○	–
	초막절 예루살렘 상경	예루살렘	3개월	갈릴리 떠나서 마지막 6개월	–	–	–	○
	바리새인들로부터 시험, 배척 받으심				–	–	–	○
	수전절에 유대인들이 돌로 치려 함				–	–	–	○
	예루살렘을 떠나 주변 지역에 머무심	베뢰아	3개월		○	○	○	○
	베뢰아 전도				○	○	○	–
	여리고를 거쳐 예루살렘 입성				○	○	○	○
고난 부활 승천	**유월절 4** 십자가에 달려 돌아가심	예루살렘	40일		○	○	○	○
	부활 직후 제자들에게 나타나심				–	○	○	○
	갈릴리에 나타나심				○	–	–	○
	승천하심				–	○	○	–

마태복음

개관

1 저자

마태. 알패오의 아들(막 2:14). 로마 정부를 위해 가버나움에서 세금을 거두는 세리였다. 예수께서 그를 제자로 부르셨을 때(마 9:9-13) 즉각적으로 따랐으며 자기 동료들이 예수님을 만날 수 있도록 잔치를 베풀었다. 그는 레위라는 이름으로도 불렸다(막 2:14; 눅 5:27).

2 수신자

유대인

3 주제

이스라엘에 약속된 메시아이며 왕으로 오신 예수

4 특징

① 예수님이 메시아이심을 증거

마태복음은 "다윗의 자손, 아브라함의 자손 예수 그리스도의 계보라"로 시작된다(한글 성경에는 아브라함이 먼저 나오지만 헬라어 성경에는 다윗이 아브라함보다 먼저 나온다). '다윗의 자손'이라는 표현이 여러 차례 사용되었다. 메시아가 다윗의 계보에서 나온다고 구약에 예언되었기 때문에(삼하 7:12; 사 9:7, 11:1,10; 렘 23:5; 겔 34:23,24) 유대인에게 '다윗의 자손'은 메시아를 의미했다(마 9:27, 15:22, 21:15; 막 10:47,48). 마태복음의 주목적은 유대인 독자들에게 예수님이 메시아라는 사실을 증명하는 것이었다. 이를 위해 마태는 구약성경을 많이 인용하면서 그 구절이 예수님의 삶을 통해 성취되었다는 것을 보여준다.

② 주제별 편집

마태복음의 중간 부분은 연대기보다는 주제별로 정리했다. 예수님의 가르침, 예수께서 행하신 이적, 반대자들에 대한 기록이 묶여 있다.

③ 천국의 도래를 강조

마태복음에서는 '천국'(하늘나라, Kimgdom of Heaven)이라는 표현이 자주 사용된다(타 복음서에는 없음). '천국'(하늘나라)은 하나님께서 통치하시는 하나님의 나라를 뜻한다. 유대인들은 '하나님'이란 말을 함부로 쓰기를 주저했기 때문에 하나님의 나라 대신 하늘나라(천국)로 표현한 것으로 보인다. 마태는 예수 그리스도와 함께 천국이 도래했다고 강조한다. 메시아이시며 하나님이신 예수 그리스도께서 다스리실 것이기 때문이다.

④ 예수님의 강론(가르침)을 강조

마태복음은 예수님의 사역 중 가르치심을 크게 강조한다. 복음서들 중에서 예수님의 가르치심을 가장 많이 싣고 있다. 다섯 개의 말씀 모음집이 들어 있으며 각 모음집은 "예수께서 이 말씀을 마치시매" 또는 이와 비슷한 말씀(마 7:28, 11:1, 13:53, 19:1, 26:1)으로 마무리된다. 다섯 강론의 주제는 산상수훈(5-7장), 제자 파송 설교(10장), 천국 비유(13장), 제자 설교(18장), 종말 설교(24,25장)이다.

5 구조

구분	공생애 이전		공생애 활동					수난과 부활	
	1:1 3:1 4:12		8:1	11:1 16:13		21:1		26:1 28:1	
	예수 탄생	공생애 준비	하나님나라 선포(강론①)	하나님나라 권세(강론②)	예수 배척 (강론③)	제자훈련 (강론④)	예루살렘 활동(강론⑤)	수난	부활
장소	베들레헴, 나사렛		갈릴리				유대		
시기	BC 4 – AD 33년경								

개요

1 공생애 이전

마태는 예수님을 '아브라함의 자손', '다윗의 자손'이며 '그리스도'로 소개한다(마 1:1). 이스라엘은 그들을 구원할 메시아가 다윗의 가문에서 나온다고 알았기 때문에 '다윗의 자손'은 메시아를 의미했다. 그리스도는 메시아의 헬라어 표현이다(그리스도, 메시아 모두 '기름부음 받은 자'라는 뜻). 이처럼 마태복음은 예수님이 이스라엘이 그토록 기다리던 바로 그 메시아이심을 선포하며 시작한다. 천기를 살피던 동방의 박사들이 유대인의 왕의 탄생을 알고 경배하러 왔다는 이야기는 마태복음에만 나오는데(마 2:1,2), 마태는 이 이야기를 통해 예수님의 탄생이 우주적인 사건임을 말해주고 있다. 예수님은 세례받고 마귀의 유혹을 물리치신 후 공적인 삶으로 들어간다.

• • •

[예수 탄생]

1:1-17	예수의 족보	아브라함부터 다윗, 다윗부터 바빌론 유수, 바빌론 유수부터 그리스도까지 각 14대
1:18-25	예수의 탄생	천사가 현몽하여 알려준 대로 동정녀 마리아에게서 예수가 나심
2:1-12	동방박사의 경배	동방박사가 예물을 드림. 헤롯에게 가지 말라는 지시를 받음
2:13-23	애굽으로 피신	헤롯이 아이를 죽임. 예수 가정은 애굽 피신 후 나사렛으로 돌아옴

[공생애 준비]

3:1-12	세례 요한의 전도	요한은 세례를 베풀며 회개를 촉구함. 뒤에 오시는 이를 알림
3:13-17	예수 세례 받으심	성령이 임하시고 "이는 내 사랑하는 아들이요 내 기뻐하는 자라"
4:1-11	예수 시험 받으심	마귀의 유혹을 말씀으로 물리치시자 천사들이 수종듦

2 공생애 활동

마태는 예수님의 공생애를 시간 순서로 기록하지 않고 예수께서 하신 사역에 따라 정리했다. 크게 다섯 가지 주제로 구분된다. 하나님나라의 선포(예수의 가르침), 하나님나라의 권세(예수의 능력 행하심), 예수 배척(예수와 세상의 갈등), 제자훈련(예루살렘 여정에서 제자교육), 예루살렘 활동(예루살렘에서의 논쟁과 대립). 다른 복음서에 비해 가장 두드러진 특징은 첫째 주제인 예수의 가르침으로서 산상수훈으로 잘 알려져 있다. 이중 일부가 누가복음에 기록되었을 뿐 그 외의 복음서에는 거의 나타나지 않는다.

• • •

하나님나라 선포

산상수훈

4:12-25	복음선포 시작	가버나움으로 이사. 어부를 제자로 부르신 후 갈릴리에서 복음을 선포하기 시작하심. "회개하라. 천국이 가까이 왔느니라"
5:1-12	복이 있는 사람	심령이 가난한 자, 애통하는 자, 온유한 자, 의에 주리고 목마른 자, 긍휼히 여기는 자, 마음이 청결한 자, 화평하게 하는 자, 의를 위하여 핍박을 받는 자
5:13-16	소금과 빛	세상의 소금과 빛이 되어 그들이 아버지께 영광을 돌리게 하라.
5:17-20	예수와 율법	내가 율법을 폐하러 온 것이 아니라 완전하게 하러 왔다.
5:21-26	노하지 말라	제사 전에, 재판 전에 화해하라.
5:27-30	간음하지 말라	음욕을 품고 여자를 보는 자마다 이미 간음한 것이다.
5:31-32	이혼과 간음	음행한 이유 없이 아내를 버리면 간음하게 하는 것이다.
5:33-37	맹세하지 말라	맹세하지 말고 '예', '아니오'라고만 하라.
5:38-42	보복하지 말라	악한 자를 대적하지 말라. 오른편 뺨을 때리면 왼편도 돌려대라.
5:43-48	원수를 사랑하라	너희 원수를 사랑하며 박해하는 자를 위해 기도하라.
6:1-4	은밀히 구제하라	구제할 때 오른손이 하는 것을 왼손이 모르게 하라.
6:5-15	이렇게 기도하라	은밀히 기도하고 중언부언하지 말라. 주기도문을 가르치심
6:16-18	외식하지 말라	금식할 때 슬픈 기색을 보이지 말라. 용모를 단정히 하라.
6:19-21	보물을 하늘에 두다	네 보물이 있는 그 곳에 네 마음도 있다.
6:22-23	몸의 등불	눈은 몸의 등불이다. 눈이 성하면 온 몸이 밝을 것이다.
6:24	하나님과 재물	하나님과 재물을 겸하여 섬기지 못한다.
6:25-34	걱정지 말라	먼저 그의 나라와 의를 구하라. 그리하면 이 모든 것을 더하시리라.
7:1-5	비판하지 말라	네 눈의 들보를 빼내어야 눈이 밝아 남의 눈의 티를 빼줄 수 있다.
7:6	거룩한 것을 귀하게	거룩한 것을 개에게, 진주를 돼지에게 주지 말라.
7:7-12	구하라, 찾으라, 두드리라	아버지께서 구하는 사람에게 좋은 것을 주시지 않겠느냐.
7:13-14	좁은 문으로 가라	생명으로 인도하는 문은 좁고 길이 협착하여 찾는 자가 적음이라.
7:15-20	열매로 알리라	거짓 선지자들을 삼가라. 그 열매로 그 사람을 알아야 한다.

7:21-23	하늘나라 가는 자	아버지의 뜻을 행하는 자라야 천국에 들어가리라.
7:24-29	말씀대로 행하는 자	내 말을 듣고 그대로 행하는 자는 반석 위에 집을 지은 자와 같다.

하나님나라 권세

예수의 이적

8:1-4	나병환자	고치신 후 아무에게도 말하지 말고 모세의 예물을 드리라.
8:5-13	백부장의 하인	"다만 말씀으로만 하옵소서" 백부장의 믿음을 칭찬하고 고쳐주심
8:14-17	많은 사람을 고치심	베드로의 장모와 많은 사람의 병을 고치시고 귀신을 쫓아내심(마태는 이사야서 53장의 성취로 해석함)
8:18-22	여우도 굴이 있고	율법학자가 따르기 원하자 "여우도 굴이 있고 공중의 새도 거처가 있으되 인자는 머리 둘 곳이 없다" 제자에게 "죽은 자의 장례는 죽은 자에게 맡기고 너는 나를 따르라"
8:23-27	풍랑을 잔잔케	바람과 바다를 꾸짖어 잔잔케 하심
8:28-34	귀신 들린 사람	가다라 지역 귀신 들린 자를 축사하니 돼지 떼에 들어가 몰살함
9:1-8	중풍병자	"네 죄가 용서함 받았다" 하심으로 죄 용서 권세가 있음을 보이심
9:9-13	마태를 부르심	세관의 마태를 부르심. 바리새인의 도전에 대하여 "나는 의인을 부르러 온 것이 아니라 죄인을 부르러 왔다"
9:14-17	금식 논쟁	요한의 제자들이 금식을 하지 않는 이유를 묻자 혼인잔치에서는 슬퍼하지 않음과 새 술은 새 부대에 담아야 함을 말씀하심
9:18-26	야이로의 딸과 혈루증 여인	혈루증 여인에게 "네 믿음이 너를 구원하였다", 야이로의 딸이 "죽은 것이 아니라 잔다" 하시고 손을 잡아 일으키심
9:27-31	두 맹인	"다윗의 자손이여 불쌍히 여기소서", "믿느냐? 믿음대로 되라"
9:32-34	말 못하는 사람	귀신이 쫓겨나가자 말문이 열림
9:35-38	목자 없는 양	두루 다니시며 가르치시고, 복음을 선포하시고, 병을 고치심 불쌍히 여기시며 "추수할 것은 많은데 일꾼이 적다"

제자 파송 설교

10:1-4	열두 제자를 택하심	베드로와 안드레, 야고보와 요한, 빌립, 바돌로매, 도마, 마태, 알패오의 아들 야고보, 다대오, 열심당원 시몬, 가롯 유다를 택하심
10:5-15	열두 제자 파송	이스라엘 집의 잃은 양에게 가라. 하늘나라가 가까이 왔음을 선포하라. 귀신을 쫓고 병든 자를 고치고 죽은 자를 살리라.

His-heart 산상설교

예수님은 천국이 가까이 왔음을 선포하면서 천국 시민의 삶에 대하여 가르쳐주신다. 그 내용은 모세를 통해 주셨던 말씀과 차원을 달리한다. '살인하지 말라'에서 "미워하지도 말라"로, '간음하지 말라'에서 "음욕도 품지 말라"로, '이웃을 사랑하라'에서 "원수도 사랑하라"로 바뀌었다. 율법의 내용이 대폭 업그레이드되었다. 율법은 죄성에 빠진 인간을 고치는 치유의 말씀이었다. 그러나 범죄하기 이전의 에덴 공동체 원상태로 회복시키기에 충분한 것은 아니었다. 에덴에서의 '하나됨'을 이루려면 좀 더 자발적이고 능동적인 사랑의 열정이 필요하다. 그렇기에 예수님은 자신이 율법을 완전하게 하러 왔다고 말씀하셨다(마 5:17).

인간이 율법을 제대로 지키지도 못했는데 이런 고차원의 삶을 살아낼 수 있을 것인가? 인간으로서는 불가능하다. 구약성경이 이를 증언하고 있다. 하지만 하나님에 의해서 가능성이 열렸다. 하나님의 영이 인간에게 들어오셔서 선한 길로 감화해주시기 때문에 이 땅에서도 천국을 구현할 수 있게 된 것이다. 아직도 쉬운 일은 아니다. 우리에게 박혀 있는 죄성의 저항이 만만치 않기 때문이다. 그러나 가능성은 열렸고 선택은 우리의 몫이 되었다. 머지않아 우리가 썩지 않는 새 몸을 입고 새 하늘과 새 땅에 들어갈 때는 산상설교의 말씀을 일상으로 살아가게 될 것이다.

10:16-25	박해 예고	뱀같이 슬기롭고 비둘기같이 순전하라. 넘겨질 때 무슨 말을 할까 염려 말라. 아버지의 영이 너희 안에서 말씀하실 것이다.
10:26-31	두려워 말라	영혼을 죽이지 못하는 자를 두려워 말고, 몸과 영혼을 멸하실 수 있는 분을 두려워하라.
10:32-33	나를 안다고 하면	누구든지 나를 시인하면 나도 아버지 앞에서 그를 시인할 것이다.
10:34-39	검을 주러 왔다	평화를 주러 온 것이 아니라 칼을 주러왔다. 나를 위하여 목숨을 잃는 사람은 목숨을 얻을 것이다.
10:40-42	환대에 대한 보상	너희를 영접하는 자는 나를 영접하는 것이요, 나를 영접하는 자는 나 보내신 이를 영접하는 것이다.

예수 배척

11:1-19	세례 요한의 질문에 대답	메시아이심을 묻는 질문에 이사야의 예언(사 35:5, 61:1)으로 대답하시고, 요한의 역할을 말라기 예언(말 3:1, 4:1)으로 풀이하심 "이 세대가 요한도 배척하고 나도 배척한다"
11:20-24	갈릴리 도시에 화	고라신, 벳새다, 가버나움의 회개하지 않음을 꾸짖으심
11:25-30	수고하고 짐진 자	모두 내게로 오라. 내가 너희를 쉬게 하리라.

12:1-8	안식일 논쟁	바리새인의 안식일 위반 지적에 대해 "인자는 안식일의 주인이다"
12:9-21	안식일 논쟁	안식일에 병을 고치시니 바리새인들이 죽이려 의논함. 거기를 떠나 많은 무리를 고치시고 자기를 나타내지 말라 경고하심
12:22-37	바알세불 논쟁	예수의 능력이 바알세불을 힘입는다는 바리새인들의 도전에 대하여 성령을 거역하면 용서받지 못함을 경고하심
12:38-45	표적을 구함	바리새인들이 표적을 구하니, "요나의 표적밖에 없다. 나는 요나보다 솔로몬보다 크다"
12:46-50	내 어머니와 형제	아버지의 뜻을 행하는 자가 나의 형제, 자매, 어머니이다.
	천국 비유 설교	
13:1-23	뿌려진 씨의 비유	길가에 떨어진 씨 (깨닫지 못함)
		돌밭에 떨어진 씨 (뿌리가 없어 환난을 견디지 못함)
		가시떨기에 떨어진 씨 (염려와 유혹이 말씀을 막음)
		좋은 땅에 떨어진 씨 (30배, 60배, 100배의 결실을 맺음)
13:24-30	곡식과 가라지	가라지는 원수가 뿌린 것, 가만 두었다가 거둘 때 불태울 것이다.
13:31-33	겨자씨와 누룩	겨자씨는 작지만 커지면 공중의 새들이 깃든다. 누룩을 가루에 넣으면 부풀어 오른다.
13:34-35	비유의 이유	"창세부터 감추인 것들을 비유로 드러낼 것"이라는 예언(시 78:2)을 성취하려는 것
13:36-43	가라지 비유 설명	좋은 씨는 하늘나라의 자녀, 가라지는 악한 자의 자녀, 추수꾼은 천사
13:44-50	감추인 보화, 진주, 그물로 잡은 고기	하늘나라는 귀한 것을 다 팔아서 사는 것과 같다. 좋은 고기와 나쁜 고기를 가르듯이 의인과 악인을 가릴 것이다.
13:51-53	새 것과 낡은 것	알고 있던 진리와 새로 배운 진리를 적절히 활용하라.
13:54-58	나사렛에서 배척	고향 회당에서 가르치실 때 배척받아 많은 능력을 행하지 않으심
14:1-12	세례 요한의 죽음	헤로디아의 딸의 청에 따라 헤롯이 요한을 죽임
14:13-21	오병이어 이적	오병이어를 축사하시고 5천 명(남자만)을 먹이심
14:22-33	물 위로 걸으심	바다를 걸어 제자들의 배로 오신 예수께 제자들이 하나님의 아들이심을 고백하고 경배함
14:34-36	병자를 고치심	게네사렛 땅 사람들을 고치심
15:1-20	장로들의 전통	제자들이 먹을 때 손 씻는 전통을 지키지 않는다는 바리새인들의 공격에 대해 사람을 더럽게 하는 것은 마음에서 나오는 것이라 하심

15:21-28	가나안 여인의 믿음	개들도 주인 상에서 떨어지는 부스러기를 먹는다는 가나안 여인의 말에, 그의 믿음을 칭찬하시며 귀신 들린 딸을 고쳐주심
15:29-31	많은 병자 고치심	갈릴리 근처 산에서 많은 무리가 고침을 받음
15:32-39	칠병이어의 이적	칠병이어로 4천 명(남자만)을 먹이심
16:1-4	표적을 구하나	바리새파, 사두개파의 표적 요청에 요나의 표적밖에 없다 하심
16:5-12	바리새인의 누룩	바리새파, 사두개파의 누룩(가르침)을 경계하라고 가르치심

[제자훈련]

갈릴리 지역에서

16:13-20	베드로의 고백	'그리스도'이시며 '하나님의 아들'이라는 베드로의 대답에, 예수께서 "이 반석 위에 내 교회를 세우리니 음부의 권세가 이기지 못하리라"
16:21-23	첫 번째 수난 예고	고난당하고 죽은 후 부활하실 것을 예고하자 베드로가 "주여 그리 마옵소서", "사탄아 내 뒤로 물러가라"
16:24-28	십자가지고 따르라	누구든지 나를 따르려거든 자기를 부인하고 제 십자가를 지고 나를 따르라. 인자가 와서 각 사람에게 그 행실대로 갚아줄 것이다.
17:1-13	영광스런 모습	예수께서 변모되시고 소리가 들림. "이는 내 사랑하는 아들이요 내 기뻐하는 자니 너희는 그의 말을 들으라"
17:14-20	귀신 들린 소년 치유	간질 걸린 아이에게서 귀신이 나감. 제자들이 왜 자신들은 고치지 못하였느냐는 질문에 겨자씨만한 믿음이면 산을 옮긴다 하심
17:22-23	두 번째 수난 예고	제자들이 갈릴리에 모였을 때 말씀하시고 제자들은 슬퍼함
17:24-27	성전세를 내시다	자녀는 세금을 내지 않는 것이지만, 세금관원이 걸려 넘어지지 않도록 물고기를 잡아 그 입에 있는 은돈 한 닢을 내어라.

제자 설교

18:1-5	가장 큰 사람	천국에서 큰 자는 어린아이와 같이 자기를 낮추는 사람이다.
18:6-9	죄의 유혹	나를 믿는 작은 자를 죄짓게 하는 자에게는 화가 있다.
18:10-14	잃은 양 비유	나를 믿는 작은 자를 업신여기지 말라. 잃은 양 한 마리처럼 귀하다.
18:15-20	형제가 죄지으면	죄지은 형제에 대하여 단계별로(4단계) 권고하라. 두세 사람이 내 이름으로 모인 자리에 내가 그들과 함께 있다.
18:21-35	무자비한 종 비유	너희가 형제자매를 용서하지 않으면 아버지도 그리하실 것이다.

유대 지역에서

19:1-12	이혼 문제	음행의 이유 외에 아내를 버리고 다른 여자에 장가들면 간음이다.

19:13-15	어린이 축복	어린이들이 내게 오는 것을 막지 말라. 천국은 이런 자의 것이다.
19:16-22	부자 청년	소유를 팔고 나를 따르라는 말씀에 근심하며 떠나감
19:23-26	부에 대한 경고	부자가 하나님나라에 들어가기 어렵다.
19:27-30	제자들의 보상	나를 따른 너희에게 보상이 있을 것이나 먼저 된 자가 나중 되고 나중 된 자가 먼저 될 자가 있을 것이다.
20:1-16	포도원 품꾼들	품삯을 너그러이 주는 것은 주인의 권한이다.
20:17-19	세 번째 수난 예고	예루살렘 올라가는 길에서 말씀하심
20:20-28	어머니의 요구	으뜸이 되고자 하는 자는 종이 되어야 한다. 인자가 온 것은 자기 목숨을 많은 사람의 대속물로 주려 함이다.
20:29-34	여리고의 두 맹인	소리 질러 간청한 맹인을 고치심

예루살렘 활동

논쟁과 대립

21:1-11	예루살렘 입성	나귀 새끼를 타고 입성하심
21:12-17	성전 정화	성전에서 상인들을 내쫓으심(사 56:7 ; 시 8:2의 성취)
21:18-22	무화과나무가 마름	너희가 기도할 때 이루어질 것을 믿고 구하면 받을 것이다.
21:23-27	예수의 권위 질문	무슨 권한으로 이런 일을 하는가에 답하지 않으심
21:28-32	두 아들 비유	세리와 창녀들이 너희보다 먼저 하나님나라에 들어갈 것이다.
21:33-46	포도원 소작인 비유	악한 소작인이 포도원을 빼앗김 같이 너희가 하나님나라를 빼앗길 것이다.
22:1-14	혼인잔치 비유	임금이 혼인잔치에 초대한 자가 오지 않자 누구나 초청함. 그러나 예복을 입지 않은 자를 바깥 어두운 데로 던짐
22:15-22	바리새인 질문	가이사의 것은 가이사에게, 하나님의 것은 하나님에게 바치라.
22:23-33	사두개인 질문	부활하면 하늘의 천사와 같다. 아브라함과 이삭과 야곱이 살아 있다.
22:34-40	율법교사 질문	주 너의 하나님을 사랑하라. 네 이웃을 네 몸과 같이 사랑하라.
22:41-46	그리스도 다윗의 자손	다윗이 '주'라고 부른 이가 어찌 다윗의 자손이 되겠는가.
23:1-36	지도자들의 위선	서기관과 바리새인들은 위선자이다. 그들에게 화가 있을 것이다.
23:37-39	예루살렘의 미래	예루살렘이 황폐하여 버린 바 될 것이다.

종말 설교

24:1-2	성전파괴 예고	성전 돌 하나도 돌 위에 남지 않고 다 무너질 것이다.

24:3-14	재난의 징조	거짓 그리스도, 전쟁, 기근, 지진, 박해가 있을 것이다. 복음이 온 세상에 전파된 후 끝이 온다.
24:15-28	가장 큰 재난	환난의 날에 도망하라. 거짓 그리스도와 거짓 예언자를 믿지 말라.
24:29-31	인자의 오심	환난 후 인자가 큰 권능과 영광으로 구름 타고 올 것이다.
24:32-44	그날과 그때	이런 일로 끝을 짐작하라. 그러나 그날과 그때는 아버지만 아신다.
24:45-51	종의 자세	주인이 뜻밖의 시간에 와서 악한 종에게 벌을 줄 것이다.
25:1-13	열 처녀 비유	등불 기름을 준비한 슬기로운 처녀같이 깨어 있으라.
25:14-30	달란트 비유	무릇 있는 자는 받아 풍족하게 되고 없는 자는 있는 것도 빼앗기리라.
25:31-46	최후 심판의 비유	내 형제 중 지극히 작은 자에게 한 것이 곧 내게 한 것이다.

3 수난과 부활

HIS-STORY 제자들과 유월절 식사를 마치신 후 겟세마네 동산에서 기도하러 가셨다가 유다의 밀고로 체포되신다. 대제사장과 공회의 심문을 거쳐 빌라도 앞에서 심문을 받으신 후 십자가에 달려 운명하신다. 막달라 마리아가 빈 무덤을 확인하고 돌아갈 때, 예수님이 나타나셔서 갈릴리에서 만나자고 하신다. 제자들이 갈릴리에 모였을 때 예수님은 모든 민족을 제자로 삼으라는 말씀(마 28:19-20)을 주신다. 이 명령은 마태복음에만 나타나며, 예수님의 지상대명령(至上大命令, The Great Commission)이라 불린다.

• • •

수난

26:1-5	예수 죽일 음모	대제사장과 장로들이 예수를 죽일 것을 모의함
26:6-13	베다니 향유 여인	향유를 예수의 머리에 부음. 장례를 치르려 한 것이라고 설명하심
26:14-16	유다의 배반	유다가 대제사장들에게서 은 삼십을 받음
26:17-19	유월절 준비	예수의 말씀대로 한 사람의 집에 부탁하여 유월절을 준비함
26:20-30	마지막 저녁	제자 중 하나가 자신을 넘길 것을 말씀하심. 마지막 식사를 함께함
26:31-35	베드로 부인 예고	닭 울기 전에 세 번 부인할 것이라는 말씀에 베드로가 부인함
26:36-46	겟세마네 기도	예수님은 괴로운 심경으로 간절히 기도하나 제자들은 잠에 빠짐
26:47-56	체포	유다의 입맞춤을 신호로 예수를 체포함

26:57-68	공회 심문	그리스도인가 물음에 대한 예수의 답변을 듣고 침 뱉고 때림
26:69-75	베드로의 부인	세 번 부인함
27:1-2	빌라도에게	대제사장과 장로들이 예수를 새벽에 총독 빌라도에게 넘겨줌
27:3-10	유다의 죽음	은돈을 돌려주고 목매어 죽음
27:11-14	빌라도의 심문	예수께서 대답하지 않으심을 매우 이상히 여김
27:15-26	사형 선고	바라바를 놓아주고 예수를 채찍질하고 십자가에 처형하게 함
27:27-31	군인들의 조롱	주홍색 옷, 가시 면류관 씌운 후 희롱하고 때림
27:32-44	십자가 못 박히심	지나가는 사람, 종교 지도자, 두 강도 모두 예수께 욕함
27:45-56	죽으심	제 구 시경 운명하시자 성전 휘장이 찢어지고 무덤이 갈라짐
27:57-61	무덤에 묻히심	제자 아리마대 사람 요셉이 시신을 모심
27:62-66	무덤 경비병	대제사장, 바리새인들이 무덤을 잘 지켜줄 것을 빌라도에게 부탁함

[부활]

28:1-10	부활하심	막달라 마리아와 다른 마리아가 무덤에서 천사의 설명을 듣고 돌아가던 중 부활하신 예수를 만남. 예수께서 갈릴리에서 만나자고 하심
28:11-15	경비병 매수	대제사장들과 장로들이 군인을 매수하여 시신을 도둑맞은 것으로 조작함
28:16-20	제자들의 사명	모든 민족을 제자로 삼아 세례를 베풀고 내가 너희에게 분부한 모든 것을 가르쳐 지키게 하라.

✝ 통독 순서 안내 마태복음 → 마가복음 → 누가복음

NOTE
연 구 노 트

마가복음

개관

1 저자

마가 요한. 바나바의 조카. 부유한 집안으로 최후의 만찬 장소를 제공했다. 바울의 1차 전도여행에 참여했다가 중도 이탈하여 바울과 소원한 관계가 되었으나, 바울이 로마에 연금되었을 때 함께 있었다(골 4:10). 사도 베드로를 수행한 바 있다(벧전 5:13). 베드로가 로마에서 전한 복음을 수행원인 마가가 기록했다고 전해진다.

2 수신자

로마교회와 이방인 성도들

3 주제

하나님의 아들이자 고난의 종이신 예수

4 특징

① 이방인을 위한 복음서

이방인에게 생소한 용어나 내용이 없다. 아람어 히브리어를 친절히 번역해주고 있다. 예컨대 보아너게(막 3:17), 달리다굼(막 5:41), 에바다(막 7:34), 아바(막 14:36)의 뜻을 풀어준다. 로마인에게 낯선 헬라어는 그에 상응하는 로마식 표기로 설명한다. 가난한 과부의 헌금을 헬라 화폐 단위 '렙돈'과 함께 로마 화폐 단위인 '고드란트'로 기록해주고 있으며(막 12:42), 총독 관저를 '브라이도리온'이라는 로마식 표현으로 기록했다(막 15:16).

② 예수님의 행위를 강조

마가복음은 예수님의 교훈보다는 행하신 일을 더 강조한다. 예수의 이적은 많이 기록하고 있으나 예수님의 비유는 상대적으로 적다. 비유가 아닌 가르침의 대부분은 유대 종교 지도자들과의 논쟁에서 나온 것이다(막 2:8-11, 19-22, 25-28, 3:23-30, 7:6-23, 10:2-12, 12:1-11,13-40).

③ 생동감 있는 묘사

장면 묘사가 생생하고 힘이 있다. 중풍병자를 위하여 지붕을 뚫는 장면(막 2:4), 광풍이 부는 가운데 주무시는 예수님 장면(막 4:38), 귀먹고 어눌한 자 고치시는 장면에서 손가락을 귀에 넣고 혀를 만지시는 장면(막 7:33) 등이 그러하다. '그리고 곧'(kai euthys)이라는 표현을 즐겨 사용하는데(41회) 이는 박진감 있는 분위기를 자아낸다.

④ 솔직한 표현

제자들이나 예수님을 미화하려 하지 않는다. 예수님의 말씀을 이해하지 못하는 제자들을 기술하는 데 주저함이 없다(막 4:13, 6:52, 8:17,21, 9:10,32). 예수의 친척들이 예수님을 미쳤다고 생각했던 태도도 솔직하게 묘사된다(막 3:21). 예수님의 인간적인 반응을 묘사함에도 주저하지 않는다. 동정, 엄격함, 분노, 슬픔, 온화함, 사랑들의 감정이 그대로 나타난다(막 1:41,43, 3:5, 8:12,33, 10:14,16,21)

⑤ 예수님의 죽음에 대한 비중

마가복음은 예수님의 전기라기보다는 그의 죽음을 집중적으로 다룬 기록이다. 예수님의 마지막 8일에 해당하는 내용이(막 11-16장) 전체 16장 중 6장을 차지한다. 예수님은 하나님의 아들, 인자, 구속자(막 10:45)로 묘사된다. 즉 고난받기 위해 오신 하나님의 아들이신 예수님을 강조한다.

5 구조

구분	공생애 이전		공생애 활동					수난과 부활	
	1:1	1:14	3:7	6:7	8:27	11:1	14:1	16:1	
	공생애 준비	초기 갈릴리 사역	후기 갈릴리 사역	갈릴리 안팎의 사역	제자훈련	예루살렘 활동		수난	부활
장소	갈릴리와 베뢰아					유대			
시기	BC 4 – AD 33년경								

개요

1 공생애 이전

마가복음은 예수님의 탄생에 대하여 언급하지 않는다. 요한이 세례를 베풀며 자기 뒤에 오실 분을 선포하는 장면으로 시작한다. 곧이어 예수님이 세례받으시고 광야에서 시험받으시는 장면으로 속도감 있게 넘어간다. 14절부터는 바로 예수님의 공생애 사역으로 들어간다.

• • •

공생애 준비

1:1-8	세례 요한의 선포	요한은 회개의 세례를 베풀며 뒤에 오시는 이를 선포함
1:9-11	예수 세례 받으심	성령이 임하시고 "너는 내 사랑하는 아들이라 내가 너를 기뻐하노라"
1:12-13	예수 시험 받으심	성령에 이끌려 40일간 사탄에게 시험을 받음

2 공생애 활동

예수님의 공생애 사역에 대한 마가복음의 설명은 드라마틱하게 전개된다. 어부 네 명을 제자로 부른 이야기가 잠깐 있은 다음, 예수님이 능력을 행하시는 놀라운 장면이 시원하게 펼쳐진다. 귀신을 쫓아내고 병든 자를 고치시는 역사가 이어지는 가운데, 종교 지도자들과의 논쟁이 중간중간 나타난다. 능력을 행하시는 장면의 통쾌함과 논쟁하는 장면의 긴장감으로 이야기의 흐름이 긴박하다. 이를 설명하는 표현 또한 생생하다. 예수님의 가르침은 비교적 적게 나타난다. 공생애 끝에 예루살렘으로 향하면서는 제자를 훈련하고 예루살렘에 입성한 후에 종교 지도자들과 대립하는 과정을 기록한다.

• • •

초기 갈릴리 사역

1:14-15	복음 선포 시작	하나님의 나라가 가까이 왔으니 회개하고 복음을 믿으라.
1:16-20	제자 넷을 부르심	시몬, 그의 동생 안드레, 야고보, 그의 동생 요한이 즉시 따름
	예수의 이적	
1:21-28	귀신 들린 자	가버나움 회당 안의 귀신 들린 자에게서 귀신을 쫓으심

1:29-34	많은 사람을 고치심	시몬의 장모와 많은 사람의 병을 고치고 귀신을 쫓아내심
1:35-39	전도 여행	갈릴리 여러 회당을 찾아가 말씀을 전하고 귀신을 쫓으심
1:40-45	나병환자	고치신 후 아무에게도 말하지 말고 모세의 예물을 드릴 것을 명하심
2:1-12	중풍병자	"네 죄가 용서함 받았다" 하심으로 죄 용서 권세가 있음을 보이심
2:13-17	레위를 부르심	레위를 부르시고 그의 집에서 죄인들과 음식을 잡수심. "나는 의인을 부르러 온 것이 아니라 죄인을 부르러 왔다"

논쟁과 대립

2:18-22	금식 논쟁	요한의 제자들이 금식을 하지 않는 이유를 묻자, 혼인잔치에서는 슬퍼하지 않음과 새 술은 새 부대에 담아야 함을 말씀하심
2:23-28	안식일 논쟁	바리새인의 안식일 위반 지적에 대해 "인자는 안식일의 주인이다."
3:1-6	안식일 논쟁	예수께서 손 마른 자를 고치시니 바리새인들이 죽이려 의논함

후기 갈릴리 사역

3:7-12	군중의 운집	이스라엘 밖에서까지 많은 사람이 고침 받으러 몰려옴
3:13-19	열두 제자 임명	베드로와 안드레, 야고보와 요한, 빌립, 바돌로매, 도마, 마태, 알패오의 아들 야고보, 다대오, 가나나인 시몬, 가룟 유다
3:20-30	바알세불 논쟁	예수의 능력이 바알세불을 힘입는다는 바리새인들의 도전에 대하여 성령을 거역하면 용서받지 못함을 경고하심
3:31-35	어머니와 형제	하나님의 뜻을 행하는 자가 나의 형제, 자매, 어머니이다.

비유 설교

4:1-20	뿌려진 씨의 비유	길가에 떨어진 씨(사탄이 말씀을 빼앗아 깨닫지 못함)
		돌밭에 떨어진 씨(뿌리가 없어 환난을 견디지 못함)
		가시떨기에 떨어진 씨(염려와 유혹이 말씀을 막음)
		좋은 땅에 떨어진 씨(30배, 60배, 100배의 결실을 맺음)
4:21-25	등불과 등경	등불은 등경 위에 두는 것과 같이, 숨겨진 것은 드러나게 마련이다.
4:26-29	자라나는 씨	하나님나라는 뿌린 씨가 절로 자라나 열매를 맺되 사람들이 어떻게 그렇게 되었는지 잘 모르는 것과 같다.
4:30-32	겨자씨	하나님나라는 겨자씨와 같아서 심길 때는 작지만 자라면 새가 깃들만큼 되는 것과 같다.
4:33-34	비유 가르침	비유로만 말씀하시고 제자들에게는 따로 설명해주심

예수의 이적

4:35-41	바다를 잠잠케	예수께서 바람을 꾸짖고 바다를 명하시니 잔잔해짐

5:1-20	거라사의 귀신 들린 자	귀신이 예수께 괴롭히지 말기를 간청. 예수께서 쫓아내시자 돼지에게 들어가 바다에 빠져 몰살함
5:21-43	야이로의 딸과 혈루증 여인	혈루증 여인에게 "네 믿음이 너를 구원하였다"
		야이로의 딸이 "죽은 것이 아니라 잔다" 하시고 손을 잡아 일으키심
6:1-6	고향에서의 배척	안식일에 고향에서 가르치시자 사람들이 배척함

갈릴리 안팎의 사역

6:7-13	열두 제자 파송	권능을 주시며 보내시니 회개하라 전하고 귀신을 쫓고 병 고침
6:14-29	세례 요한 죽음	헤로디아 딸의 청에 따라 헤롯이 요한을 죽임
	예수의 이적	
6:30-44	오천 명을 먹이심	오병이어를 축사하시고 5천 명(남자만)을 먹이심
6:45-52	물 위를 걸으심	바다를 걸어 제자들의 배에 오르시니 바람이 그침. 제자들이 놀람
6:53-56	겟네사렛 치유	바다를 건너가 모여든 무리를 고치심
7:1-23	장로들의 전통	제자들이 손 씻는 전통을 지키지 않는다는 바리새인들의 공격에 대해 사람을 더럽게 하는 것은 마음에서 나오는 것이라 하심
7:24-30	수로보니게 여인의 믿음	개들도 주인 상에서 떨어지는 부스러기를 먹는다는 여인의 간청을 듣고 귀신 들린 딸을 고쳐주심
7:31-37	귀먹은 벙어리	귀에 손가락을 넣고 혀에 손을 대시며 '에바다' 하시니 치유됨
8:1-10	사천 명을 먹이심	칠병이어로 사천 명을 먹이심
8:11-13	표적 거절	표적을 거부하시고 배로 건너편으로 가심
8:14-21	바리새의 누룩	바리새인과 헤롯의 누룩을 경계하라고 가르치심
8:22-26	벳새다의 맹인	눈에 침을 뱉고 안수하여 보게 하심

제자훈련

8:27-30	베드로의 신앙고백	"주는 그리스도시니이다"
8:31-38	1차 수난 예고	고난당하고 죽은 후 부활하실 것을 예고하자 베드로가 "주여 그리 마옵소서" 하니 "사탄아, 내 뒤로 물러가라"
9:1-13	예수의 변모	예수께서 변모되시고 소리가 들림. "이는 내 사랑하는 아들이니 너희는 그의 말을 들으라"
9:14-29	귀신 들린 아이 치유	"할 수 있거든이 무슨 말이냐. 믿는 자에게는 능치 못할 일이 없느니라", "기도 외에는 이런 종류가 나갈 수 없느니라"
9:30-32	2차 수난 예고	제자들에게 말씀하시나 깨닫지 못하고 묻기를 두려워함
9:33-37	누가 큰가	첫째가 되려면 뭇 사람의 끝이 되며 섬기는 자가 되어야 한다.

9:38-41	예수의 이름 사용	막지 말라. 우리를 반대하지 않는 자는 지지하는 자들이다.
9:42-50	죄의 유혹	나를 믿는 작은 자를 죄짓게 하는 자에게는 화가 있다
10:1-12	이혼에 대하여	아내를 버리고 다른 여자에 장가들면 간음을 행하는 것이다.
10:13-16	어린아이 같은 자	어린이들이 내게 오는 것을 막지 말라. 천국은 이런 자의 것이다.
10:17-31	부자 청년	"소유를 팔아 나눠주고 나를 따르라"는 말씀에 근심하며 떠나감
10:32-34	3차 수난 예고	예루살렘으로 올라가는 길에서 말씀하심
10:35-45	세배대의 두 아들	크고자 하는 자는 섬기는 자가 되어야 한다.
		인자가 온 것은 자기 목숨을 많은 사람의 대속물로 주려 함이다.
10:46-52	눈먼 바디매오	소리 질러 간청한 맹인 바디매오를 고치심

예루살렘 활동

논쟁과 대립

11:1-11	예루살렘 입성	나귀 새끼를 타고 입성하심
11:12-14	무화과나무 저주	시장하실 때 무화과나무에 열매 없음을 보시고 저주하심
11:15-19	성전 정화	성전에서 상인들을 내쫓으심(사 56:7 ; 시 8:2의 성취)
11:20-25	무화과나무 마름	너희가 기도할 때 이루어질 것을 믿고 구하면 받을 것이다.
11:27-33	예수의 권위 질문	무슨 권위로 이런 일을 하는가에 답하지 않으심
12:1-12	포도원 소작인 비유	주인이 보낸 자를 때리고 죽인 악한 소작인은 포도원을 빼앗길 것이다.
12:13-17	바리새인의 질문	가이사의 것은 가이사에게, 하나님의 것은 하나님에게 바치라.
12:18-27	사두개인의 질문	부활하면 시집 장가 가지 않으며 하늘의 천사와 같다.
12:28-34	율법학자의 질문	주 너의 하나님을 사랑하라. 네 이웃을 네 몸과 같이 사랑하라.
12:35-37	예수님의 질문	다윗이 '주'라고 부른 이가 어찌 다윗의 자손이 되겠는가.
12:38-40	율법학자 책망	율법학자들의 교만, 탐욕, 외식은 더 엄한 심판을 받을 것이다.
12:41-44	과부의 헌금	과부의 두 렙돈(한 고드란트)이 가장 많은 것이라 말씀하심

종말 설교

13:1-2	성전파괴 예고	성전 돌 하나도 돌 위에 남지 않고 다 무너질 것이다.
13:3-13	재난의 징조	거짓 그리스도, 전쟁, 기근, 지진, 박해가 있을 것이다.
		복음이 온 세상에 전파된 후 끝이 올 것이다.
13:14-23	가장 큰 재난	환난의 날 도망하라. 거짓 그리스도와 거짓 예언자를 믿지 말라.

His-heart 하나님의 것은 하나님에게 (막 12:13-17)

바리새인과 헤롯당 사람이 예수님을 책잡으려고 곤란한 질문을 던졌다. 가이사에게 세금을 바치는 것이 옳으냐 하는 것이다. 어떤 대답이 나오든 책잡히게 되어 있다. 바치지 말라 하면 실정법 위반이 되고, 바치라 하면 유대인들로부터 배척을 받을 것이었다. 예수님은 단순한 답변으로 이들의 음모를 물리치셨는데, 그 대답은 아시다시피 이러하다. 데나리온 동전에 무슨 형상이 있느냐고 물으시고, 가이사의 형상이라 말하니 그러면 가이사의 것이니 가이사에게 바치라 하셨다. 이어서 하나님의 것은 하나님에게 바치라고 하셨다. 그들은 예상 밖의 답변에 책잡을 수가 없었다. 그런데 예수님의 말씀은 무슨 뜻인가? 말씀의 요지는 이러하다.

"A의 형상을 한 것은 A의 것이니, A에게 바치라."

그렇다면 '하나님의 것'은 무엇인가? 이 논리에 따르면 '하나님의 형상을 한 것'이다. 그러면 '하나님의 형상을 한 것'은 무엇인가? 그것은 '사람'이다. 우리가 하나님의 형상대로 창조되지 않았던가(창 1:27). 따라서 예수님의 말씀은 "사람은 하나님에게 바치라" 즉 "하나님에게 돌아오라"고 말씀하신 것이다. 동문서답인데 우문현답이다. 못된 질문에 빌미를 주지 않으면서 하나님의 마음을 말씀해주셨다. 이렇게 말씀하시고 며칠 뒤 예수님은 온 인류가 하나님께 돌아올 수 있도록 자신을 하나님께 바치셨다.

13:24-27	인자의 오심	환난 후 인자가 큰 권능과 영광으로 구름 타고 올 것이다. 천사들을 보내어 사방에서 선택된 사람들을 모을 것이다.
13:28-31	무화과나무 교훈	가지가 연해지고 잎이 돋으면 여름이 가까운 것같이 이 징조를 보면 인자가 가까이 온 줄 알라.
13:32-37	그날과 그때	이런 일로 끝을 짐작하라. 그날과 그때는 아버지만 아신다.

❸ 수난과 부활

HIS-STORY 제자들과 유월절 식사를 마치신 후 겟세마네 동산에서 기도하러 가셨다가 유다의 밀고로 체포되신다. 대제사장과 공회의 심문을 거쳐 빌라도 앞에서 심문을 받으신 후 십자가에 달려 운명하신다. 부활하신 예수님은 막달라 마리아과 엠마오로 가는 길의 두 제자, 모여서 식사하는 열한 제자들에게 나타나신다. 예수님은 마지막으로 천하 만민에게 복음을 전파할 것을 명하시고, 믿는 자들에게 능력을 행하는 표적이 따를 것이라는 말씀을 주신다. 제자들이 복음을 전할 때 약속하신 표적이 나타난다(막 16:20). 마가복음은 예수님의 공생애부터 예수 부활 이후 제자들의 사역 현장에까지 세상을 초월하는 예수님의 권능을 강조한다.

• • •

| 16:19-20 | 예수의 승천 | 말씀 후 예수께서는 하나님 오른편에 오르심 |
| | | 제자들이 복음을 전파할 때 주께서 표적으로 말씀을 확증해주심 |

통독 순서 안내 마가복음 → 누가복음 → 요한복음

NOTE
연 구 노 트

누가복음

개관

1 저자

누가. 그는 이방인이었다. 성경저자 중 유일한 이방인으로서 사도행전과 함께 두 권을 저술했다. 바울은 그를 '사랑받는 의사'라고 표현했다(골 4:14). 바울의 2차 전도여행 중 드로아에서부터 합류했으며(행 16:10), 이후 일평생 바울과 동행했다. 바울이 두 차례에 걸쳐 투옥되었을 때에도 빠짐없이 동행했다(딤후 4:11).

2 수신자

데오빌로, 이방인 성도들

3 주제

죄인을 찾아오신 인자 예수

4 특징

① 자료 분량

복음서 중 자료 분량이 가장 많다. 다양하게 수집한 자료를 기독교 역사가적인 관점에서 편집했다(눅 1:1-3). 세례 요한과 예수님의 수태고지를 포함하여 예수님의 탄생에 관한 풍부한 기사를 담고 있다. 예루살렘으로의 마지막 여정에 관한 설명 또한 자세하다.

② 복음의 보편성

누가복음은 예수 그리스도가 이스라엘뿐만 아니라 이방을 포함한 모든 사람들을 위한 구세주라는 것을 강조한다. 시므온은 예수님이 이방을 비추는 빛이 될 것을 예언했다(눅 2:32). 예수님의 족보(눅 3:23-38)를 아담까지 기록했다(마태복음에서는 아브라함부터 내려가며 기록함). 사마리아인들도 유대인들과 동등하게 언급되고 있다(눅 10:33, 17:16).

③ 소외된 계층에 대한 관심

누가복음은 여성, 어린아이, 가난한 자, 병든 자, 버림받은 자, 이방인 등 소외 계층에 대하여 다른 복음서보다 많이 기록했다.

④ 특별한 주제에 대한 관심

성령	누가복음은 성령에 대하여 자세히 설명해준다. 세례 요한이 모태로부터 성령 충만했던 일(눅 1:15), 성령이 마리아에게 임하시고(눅 1:35) 엘리사벳도 성령 충만함을 받은 사실(눅 1:41), 예수께서 성령의 권능으로 사역을 시작하시고(눅 4:14), 성령으로 기뻐하신 것(눅 10:21) 등이 기록되었다.
기도	중요한 사건과 관련된 예수님의 기도 9번 중 7번은 누가복음에만 기록되었다(눅 3:21, 5:15,16, 6:12, 9:18-22, 9:29, 10:17-21, 11:1, 22:39-46, 23:34,46). 기도에 관한 비유(눅 11:5-13, 18:1-14)는 누가복음에만 나온다.
찬양	누가복음에는 어느 복음서보다도 찬양이 많이 등장한다. 마리아의 찬양시(눅 1:46-55), 사가랴의 찬양시(눅 1:67-79), 시므온의 찬양시(눅 2:29-32), 천사들의 찬양(눅 2:13,14), 무리들의 호산나 찬양(눅 19:37-40), 성전에서 하나님을 찬양한 사실(눅 24:53)이 기록되었다.
재물	어리석은 부자(눅 12:13-21), 재물의 지혜로운 활용(눅 16:1-13), 부자와 나사로(눅 16:19-31) 등 재물의 부정적인 측면을 경계하는 내용을 담고 있다.

5 구조

구분	공생애 이전		공생애 활동				수난과 부활	
	1:1 3:1		4:14 9:51			19:28 22:1	24:1	
	탄생과 성장	공생애 준비	갈릴리 사역	예루살렘 여정		예루살렘 사역	수난	부활
장소	이스라엘		갈릴리	이스라엘		예루살렘		
시기	BC 4 – AD 33년경							

개요

1 공생애 이전

누가는 예수 탄생과 관련한 많은 자료를 수집했다. 천사가 세례 요한의 출생을 아버지 사가랴에게 예고한 것, 천사가 마리아에게 예수님의 잉태를 예고한 것, 예수 탄생 후 요셉과 마리아가 정결예식을 드리러 성전에 올라간 이야기, 소년 시절 예수에 관한 기사 등은 누가복음에만 기록되었다. 누가복음에도 예수의 족보가 나타나는데 마태복음의 족보와는 확연히 다르게 설명한다. 마태복음은 아브라함부터 요셉까지 하향식으로 설명하는 데 반해 누가복음은 요셉부터 다윗과 아브라함을 거쳐 아담까지 상향식으로 설명한다. 유대인인 마태는 하나님의 선택을 받은 아브라함부터 족보를 시작했지만, 이방인인 누가는 인류 전체의 조상인 아담까지 기록한다.

• • •

탄생과 성장 누가복음에만 있는 내용을 ⓛ로 표시했다.

1:1-4	서언	데오빌로에게 그가 배운 것들이 확실하다는 것을 알게 하려 써 보냄
	요한 출생 ⓛ	
1:5-25	요한의 출생 예고	제사장 사가랴가 분향하는 중 천사가 나타나 요한의 출생을 예고. 믿지 않으므로 잠시 벙어리가 되게 함
1:26-38	예수의 탄생 예고	천사 가브리엘이 마리아에게 예수 잉태를 예고함
1:39-45	엘리사벳 방문	마리아가 엘리사벳을 방문하자 태중의 아기가 기뻐 뛰논다.
1:46-56	마리아의 찬가	하나님께서 비천한 사람을 높임을 찬양함. 석 달 머물고 돌아감
1:57-66	세례 요한의 출생	요한이 태어나고 사가랴가 이름을 서판에 쓰니 혀가 풀리게 됨
1:67-80	사가랴의 예언	권능의 구원자를 다윗의 집에서 일으키심을 찬양함
	예수 탄생	
2:1-7	예수의 탄생	마리아가 호적등록차 베들레헴에 갔을 때 예수를 낳음. 예수가 말구유에 태어나심
2:8-21	목자들이 소식을 듣다 ⓛ	천사가 목자들에게 그리스도의 탄생을 알리고 하늘 군대가 찬양 목자들이 예수님을 찾아 뵘. 팔일에 할례 행하고 이름을 예수라 함
2:22-38	정결예식 ⓛ	예수를 보고 시므온이 찬양, 여선지 안나가 하나님께 감사 드림
2:39-40	나사렛 귀환	나사렛으로 돌아오고, 예수는 튼튼하고 지혜롭게 성장하심

	소년 시절 예수 ⓒ	유월절 예루살렘 방문 후 귀향할 때, 예수는 혼자 남아 성전에서 토론하심. "내가 아버지 집에 있어야 할 줄 모르셨습니까?"

공생애 준비

3:1-20	세례 요한의 선포	요한은 세례를 베풀며 회개를 촉구함. 뒤에 오시는 이를 알림 헤롯(안디바)은 요한의 책망을 받고 요한을 옥에 가둠
3:21-22	예수 세례 받으심	성령이 임하시고 "내 사랑하는 아들이라. 내가 너를 기뻐하노라"
3:23-38	예수의 족보 ⓒ	요셉부터 다윗, 아브라함, 노아를 거쳐 아담까지의 족보
4:1-13	예수 시험 받으심	40일간 금식하며 마귀의 유혹을 말씀으로 물리치심

2 공생애 활동

HIS-STORY 누가복음은 마태복음과 마가복음의 기사와 많은 부분을 공유한다. 하지만 예수께서 예루살렘으로 향하시는 여정(눅 9:51-19장)에서는 누가복음만의 기사가 많이 나타난다. 70인 제자 파송, 선한 사마리아인, 잃은 아들 비유(탕자 비유), 불의한 청지기 비유, 부자와 거지 나사로, 과부와 재판관, 바리새인과 세리의 기도, 세리장 삭개오 이야기 등이 대표적이다. 이 기사들은 그 내용에 있어서 공통점을 보이는데 그것은 그 주인공들이 세상에서 인정받지 못하는 계층이라는 점이다. 사마리아인, 과부, 세리, 거지 등은 이스라엘 사회에서 경원시되거나 낮게 여겨지는 사람들이었다. 누가가 수집한 이 이야기들은 이들에게도 예수의 은혜가 비추어진다는 것을 강조한다.

• • •

갈릴리 사역

4:14-15	갈릴리 활동	성령의 능력을 입고 갈릴리로 돌아오셔서 회당에서 가르치심
4:16-30	나사렛에서 배척 ⓒ	안식일에 나사렛 회당에서 이사야 61장 1,2절을 읽으시고 이루어졌음을 선포하심. 회중들이 예수님을 죽이려 함
	예수의 이적	
4:31-37	귀신 들린 자를 고치심	안식일 가버나움 회당에서 귀신이 예수님을 알아보고 소리치니 쫓아내심. 사람들이 권위에 놀라고 예수의 소문이 퍼짐
4:38-41	많은 사람을 고치심	시몬의 장모의 열병을 고치고, 몰려온 많은 사람을 고쳐주심
4:42-44	전도여행	무리가 붙잡으나 그들을 떠나 여러 회당에서 복음을 선포하심

5:1-11	어부들을 부르심	시몬의 배에서 가르치신 후, 깊은 데로 나가 그물 내릴 것을 말씀하심. 베드로, 야고보, 요한을 부르시니 모든 것을 버려 두고 따라감
5:12-16	나병환자 고치심	고치신 후, 아무에게도 말하지 말고 모세의 예물을 드리라 하심
5:17-26	중풍병자 고치심	지붕을 뜯고 병자를 내림. "네 죄가 용서함을 받았다"
5:27-32	레위를 부르심	세관에 있는 레위를 부르시고 그 집에서 식사하심. "내가 의인을 부르러 온 것이 아니라 죄인을 불러 회개시키러 왔노라"

논쟁과 대립

5:33-39	금식 논쟁	사람들이 예수의 제자들은 왜 금식하지 않는가 물으니, 혼인잔치에서는 슬퍼하지 않음과 새 술은 새 부대에 담아야 함을 말씀하심
6:1-5	안식일 논쟁	바리새인의 안식일 위반 지적에 대해 "인자는 안식일의 주인이다"
6:6-11	안식일 논쟁	예수께서 손 마른 자를 고치시니 바리새인들이 죽이려 의논함

제자를 택하심

6:12-16	열두 제자를 택하심	밤 새워 기도하시고 제자들을 부르신 후 열둘을 택하심 베드로, 안드레, 야고보, 요한, 빌립, 바돌로매, 마태, 도마, 알패오의 아들 야고보, 열혈당원 시몬, 야고보의 아들 유다, 가룟 유다

평지 설교

6:17-19	많은 사람을 고치심	산에서 평지로 내려오시자 큰 무리가 사방에서 모여 고침 받음
6:20-26	복과 화의 선포	가난한 자, 주린 자, 우는 자, 인자로 인하여 고난받는 자는 복이 있다. 부요한 자, 배부른 자, 웃는 자, 칭찬받는 자는 화가 있다.
6:27-38	원수를 사랑하라	너희 원수를 사랑하라. 너희 아버지께서 자비하신 것같이 너희도 자비로운 자가 되라.
6:39-42	비판하지 말라	네 눈에서 들보를 빼내어야 눈이 밝아 남의 눈의 티를 빼줄 수 있다.
6:43-45	열매로 안다	입으로 말하는 것이 그 마음을 나타내는 것이다.
6:46-49	말씀대로 행하라	내 말을 듣고 그대로 행하는 자는 반석 위에 집을 짓는 것과 같다.
7:1-10	백부장 종을 고치심	백부장의 믿음을 칭찬하시고 고치심
7:11-17	과부 아들을 살리심	나인성 과부의 외아들을 살리심
ⓛ		
7:18-35	요한 제자들의 질문	메시아이심을 묻는 질문에 이사야의 예언(사 35:5, 61:1)으로 대답하시고, 요한의 역할을 말라기 예언(말 3:1, 4:1)으로 풀이하심
7:36-50	향유를 바르는 여인	바리새인의 집에서 식사 중 죄인인 여인이 예수께 향유를 바름. 여인에게 죄 용서를 선포하심

8:1-3	예수를 섬기는 여인	예수를 자신의 재산으로 섬김 (막달라 마리아, 요안나, 수산나 등)
8:4-15	뿌려진 씨의 비유	길가에 떨어진 씨(사탄이 말씀을 빼앗아 깨닫지 못함)
		돌밭에 떨어진 씨(뿌리가 없어 환난을 견디지 못함)
		가시떨기에 떨어진 씨(염려와 유혹이 말씀을 막음)
		좋은 땅에 떨어진 씨(결실을 맺음)
8:16-18	비밀은 드러난다	등불은 등경 위에 두는 것과 같이 숨겨진 것은 드러나게 마련이다.
8:19-21	예수의 가족	하나님의 뜻을 행하는 자가 나의 형제, 자매, 어머니이다.
8:22-25	풍랑을 잔잔케	예수께서 바람과 물결을 꾸짖으시니 잔잔해짐
8:26-39	귀신 들린 사람	귀신이 예수께 괴롭히지 말기를 간청. 예수께서 쫓아내시자 돼지에게 들어가 바다에 빠져 몰살함
8:40-56	야이로의 딸과	혈루중 여인에게 "네 믿음이 너를 구원하였다"
	혈루증 여인	야이로의 딸이 "죽은 것이 아니라 잔다" 하시고 손을 잡아 일으키심
9:1-6	열두 제자 파송	권능을 주어 보내시니, 회개하라 전하고 귀신 쫓고 병 고침
9:7-9	헤롯의 불안	헤롯이 모든 이야기를 듣고 당황함
9:10-17	오천 명을 먹이심	오병이어를 축사하시고 5천 명(남자만)을 먹이심
9:18-20	베드로의 고백	"주는 그리스도시니이다"
9:21-27	1차 수난 예고	고난당하고 죽은 후 부활하실 것을 예고하심. "누구든지 나를 따르려면 자기를 부인하고 자기 십자가를 지고 나를 따를 것이니라"
9:28-36	예수의 변모	예수께서 변모되시고 소리가 들림. "이는 내 아들 곧 내가 택한 자이니, 너희는 그의 말을 들으라"
9:37-43	귀신 들린 아이	제자들이 쫓지 못하자 부모가 예수께 간청함. 믿음 없음을 탄식하시고 귀신을 꾸짖어 낫게 하심
9:44-45	2차 수난 예고	예수께서 자신이 넘겨질 것을 말씀하시나 제자들은 깨닫지 못함
9:46-48	누가 큰 사람인가	"너희 중에 가장 작은 사람이 큰 사람이다"
9:49-50	예수의 이름 사용	어떤 사람이 주의 이름으로 귀신 쫓음에 대하여 "금하지 말라. 너희를 반대하지 않는 자는 너희를 위하는 자이다"

예루살렘 여정

9:51-56	사마리아 마을의 거부	예루살렘을 향하여 가시기로 결심하심. 사마리아의 한 마을이 예수 일행을 받아들이지 않아 다른 마을로 감

9:57-62	예수를 따르려면	따르고자 하는 자에게 "여우도 굴이 있고 새도 보금자리가 있으나 인자는 머리 둘 곳이 없다." 따르기를 유보하는 자에게는 세상일을 뒤돌아보면 하늘나라에 합당치 않다 하심
	70제자의 전도	
10:1-12	70제자 파송 ⓛ	각 성읍으로 둘씩 보내며, 평화를 빌고 하나님나라가 가까이 왔음을 전하라 하심
10:13-16	갈릴리 도시에 화	고라신, 벳새다, 가버나움의 회개하지 않음을 꾸짖으심
10:17-20	70제자 귀환 ⓛ	귀신들이 주의 이름에 복종했음을 기쁨으로 보고함. 예수께서 "귀신이 항복한 것보다 너희 이름이 하늘에 기록된 것을 기뻐하라"
10:21-24	예수의 감사기도	지혜 있는 자들에게는 숨기시고 어린 아이들에게 나타내심을 감사
10:25-37	선한 사마리아인 ⓛ	율법교사의 "내 이웃이 누구입니까?" 하는 질문에 선한 사마리아인의 이야기를 하시며 "가서 너도 그와 같이 하라"
10:38-42	마르다와 마리아 ⓛ	"마리아는 좋은 편을 택하였으니 빼앗기지 아니하리라"
11:1-13	이렇게 기도하라	기도문을 가르치심. "구하라, 찾으라, 두드리라!", "하늘에 계신 아버지께서 구하는 사람에게 성령을 주시지 않겠느냐?"
11:14-23	바알세불 논쟁	예수의 능력이 바알세불을 힘입는다는 바리새인들의 도전에 대하여 하나님의 능력으로 쫓은 것이면 하나님의 나라가 임한 것이라 하심
11:24-26	귀신이 돌아옴	일곱 귀신을 데리고 돌아오면 형편이 이전보다 더 심하게 될 것이다.
11:27-28	참된 복	"오히려 하나님의 말씀을 듣고 지키는 사람이 복이 있다"
11:29-32	표적은 없다	요나의 표적밖에 없다. 나는 요나보다 솔로몬보다 크다.
11:33-36	몸의 등불	눈은 몸의 등불이다. 눈이 성하면 온 몸이 밝을 것이다.
11:37-54	지도자들의 악함	지도자들의 교만, 탐욕, 외식은 더 엄한 심판을 받을 것이다.
12:1-3	바리새인의 위선	바리새인의 위선을 경계하라. 숨겨진 모든 것이 밝혀질 것이다.
12:4-7	마땅히 두려워할 분	영혼을 죽이지 못하는 자를 두려워 말고, 몸과 영혼을 멸하시는 분을 두려워하라. 하나님은 모든 것을 다 알고 계신다.
12:8-12	나를 시인하면	누구든지 나를 시인하면 나도 아버지 앞에서 그를 시인할 것이다.
12:13-21	어리석은 부자	온갖 탐욕을 멀리하라. 사람의 생명이 재산에 있지 않다.
12:22-34	염려하지 말라	먼저 그의 나라와 의를 구하라. 그리하면 이 모든 것을 더하시리라.
12:35-48	깨어 기다리라	주인이 뜻밖의 시간에 와서 악한 종에게 벌을 줄 것이다.
12:49-53	불 지르러 왔다	내가 평화를 주러 온 것이 아니라 분쟁을 일으키러 왔다.
12:54-56	때를 분간하라	날씨를 분간할 줄 알면서 어찌 때를 분간하지 못하느냐?

12:57-59	먼저 화해하라	너를 고소하는 자와 법관에게 가기 전에 화해하기를 힘쓰라.
13:1-5	회개하지 않으면	변을 당한 사람들이 죄가 더 많아 그런 것이 아니다. 회개하지 않으면 모두 그렇게 망할 것이다.
13:6-9	열매 맺지 않는 나무	열매 맺지 못하는 나무는 찍어버릴 것이다.
13:10-17	안식일에 고치심	등 굽은 여인에게 손을 얹어 고치심. 분개하는 회당장에게 그의 위선을 질타하심
13:18-21	겨자씨와 누룩	하나님나라는 겨자씨와 같아서 심을 때는 작지만 자라면 새가 깃들 만큼 되는 것과 같다.
13:22-30	좁은문으로 들어가라	너희는 좁은 문으로 들어가기를 힘쓰라. 들어가고자 하나 못하는 사람이 많을 것이다.
13:31-35	예루살렘의 미래	예수를 거부한 예루살렘이 버림을 받을 것이다.
14:1-6	안식일에 고치심	"아이나 소가 우물에 빠지면 안식일에도 당장 끌어내지 않겠느냐?" 하고 수종병자를 고치심
14:7-14	낮은 자리에 앉으라	초청을 받으면 낮은 자리에 앉으라. 잔치를 베풀 때는 네게 되갚을 수 없는 가난한 사람들을 초청하라.
14:15-24	큰 잔치의 비유	초대받은 사람들이 다 사양하니 집주인이 노하여 가난한 자, 맹인, 저는 자를 데려오라 했다.
14:25-33	제자가 되는 길	자기 십자가를 지고 나를 따라오지 않으면 제자가 될 수 없다. 자기 소유를 다 버리지 않으면 내 제자가 될 수 없다.
14:34-35	맛 잃은 소금	짠 맛을 잃은 소금은 버려진다.

소외된 자들의 구원 (죄인, 거지, 나병환자, 과부, 세리, 어린이)

15:1-7	잃은 양 비유	하늘에서는 회개할 필요 없는 의인 아흔아홉보다 회개하는 죄인 한 사람을 두고 기뻐할 것이다.
15:8-10	잃은 동전 비유	잃어버린 동전 한 닢을 찾고 기뻐하는 것처럼, 회개하는 죄인 한 사람을 기뻐할 것이다.
15:11-32	잃은 아들 비유 ㉠	돌아온 탕자를 기뻐하는 것은 잃었다가 되찾았기 때문이다.
16:1-13	불의한 청지기 비유 ㉡	불의한 청지기가 자신을 위하여 재물을 지혜롭게 사용한 것처럼 너희도 재물을 잘 사용하여 영원한 처소에 들어가도록 하라. 하나님과 재물을 함께 섬길 수는 없다.
16:14-18	율법과 하나님의 나라	율법과 선지자는 요한의 때까지요 그 후부터는 하나님나라의 복음이 전파되어 사람마다 그리로 침입하느니라.

16:19-31	부자와 거지 나사로 ㉯	그들이 모세와 예언자들의 말을 듣지 않으면 죽은 사람 가운데 누가 살아날지라도 그들은 그 말에 귀 기울이지 않을 것이다.
17:1-10	죄, 용서, 믿음, 종의 도리	죄짓게 하는 자에게는 화가 있다. 겨자씨만한 믿음이 있으면 그대로 될 것이다. 종이 명령대로 일한 것은 마땅히 할 일을 한 것일 뿐이다.
17:11-19	열 명의 나병환자 ㉯	고침 받은 열 명 중 사마리아인 한 명만 하나님께 영광을 돌림
17:20-37	하나님나라는 언제	하나님나라는 번개가 비치는 것처럼 올 것이다. 그날에 머뭇거리면 안 된다. 자기 목숨을 보존하고자 하면 잃을 것이요 잃는 사람은 보존할 것이다.
18:1-8	과부와 재판관 ㉯	불의한 재판관이라도 귀찮으면 들어준다. 하나님은 기도를 즉시 들어주신다. 그러나 인자가 올 때에 세상에서 믿음을 찾아볼 수 있겠느냐.
18:9-14	바리새인과 세리 ㉯	자만한 기도를 드린 바리새인보다 통회 기도를 드린 세리가 더 의롭다고 인정받는다.
18:15-17	어린이를 막지 말라	어린이들이 내게 오는 것을 금하지 말라. 천국은 이런 자의 것이다.
18:18-30	돈 많은 관리	"소유를 팔아 나눠주고 나를 따르라"는 말씀에 근심함. 부자가 하늘나라 가기보다 낙타가 바늘귀로 들어가는 것이 더 쉽다.
18:31-34	3차 수난 예고	제자들은 예고의 말씀을 하나도 깨닫지 못함
18:35-43	거지 맹인을 고치심	"다윗의 자손 예수여" 소리 질러 간청한 맹인을 고치주심
19:1-10	삭개오 ㉯	세리장 삭개오가 예수님에게 회개함. 예수께서 구원을 선포하심
19:11-27	열 므나 비유	가진 사람은 더 받게 될 것이요 가지지 못한 사람은 그가 가진 것까지 빼앗길 것이다.

예루살렘 사역

19:28-44	예루살렘 입성	나귀 새끼를 타고 입성하심. 예루살렘을 보고 눈물 흘리시며 멸망을 예언하심
19:45-48	성전 정화	성전에서 상인들을 내쫓으심
	논쟁과 대립	
20:1-8	예수의 권위 질문	무슨 권한으로 이런 일을 하는지 답하지 않으심
20:9-19	포도원 소작인 비유	악한 소작인이 포도원을 빼앗기는 것같이 너희가 하나님나라를 빼앗길 것이다.
20:20-26	바리새인의 질문	가이사의 것은 가이사에게, 하나님의 것은 하나님에게 바치라.

His-heart 누가가 수집한 예수의 말씀

누가복음에서만 발견되는 예수님의 가르침에는 공통점이 있는데, 그것은 소외된 자들에 대한 관심이다. 선한 사마리아인의 이야기가 대표적이다(눅 10:25-37). 사마리아인은 유대인이 멸시하는 사람들이다. 그러니 사마리아인이 유대 종교 지도자들보다 선한 모범을 보였다는 이야기는 유대인에게 달갑지 않은 이야기이다. 그래서 그런지 마태, 마가, 요한의 복음서에는 이 이야기가 없다. 이방인인 누가는 사마리아인을 거북해 할 이유가 없다. 15-19장 사이에는 누가복음에만 기록된 예수님의 가르침이 모여 있는데, 이야기의 주인공은 죄인, 탕자, 거지 나사로, 나병환자, 과부, 세리, 어린이, 거지 맹인, 세리장 삭개오 등이다. 누가가 이방인이었기에 율법이라는 잣대 앞에서 자동으로 죄인이 될 터이니 죄인에 대하여 동병상련의 마음이 있었을 것이다. 또한 그는 의사였기 때문에 약한 자에 대한 직업적 긍휼심을 가졌을 것이다. 어쨌든 중요한 것은 복음서 저자 중에 이방인이 있어서 그의 관점에서 본 예수님을 우리가 알 수 있다는 점이다. 일반 상식과는 너무 다른 하나님의 은혜, 즉 잘난 자, 높은 자, 특별히 선택 받은 자가 아니라 소외되고 못나고 약한 자가 구원을 받는 이 은혜의 비밀을 누가의 눈을 통해 우리가 잘 알 수 있는 것이다. 이방인 누가를 복음서 기자로 삼으신 것 또한 하나님의 섭리였다.

20:27-40	사두개인의 질문	부활하면 시집 장가 가지 않으며 천사와 같다.
20:41-44	다윗의 자손	다윗이 '주'라고 부른 이가 어찌 다윗의 자손이 되겠는가.
20:45-47	율법학자들의 위선	대접받는 것과 돈을 좋아하고 외식하는 위선자이다. 그들이 엄한 심판을 받을 것이다.
21:1-4	과부의 헌금 ⓛ	가난한 과부가 누구보다도 많이 헌금하였다.
	종말 설교	
21:5-6	성전 파괴 예고	성전 돌 하나도 돌 위에 남지 않고 다 무너질 것이다.
21:7-19	재난의 징조	거짓 그리스도, 전쟁, 기근, 지진, 박해가 있을 것이다. 그러나 너희는 머리카락 하나도 상하지 않을 것이다. 참고 견디어 생명을 얻으라.
21:20-24	예루살렘의 멸망	예루살렘이 포위당하면 도망하라. 이방 사람들에게 짓밟힐 것이다.
21:25-28	인자가 오심	환난 후 하늘에서 징조가 나타나고, 인자가 큰 권능과 영광으로 구름 타고 올 것이다.
21:29-33	무화과나무의 교훈	무화과나무의 변화로 계절을 알듯이, 이런 일을 보면 하나님나라가 가까이 온 줄로 알라.

| 21:34-38 | 깨어 있으라 | 방탕과 걱정으로 마음이 눌리지 않도록 하라. 이 모든 일을 능히 피하고 인자 앞에 설 수 있도록 기도하면서 늘 깨어 있으라. |

③ 수난과 부활

마태와 마가는 예수님이 체포되신 후 대제사장의 집을 거쳐 공회와 빌라도 앞에서 심문을 받았다고 전한다. 누가는 빌라도가 예수님을 헤롯(안디바)에게 보냈고 헤롯이 예수님을 희롱하고 모욕한 사실을 추가로 기록한다. 마가복음에서는 안식일 아침 두 제자가 시골로 가다가 부활하신 예수를 만난 사실을 간략하게 다루고 있는데(막 16:12,13), 누가는 이 기사를 매우 상세하고 생생하게 알려준다(눅 24:13-35). 예수님이 승천하신 기록도 그 장면이 그려질 만큼 생생하다. 예수님이 제자들을 축복하시는 중에 하늘로 올려지셨으며 제자들은 예수님을 경배하고 큰 기쁨으로 예루살렘으로 돌아갔고 늘 성전에서 하나님을 찬송했다고 전한다.

• • •

수난

22:1-6	유다의 배반 음모	유다가 대제사장들에게서 은돈을 받고 예수를 넘겨주기로 약조함
22:7-13	유월절 준비	예수의 말씀대로 한 사람의 집에 부탁하여 유월절을 준비함
22:14-23	마지막 저녁	"이것은 너희를 위해 주는 내 몸이다", "이 잔은 너희를 위하여 흘리는 내 피로 세우는 새 언약이다"
22:24-30	가장 큰 사람	가장 큰 사람은 가장 어린 사람과 같이 되어야 하고, 다스리는 사람은 섬기는 사람과 같이 되어야 한다.
22:31-34	베드로 부인 예고	베드로가 세 번 부인할 것이라고 예고하심
22:35-38	돈주머니와 칼	이제 돈주머니와 자루와 칼을 준비하라.
22:39-46	감람산 기도	예수님은 괴로운 심정으로 간절히 기도하나 제자들은 잠에 빠짐
22:47-53	체포	예수를 체포함. 대제사장의 종의 귀를 떨어뜨렸으나 예수께서 고치심
22:54-62	베드로의 부인	세 번 부인함
22:63-65	예수를 모욕하다	때린 자를 알아맞추어보라고 모욕하며 욕함
22:66-71	공의회 신문	종교 지도자들이 그리스도 여부에 대한 예수의 답변을 듣고 결심함
23:1-5	빌라도의 신문	빌라도가 "네가 유대인의 왕이냐?", 예수께서 "네 말이 옳도다"
23:6-12	헤롯의 신문 ⓛ	예수께서 대답하지 않으시자 예수를 모욕하고 빌라도에게 보냄

23:13-25	사형 선고	바라바를 놓아주고 예수를 십자가에 처형하게 함
23:26-43	십자가 못 박히심	우는 무리에게 "나를 위해 울지 말고 너희와 너희 자녀를 위해 울어라." 한 죄수에게 "내가 진정으로 네게 말한다. 너는 오늘 나와 함께 낙원에 있으리라."
23:44-49	죽으심	제 구 시경 운명하시자 성전 휘장이 찢어짐
23:50-56	무덤에 묻히심	제자 아리마대 사람 요셉이 시신을 모심

[부활]

24:1-12	부활하심	여인들이 무덤에서 천사를 만나 예수가 살아 계시다는 말을 듣고 사도들에게 전하나 믿지 않음
24:13-35	엠마오 가는 길	예수께서 두 제자에게 나타나셔서 그리스도에 관한 성경 말씀을 자세히 설명해주심
24:36-49	제자들에게 나타나심	제자들이 모인 자리에 나타나셔서 성경에 그리스도의 고난과 부활과 죄 사함이 기록되어 있음을 설명하심
24:50-53	하늘로 오르심ⓛ	제자들을 베다니까지 데리고 나가 축복하시고 승천하심. 제자들은 늘 성전에서 하나님을 찬양함

통독 순서 안내 **누가복음 → 요한복음 → 사도행전 1-12장**

요한복음

개관

1 저자

사도 요한. 아버지 세베대와 어머니 살로메 사이에서 야고보의 형제로 태어났다. 살로메는 예수님의 어머니 마리아와 자매인 것으로 추측된다(마 27:56; 막 15:40; 요 19:25). '우레의 아들'이라는 별명을 얻을 만큼 성격이 급한 사람이었으며(막 3:17; 눅 9:51-56) 예수의 사랑하시는 제자였다(요 13:23). 십자가 현장에서 다른 제자들이 도망간 다음에도 예수님의 임종을 지켜보았다.

2 수신자

소아시아 성도들

3 주제

하나님의 아들이신 예수

4 특징

① 예수 그리스도의 신성을 강조

누가는 그리스도를 '인자'로 묘사하는데 반하여 요한은 그리스도를 '하나님의 아들'로 묘사하여 그의 신성(神性)을 드러낸다. 예수님은 태초부터 계셨고, 그분이 곧 하나님(요 1:1), 하늘에서 내려온 자(요 3:13), 아브라함 이전부터 계신 존재(요 8:58)로 설명한다. 요한은 예수님의 이적을 예수님이 하나님이심을 나타내는 표적(signs)으로 보았다.

② 일곱 번의 표적

요한복음은 예수의 이적을 '표적'(쎄메이아, signs)으로 부르며 순서를 붙이고 있다. 첫째, 물로 포도주를 만드셨고, 둘째, 왕의 신하의 아들을 치유하셨으며 셋째, 베데스다 연못가 병자를 치유하셨고, 넷째, 오병이어의 기적을 일으키셨고, 다섯째, 물 위를 걸으셨고, 여섯째, 맹인을 고치셨고, 일곱째, 죽은 나사로를 살리셨다.

③ 일곱 번의 "나는 …이다"

예수께서 자신을 "나는 …이다"라는 형식을 통해 은유적으로 계시하신다. "나는 생명의 떡이다", "나는 세상의 빛이다", "나는 양의 문이다", "나는 선한 목자다", "나는 부활이요 생명이다", "나는 길이요 진리요 생명이다", "나는 참포도나무이다."

④ 성령에 대한 가르침

성령에 관한 예수님의 가르침이 여러차례 나타난다. 예수님의 승천에 뒤이어 성령이 부어질 것에 대한 약속(요 7:37-39), 예수님의 고별 설교(요 14-16장)에 있는 성령에 관한 다섯 개의 말씀은 모두 요한복음에서만 발견된다.

⑤ 공생애 3년으로 기록

공관복음	요한복음
공생애 기간 약 1년(1회 상경)	공생애 기간 약 3년(3회 상경)
예루살렘 체류는 마지막 1주간	예루살렘 주변에서 약 반 년 머무심
공생애 말기에 성전 정화 사건	공생애 초기에 성전 정화 사건

5 구조

구분	공생애 이전		공생애 활동			수난과 부활	
	1:1　　　1:19	5:1		13:1	18:1　20:1		
	하나님의 아들의 성육신	하나님의 아들의 출현	하나님의 아들에 대한 배척		하나님의 아들의 고별 설교	수난	부활
장소	갈릴리 ↔ 예루살렘				예루살렘		
시기	BC 4 – AD 33년경						

개요

1 공생애 이전

요한복음은 예수의 탄생에 관한 언급 없이 예수의 정체성에 대한 설명으로 시작한다. 요한은 예수를 로고스('말씀'으로 번역됨)라고 소개한다. 다른 복음서에서 볼 수 없는 특이한 표현이다. 요한은 이 표현을 통해서 예수는 하나님과 함께 계신 하나님이시며 우주의 창조자이심을 설명한다. 이어서 그분이 자기 땅에 오셨고 그분을 영접하는 자에게는 하나님의 자녀가 되는 권세를 주셨다는 사실을 이야기한다. 요한복음은 이렇게 우주적인 스케일로 시작하면서 복음의 핵심을 처음부터 선언한다. 장면은 곧 예수께서 세례받는 요단강 현장으로 옮겨 간다.

• • •

하나님의 아들의 성육신 │ 요한복음에만 있는 내용을 ①로 표시했다.

1:1-1:18	말씀이 육신으로 ①	말씀이 육신이 되어 빛으로 세상에 오신 분이 예수 그리스도이시다.

2 공생애 활동

예수님의 공생애를 3년으로 보는 것은 요한복음에 나타난 유월절 횟수 때문이다. 네 번의 유월절이 기록되어 있다(요 2:13, 5:1, 6:4, 12:1). 예수께서는 세 번째 유월절을 제외하고는 매 번 유월절을 보내려고 예루살렘에 가셨다.

요한복음에 기록된 예수님의 수난받기 전까지의 공생애 자취는 다른 복음서와 거의 중복되지 않는다. 요한복음에 기록된 일곱 번의 '표적'과 일곱 번의 "나는 … 이다" 기사에 대하여는 개관에서 언급한 바 있다. 마지막 유월절 저녁 모임에 관한 기사 또한 요한복음만의 중요한 특징 중 하나이다. 여기에서 예수님은 예수님이 가신 이후의 상황에 대하여 자세히 설명해 주신다. 특히 예수님의 마지막 기도는 인류 구원의 역사에서 예수님이 바라시는 궁극적 지향점을 잘 보여준다. 그것은 하나님과 예수님과 제자들과 모든 믿는 자들의 '하나됨'이었다.

요한복음에서는 예수님의 자신에 대한 말씀이 많이 나타나는데, 그 내용은 매우 일관되다. 자신은 하나님이 보내셨고, 하나님이 원하시는 일을 하고 있으며, 하나님과 예수님은 하나라는 것을 여러 차례 강조하신다(요 3:31-36, 5:19-30, 5:31-47, 8:21-30, 10:30, 12:44-50, 14:9-10, 17:1-26). 요한복음은 처음부터 일관되게 예수님의 신성을 강조하고 있다.

• • •

하나님의 아들의 출현

1:19-28	세례 요한의 증언	자신은 그리스도가 아니며 뒤에 오시는 분이 있다고 함
1:29-34	하나님의 어린 양	요한은 예수가 세상 죄를 지고 가는 어린 양, 그리스도, 하나님의 아들이심을 증거함
1:35-51	첫 제자들 ①	예수께서 안드레, 빌립을 부르심. 안드레는 시몬을, 빌립은 나다나엘을 부름
2:1-12	가나의 혼인잔치 ① (표적 1 질의 초월) 상경 1 (유월절)	혼인잔치 집에서 물을 포도주로 변하게 하심
2:13-22	성전 정화	상인들을 쫓아내심(공관복음에는 공생애 말기에 있었던 것으로 기록됨. 마 21장, 막 11장, 눅 19장)
2:23-25	예루살렘 체류	많은 사람이 표적을 보고 믿으나 예수는 사람을 의지하지 않으심 (요한복음에서는 예수께서 세 번의 유월절을 보내신 것으로 기록. 2,6,12장)
3:1-21	예수와 니고데모 ①	"사람이 물과 성령으로 나지 아니하면 하나님나라에 들어갈 수 없다", "하나님이 세상을 이처럼 사랑하사 독생자를 주셨으니 이는 그를 믿는 자마다 멸망하지 않고 영생을 얻게 하려 하심이라"
3:22-30	그는 흥하여야 하고	세례를 주는 예수님을 보고 요한은 "그는 흥하여야 하겠고 나는 쇠하여야 하리라"
3:31-36	하늘로부터 오신 이	"하나님이 보내신 이는 하나님의 말씀을 전한다", "아들을 믿는 자에게는 영생이 있다"
4:1-26	예수와 사마리아 여인 ①	"내가 주는 물을 마시는 자는 영원히 목마르지 않다" "하나님은 영이시니 예배하는 자가 영과 진리로 예배할지니라"
4:27-42	사마리아 체류	"나의 양식은 나를 보내신 분의 뜻을 행하며 그의 일을 온전히 이루는 것이다"
4:43-54	왕 신하의 아들 치유 (표적 2 공간 초월)	"집으로 돌아가라. 네 아들이 살 것이다" 말씀과 동시에 치유받고 그와 온 집안이 함께 예수를 믿음

하나님의 아들에 대한 배척

	상경 2 (유월절)	
5:1-18	병자 치유 ① (표적 3 시간 초월)	38년 된 병자에게 "일어나 네 자리를 들고 걸어가라." 안식일에 병 고침과 하나님을 아버지라 함으로 유대인들이 예수를 죽이고자 함

HIS-heart 말씀 = 하나님 = 창조주 = 세상의 빛 = 예수 (요 1:1-14)

요한이 예수님을 설명하기 위해서 사용한 '말씀'이란 용어는 부가설명 없이는 이해하기 어렵다. 국어사전에서는 '말씀'을 다음과 같이 설명한다. ① 남의 말을 높여 이르는 말(예: 선생님 말씀대로 하겠습니다), ② 자기 말을 낮추어 이르는 말(예: 제가 말씀드리겠습니다), ③ 하나님이 자기 뜻과 계획을 알리는 데 사용한 수단(예: 성경 말씀대로 살자). 요한복음에서의 '말씀'은 이중 그 어느 것에도 해당되지 않는다. 여기서 '말씀'은 어떤 존재가 발화(發話)한 내용을 말하는 것이 아니라 존재 자체를 가리킨다.

요한복음 1장에서 '말씀'이란 용어는 헬라어 성경의 '로고스'를 번역한 것인데, 이 단어는 일반적으로 말, 언사, 진술 등을 뜻한다. 따라서 '말씀'이라고 번역함직하다. 그런데 신약시대 당시 헬라 철학자들은 '로고스'라는 단어를 좀 다른 뜻으로 사용했다. 스토아학파 사람들은 '우주에 질서를 부여하는 이성'이라고 보았다. 유대교와 헬라철학을 조화시키려 애썼던 유대인 철학자 필로는 하나님이 세상을 창조하실 때 로고스라는 도구를 통해 하셨다고 설명했다.

예수님을 소개하기에 적합한 단어는 세상에 없다. 왜냐하면 우주 역사상 그와 같은 존재는 없었기 때문이다. 요한이 찾은 가장 근접한 단어가 바로 철학자들이 사용한 '로고스'였다. 그래서 요한은 예수님을 설명하기 위해 로고스라는 단어를 일단 사용한다. 그러나 그들이 말하는 로고스가 인격체는 아니었으므로 예수님을 나타내기에는 아직 모자라다. 그래서 요한은 1절 마지막에 그분은 하나님이시라고 선포함으로써 로고스의 기존 의미에 수정을 가한다. 그렇게 함으로써 예수는 하나님이시고 창조주시며 세상의 생명이시라는 것을 알게 한다.

우리도 일상에서 이런 설명 방법을 사용한다. 어떤 장소를 알려줄 때 잘 알려진 건물을 먼저 소개한 후 거기에서 조금 더 가라는 식으로 설명하지 않는가.

5:19-30	아들의 권위	아들의 행함은 아버지를 따른 것이며 하나님으로부터 심판의 권한을 위임받음. "내 말을 듣고 나 보내신 이를 믿는 자는 영생을 얻었다"
5:31-47	아들에 대한 증거	예수의 하시는 일들이 아버지께서 보내셨다는 것을 증거함. 성경은 예수에 대하여 증거하는 것
6:1-15	오병이어 오천 명을 먹이심 (표적 4 양 초월)	디베랴 바다 건너편. 오병이어로 오천 명을 먹이심

6:16-21	물 위를 걸으심	가버나움으로 가는데 예수께서 걸어오심. 제자들은 기뻐 배에 모심
	(표적 5 중력 초월)	
6:22-59	생명의 떡 예수	오병이어 사건 다음날, 예수를 찾아온 무리들에게 "나는 하늘에서 내려온 생명의 떡이니 사람이 이 떡을 먹으면 영생하리라"
6:60-71	제자들의 반응	제자들이 이해하지 못함. "살리는 것은 영이니 육은 무익하니라. 내가 너희에게 이른 말은 영이요 생명이라." 제자 중 많은 사람이 떠남
7:1-9	예수 형제들의 불신	그 뒤 예수께서는 갈릴리를 두루 다니심. 초막절에 형제들이 예수께 유대로 가서 자신을 드러내라고 함
	상경 3 (초막절)	
7:10-24	초막절 성전에서	예수의 가르침에 놀라는 유대인들에게 "내 교훈은 내 것이 아니요 나를 보내신 이의 것이니라"
7:25-36	이 사람이 그리스도 인가	예수를 의심하는 사람들에게 스스로 온 것이 아니라 참된 분이 보내신 것이라 하심. 바리새인들이 예수를 잡으러 경비병을 보냄
7:37-39	생수의 강	명절 끝날 예수께서 "누구든지 목마르거든 내게로 와서 마시라. 나를 믿는 사람은 그 배에서 생수의 강이 흘러나올 것이다"
7:40-52	예수에 대한 논쟁	예수의 말씀을 듣고 무리 가운데 예수가 누구신지에 대한 논쟁이 벌어짐
	명절 끝난 다음날	
8:1-11	간음한 여인 ①	어떻게 할까 묻는 바리새인에게 "너희 중에 죄 없는 자가 먼저 돌로 치라"
		여인에게 "나도 너를 정죄하지 아니하노니 가서 다시는 죄를 범하지 말라"
8:12-20	나는 세상의 빛이다	그들에게 다시 "나는 세상의 빛이니 나를 따르는 자는 어둠에 다니지 아니하고 생명의 빛을 얻으리라"
8:21-30	나는 위에서 왔다	그들에게 다시 "내가 가리니 너희가 나를 찾다가 너희 죄 가운데서 죽겠고 내가 가는 곳에는 너희가 오지 못하리라"
	유대인들에게	
8:31-38	진리가 자유케	믿는 유대인들에게 "너희가 내 말에 거하면 참으로 내 제자가 되고 진리를 알지니 진리가 너희를 자유롭게 하리라"
8:39-47	너희 아비는 마귀	우리 아버지는 아브라함이라 하는 유대인들에게 "너희는 너희 아비 마귀에게서 나서 너희 아비의 욕심대로 행하고자 하느니라"

8:48-59	아브라함이 있기 전	예수께서 귀신 들렸다는 유대인들의 공격에 대하여 "아브라함이 있기 전부터 내가 있었다" 돌로 치려 하자 성전 밖으로 피하심
	맹인 치유 사건	
9:1-12	맹인 치유 (표적 6 운명 초월)	나면서 맹인 된 자를 고쳐주심. 그가 맹인 된 것은 죄가 아니라 하나님께서 하시는 일을 그에게서 나타나게 하시려 함
9:13-34	비뚤어진 바리새인들	치유 사건을 조사하며 인정하지 않으려 함
9:35-41	영적 맹인	바리새인에게 "너희가 맹인이었더라면 죄가 없었으려니와 본다고 하니 너희 죄가 그대로 있느니라"
10:1-21	양의 문 예수 ① 선한 목자 예수	"나는 문이다. 누구든지 이 문으로 들어오면 구원을 받고 들어오고 나가면서 꼴을 얻을 것이다", "나는 선한 목자다. 선한 목자는 양을 위하여 자기 목숨을 버린다"
10:22-42	유대인의 예수 배척	수전절 성전에서 그리스도인지 물을 때 "나와 아버지는 하나이다"
11:1-16	나사로의 죽음 ①	나사로가 죽은 후 예수께서 나사로의 집(베다니)으로 출발하심
11:17-44	나사로를 살리심 ① (표적 7 죽음 초월)	"나는 부활이요 생명이니 나를 믿는 자는 죽어도 살겠고 무릇 살아서 나를 믿는 자는 영원히 죽지 아니하리니 이것을 네가 믿느냐"
11:45-57	예수 죽이려는 음모	대제사장과 바리새인들이 예수를 죽이려 모의하고, 유월절에 명절 지키러 올 때 붙잡으려고 수배해놓음
12:1-8	향유 부은 여인	나사로의 동생 마리아가 향유 나드 한 근을 예수 발에 부음
	상경 4 (유월절)	
12:9-19	예루살렘 입성	나귀를 타고 예루살렘에 입성하심. 바리새인들은 근심함
12:20-36	예수의 승귀 예고 ①	명절을 지내러 온 헬라인의 방문을 받고 "한 알의 밀이 땅에 떨어져 죽지 아니하면 한 알 그대로 있고 죽으면 많은 열매를 맺느니라" "내가 땅에서 들리면 모든 사람을 내게로 이끌겠노라"
12:37-43	유대인들의 불신앙	사람들이 표적을 보고도 믿지 않음은 이사야의 예언을 이루려 함
12:44-50	나를 믿는 사람은	나를 믿는 사람은 나를 보내신 이를 믿는 것이니라.
	하나님의 아들의 고별 설교	
13:1-20	제자의 발을 씻기심 ①	식사 자리에서 일어나 제자들의 발을 씻어주심
13:21-30	배신당할 것을 예고	요한의 물음에 빵 조각을 찍어 유다에게 주심으로 알게 하심

13:31-35	새 계명 ⓙ	유다가 나간 뒤 "서로 사랑하라. 내가 너희를 사랑한 것같이 너희도 사랑하라. 너희가 서로 사랑하면 이로써 모든 사람이 너희가 내 제자인 줄 알리라"
13:36-38	베드로의 부인 예고	"닭 울기 전에 네가 세 번 나를 부인하리라"
14:1-14	내가 길, 진리, 생명	도마가 예수께서 어디로 가시는지 모른다 하니 "내가 곧 길이요 진리요 생명이니 나로 말미암지 않고는 아버지께로 올 자가 없느니라."
14:15-31	보혜사 성령 약속 ⓙ	"보혜사 곧 아버지께서 내 이름으로 보내실 성령께서 너희에게 모든 것을 가르치고 내가 너희에게 말한 모든 것을 생각나게 하리라"
15:1-17	참포도나무 예수 ⓙ	"나는 참포도나무요 너희는 가지라 그가 내 안에, 내가 그 안에 거하면 사람이 열매를 많이 맺나니 나를 떠나서는 너희가 아무것도 할 수 없음이라"
15:18-16:4	너희를 미워하면	"너희는 세상에 속한 자가 아니요 도리어 내가 너희를 세상에서 택하였기 때문에 세상이 너희를 미워하느니라"
16:5-15	성령이 하시는 일	내가 떠나가는 것이 유익이다. 내가 가면 보혜사를 보내주겠다. 그가 오면 죄와 의와 심판에 대하여 세상의 그릇된 생각을 바로잡아주실 것이다.
16:16-24	슬픔이 기쁨으로	"너희는 울며 애통하겠으나 그 근심이 기쁨으로 바뀔 것이다"
16:25-33	내가 세상을 이겼다	"너희는 시련을 당할 것이나 담대하라 내가 세상을 이겼노라"
17:1-26	예수님의 대제사장적 기도 ⓙ	"아버지께서 내 안에, 내가 아버지 안에 있는 것같이, 그들도 다 하나가 되어 우리 안에 있게 하사 세상으로 아버지께서 나를 보내신 것을 믿게 하옵소서"

❸ 수난과 부활

예수님의 수난에 관한 기사는 다른 복음서와 유사하다. 다만 예수께서 어머니를 요한에게 부탁하신 것은 요한만이 아는 사실일 것이다. 부활하신 예수님은 처음 막달라 마리아에게 나타나시고 제자들이 모여 있을 때 세 번 나타나신다. 제자들이 갈릴리 호수에서 물고기를 잡고 있을 때 마지막으로 오셔서 예전처럼 제자들과 함께 잡수신다. 그리고 베드로에게 "네가 나를 사랑하느냐?" 하고 세 번 물으신다. 베드로가 대답할 때마다 "내 양을 먹이라"고 당부하신다. 예수님을 세 번 부인한 베드로의 한 맺힌 가슴에 사랑의 고백을 할 기회를 세 번 주신 다음 "나를 따르라" 명하시는 장면으로 요한복음은 마무리된다.

• • •

His-heart 예수님의 마지막 기도 (요 17장)

제자들과 보내는 마지막 밤, 예수님은 자신이 세상을 떠나게 될 것과 그 후의 일에 대하여 미리 알려준 다음(14-16장) 마지막 기도를 해주신다(17장). 이 기도에서 예수님이 간절히 구한 것은 '하나됨'이었다. 하나님 아버지와 예수님이 하나인 것처럼 제자들과 또한 제자들 때문에 예수님을 믿게 될 사람들까지 모두 하나님 안에서 하나가 되는 것, 그것이 예수님에게 가장 간절했다.

에덴에서 아담과 하와는 하나님 안에서 하나였다. 그들이 하나님의 말씀에 불순종했을 때 하나됨은 깨지고 인간은 하나님을 등지게 되었다. 하나님은 이 불행한 사태를 바로잡기 위해 오랜 세월 무진 애를 쓰셨지만 인간은 이를 따라오지 못했다. 이를 해결하기 위해 하나님이 세상에 보내신 분이 바로 예수. 예수님의 기도에서 하나님의 마음을 분명하게 확인할 수 있다. 모든 인간이 하나님 안에서 하나가 된 사랑의 공동체, 그것이 하나님이 주관해 가시는 인류 역사의 끝 지점인 것이다. 따라서 '우리가 어떻게 살아야 하는가?'에 대한 답은 매우 단순하고 분명하다. 하나님이 추구하시는 사랑의 공동체를 이루는 일에 동참하는 것이다. 이 목표를 지향하지 않는 그 어떤 모임도 열심도 희생도 무의미하다.

 통독 순서 안내 요한복음 → 사도행전 1-12장 → 야고보서

○ 사복음서 대조 ○

▷▷▷ 바탕색이 있는 구절은 타 복음서에는 없는 구절을 나타낸다. 괄호 안의 구절은 해당 복음서에 기록된 위치를 나타냄

내용	마태복음	마가복음	누가복음	요한복음
하나님이신 예수				
태초에 계신 말씀이 육신으로 오심				1:1-18
예수 탄생 배경				
사가랴에게 나타난 가브리엘			1:5-1:22	
마리아에게 수태 고지			1:26-38	
엘리사벳을 방문한 마리아	–	–	1:39-56	–
세례 요한의 출생	–	–	1:57-80	
예수님의 족보	1:1-17		3:23-38	
천사가 요셉에게 나타남	1:18-25	–	–	–
예수 탄생				
예수님 탄생	1:25	–	2:1-7	–
목자들의 방문	–	–	2:8-20	–
할례를 받으심	–	–	2:22-24	–
시므온과 안나의 찬양	–	–	2:25-38	–
동방박사들의 방문	2:1-12			
애굽으로의 도피	2:13-18	–	–	–
나사렛으로 돌아옴	2:19-23	–	2:39	–
12살에 성전에 올라가심	–	–	2:41-50	–
지혜와 키가 자람	–	–	2:51-52	–
공생애 준비				
세례 요한의 천국 전파	3:1-12	1:1-8	3:1-18	1:6,19-28
요한에게 세례 받으심	3:13-17	1:9-11	3:21-22	1:29-34
광야에서 시험 받으심	4:1-11	1:12-13	4:1-13	–
공생애 첫 해				
제자를 부르심 (안드레, 시몬, 빌립, 나다나엘, 요한)	–	–	–	1:35-49
물로 포도주 만드심 – 표적 ①	–	–	–	2:1-11
잠시 가버나움 방문	–	–	–	2:12

내용	마태복음	마가복음	누가복음	요한복음
유월절 상경	–	–	–	2:13-25
성전을 깨끗하게 하심	(21:12-13)	(11:15-19)	(19:45-46)	2:13-17
예루살렘에서 표적을 행하심				2:23-25
니고데모에게 거듭남을 가르치심	–	–	–	3:1-21
최초의 유대 전도	–	–	–	3:22
사마리아 여인과 생수	–	–	–	4:4-26
사마리아에서 전도하심	–	–	–	4:28-42
세례 요한이 감옥에 갇힘	4:12	1:14	3:19-20	
첫번째 갈릴리 전도	4:12-17	1:14-15	4:14-15	4:3,43-45
왕의 신하의 아들을 고치심 – 표적 ②	–	–	–	4:46-54
공생애 둘째 해				
나사렛 회당에서 배척받으심	–	–	4:16-30	–
가버나움으로 옮기심	4:13-16	–	4:31-32	–
시몬이 물고기 잡은 기적			5:4-9	
어부를 제자로 부르심 (시몬, 안드레, 야고보, 요한)	4:18-22	1:16-20	5:8-11	–
회당에서 귀신을 쫓아내심	–	1:23-28	4:33-37	–
많은 사람을 고치심	8:14-17	1:29-34	4:38-41	–
갈릴리 순회 전도	4:23-25	1:38-39	4:43-44	
나병환자를 고치심	8:2-4	1:40-42	5:12-13	
가버나움으로 돌아오심	–	2:1-2	–	–
중풍병자를 고치심	9:2-8	2:2-12	5:18-26	
마태를 부르시고 집에서 식사	9:9-13	2:13-17	5:27-32	–
유월절 상경	–	–	–	5:1
베데스다에서 병자 고치심 – 표적 ③	–	–	–	5:2-9
아버지의 일을 하시는 예수	–	–	–	5:17-47
금식 논쟁		2:18-22		
안식일 논쟁(밀 이삭 자름)	12:1-8	2:23-28	6:1-5	–
안식일 논쟁(손 마른 자 치유)	12:9-14	3:1-6	6:6-11	–
갈릴리 근처에서 많은 무리 고치심	12:15	3:7-12		–
열두 제자를 임명하심	10:1-4	3:13-19	6:12-16	–

내용		마태복음	마가복음	누가복음	요한복음
산상수훈	복이 있는 사람	5:1-12		6:20-23	
	빛과 소금이 되라	5:13-16	(9:50)	14:34-35	
	율법을 완전하게 하심	5:17-20			
	형제에게 노하지 말라	5:21-26			
	간음하지 말라	5:27-32	(10:11-12)	16:18	
	맹세하지 말라	5:33-37			
	보복하지 말라	5:38-42		6:29-30	
	원수를 사랑하라	5:43-48		6:27-28, 32-36	
	구제를 은밀하게 하라	6:1-4			
	이렇게 기도하라(주기도문)	6:5-15		11:2-4	
	금식할 때 외식하지 말라	6:16-18			
	보물을 하늘에 쌓으라	6:19-24		11:34-36 (12:22-34, 16:13)	
	염려하지 말라	6:25-34			
	비판하지 말라	7:1-6		6:37-38, 41-42	
	구하라 찾으라 두드리라	7:7-12			
	좁은 문으로 들어가라	7:13-14		(13:24)	
	열매로 그들을 알리라	7:15-20		6:43-44	
	천국에 들어가는 자	7:21-29		6:47-49, (13:25-27)	
가버나움에서 전도하심		8:5	-	7:1	-
백부장의 하인을 고치심		8:5-13	-	7:2-10	-
나인에서 전도하심		-	-	7:11	-
과부의 아들을 살리심		-	-	7:12-16	-
세례 요한의 질문에 대한 답변		11:2-6	-	7:18-23	-
세례 요한에 대해 설명하심		11:7-19	-	7:24-35	-
회개치 않은 도시에 대한 심판		11:20-24	-	-	-
무거운 짐진 자들아 내게로 오라		11:25-30			
바리새인과 향유를 부은 여자		(26:6-13)	(14:3-9)	7:36-48	(12:2-8)
두 명의 빚진 자에 대한 비유		-	-	7:41-43	-
갈릴리 순회 전도		-	-	8:1-3	-
눈멀고 말 못하는 자를 고치심		12:22	-	11:14	-

내용		마태복음	마가복음	누가복음	요한복음
바알세불 논쟁		12:24-37	3:20-30	11:14-23	-
표적을 구하는 자에게 대답		12:38-45	-	11:24-32	-
예수의 어머니와 형제 자매		12:46-50	3:31-35	8:19-21	-
바리새인의 위선을 질책하심		(23:1-36)	(12:38-40)	11:37-52	-
어리석은 부자에 대한 비유		-	-	12:16-21	-
염려하지 말라		(6:25-34)	-	12:22-32	-
혼인잔치에 대한 비유		-	-	12:36-38	-
지혜로운 청지기에 대한 비유		(24:45-51)	-	12:42-48	-
열매 맺지 못하는 무화과나무 비유		-	-	13:6-9	-
천국비유	네 곳에 뿌려진 씨의 비유	13:3-9,18-23	4:3-20	8:4-15	
	알곡과 가라지의 비유	13:24-30, 36-43	-	-	
	등불과 등경 비유	-	4:21-25	-	
	자라나는 씨 비유	-	4:26-29	-	
	겨자씨의 비유	13:31-32	4:30-32	13:18-19	-
	누룩에 대한 비유	13:33	-	13:20-21	
	숨겨진 보화에 대한 비유	13:44	-	-	
	값진 진주에 대한 비유	13:45-46	-	-	
	그물의 비유	13:47-51	-		-
거라사 지방으로 여행		8:28	4:35-36	8:22	
폭풍을 잠잠케 하심		8:24-27	4:37-41	8:23-25	
귀신을 쫓아내심		8:28-34	5:1-20	8:26-39	
혈루증 앓는 여인을 고치심		9:20-22	5:21-34	8:43-48	
야이로의 딸을 살리심		9:18-19, 23-26	5:22-24, 35-43	8:41-42, 49-56	
맹인과 벙어리 된 자를 고치심		9:27-34	-	-	
공생애 셋째 해					
나사렛에서 다시 배척 받으심		13:54-58	6:1-6		
갈릴리 순회 전도		9:35-38	6:6		
열두 제자의 파송		10:5-42	6:7-13	9:1-6	-
세례 요한의 죽음		14:1-12	6:14-29	9:7-9	-
5천 명 먹이심(유월절 즈음) – 표적 ④		14:13-21	6:30-44	9:10-17	6:1-14

내용	마태복음	마가복음	누가복음	요한복음
물 위를 걸으심 – 표적 ⑤	14:22-23	6:45-52	–	6:16-21
많은 기적을 행하심	14:34-36	6:53-56	–	–
나는 생명의 떡이다 – 나는 ①	–	–	–	6:25-59
많은 제자들이 떠나감	–	–	–	6:60-71
손 씻는 전통 논쟁	15:1-9	7:1-13	–	–
두로와 시돈으로 여행	15:21-28	7:24-31	–	–
수로보니게 여인 딸을 고치심	15:22-28	7:25-30	–	–
데가볼리로 여행	–	7:31	–	–
귀머거리와 벙어리를 고치심	–	7:32-37	–	–
많은 기적을 행하심	15:29-31	–	–	–
4천 명을 먹이심	15:32-38	8:1-9	–	–
표적을 구하는 자를 책망하심	16:1-4	8:10-12	–	–
누룩에 대해 경계하심	16:5-12	8:14-21		
벳새다에서 맹인을 고치심	–	8:22-26		–
가이사랴 빌립보로 여행	16:13-17:20	8:27-9:29	9:18-27	
베드로의 신앙고백	16:13-19	8:27-29	9:18-21	
십자가 고난 예고 ①	16:21	8:31-38	9:22	
영광스런 모습으로 변모	17:1-9	9:1-13	9:28-36	–
귀신 들린 아이를 고치심	17:14-20	9:14-29	9:37-42	
십자가 고난 예고 ②	17:22-23	9:30-32	9:43-45	
납세에 대한 말씀	17:24-27	–	–	–
겸손, 작은 자, 용서에 대한 교훈	18:1-22	9:33-50	9:46-50	–
용서할 줄 모르는 종 비유	18:23-35	–		
사마리아의 배척			9:51-56	
나를 따르라	8:19-22		9:57-62	
제자 70인 파송	–	–	10:1-16	–
제자 70인 돌아옴			10:17-24	
열 명의 나병환자를 고치심	–	–	17:11-19	–
예수 형제들의 불신				7:1-9
초막절 상경 및 가르침	–	–	–	7:10-52
간음한 여인을 용서하심	–	–	–	8:1-11

내용	마태복음	마가복음	누가복음	요한복음
나는 세상의 빛이다 – 나는 ②	–	–		8:12-59
선한 사마리아인의 비유	–	–	10:25-37	–
마르다와 마리아의 집에 유하심	–	–	10:38-42	–
밤중에 찾아온 친구의 비유	–	–	11:5-13	–
맹인을 고치심 – 표적 ⑥	–	–	–	9:1-41
나는 양의 문이다 – 나는 ③	–	–	–	10:1-6
나는 선한 목자이다 – 나는 ④				10:7-21
수전절	–	–	–	10:22-40
요단강 건너편으로 가심	19:1-2	10:1		10:39-42
마지막 몇 달 동안의 사역				
나사로를 살리심 – 표적 ⑦	–	–	–	11:1-44
나는 부활이요 생명이다 – 나는 ⑤				11:25
에브라임으로 가심	–	–	–	11:54
베레아 여행				
18년간 불구인 여인을 고치심	–	–	13:10-17	–
구원받은 자에 대한 비유	7:13-14, 21-23	–	13:23-30	–
바리새인과 식사하심	–	–	14:1-24	–
수종병자를 고치심	–	–	14:1-6	–
상좌에 앉은 자에 대한 비유	–	–	14:7-11	–
큰 잔치의 비유	22:1-10	–	14:15-24	–
비용을 예산하는 자의 비유	–	–	14:25-33	–
잃은 양의 비유	18:12-14	–	15:1-7	–
잃은 은전의 비유	–	–	15:8-10	–
잃은 아들(탕자)의 비유	–	–	15:11-32	–
불의한 청지기의 비유	–	–	16:1-13	–
부자와 나사로의 비유	–	–	16:19-31	–
인내, 신앙, 겸손에 대한 설교	18:6-7, 21:22	–	17:1-10	
재림에 대한 설교	24:23-28, 37-41	–	17:20-37	
굽힐 줄 모르는 과부의 비유			18:1-8	
바리새인과 세리의 비유	–	–	18:9-14	–

내용	마태복음	마가복음	누가복음	요한복음
이혼에 대한 말씀	19:3-12	10:2-12		–
어린아이들을 축복하심	19:13-15	10:13-16	18:15-17	–
부자 청년에 대한 말씀	19:16-30	10:17-31	18:18-30	–
포도원 일꾼에 대한 비유	20:1-16	–		–
십자가 고난 예고 ③	20:17-19	10:32-34	18:31-34	–
여리고를 거쳐 예루살렘으로	20:20-34	10:35-52	18:35-19:27	
야고보와 요한의 야심	20:20-28	10:35-45		–
두 맹인을 고치심	20:20-34	10:46-52	18:35-43	–
삭개오를 만나심	–	–	19:2-10	
열 므나에 대한 비유	25:14-30	–	19:11-27	
예수께 향유를 부은 베다니 여인	26:6-13	14:3-9	(7:36-48)	12:2-8

고난받으시는 그리스도

일요일

예루살렘 입성	21:1-11	11:1-11	19:28-44	12:12-19

월요일

무화과나무를 저주하심	21:18-20	11:12-14, 20-25		
성전을 깨끗하게 하심	21:12-13	11:15-19	19:45-46	(2:13-17)
성전에서 맹인과 저는 자를 고치심	21:14	–		–

화, 수요일

예수의 권위에 대한 질문	21:23-27	11:27-33	20:1-8	–
두 아들의 비유	21:28-32	–		–
악한 소작인의 비유	21:33-41	12:1-12	20:9-16	–
왕의 아들의 비유	22:1-14			–
세금에 대한 질문(바리새인)	22:15-22	12:13-17	20:20-26	–
부활에 대한 질문(사두개인)	22:23-33	12:18-27	20:27-40	–
가장 큰 계명 질문(율법사)	22:34-40	12:28-34	–	–
예수의 질문	22:41-46	12:35-37	20:41-44	–
바리새인의 위선을 질책하심	23:1-36	12:38-40	11:37-52, 20:45-47	–
거역하는 예루살렘	23:37-39		13:34-35	
과부의 헌금	–	12:41-44	21:1-4	–

내용		마태복음	마가복음	누가복음	요한복음
이방인들의 방문		–	–	–	12:20-36
불신앙에 대한 말씀		–	–	–	12:37-50
종말설교	대환난에 대한 예언	24:1-14	13:1-13	21:5-19	–
	징조와 미래의 일들	24:15-42	13:14-37	21:20-36	–
	열 처녀의 비유	25:1-13	–	–	–
	지혜로운 청지기	24:45-51	–	(12:42-48)	–
	달란트의 비유	25:14-30	–	19:11-27	–
	심판날에 대한 말씀	25:31-46	–	–	–
유대인과 가룟 유다의 음모		26:1-5,14-16	14:1-2,10-11	22:1-6	–
목요일					
유월절 준비		26:17-19	14:12-16	22:7-13	–
유월절 식사 – (18:00)		26:20	14:17-18	22:14-18	–
제자들의 논쟁		–	–	22:24-30	–
제자들의 발을 씻기심		–	–	–	13:1-17
배반자를 지적하심		26:21-25	14:18-21	22:21-23	13:21-30
성찬 의식		26:26-29	14:22-26	22:19-23	
예수님의 고별사		–	–	–	14:1-31
나는 길, 진리, 생명이다 – 나는 ⑥					14:6
나는 참포도나무이다 – 나는 ⑦		–	–	–	15:1-11
성령이 오셔서 하실 일		–	–	–	16:7-15
예수님의 중보 기도		–	–	–	17:1-26
베드로가 부인할 것을 예고하심		26:31-35	14:27-31	22:31-34	
겟세마네의 기도 – (23:00)		26:36-46	14:32-42	22:39-46	18:1
붙잡히심 – (24:00)		26:47-56	14:43-52	22:47-53	18:3-12
대제사장 종의 귀를 고치심		–	–	22:50-51	–
금요일					
대제사장 집으로 끌려가심 – (1:00)		26:57	14:53	22:54	18:13-14
베드로가 예수님을 부인함		26:69-75	14:66-72	22:54-62	18:15-18, 25-27
공회 앞에 서신 예수 – (3:00)		26:57-68	14:53-65	22:66-71	18:19-24
빌라도 앞에 서신 예수 – (5:00)		27:1-2,11-24	15:1-5	23:1-5	18:28-38
헤롯 앞에 서신 예수 – (5:30)		–	–	23:6-12	–

내용	마태복음	마가복음	누가복음	요한복음
예수를 풀어주려는 빌라도 – (6:00)	27:15-26	15:6-14	23:13-24	18:39-40
빌라도의 아내의 만류	27:19	–		–
빌라도가 손을 씻음	27:24	–		–
빌라도가 사형을 선고함	27:26-30	15:15	23:24	19:1-16
조롱 받으시는 예수	27:28-30	15:16-20		19:1-3
가룟 유다의 자살	27:3-10	–		–
십자가를 지심 – (6:30)	27:31-33	15:20-22	23:26	19:17
여인들이 애통해 함	–	–	23:27-31	–
예수께서 쓸개 탄 포도주를 거절하심	27:34	15:23		
십자가에 달리심 – (9:00)	27:35-38	15:24-27	23:33	19:18-24
군병들이 옷을 제비 뽑음	27:35	15:24	23:34	19:23-24
유대인들의 조롱	27:39-43	15:29-32	23:35	–
행악자의 회개	–	–	23:39-43	–
예수가 어머니를 요한에게 부탁	–	–	–	19:25-27
운명하심 – (15:00)	27:45-50	15:33-37	23:44-46	19:28-30
성전 휘장 갈라지고 무덤이 열림	27:51-53	15:38	23:45	
백부장의 고백	27:54	15:39	23:47	–
시신을 무덤에 옮김	27:57-61	15:42-47	23:50-53	19:31-42
경비병이 무덤을 지킴	27:62-66	–		–
부활하신 그리스도				
무덤을 찾아온 여인들	28:1-10	16:1-8	24:1-12	20:1-10
막달라 마리아에게 나타나심		16:9-11		20:11-18
다른 여자들에게 나타나심	28:8-10		–	
경비병의 보고	28:11-15	–	–	
엠마오 가는 제자에게 나타나심	–	16:12-13	24:13-35	–
제자들에게 나타나심	–		24:36-49	20:19-25
제자들에게 나타나심		16:14-18	–	20:26-29
갈릴리 산에서 "제자 삼으라"	28:16-20	–	–	–
갈릴리 호수에서 "내 양을 먹이라"	–	–	–	21:1-25
하늘로 올리우심	–	16:19-20	24:50-53	

NOTE
연 구 노 트

사도행전

1 저자

누가. 이방인이며 의사였다(골 4:10-14). 바울과 누가는 2차 전도여행에서 드로아에서 만났으며 바울이 두 번에 걸쳐 로마에 감금되었을 때 함께 있었다(딤후 4:11). 그는 비록 이방인이었지만 두 권의 성경을 저술했다.

2 수신자

데오빌로

3 주제

성령의 권능 안에서 땅끝까지 뻗어 나가는 복음과 교회의 성장

4 배경

누가는 1장 1절에서 '먼저 쓴 글' 즉 누가복음을 상기시킨다. 누가복음에서는 예수께서 승천하실 때까지의 일을 기록했고 사도행전에서는 그다음의 이야기를 기록했다. 사도행전에 매우 중요한 사건들 즉, 네로의 박해(64), 바울의 죽음(67), 예루살렘 멸망(70) 등에 대한 암시가 없는 것으로 보아 이 책의 기록 시기는 그 이전인 주후 60-62년에 기록된 것으로 본다.

5 내용

예수님은 제자들에게 마지막으로 "오직 성령이 너희에게 임하시면 너희가 권능을 받고 예루살렘과 온 유대와 사마리아와 땅끝까지 이르러 내 증인이 되리라"(행 1:8)라고 말씀하셨다. 사도행전은 이 말씀에 따라 구세주의 소식을 이 세상을 향하여 전파하기 시작한 사람들에

관한 이야기이다. 책의 구성도 이 말씀과 같이 예루살렘, 유대, 사마리아, 이방 나라 순으로 복음이 전파된 과정을 기록하고 있다. 이 과정에서 사도들이 교회에게 보낸 편지들이 서신서인데, 사도행전은 복음서와 서신서를 연결하는 역할을 한다. 누가는 복음 전파 과정을 주도한 것은 성령이심을 강조한다. 따라서 이 책은 '사도들을 통해 일하신 성령의 행전'이라고도 할 수 있다. 열두 사도 중에서 주로 베드로와 바울에 관하여 기록했다.

6 구조

구분	예루살렘에서 증거		유대와 사마리아에서 증거	땅끝까지 증거	
	1:1 　　　　3:1 　　　　　　8:5		13:1	21:27	
	교회의 탄생	교회의 성장	교회의 확장	바울의 전도여행	바울의 시련
주인공	베드로		빌립, 베드로	바울	
장소	예루살렘		유대, 사마리아	소아시아, 마게도냐, 아가야	
시기	2년 (AD 30-31)		14년 (AD 31-45)	17년 (AD 46-62)	

개요

1 예루살렘에서 증거

HIS-STORY 　예수께서 제자들에게 예루살렘에서 성령을 기다리라고 당부하고 승천하신 지 10일 후에 예수님의 말씀대로 성령이 제자들에게 임하신다. 그들은 권능으로 충만해져 부활하신 주님을 담대히 선포한다. 베드로가 성령 강림 현장에 모인 사람들을 향해 힘차게 메시지를 전할 때 삼천 명이 그리스도를 믿게 된다. 베드로는 날 때부터 걷지 못하는 사람을 치유한 후에 백성들에게 두 번째 메시지를 전하는데, 이때는 전보다 더 많은 오천 명이 그리스도를 믿게 된다.

　교회가 날로 성장하여 사도들의 사역이 과중하므로 집사들을 세워 교회를 섬기게 한다. 사도들이 표적과 기사를 많이 행하며 부활하신 예수를 선포하자 종교 지도자들은 사도들을 박해하기 시작한다. 스데반 집사는 이적을 행하며 복음을 전하다가 체포된다. 그는 공회에서 심문을 받을 때 담대하게 예수를 메시아로 선포한다. 그러자 공회원들이 스데반을 성 밖으로 끌고 나가 돌로 쳐 죽인다. 기독교 최초의 순교 사건이다.

교회의 탄생

1:1-11 예수님의 당부. "아버지께서 약속하신 것을 기다리라. 몇 날이 못 되어 성령으로 세례를 받으리라. 성령이 임하시면 권능을 받고 땅끝까지 내 증인이 되리라"

1:12-26 제자 120명이 다락방에 모여 기도하다. 유다의 자리에 맛디아를 세우다.

성령 강림

2:1-13 오순절에 성령이 임하시고 방언을 말하다(아침 9시).

2:14-42 베드로가 모인 무리에게 자초지종을 설명하다(요엘서, 시편을 인용). 3천 명이 세례받다.

2:43-47 믿는 사람들이 함께 지내며 모든 것을 공동으로 소유하다.

교회의 성장

베드로가 앉은뱅이를 고치다

3:1-10 베드로와 요한이 앉은뱅이를 고치다.

3:11-26 베드로가 이적을 보고 모인 사람들에게 전도하며 회개하고 죄 사함을 받으라 외치다.

4:1-31 제사장들과 사두개인들이 베드로와 요한을 잡았다가 위협하고 놓아주다.

초대교회의 공동생활

4:32-37 성도들이 한마음으로 재물을 나눠 쓰다. 바나바가 밭을 팔아 헌금하다.

5:1-11 아나니아와 삽비라가 땅 값을 헌금할 때 성령을 속인 일로 죽다. 온 교회가 두려워하다.

사도들에 대한 시기와 핍박

5:12-16 사도들의 손을 통하여 표적과 기사가 많이 일어나다.

5:17-32 사도들이 투옥되다. 천사가 이끌어 내니 사도들이 예수를 선포하다가 다시 체포되다.

5:33-42 바리새인 율법교사 가말리엘의 충고에 따라 사도들을 석방하다.

6:1-7 구제 활동을 담당할 일곱 집사를 세우다.

스데반 집사의 순교

6:8-15 스데반이 큰 기사와 표적을 행하자 유대인들이 모함하여 공회에 세우다.

7:1-53 스데반 집사가 유대인이 성령을 거슬러 선지자와 메시아를 죽였다고 지적하다.

7:54-60 공회원들이 스데반을 돌로 쳐서 죽이다.

② 유대와 사마리아에서 증거

HIS-STORY 스데반 순교 사건으로 예루살렘 성도들이 흩어진다. 빌립은 사마리아 지역에 복음을 전하고 큰 성과를 거둔다. 한편 복음이 땅끝까지 전파되기 위한 중요한 일이 벌어지는데 그것은 사울의 회심과 안디옥교회의 탄생이다. 사울은 예수 믿는 자들을 핍박하기 위하여 다메섹으로 가다가 예수님을 만나고 회심한다. 예루살렘에서 흩어진 성도들이 안디옥에서 전도하여 교회가 세워진다(후일 바울은 안디옥교회를 목회하게 되며 안디옥교회의 파송을 받아 이방을 향한 전도여행을 떠나게 된다). 베드로는 성령의 인도하심에 따라 로마인 백부장의 집에 복음을 전한다. 바야흐로 복음이 예루살렘 밖을 향하여 뻗어나가기 시작한 것이다. 한편 예루살렘에서는 사도 야고보가 헤롯 아그립바 왕에 의해 죽임을 당한다. 사도 최초의 순교이다. 베드로는 체포되었다가 천사가 이끌어 내주어 피신한다.

• • •

[교회의 확장]

8:1-3 예루살렘의 교회에 큰 박해가 있어 사도 외에는 흩어지다. 스데반을 장사하다.

빌립의 사역 (사마리아 → 가사로 가는 광야길 → 아소도 → 가이사랴)

8:4-25 빌립이 사마리아에 복음을 전파하다. 베드로와 요한을 보내어 안수하니 그들이 성령을 받다.

8:26-40 빌립이 에디오피아 관리에게 이사야서 53장 말씀을 풀이해주고 세례를 주다.

그 후 빌립은 아소도에 나타나서 가이사랴까지 복음을 전파하다.

사울의 회심

9:1-19 사울이 다메섹 가는 길에 예수님을 만나다.

9:20-22 사울이 다메섹 회당에서 예수가 하나님의 아들이심을 전파하다.

9:23-25 유대인들이 사울을 죽이려고 성문을 지키니, 제자들이 밤에 바울을 광주리에 담아 내리다.

9:26-31 바나바가 사울을 예루살렘에 소개하다(바울의 예루살렘 1차 방문). 사울이 담대히 전도하니 유대인들이 죽이려 하여 사울을 다소로 보내다.

베드로의 사역 (룻다 → 욥바 → 가이사랴)

9:32-43 베드로가 룻다의 애니아를 고치고 욥바의 다비다(도르가)를 살리니 많은 사람이 주를 믿다.

10:1-48 베드로가 환상을 보고 고넬료의 집에 가서 복음을 전하고 세례를 베풀다.

11:1-18 베드로가 예루살렘교회에 고넬료의 집에 은혜 주신 일을 보고하다.

안디옥에 교회가 세워지다

11:19-26	스데반의 일로 흩어진 사람들이 안디옥 헬라인들에게 말씀을 전하니 많은 사람들이 믿다. 예루살렘교회가 바나바를 보내다. 바나바는 사울을 데리고 와 큰 무리를 가르치다.
11:27-30	안디옥교회가 예루살렘교회에 구제 헌금을 전달하다(바울의 예루살렘 2차 방문).

헤롯이 사도들을 해치다 (야고보의 순교, 베드로의 투옥)

12:1-5	헤롯이 사도 야고보(요한의 형제)를 칼로 죽이고 베드로를 무교절 기간 중 잡아 투옥하다.
12:6-19	천사가 베드로를 옥에서 이끌어 내다.
12:20-24	헤롯(아그립바)이 교만하므로 주의 사자가 쳐서 죽다.
12:25	바나바와 사울이 예루살렘교회에 부조한 후 마가를 데리고 안디옥으로 돌아오다.

> ✝ 통독 순서 안내 사도행전 1-12장 → 야고보서 → 사도행전 13,14장

③ 땅끝까지 증거

13장부터는 사도행전의 초점이 베드로에게서 바울로 옮겨지고, 교회의 근거지도 예루살렘에서 안디옥으로 바뀐다. 바울은 안디옥교회의 파송을 받아 세 차례 전도여행을 다닌다. 1차 전도여행은 바울, 바나바, 마가가 함께 출발한다. 먼저 구브로 섬(바나바의 고향)으로 갔다가 마가는 중도에 돌아가고 바울과 바나바만 비시디아와 갈라디아 지역을 다닌 후 돌아온다. 바울이 전도여행에서 돌아오자 이방인에 대한 할례 문제로 예루살렘에서 회의가 열려 개종한 이방인들에게 율법 지킬 것을 요구하지 않기로 결의한다.

2차 전도여행에서는 1차 여행에서 방문한 갈라디아 성읍들을 다시 한 번 돌아본다. 이때 바울은 1차 여행에서 회심한 루스드라의 디모데를 여행에 동참시킨다. 성령의 인도하심으로 바울 일행은 바다 건너 마게도니아로 간다. 이때 누가가 여행에 합류한다. 일행은 빌립보, 데살로니가, 베뢰아, 아덴을 거쳐 고린도에 도착한다. 여기서 바울은 브리스길라와 아굴라 부부를 만나 함께 일하며 1년 반 동안 전도하다 안디옥으로 돌아온다.

3차 전도여행에서는 에베소에 3년을 머물며 선교하다가 2차 전도여행에서 개척한 마게도니아 지역 교회들을 방문하고 돌아온다. 바울은 예루살렘에 가지 말라는 경고를 받지만 예루살렘 방문을 포기하지 않는다. 바울이 성전에 들어갔을 때 유대인들은 소요를 일으키며 바울을 죽이려 한다. 이를 안 로마의 천부장은 바울을 가이사랴의 총독에게로 보냈는데, 바

울은 가이사에게 상소하여 로마로 호송된다. 그는 로마 셋집에 구금된 상황에서도 열심히 복음을 전한다.

• • •

[바울의 전도여행]

13:1-3 ○ 안디옥교회가 바나바와 바울을 파송하다.

1차 전도여행

13:4-12 ○ 바나바, 바울, 요한(마가)이 구브로에 가서 전도하다. 마술사 바예수를 꾸짖으니 눈이 멀다.

13:13-52 ○ 요한은 버가에서 돌아가고 바울과 바나바가 비시디아 안디옥 회당에서 전도하니 많은 사람이 믿다. 유대인들이 박해하여 이고니온으로 가다.

14:1-7 ○ 두 사도가 이고니온에서 오랫동안 담대히 전도하니 많은 사람이 믿다. 유대인이 해치려 하여 루스드라로 가다.

14:8-20 ○ 바울이 걷지 못하는 사람을 고치니 무리가 신으로 알고 제사하려 하다. 유대인들이 바울을 돌로 쳐서 시외에 버리다. 바울과 바나바가 더베로 옮겨 전도하다.

14:21-28 ○ 다시 역순으로 다니며 권면하고 안디옥으로 귀환하여 사역을 보고하다.

 통독 순서 안내 사도행전 13-14장 → 갈라디아서 → 사도행전 15장-18장 22절

예루살렘 회의

15:1-21 ○ 이방인이 할례 받아야 하는가에 대하여 예루살렘에서 회의한 결과 이방인에게 율법을 지우지 않되 우상의 제물, 피, 목매어 죽인 것, 음행을 멀리할 것을 권하기로 하다.

15:22-35 ○ 예루살렘교회가 유다(바사바)와 실라를 안디옥교회에 보내어 회의 결과를 전달하다.

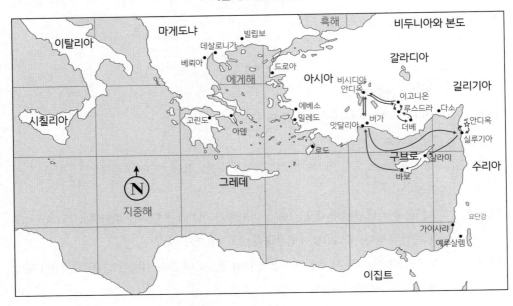

○ 바울의 1차 전도여행 ○

His-heart 성령행전

복음 전파의 과정은 전적으로 성령께서 주도해 가신다. 전략적인 포석에서도 디테일에서도 성령의 역사는 확연하다. 제자들이 복음을 전하는 현장에 일찍이 보지 못한 이적을 보여주심으로 많은 자들이 예수를 영접한다. 영접하는 자들에게는 성령께서 친히 임재하심으로 그들의 구원을 확인해주신다. 로마군 백부장 고넬료와 이디오피아 관리 같은 특정인에게 제자를 보내신 것, 사울을 변화시키신 것, 안디옥교회를 세우게 하신 것은 이방으로 복음을 전파하기 위한 큰 포석이었다. 바울이 이방으로 향할 때는 바울의 여정을 막기도 하시고, 생각하지 못한 곳으로 부르기도 하면서 복음 전파 과정을 인도해주신다. 바울이 전도여행 이후 예루살렘에서 잡혀 오랜 기간 구속 상태에 있었는데, 이 또한 기가 막힌 성령의 한 수였다. 겉으로 보기에는 불행한 일이었다. 유대 관할 총독의 우유부단한 태도 때문에 2년의 세월이 흘렀고(행 25:27), 재판을 받으러 로마까지 가서 2년을 기다리느라 구속 기간이 길어졌다(행 28:30). 그러나 사실 바울의 사역에는 유리한 상황이었다. 로마 병사들이 지키고 있었기 때문에 극렬한 유대인의 살해 위협에서 안전하게 지냈으며, 먼 길을 다니지 않아도 편하게 전도할 수 있었다. 가이사랴에서나 로마에서나 면회가 자유로웠기 때문에 바울은 오가는 많은 사람에게 복음을 전할 수 있었다.

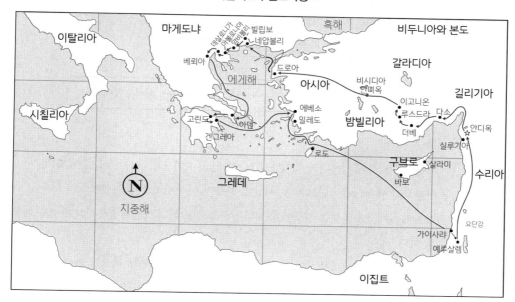

○ 바울의 2차 전도여행 ○

2차 전도여행

15:36-41   바울과 바나바가 마가 동행 문제로 다투어 갈라서다. 바나바와 마가는 구브로로, 바
             울과 실라는 수리아와 길리기아로 출발하다.

16:1-5   바울이 더베와 루스드라에 이르러 디모데를 데려가다.

16:6-10   성령이 아시아와 비두니아로 감을 허락하지 않으셔서 드로아로 갔을 때 바울이 '마게
             도냐로 건너와 우리를 도우라'는 환상을 보다(여기서 누가가 바울 일행에 합류).

16:11-15   바울이 빌립보에서 옷감 장사 루디아와 그 집을 전도하고 세례를 주다.

16:16-40   바울이 점치는 여종에게서 귀신을 쫓아내고 고발되어 옥에 갇히다. 밤에 큰 지진이 일
             어나 옥문이 열리다. 바울이 간수의 자결을 막고, 간수와 그 가족에게 복음을 전하고
             세례를 주다.

17:1-9   데살로니가 유대인 회당에서 세 안식일에 전도하다. 헬라인들이 믿으나 유대인들은
             고발하다.

17:10-15   베뢰아 사람들이 간절한 마음으로 말씀을 받고 많은 헬라인들이 믿다. 바울이 아덴으
             로 가다.

17:16-34   바울이 아덴에 우상이 가득함에 격분하여 사람들과 변론하다. 몇 사람이 믿게 되다.

18:1-11   바울이 고린도에서 아굴라와 브리스길라를 만나 함께 살며 일하다. 안식일마다 전도
             하여 많은 사람들이 믿고 세례를 받다. 1년 6개월 체류하며 가르치다(여기서 데살로
             니가전후서를 보냄).

| 18:12-17 | 갈리오가 총독이 되자 유대인들이 바울을 고소했으나 갈리오는 종교 문제라며 받아 들이지 않다. |
| 18:18-22 | 바울이 에베소에 들렀다가 안디옥으로 귀환하다. |

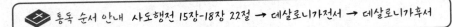

통독 순서 안내 사도행전 15장-18장 22절 → 데살로니가전서 → 데살로니가후서

3차 전도여행

18:23	바울이 안디옥에 머물다가 개척한 선교지를 방문하려 3차 전도여행을 출발하다.
18:24-28	아볼로가 에베소에서 가르치다. 아굴라 부부가 아볼로에게 더 자세히 알려주다.
19:1-7	바울이 에베소에서 믿는 자들에게 세례를 주고 안수하니 성령이 임하시고 방언과 예언 도 하다.
19:8-20	바울이 회당에서 3개월, 두란노서원에서 2년 동안 강론하다. 바울이 놀라운 능력을 행하게 하시니 주의 말씀이 힘 있게 퍼져 나가다(여기서 고린도전후서를 보냄).

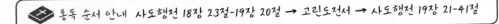

통독 순서 안내 사도행전 18장 23절-19장 20절 → 고린도전서 → 사도행전 19장 21-41절

| 19:21-22 | 바울이 예루살렘으로 돌아갔다가 로마에도 가려고 작정하다. |
| 19:23-41 | 은장색 데메드리오가 아데미 신상 사업에 위협을 느껴 큰 소동을 일으키다. |

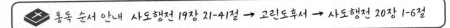

통독 순서 안내 사도행전 19장 21-41절 → 고린도후서 → 사도행전 20장 1-6절

| 20:1-6 | 마게도냐 지방으로 다녀가며 권면하고 고린도에 이르러 3개월 체류하다(여기서 로마 서를 보냄). 육로로 돌아가는 길에 드로아에 머물다. |

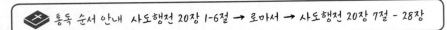

통독 순서 안내 사도행전 20장 1-6절 → 로마서 → 사도행전 20장 7절 - 28장

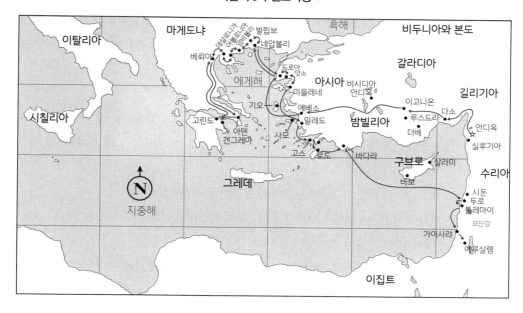

○ 바울의 3차 전도여행 ○

20:7-12 바울이 강론할 때 유두고라는 청년이 3층 창턱에서 졸다가 떨어져 죽은 것을 바울이 살리다.

20:13-38 바울 일행이 밀레도에 도착하여 에베소 장로들을 불러 마지막 설교를 하고 눈물로 이별하다.

21:1-16 배편으로 두로에 상륙하고 가이사랴의 빌립 집사 집에 체류하다. 여러 사람이 예루살렘 행을 만류하나 바울은 개의치 않고 예루살렘으로 가다.

21:17-26 바울이 야고보에게 사역 내용을 세세히 보고하다. 야고보의 권면에 따라 바울이 서원한 네 사람과 함께 결례를 행하고 비용을 대납해주다.

[바울의 시련]

바울이 잡혀 총독에게로 넘겨지다

21:27-40 아시아에서 온 유대인들이 바울을 보고 성전 밖으로 끌고 나가 죽이려 하다. 천부장이 소식을 듣고 바울을 영내로 데려가다. 바울이 천부장의 허락을 받아 백성들에게 변론하다.

22:1-30 바울이 간증하는 도중 유대인들이 소동하여 천부장이 영내로 데리고 들어가다.

23:1-10 바울이 유대인 공회에서 심문받다. 부활 문제로 바리새인과 사두개인 사이에 다툼이 생기다.

23:11 그날 밤 주께서 말씀하셨다. "담대하라. 네가 예루살렘에서 나의 일을 증언한 것같이 로마에서도 증언하여야 하리라."

23:12-35 천부장이 바울 살해 음모를 듣고 바울을 비밀리에 가이사랴 총독 벨릭스에게 보내다.

24:1-27 대제사장과 장로들이 총독에게 바울을 고발하다. 벨릭스가 판결을 연기하고 바울에게 자유를 주고 면회를 허락하다. 2년이 지난 후 벨릭스가 떠나고 베스도가 총독으로 취임하다.

바울이 가이사에게 상소하다

25:1-12 대제사장들과 높은 자들이 베스도 총독에게 바울을 고소하다. 베스도가 바울에게 예루살렘에 가서 재판을 받겠는지 물으니 바울이 신변에 위협을 느껴 가이사에게 상소하다.

25:13-27 베스도가 방문한 아그립바 왕에게 바울 사건에 대하여 설명하다.

26:1-32 바울이 아그립바 앞에서 변론하니 상소하지 않았다면 석방할 수 있었을 것이라 하다.

바울이 로마로 이송되다

27:1-44 바울을 로마로 이송하는 배가 유라굴로를 만나 표류하다가 배는 부서지고 섬에 상륙하다.

28:1-10 멜리데 섬에 상륙. 바울이 추장의 부친의 병을 고치고 다른 병자들도 낫게 하니 원주민이 후하게 대접하고 떠날 때 쓸 것을 실어주다.

28:11-15 멜리데 섬을 출발하여 이탈리아에 상륙. 로마에서 형제들이 마중 나오다.

로마에서의 전도

28:16-31 바울이 따로 있게 허락을 받아 자기 셋집에서 2년 동안 담대하게 전도하다.

○ 바울의 로마 호송 ○

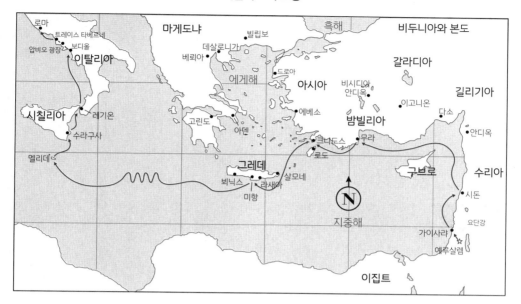

통독 순서 안내 사도행전 20장 7절 - 28장 → 에베소서, 골로새서, 빌레몬서 → 빌립보서

로마서

개관

1 저자
바울

2 수신자
로마교회

3 주제
'하나님의 의'에 의한 구원

4 배경
바울은 로마에 교회를 세우지 않았다. 로마교회는 바울이 아시아와 헬라 지역에 개척한 교회 교인들이 로마에 정착하여 세웠을 가능성이 크다. 로마교회에는 주로 이방인이 많았으나(롬 11:13, 11:28-31, 15:15,16) 유대인 신자들도 있었다(롬 2:17-3:8, 3:21-4:1, 7:1-14, 14:1-15:12). 바울은 갈라디아, 아시아, 마게도냐 지역을 세 차례 다니며 전도했고 이제 서바나(스페인)로 가려 하는데, 지나가는 길에 로마를 방문하려고 한다(롬 15:24). 그는 로마에 가기 전에 로마교회 성도들에게 복음을 자세하게 설명하여 그들의 신앙을 견고케 하려 했다(롬 1:11,12). 아울러 자신의 로마 방문 계획을 미리 알리고 그들이 스페인 선교를 후원해주기를 바랐다(롬 15:22-29). 바울은 3차 전도여행이 끝날 무렵 고린도에 3개월간 머물 때(AD 57년경) 로마서를 기록했다. 겐그레아교회의 자매 뵈뵈가 이 편지를 로마에 전달한 것으로 보인다(롬 16:1).

5 내용

바울은 로마교회의 구성원인 이방인과 유대인 모두를 염두에 두고 복음을 조직적으로 설명한다. 바울은 먼저 이방인이나 유대인이나 모두 죄인임을 지적한다. 그런데 죄에서 구원받는 길이 하나님에 의해 마련되었다. 그것은 '하나님의 의'를 받는 것인데, 누구든지 예수 그리스도를 믿으면 '하나님의 의'를 선물로 받는다는 것이다. 이렇게 그리스도로 인하여 의롭다 함을 얻었으니 이제는 더 이상 죄의 종이 되지 말아야 한다고 바울은 역설한다. 다음으로 바울은 복음에 대한 이방인과 이스라엘의 태도에 대하여 언급한다. 이스라엘이 지금은 복음을 믿지 않고 있지만 하나님의 주권적인 구속 계획에 따라 결국 구원을 받게 될 것이다. 마지막으로 바울은 구원받은 성도들에게 자신을 하나님께 드리는 새로운 삶을 살 것을 권면한다.

6 구조

구분	구원의 진리				이스라엘의 구원			구원받은 자의 삶	
	1:1　1:18　　3:21　　6:1　　9:1				9:30　　11:1　　12:1			15:14	
	인사와 감사	구원의 필요성	하나님의 의	구원받은 자의 신분	이스라엘의 현재	구원의 조건	이스라엘의 회복	그리스도인의 변화된 삶	바울의 계획과 끝인사
장소	고린도								
시기	AD 57년경								

개요

1 구원의 진리

HIS-STORY　　바울은 유대인이나 이방인이나 모두 하나님의 심판을 피할 수 없음을 지적한다. 이방인들은 자연과 그들의 양심으로부터 얻은 하나님에 대한 지식을 간과하고 정욕에 따라 온갖 더러운 죄를 지었기 때문에 하나님의 심판을 받는다. 유대인들은 율법에 순종하지 않았고 하나님의 말씀을 믿지 않았기 때문에 심판을 받는다. 결국 유대인이나 헬라인이나 모두 죄 아래 있다고 결론짓는다.

이런 상황에서 율법으로 의를 얻는 방법이 아닌 '하나님의 의'가 나타났다. 이 새로운 '하나님의 의'는 예수를 믿는 모든 사람에게 차별 없이 미치게 된다. 하나님께서 예수를 제물로 세우시고 모든 죄를 용서하시는 것은 하나님의 의로우심을 나타내시고 또한 예수 믿는 사람을 의롭다 하시려는 것이다. 이렇게 (행위가 아니라) 믿음을 통해서 의롭게 된다는 것이 이상할 것은 없다. 일찍이 아브라함 때부터 있던 하나님의 원리인 것이다(창 15:6).

그러면 우리가 어떻게 살아야 하는가? 그리스도께서 죽으신 것은 내가 죽은 것과 같은 것인데 이는 죄의 몸이 죽고 다시는 죄의 종이 되지 않게 하려는 것이었다. 그러므로 이제는 죄에서 떠나 거룩하게 살아야 한다. 이제부터의 삶은 율법이 아니라 성령의 인도하심을 따라 사는 것이다. 바울은 아무것도 하나님의 사랑에서 우리를 끊을 수 없다는 선포로 구원에 관한 설명을 마무리한다.

• • •

인사와 감사

1:1-7	○	바울의 인사
1:8-15	○	로마에 가서 여러분에게 복음 전하기를 원한다.
1:16-17	○	복음은 모든 믿는 자에게 구원을 주시는 하나님의 능력이다. 복음에는 '하나님의 의'가 나타나는데, 하나님의 의는 오직 믿음을 통하여 드러난다.

구원의 필요성

1:18-32	○	사람들이 하나님을 알면서도 우상을 섬기며 온갖 더러운 죄를 짓고 있다.
2:1-16	○	하나님께서 행한 대로 심판하실 것이다. 율법을 받은 자나 안 받은 자나 범죄한 자는 심판을 받을 것이다.
2:17-3:8	○	율법을 받은 유대인들이라도 율법을 지키지 않으면 무할례자와 마찬가지이다.
3:9-20	○	결국 모든 사람이 죄인이다. 율법의 행위로 의롭다고 평가될 수 있는 사람은 없다. 율법으로는 죄를 깨달을 뿐이다.

하나님의 의

3:21-31	○	이제 율법 이외에 '하나님의 의'가 나타났는데, 이는 예수를 믿음으로 모든 자에게 차별 없이 미치게 된다. 행위가 아니라 믿음으로 얻었으니 자랑할 것이 없다.
4:1-25	○	아브라함이 하나님을 믿었기 때문에 의롭다 여기셨는데, 이는 할례를 받기 전의 일이었다.
5:1-11	○	우리가 믿음으로 의롭다 하심을 받았으니 이제 예수 그리스도로 말미암아 하나님과 화평을 누리자.
5:12-21	○	아담 한 사람으로 모든 사람이 죄인 된 것처럼, 예수 한 분으로 말미암아 생명을 얻게 되었다.

6:1-14 ○ 세례받은 우리는 그리스도의 죽으심과 연합한 것이다. 우리 옛사람이 예수와 함께 십자가에 못 박힌 것인데, 이는 죄의 몸이 죽고 다시는 죄에게 종노릇 하지 않으려는 것이다. 그러므로 죄의 지배를 받지 말고 너희 자신을 의의 무기로 하나님께 드리라.

6:15-23 ○ 그리스도인은 의의 종이 된 것이다. 이제 너희 몸을 의에게 내주어 거룩함에 이르라.

7:1-6 ○ 사람이 죽으면 혼인관계에서 자유로워지는 것처럼, 이제 율법에 대하여 죽었으니 율법에서 벗어나게 되었다.

7:7-25 ○ 율법이 나쁜 것인가? 아니다. 율법이 없었다면 죄가 무엇인지 알 수 없었을 것이다. 내가 선을 행하기 원하면서도 내 속에 악이 있음을 본다. 누가 이 사망의 몸에서 건져낼 것인가!

8:1-17 ○ 이제 예수 안에 있는 자에게는 결코 정죄함이 없다. 생명의 성령의 법이 죄와 사망의 법에서 너희를 해방해주었기 때문이다.

8:18-30 ○ 모든 피조물이 구원을 고대하고 있고 성령 받은 우리도 몸의 속량을 기다리고 있는데, 성령도 우리 연약함을 돕고 계신다. 하나님의 뜻대로 성도를 위하여 간구하고 계신다.

8:31-39 ○ 하나님께서 우리를 위하시면 누가 우리를 대적하겠는가. 어떤 것도 하나님의 사랑에서 우리를 끊을 수 없다.

② 이스라엘의 구원

HIS-STORY '하나님의 의'에 대한 교리적 설명에 이어, 바울은 복음에 대한 이스라엘의 태도에 대하여 언급한다. 이스라엘이 먼저 선택받았지만 믿음을 의지하지 않고 행위를 의지했기 때문에 복음은 이방인에게로 향했다. 그러나 이스라엘은 이방인이 주도하는 상황을 시기하게 될 것이고 결국은 이스라엘도 복음을 받아들여 구원받게 될 것이다. 결국 이방인이나 이스라엘이나 모두 불순종하다가 하나님의 긍휼을 입게 되는 셈이다. 바울은 이러한 과정을 섭리하시는 하나님의 깊은 지혜와 지식에 감탄한다.

● ● ●

이스라엘의 현재

9:1-18 ○ 이스라엘이 돌아오지 않아 애통하지만, 선택은 하나님의 주권에 속한 것이다.

9:19-29 ○ 하나님은 그 뜻대로 유대인도 부르시고 이방인도 부르신다.

9:30-10:15 이스라엘이 의를 이루지 못한 것은 믿음을 의지하지 않고 행위를 의지했기 때문이다. 마음으로 믿어 의에 이르고 입으로 시인하여 구원에 이르게 된다. 요엘이 말한 것같이 누구든지 주의 이름을 부르는 자는 구원을 얻는다(욜 2:32).

10:16-21 그러나 이스라엘이 과거 하나님 말씀을 듣지 않았던 것처럼 복음을 듣고서도 믿지 않았다.

이스라엘의 회복

11:1-10 그러면 하나님이 자기 백성을 버리신 것인가? 그렇지 않다. 엘리야 때 바알에 무릎 꿇지 않은 사람 칠천 명을 남겨두신 것처럼 이스라엘에 하나님께서 선택하신 남은 자가 있다.

11:11-24 이스라엘이 믿지 않아 구원이 이방인에게 이른 것은 이스라엘로 하여금 시기하게 함이다. 이방인인 너희는 구원을 자랑하지 말고 두려워하라.

11:25-36 이방인의 수가 찰 때까지 이스라엘이 완고하다가 온 이스라엘이 구원을 받을 것이다.

③ 구원받은 자의 삶

교리 설명을 끝낸 후 바울은 신앙의 실천에 대하여 이야기한다. 기본적으로 그리스도인은 자신을 하나님께 산 제물로 드려야 함을 강조하면서 구체적인 방향을 제시한다. 로마교회가 극복해야 할 상황은 크게 두 가지로 볼 수 있다. 교회에 신앙의 배경과 삶의 관습이 전혀 다른 두 그룹, 즉 이방인과 유대인이 함께 있는 상황은 교회를 어렵게 할 수 있다. 또한 기독교에 대하여 호의적이지 않은 로마 사회와 권력 또한 교회에 위협이 될 수 있는 상황이다. 따라서 바울은 교회 구성원이 서로 하나 된 사랑의 공동체를 이룰 것을 여러 말로 권면한다. 또한 외부에서 오는 어려움에 대한 성도들의 자세에 대해서도 지도한다. 끝으로 자신의 로마 방문 계획과 인사말로 마무리한다.

• • •

그리스도인의 변화된 삶

12:1-8 너희 몸을 하나님이 기뻐하시는 거룩한 산 제물로 드리라. 너희가 그리스도 안에서 한 몸으로 서로 지체가 되었으니 각각 받은 은사대로 교회를 섬기라.

12:9-21 선에 속하라. 형제를 사랑하라. 열심히 주를 섬기라. 환난 중에 인내하라. 기도에 힘쓰라. 성도의 쓸 것을 공급하라. 손님 대접하기를 힘쓰라. 박해하는 자를 축복하라.

His-heart 믿음?

행위가 아니라 믿음으로 구원을 얻는다는 말은 우리 같은 이방인이 듣기에 오해의 여지가 많다. 로마서에서 말하는 '행위'란 '율법을 지키는 행위'를 말한다. 이스라엘이 하나님으로부터 받은 율법을 지키는 것만이 하나님 앞에서 의롭게 되는 길이었다. 이제 바울은 다른 '의' 즉 '하나님의 의'가 나타났는데 이는 예수를 믿음으로 받게 된다고 가르친다. 믿음으로 구원을 받는다는 말을 행동은 아무렇게나 해도 된다는 식으로 이해하면 큰 오산이다.

그러면 믿음이란 무엇인가? 이것 역시 오해하기 쉬운 말이다. 무엇을 믿는 것인가? 하나님의 존재? 십자가 사건의 의미? 예수님이 하나님의 아들인 것? 이런 것들은 귀신도 잘 안다. 믿음은 지식 이상의 것이다. 하나님에 대한 진정한 믿음(faith)이 있다면 하나님에게 신실하게(faithful) 행동할 것이다. 따라서 신실한 행동이 없다면 믿음도 없는 것이다. 신약시대에도 믿음을 오해한 사람들이 있어서 주의 형제 야고보는 행함이 없는 믿음은 죽은 믿음이라고 경고했다(야고보서).

	기쁨과 슬픔을 나누라. 겸손하라. 화목하라. 원수 갚지 말라. 선으로 악을 이기라.
13:1-7	권세들에게 복종하라. 권세는 하나님으로부터 난 것이다.
13:8-10	이웃을 사랑하라. 사랑은 율법의 완성이다.
13:11-14	구원의 때가 가까웠으니 깨어 있으라.
14:1-12	믿음이 연약한 형제를 판단하지 말라. 각자 무엇을 하든지 주를 위하여 하라.
14:13-23	음식 문제로 형제를 어렵게 하지 말라. 화평과 덕 세우는 일에 힘쓰라.
15:1-13	이웃을 섬겨 유익을 주고 덕을 세우라. 그리스도께서 유대인 이방인 모두를 받아주심 같이 너희도 서로를 받아들이라.

바울의 계획과 끝인사

15:14-21	하나님께서 나를 이방인을 위한 복음의 제사장으로 세우셔서 복음을 널리 전했다.
15:22-33	예루살렘에 연보를 전해준 뒤, 서바나로 가는 길에 로마를 방문할 것이다. 너희와 교제의 기쁨을 나눈 후에 너희가 서바나로 보내주기를 바란다.
16:1-27	로마교회에 대한 바울의 인사

 통독 순서 안내 로마서 → 사도행전 20장 7절 - 28장 → 에베소서, 골로새서, 빌레몬서

고린도전서

개관

① 저자
바울

② 수신자
고린도교회

③ 주제
교회의 문제에 대한 바울의 지도

④ 배경
고린도는 에게 해에서 아드리아 해로 넘어가는 지점에 위치한 육로와 해로의 요충지였으므로 상업과 무역이 번창했고 우상숭배가 성행했다. 당시 고린도에는 아프로디테(사랑의 여신) 신전이 있었고 천여 명의 신전 창녀가 있었다. 바울은 2차 전도여행 시 고린도에 왔으며 로마에서 추방당한 브리스길라 아굴라 부부를 만나 함께 지내며 약 1년 반 동안 사역했다. 바울이 3차 전도여행 중 에베소에서 사역하고 있을 때 고린도교회에 여러 가지 문제가 생겼다는 소식을 듣고 근심하게 된다(고전 1:11). 이즈음 고린도교회는 교회의 문제에 대한 바울의 판단(고전 7:1)을 구하기 위하여 3인의 대표단을 보냈다(고전 16:17). 바울은 고린도교회의 문제를 해결하고 교회 대표단의 질문에 대해 답하기 위해 이 편지를 썼다. 바울은 에베소를 떠날 계획을 하고 있었는데(고전 16:5-8), 이것은 고린도전서가 주후 56년경에 기록되었음을 시사한다.

5 내용

고린도교회에 생긴 문제는 교회 안의 파벌, 근친상간, 송사, 음행 등이었다. 고린도 교인들이 그리스도를 영접했지만 이전의 타락한 생활방식이 아직 남아 있었던 것이다. 고린도교회가 바울에게 질문한 내용은 종말의 시기에 결혼을 할 것인가 말 것인가, 우상에게 바친 제물을 먹어도 되는가, 예배와 성만찬을 어떻게 진행해야 하는가, 영적 은사를 어떻게 사용할 것인가, 죽은 자가 어떻게 부활하는가, 예루살렘을 위한 헌금을 어떻게 준비하면 되는가, 아볼로가 고린도교회에 돌아올 수 있는지 여부에 관한 것이었다. 신앙에 갓 입문한 그들은 실제 삶에 적용할 구체적인 신앙규범이 궁금했다. 바울은 사도적 권위를 가지고 잘못된 점을 엄격히 다룬다. 교인들이 제기한 질문에 대해서는 자신의 견해를 신학적 토대 위에 조리 있게 밝힌다. 질문에 대한 답변을 쓸 때는 '…에 대하여는(περι δε~)'이라는 말로 시작한다(고전 7:1, 25, 8:1, 12:1, 16:1, 12).

6 구조

구분	교회의 문제에 대한 가르침						교회의 질문에 대한 답변				
	1:1 　1:10	5:1	6:1	6:12	7:1	8:1	11:2	12:1	15:1	16:1	
	인사와 감사	분열	부도덕	송사	음행	결혼	우상 제물	공적 예배	영적 은사	부활	헌금 인사
장소	에베소										
시기	AD 56년경										

개요

1 교회의 문제에 대한 가르침

HIS-STORY 고린도교회의 문제점은 세상과 구별되어야 할 교회에 이방의 세속적인 사고와 생활방식이 그대로 스며들어 생긴 것들이다. 당시 교인들은 교회 지도자들을 경쟁 관계로 생각해서 그들의 리더십을 비교하여 더 낫다고 생각되는 사람에게 속하려 했다. 이에 대해 바울은 구원은 오직 하나님의 은혜이므로 사람이 자랑할 것이 없으며 교회 지도자들은 모두 하나님의 일꾼에 불과하다고 설명한다. 계모와 음행을 저지른 자는 교회에서 내쫓으라고 명령한다. 교회 안에서 이와 같이 부도덕한 자들(음행, 탐욕, 우상숭배, 술 취함, 사기) 역시

내쫓으라고 명한다. 교인 간의 소송 사건에 대하여는 성도의 자긍심을 가지고 교회 공동체 안에서 해결하는 것을 배워야 한다고 가르친다. 마지막으로 음행은 개인적인 일탈에 그치는 것이 아니라 성령이 거하시는 몸을 더럽히는 일이므로 음행을 피하라고 가르친다.

• • •

인사와 감사

1:1-9   고린도교회에 문안 인사

교회의 분열에 대하여

1:10-31   교회 안에 어찌 분파(바울, 아볼로, 게바, 그리스도)가 생겼는가. 하나님은 미련해 보이는 방법(십자가의 도)으로 구원을 주셨는데 이는 누구도 자랑하지 못하게 하려 하심이다.

2:1-16   내가 하나님을 증거할 때 인간의 지혜로 하지 않고 성령께서 나타나시도록 했다. 복음은 은밀한 하나님의 지혜이며 오직 성령으로 우리에게 보여주셨다(사람의 능력이 아니다).

3:1-23   오직 자라게 하시는 이는 하나님이시다. 누구든지 사람을 자랑하지 말라.

4:1-21   우리는 모두 그리스도의 일꾼이다. 판단하지 말라. 교만한 마음을 갖지 말라.

부도덕에 대하여

5:1-8   근친상간한 자를 내쫓으라.

5:9-13   교회 안에 부도덕한 자들(음행, 탐욕, 우상숭배, 술 취함, 사기)은 내쫓으라.

교우 사이의 소송에 대하여

6:1-11   교우끼리 세상 법정에 송사하지 말라. 앞으로 성도가 세상과 천사들을 판단할 것인데 어찌 믿지 않는 사람들 앞에서 형제를 고발하는가.

음행에 대하여

6:12-20   율법으로부터 자유해졌다고 방탕해서는 안 된다. 너희 몸은 성령의 전(殿)이니 음행을 버리고 하나님께 영광을 돌리라.

② 교회의 질문에 대한 답변

HIS-STORY   첫 번째 결혼에 대한 질문은 환난이 임박했다는 상황 인식(고전 7:26) 때문에 생긴 질문으로 보인다. 바울은 이에 대해 자신의 영적 유익을 위해 스스로 판단하라고 답한다. 결혼하지 않는 것이 좋지만 모든 사람이 감당할 수 있는 문제가 아니라는 것을 인정한다. 따라서 절제할 수 없다면 음행을 피하기 위해 결혼해서 배우자에게 책임을 다하라고 권면한다. 우상에게 제사하고 난 음식을 먹는 문제에 대하여는 우선 우상은 아무것도 아니기 때문에 그 제물을 먹는 것도 아무런 의미가 없다고 전제한다. 다만 믿음이 약한 자들을 배려하여 행동하는 것이 중요하다. 만약 고린도교회 성도들이 우상의 제물을 먹는 것을 믿음이 약한 자들이 본다면 우상숭배를 해도 되는 것으로 오해할 수 있기 때문이다. 따라서 우상의 신전에서 함께 먹는 것은 귀신을 섬기는 것과 같으므로 마땅히 하지 말아야 한다. 그러나 우상의 제물인 것을 알 수 없는 경우에는 먹어도 상관없다고 정리해준다. 예배에서 여성의 머리 문제와 성만찬 문제는 그것이 주는 의미를 생각하여 질서 있게 행하라고 답한다. 당시 고린도 교인들은 은사를 받고서 이를 개인적 자랑거리로 여기며 교만하게 행동했던 것 같다. 바울은 이에 대하여 은사는 성령께서 공동체를 섬기라고 주신 것임을 강조하며 사랑하는 마음을 바탕으로 교회에 덕을 끼쳐야 한다고 역설한다. 이어서 부활에 대한 의구심에 대하여 부활이 확실하다는 것과 부활한 몸에 대해 구체적으로 설명한다. 구제 헌금에 대하여는 미리 준비해줄 것을 당부하며, 아볼로의 고린도 귀환에 대하여는 본인이 그럴 뜻이 없다 함을 전한다. 아마 아볼로가 교회 분열의 문제 때문에 고린도교회를 떠난 듯하다.

• • •

결혼에 대하여

7:1-40   절제할 수 없으면 결혼하되 배우자에 대한 자기 책임을 다하라. 부르심 받았을 때의 처지대로 하나님과 함께 거하라. 종말 때의 미혼 남녀들은 결혼해도 잘하는 것이며, 하지 않으면 더 잘하는 것이다.

우상에게 바친 음식에 대하여

8:1-13   우상은 아무것도 아니므로 그 제물을 먹는 것이 아무것도 아니되, 믿음이 약한 자들이 걸려 넘어지지 않도록 배려하는 것이 중요하다.

9:1-27   우리는(바울, 바나바) 복음에 장애가 없게 하려고 우리의 권리를 쓰지 않고 있으며 모든 사람에게 종이 되었다.

10:1-22   이방 신전에서 제사 제물을 먹는 것은 귀신과 교제하는 것과 같다.

10:23-11:1   자기 유익을 구하지 말고 남의 유익을 구하라. 시장에서 파는 것은 묻지 말고 먹으라. 불신자가 대접하는 것도 묻지 말고 먹으라. 누가 우상제물이라고 말하면 그들을 위하여 먹지 말라.

공적 예배에 대하여

11:2-16   예배에서 여성은 '머리를 덮어야' 한다(또는 '머리를 말아 올려야' 한다).

11:17-34   성만찬을 개별적으로 무질서하게 하지 말고, 서로 기다려서 모든 사람이 함께 그 의미

에 합당하게 시행하라.

은사에 대하여

12:1-31   은사는 여러 가지이나(지혜의 말씀, 지식의 말씀, 믿음, 병 고치는 은사, 능력 행함, 예언함, 영 분별함, 방언 말함, 방언 통역) 모두 한 성령께서 주시는 것이며 공동체의 유익을 위해 주신 것이다. 너희는 그리스도의 몸을 이루는 지체의 각 부분이다. 모두 동일한 은사를 가지는 것이 아니다.

13:1-13   은사가 있어도 사랑이 없으면 아무것도 아니다. 은사는 폐할 날이 있으나 사랑은 영원하다. 믿음 소망 사랑 중 사랑이 제일이다.

14:1-40   예언은 교회에 덕을 세우고 방언은 자기에 덕을 세운다. 방언은 통역을 세우고 예언은 다른 이가 분별하는 가운데 순서대로 하라. 여자는 교회에서 잠잠하고 복종하라.

부활에 대하여

15:1-11   그리스도께서 부활하셨고 게바, 열두 제자, 오백여 형제, 야고보, 모든 사도, 나 바울에게도 보이셨다.

15:12-34   그리스도께서 부활의 첫 열매가 되셨다. 사망이 한 사람(아담)으로 말미암은 것처럼 부활도 한 사람(그리스도)으로 말미암는 것이다.

15:35-58   부활할 때 지금과는 다른 신령한 몸을 입는다. 우리가 마지막 나팔에 썩지 않을 몸을 입을 것이다.

헌금, 아볼로에 대하여 및 끝인사

16:1-4   예루살렘교회를 위한 헌금을 미리 준비해달라.

16:5-11   고린도교회를 방문하여 머물 수 있기를 바란다. 디모데가 도착하면 잘 지내다가 평안히 돌아오게 하라.

16:12   아볼로는 지금은 갈 뜻이 없다.

16:13-24   마지막 부탁과 끝인사

His-heart 이방인이 복음을 받았을 때

사람이 복음을 받아들인다 해도 복음이 뿌리 내리는 과정에는 넘어야 할 장애물이 많다. 그들의 내면에 이미 박혀 있는 그들만의 세계관, 토착 신앙, 지역 문화가 복음을 왜곡시키는 역기능으로 작용하기 때문이다. 고린도는 헬라의 도시였으므로 모든 면에서 헬라적 속성을 가지고 있었고 특히 도시가 아프로디테 여신을 섬기고 있었기 때문에 다른 도시보다 성적으로 문란했다. 고린도전서는 토착 신앙과 문화가 복음의 정착에 어떤 부작용을 일으키는지 잘 보여준다.

당시 헬라 세계에는 철학이 발달했고 각 학파마다 지도자를 따르는 제자들이 있었다. 그들은 자기 스승의 가르침을 경쟁적으로 주장하며 스승에게 충성했다. 이러한 모습에 익숙했던 고린도 교인들은 교회 안의 지도자들도 같은 식으로 생각해 파벌을 조성했던 것이다. 고린도의 높은 언덕에는 사랑의 여신 아프로디테의 신전이 있었고 여기에는 천여 명의 신전 창녀가 있었는데, 그들과 성관계를 가지는 것이 아프로디테를 섬기는 신앙행위였다. 그런 환경 속에서 고린도인들은 성적으로 문란할 수밖에 없었다. 그들이 믿고 있던 신은 하나가 아니었다. 제우스(하늘의 신), 포세이돈(바다의 신), 하데스(지옥의 신), 아폴론(태양의 신), 헤라(결혼과 출산의 신), 아테나(전쟁과 지혜의 신), 아프로디테(사랑의 신), 아르테미스(사냥과 출산의 신) 등등 수많은 신이 있다고 믿었다. 그리스 신화는 신마다 능력이 다르고 사람처럼 서로 사랑하고 싸우고 갈등하는 모습을 보여준다. 고린도 교인들이 성령의 은사를 받았을 때 자기가 어떤 신적인 존재가 되었다고 생각했던 것 같다. 그러기에 은사는 자랑거리였고 시기와 교만의 원인이 되었다. 그래서 바울은 사랑이 없다면 은사가 아무 소용이 없다고 가르쳤다.

우리 한국인도 다르지 않다. 무당을 불러 복을 받으려 했던 것처럼 많은 사람이 복을 받으려고 교회에 간다. 무당이 입신한 것을 보았기에 누가 입신해서 제정신 아닌 말을 하는 것을 신령한 것으로 오해하기도 한다.

 통독 순서 안내   고린도전서 → 사도행전 19장 21-41절 → 고린도후서

고린도후서

개관

1 저자
바울

2 수신자
고린도교회

3 주제
바울의 사역과 사도직에 대한 변호

4 배경
바울이 고린도전서를 보낸 후 고린도교회의 문제가 해결되지는 않고 오히려 바울을 반대하는 분위기가 고조되었다. 바울은 이 때문에 고린도를 방문했는데 결과가 좋지 않았다. 이에 바울은 그들을 책망하는 편지를 디도 편에 보내놓고 그 결과를 걱정한다. 디도를 기다리다 못한 바울은 에베소를 떠나 마게도냐로 건너간다. 거기서 돌아오는 디도를 만났는데 다행히 좋은 소식을 듣는다. 바울을 거역했던 교인들 대다수가 뉘우쳤다는 것이다. 이에 바울은 자신의 기쁜 마음을 전하는 편지를 써서 디도 편에 고린도교회에 보내는데 이것이 고린도후서이다. 고린도전서를 보내고 1년쯤 지난 후에 기록한 것으로 보인다. 고린도전후서를 종합해 보면 바울은 고린도교회를 세 번 방문했고 네 통의 편지를 보냈음을 알 수 있다.

○ 바울의 고린도 방문과 고린도에 보낸 편지(3회 방문, 4회 편지) ○

방문 1	2차 전도여행 중 체류	일 년 반 동안 체류하며 교회를 개척했다(행 18:1-11).
편지 1	3차 전도여행 중 발송(분실)	에베소에 체류할 때 첫 번째 편지를 고린도교회에 보냈다(고전 5:9-11).
편지 2	고린도전서	고린도교회에 발생한 여러 가지 문제와(고전 1:11), 교회의 질문에 대하여 답했다(고전 16:17).
방문 2	고통스러운 방문	교회 내의 문제들이 여전히 해결되지 않아 바울은 근심하는 마음으로 고린도를 방문했는데(고후 2:1, 12:14, 13:1,2), 바울을 대적하는 사람들이 있었다(고후 2:5, 7:12).
편지 3	책망의 편지(분실)	바울이 고린도교회가 크게 걱정이 되어(고후 2:3,4), 책망하는 편지를 써서 디도 편에 보낸다(고후 7:8,9). 바울은 드로아에서 디도를 만나 고린도교회 소식을 듣기로 했으나 계획대로 만나지 못한다. 바울은 편지 보낸 것을 후회하며(고후 7:8) 마게도냐로 향한다(고후 2:12,13).
편지 4	고린도후서	마게도냐에서 바울은 드디어 디도를 만나(고후 7:5,6) 상황이 호전되었다는 소식을 듣는다. 이 소식을 들은 바울은 매우 기뻐하며 고린도교회에 감사와 경계(고후 10장-13장)의 편지를 보낸다.
방문 3	3차 전도여행 중 방문	그 후 바울은 56-57년 겨울 동안에 고린도를 세 번째로 방문했고(고후 12:14, 13:1,2; 행 21:1,2) 거기서 로마서를 썼다.

5 내용

바울은 책망의 편지(고후 2:4, 7:8)를 보내고 나서 초조했던 자신의 심정을 토로하면서 고린도교회가 회개한 것을 기뻐한다. 이야기 도중에 자신이 하나님으로부터 받은 직분의 중요성과 자신이 이 사역에 많은 고난을 겪으며 헌신했다는 것을 길게 설명하며(고후 2:14-7:4) 화해를 청한다(고후 1-9장). 10장 이후에는 편지의 분위기가 앞부분과 어울리지 않게 달라진다. 바울은 자신을 모함했던 유대인들에 대하여 매우 격앙된 논조로 반박하면서 자신의 사도권을 주장한 다음 엄한 경고와 함께 편지를 끝낸다(고후 10-13장).

9장까지 이어진 화해의 분위기가 갑자기 비난하는 분위기로 바뀌는 것이 매우 부자연스럽기 때문에, 이를 설명하기 위해 학자들은 여러 가지 견해들을 제시했다. 첫째, 10-13장은 분실된 '책망의 편지'(편지 3)인데 착오로 고린도후서 말미에 붙게 되었다. 둘째, 10-13장은 아직도 거역하고 있는 소수의 고린도 사람을 향한 것이다. 셋째, 1-9장이 쓰여진 후, 고린도교회에 문제가 생겼다는 말을 듣고 10-13장을 덧붙여 썼다라는 것이다. 각각의 견해가 가능성과 문제점을 다 가지고 있다. 이 책에서는 특정 견해를 지지하지 않는다. 어쨌든 우리는 이 본문에서 고린도교회에 거짓 교사들이 들어와 바울을 폄하했고 교회는 이들에 의해 흔들렸다는 것을 알 수 있다. 바울은 이들을 거짓 사도로 규정하고 자신이 하나님으로부터 받은 사도의 권위를 변호한다..

6 구조

구분	바울의 사역에 대한 해명			헌금 권면		바울의 사도직에 대한 변호		
	1:1 1:12 2:12			8:1 9:1		10:1 11:1 13:1		
	인사와 감사	방문 계획 변경 사유	바울의 사역	마게도냐인의 모범	바울의 권면	험담에 대한 답변	사도직에 대한 변호	경고와 인사
장소	마게도냐 (빌립보)							
시기	AD 56년 후반							

개요

1 바울의 사역에 대한 해명

HIS-STORY 바울은 인사말을 한 후에 위로해주시는 하나님께 감사한다('위로'라는 단어가 열 번이나 나타난다). 고린도 방문 계획이 바뀐 이유를 설명한 후 자신이 괴로운 심정으로 눈물의 편지를 써 보냈음을 고백한다. 이 편지를 보내고 많이 걱정하다가 디도로부터 고린도교회가 회개했다는 소식을 듣고 큰 위로를 받았다고 하며 기뻐한다. 이 이야기 도중에 바울은 자신들의 사역에 대해 언급한다(고후 2:14-7:4). 자신은 하나님으로부터 귀한 사명(그리스도의 향기, 새 언약의 일꾼, 보배를 간직한 질그릇)을 받았으며 이를 위해 많은 고난을 겪으면서(고후 4:8-11, 6:4-10) 헌신해 왔다고 간증한다. 그리고 오해를 풀고 자신들을 영접해달라고 요청한다. 바울은 주제를 벗어나 다른 이야기로 자주 빠지는 경향이 있다. 2장 13절과 7장 5절 사이에 자신의 사역에 대한 이야기가 삽입되어 있다(고후 2:14-7:4). 이 이야기 속에서도 6장 13절에서 7장 2절 부분은 흐름에서 벗어나 있다.

• • •

(인사와 감사)

1:1-2 ○ 고린도교회에 인사

1:3-11 ○ 온갖 환난 가운데 우리를 위로해주시는 하나님을 찬양합시다.

(고린도 방문 계획 변경 사유)

1:12-2:4 ○ 고린도를 방문한다는 계획은 진심이었다. 그러나 가지 않은 것은 다시는 근심 중에

| 2:5-11 | 근심을 끼친 사람이 충분히 벌을 받았으니 이제 용서하라. |

가지 않기로 결심했기 때문이다. 내가 많은 눈물로 편지를 써 보냈다.

2:5-11 ○ 근심을 끼친 사람이 충분히 벌을 받았으니 이제 용서하라.

바울의 사역

2:12-13 ○ 드로아에서 디도를 만나지 못해 마게도냐로 갔다(이후 7장 5절로 연결).

2:14-17 ○ 우리로 하여금 이기게 하시고 그리스도의 향기를 나타내시는 하나님께 감사한다. 우리는 그리스도의 향기이다.

3:1-18 ○ 우리는 옛 언약의 일꾼(모세)보다 더 영광스런 새 언약의 일꾼이다.

새 언약의 일꾼	영의 직분	의의 직분
옛 언약의 일꾼	율법 조문의 직분	정죄의 직분

4:1-6 ○ 그러므로 우리는 낙심하지 않고 우리 자신을 떳떳하게 내세운다. 하나님께서 예수 그리스도의 얼굴에 있는 빛을 우리 마음에 비추셨다.

4:7-15 ○ 우리가 이 보배를 질그릇에 가지고 있다. 그래서 우리는 낙심하지 않고 예수의 죽음을 짊어지고 산다.

4:16-5:10 ○ 잠시 받는 환난이 장차 크고 영원한 영광을 이루기 때문에 우리는 낙심하지 않고 죽음을 개의치 않고 하나님을 기쁘시게 하는 자가 되려고 힘쓴다.

5:11-21 ○ 하나님께서 우리를 자기와 화목하게 하시고, 우리에게 화목하게 하는 직분을 주셨다. 하나님과 화목하라.

6:1-7:4 ○ 우리는 하나님의 일꾼답게 고난 속에서도 신실하게 처신해 왔다. 우리의 겉모습은 초라하나 실상은 부유한 자들이다. 우리의 마음을 넓혔으니 너희도 마음을 넓게 하라. 마음으로 우리를 영접하라.

7:5-16 ○ (이전 2장 12절에서 연결) 디도를 만나 교회가 회개했다는 소식을 들으니 기쁘다. 너희를 신뢰할 수 있게 되어 기쁘다.

❷ 유대 교회를 위한 헌금 권면

HIS-STORY   바울은 마게도냐 성도들이 예루살렘의 궁핍한 성도들을 위해 풍성하게 헌금했다는 소식을 전하며(고후 8:1-6), 고린도 성도들에게도 이와 같이 헌금할 것을 권면한다(고후 8:7-9:15).

• • •

8:1-15   마게도냐 교인들이 환난과 가난 가운데서도 넘치게 헌금하였다. 너희도 각자의 형편에 맞게 시작한 일을 완성하기 바란다.

8:16-24   디도와 동역자들을 너희에게 보내니 너희의 사랑을 보여달라.

바울의 권면

9:1-15   인색함이나 억지로 말고 즐겁게 헌금하라.

❸ 바울의 사도직에 대한 변호

HIS-STORY   바울의 반대 세력들은 바울이 변덕스러우며(고후 1:17) 실제로 만나보면 유약하고(고후 10:1) 육정을 따라 처신하고(고후 10:2) 말도 잘 못하며(고후 10:10) 사람을 속여 이익을 취하기(고후 12:16) 때문에 예수 그리스도의 사도 자격이 없다고 주장했다. 바울은 그들의 모함에 대해 반박한다. 그리고 고린도 교인들이 이들의 말에 쉽게 넘어가는 것을 우려하면서 자신이 극심한 고난을 감당한 것, 신령한 체험을 한 것, 표적과 기사와 능력 행한 것을 증거로 자신의 사도적 권위를 주장한다. 마지막으로 세 번째 방문 계획을 밝히면서 회개를 촉구한다. 11장 32,33절은 이야기의 흐름에서 벗어나 있어 후대에 삽입된 것으로 여겨진다.

• • •

험담에 대한 답변

10:1-9   바울을 '육신에 따라 행하는 자'로 여기는 자들에 대하여 > 우리가 육신을 입고 살지만 우리의 무기는 육신에 속한 것이 아니라 오직 하나님의 능력이다.

10:10-18   "바울의 편지는 힘 있으나 만나보면 약하고 말도 시원치 않다"고 말하는 자들에 대하여 > 우리의 말과 행동은 항상 동일하다. 우리는 분수 이상 자랑하려 하지 않는다.

사도직에 대한 변호

11:1-15   거짓 사도들의 말을 쉽게 받아들이는 것을 우려한다. 내가 낮은 모습으로 너희에게 누를 끼치지 않았던 것은(도움 받지 않은 것은) 여러분을 사랑했기 때문일 뿐, 나는 사도이다.

11:16-33   그들이 자랑거리가 많은가? 나는 비참하게 고난받은 약점들을 자랑하겠다. 나는 누구보다 복음 전파를 위해 고생을 많이 하고 죽음의 위기를 여러 번 겪었다.

12:1-10   무익하지만 자랑하겠다. 하나님께서 내게 환상과 계시를 주셨다. 14년 전에 셋째 하

12:11-13	나는 부족함 없는 사도이다. 모든 참음과 표적과 기사와 능력 행한 것이 그 증거이다.

늘(낙원)에 이끌려가본 적이 있다. 동시에 교만하지 않도록 가시도 주셨다.

12:11-13	나는 부족함 없는 사도이다. 모든 참음과 표적과 기사와 능력 행한 것이 그 증거이다.
12:14-21	세 번째 갈 터인데 너희에게 폐 끼치지 않을 것이다. 내가 속임수로 너희를 취하였다 하는데, 나와 동역자들은 그런 적이 없다. 방문했을 때 기대에 어긋날까 염려한다.

경고와 인사

13:1-10	그들이 그리스도께서 내 안에서 말씀하신다는 증거를 요구한다는데, 이번에 다시 가면 용서하지 않을 것이다. 그리스도는 하나님의 능력으로 살아 계시고 우리도 그와 함께 살아서 너희를 대면할 것이다.
13:11-13	끝인사

HIs-heart 바울의 변명

바울은 사역지에서 복음을 전해주었을 뿐 어떤 대가를 요구한 적이 없었다. 그는 늘 전도 대상자들에게 짐이 되지 않기 위해 텐트 제작을 업으로 하며 자비량했다. 길은 위험했고 노잣돈은 부족했다. 매질을 당하기도 했으며 돌에 맞아 거의 죽게 된 일도 있었다. 그러나 그들이 예수 그리스도를 모르기 때문에 바울은 복음 전파를 위해 극한의 상황을 감내했던 것이다. 그런데 눈물로 개척한 교회의 성도들이 바울을 대적한다면 이야기가 다르다. 충격이 아닐 수 없다. 고린도교회가 그랬다. 고린도후서에서 바울은 자신을 변명하며 그들의 마음을 돌리기에 바쁘다. 자신의 사명이 중요하기에 감당하고 있다는 이야기를 할 때까지는 괜찮다(2:12-7:4). 그러나 자신을 폄훼하는 자들에게 자신이 사도임을 증명하기 위해 자신이 고생한 이야기와 자신의 개인적인 영적 체험까지 열심히 이야기하는 모습은 안쓰럽고 서글프기까지 하다. 하나님의 은혜를 받게 해주고도 마치 잘못이라도 한 사람처럼 변명을 해야 하다니. 우리는 고린도후서에서 무슨 은혜를 받을 수 있는가? 바울의 처지에 감정이 이입된다면 상당한 스트레스를 받게 될 것이다. 바울의 가슴에 담긴 하나님의 마음을 읽어야 한다고 믿는다. 하나님이야말로 늘 사랑을 주고도 배신을 당하셨다. 그럼에도 불구하고 독생자까지 내어주신 우리 하나님. 우리도 그 마음을 품을 수 있다면 그것이 고린도후서에서 얻는 은혜일 것이다.

 통독 순서 안내 고린도후서 → 사도행전 20장 1-6절 → 로마서

갈라디아서

개관

1 저자
바울

2 수신자
갈라디아 여러 교회들

3 주제
믿음으로 얻는 의(율법으로부터의 자유)

4 배경
바울은 바나바와 함께 남부 갈라디아 지역 전도여행을 다니며 교회를 개척했는데(갈 4:13-15), 거짓 선생들이 나타나 교회를 어지럽혔다는 소식을 듣는다. 그들은 기독교로 개종한 이방인들에게 유대인의 율법을 지켜야 한다고 주장하면서 바울의 사도권까지 부정했는데, 갈라디아 교인들이 그들의 말에 현혹되어 따랐다는 것이다. 이에 바울은 갈라디아 교인들에게 자신의 사도적 권위를 분명하게 확립하고 그가 전한 복음을 확정하기 위해 이 서신을 썼다. 이방인의 율법 준수 문제를 다룬 예루살렘 공의회(행 15장)가 언급되지 않았으므로 이 서신은 공의회 이전 주후 48년경에 기록된 것으로 본다.

5 내용
바울은 자신이 애써 일군 개척교회가 거짓 주장에 휩쓸리는 심각한 상황에 단호하게 대처한다. 먼저 그는 하나님의 부르심을 받은 이후 자신의 행적을 이야기하면서, 자신이 예루살렘의 사도들에게서 배운 사람이 아니라 하나님으로부터 직접 부름 받은 사도임을 주장한다. 그러고 나서 거짓 교사들의 주장에 대하여 그의 해박한 성경 지식을 동원하여 믿음으로 의롭게 됨을 증명한다. 율법의 역할에 대해서도 명쾌한 해석을 내린다. 이로써 그리스도를 믿으면서도 율법을 벗어나지 못하는 유대주의자들의 주장에 종지부를 찍는다. 그리고 율법으로부터 자유하게 된 자들이 살아야 할 새로운 삶의 방향성을 제시한다. 그것은 성령을 따르는 것이다. 그렇게 함으로써 육체의 욕심을 이기고 거룩한 삶을 살라고 권면한다.

6 구조

구분	바울의 사도직 변호		믿음으로 얻는 의		믿는 자의 삶	
	1:1　　1:11　　　　3:1		3:23　　　5:13		6:11	
	문제 제기	바울의 사도직	믿음으로 얻는 의	율법의 역할	성령을 따르는 삶	마지막 권면
장소	수리아 안디옥					
시기	AD 48년경					

개요

1 바울의 사도직 변호

HIS-STORY 편지의 첫 인사에서 바울은 자신을 "사람이 아니라 예수 그리스도와 하나님으로 말미암아 사도 된 바울"로 표현하며 자신이 당당한 사도임을 말한다. 바울의 사도권을 폄하한 거짓 교사들을 의식한 인사말이다. 보통 인사 뒤에 감사 또는 찬송의 글이 나오는 것이 당시 편지의 일반적인 형식인데, 갈라디아서에서는 이 내용 없이 바로 본론으로 들어간다. 자신이 전한 복음 외에 다른 복음은 없다는 것이다. 누구라도 다른 복음을 전하는 자는 저주를 받을 것이라고 격한 어조로 경고한다. 이어서 자신의 사도직을 변호한다. 자신이 부르심을 받고 나서의 행적을 설명하면서 자신이 결코 예루살렘의 사도들로부터 받은 것이 없으며, 다른 사도들이 자신을 이방인을 위한 사도로 인정했음을 이야기한다. 자신이 베드로의 잘못을 지적한 일화까지 소개하며 자신이 당당한 하나님의 사도임을 강조한다.

● ● ●

2 믿음으로 얻는 의

바울은 여러 방법으로 믿음으로 의롭게 된다는 것을 설명한다. 먼저 갈라디아인들이 성령을 받았다는 사실이 믿음으로 의를 얻는다는 것을 말해준다고 설명한다. 그들은 단지 그리스도를 믿었을 뿐 율법을 지킨 일이 없었기 때문이다. 다음으로 바울은 여러 성경 말씀을 제시하면서 믿음으로 의롭게 된다는 사실을 증명한다. 그러면 율법은 무의미한 것인가? 이에 대해 바울은 율법의 역할은 사람을 그리스도에게로 인도하는 것이라고 설명한다. 이로써 율법과 믿음의 관계가 명쾌하게 정리된다.

• • •

3:23-4:7   율법은 우리를 그리스도께 인도하는 초등교사와 같다. 아버지가 정한 때까지만 그 선생 아래 종처럼 있는 것이다(비유).

4:8-20   이제 종에서 아들이 되었는데 어째서 다시 초등학문(율법)으로 돌아가려 하느냐?

4:21-5:1   그리스도인은 아브라함의 두 아들 중 본처의 자식(이삭)과 같다. 종의 자녀(이스마엘)가 아니다. 따라서 다시는 종의 멍에(율법)를 매지 말라. 사라(본처)가 낳은 약속의 자녀는 그리스도인을 상징하며, 하갈(종)이 낳은 육체의 자녀는 율법을 지키는 자를 상징한다.

5:2-12   할례를 받는다는 것은 율법 전체를 행할 의무를 지겠다는 것과 같다. 그것은 그리스도에게서 떨어지려는 것이나 마찬가지다.

3 믿는 자의 삶

HIS-STORY   율법에서 자유로워졌다면 아무렇게나 살아도 되는가? 바울은 그 자유를 가지고 방종할 것이 아니라 서로를 향해 사랑으로 종노릇하라고 권면한다. 육체의 욕심에 빠지지 않는 방법은 성령을 따르는 것이다. 성령을 따른다면 육체를 초월하여 거룩한 열매를 맺게 될 것이라고 격려하면서 사랑의 공동체를 이루라고 당부한다.

• • •

성령을 따르는 삶

5:13-26   너희가 자유로 부르심을 받았으니 그 자유로 오직 사랑으로 서로 종노릇하라.

                 성령을 따라 행하라. 성령의 열매는 사랑, 희락, 화평, 오래 참음, 자비, 양선, 충성, 온유, 절제다.

6:1-5   누가 범죄하면 온유한 심령으로 바로잡아주고, 자신을 살펴서 시험받지 않도록 조심하라.

6:6-10   선을 행할 때 낙심하지 말라.

마지막 권면

6:11-18   마지막 권면과 인사

His-heart 초등교사 (갈 3:24)

바울은 율법을 '초등교사'에 비유했는데 이 비유를 이해하기 위해서는 약간의 설명이 필요하다. 개역개정 번역에서 '초등교사'가 원어로는 '파이다고고스'(paidagogos)로서 파이디온(어린이)과 아고고스(인도자)를 합한 말이다. 이는 고대 그리스 사회에서 주인집 아이를 감독하는 임무를 맡은 노예를 말한다. 그들은 6-16세 어린 아이에게 초등학문을 가르치고 일상생활을 돌보며 학교에도 데리고 다녔다. 아이가 성인이 될 때까지는 파이다고고스에게 순종해야 했다. 그러나 아이가 성인이 되면 그는 아이에게 아무 권한을 갖지 못하게 된다. 바울은 율법을 "그리스도에게로 인도하는 초등교사"라고 설명한다(갈 3:24). 그리스도에게로 일단 인도하면 율법은 그 역할을 다하게 되는 것이다. 기가 막힌 설명이다. 복음과 율법 사이에서 개념 혼란을 겪고 있는 갈라디아 교인들에게 바울은 그 시대의 실례를 들어 명쾌하게 설명하고 있다. 개역한글에서는 몽학선생(蒙學先生)이라고 번역했다. 몽(蒙)은 어린아이라는 뜻으로서 어린아이를 가르치는 선생이란 뜻이다. 새번역에서는 '개인교사', 공동번역에서는 '후견인'이라고 번역했다.

 통독 순서 안내 갈라디아서 → 사도행전 15장 1절 - 18장 22절 → 데살로니가전서

NOTE
연 구 노 트

에베소서

개관

1 저자
바울

2 수신자
에베소교회. 에베소교회의 개인에 대한 특별한 언급이나 애정 표현이 없는 것으로 보아 여러 교회에 회람될 것을 생각하고 기록한 것으로 보인다.

3 주제
그리스도 안에서 하나됨

4 배경
수신자에게 특별한 문제가 있어서가 아니라 바울의 뜻에 따라 보낸 서신이다. 바울은 3차에 걸친 전도여행을 마치고 체포된 후 약 4년 반(가이사랴 2년, 로마로 이송 과정 반 년, 로마 2년) 동안 구금생활을 하게 된다. 이때 바울은 묵상하는 시간을 가지면서 복음의 더 깊은 차원을 깨닫게 된다. 바울은 새로운 깨달음을 소아시아 지역 교회들과 나누고 싶었다. 바울이 로마 셋집에 연금되었을 때인 주후 62년경에 기록했다.

5 내용
바울이 전도여행을 할 때는 율법이 아닌 믿음으로 구원받는다는 사실을 주로 전했다. 이제 바울은 예수 그리스도의 죽으심과 부활이 단지 사람의 죄 문제만을 해결하는 것이 아니라 더 큰 하나님의 목적을 향한 것임을 깨닫는다. 그리스도의 죽음은 사람의 죄 문제를 해결함으로써 하나님과 사람 사이의 벽을 허물 뿐 아니라, 사람과 사람 사이의 벽도 허물고, 나아가 온 우주가 그리스도 안에서 통일되게 하는 것이다. 이러한 우주적 변화가 그리스도를 통하여 이루어진다는 것을 감격적으로 깨달은 바울은 '그리스도 안에서'라는 표현을 35회나 사용하면서 하나됨을 설명한다. 바울은 세 개의 편지를 써서 두기고 편에 에베소 지역으로 보냈는데, 한 편지는 에베소교회에(엡 6:21), 한 편지는 골로새교회에(골 4:7-9), 다른 한 편지는 골로새에 살고 있는 빌레몬 개인에게 보냈다. 이때 두기고는 빌레몬의 종 오네시모를 함께 데리고 갔다.

6 구조

구분	그리스도 안에서 하나됨				하나됨의 실천				
	1:1　　1:15　　2:1		3:14	4:1	4:17	5:22	6:10	6:21	
	인사와 찬송	기도	이방인과 유대인의 하나됨	기도	교회의 일치	성결한 삶	가정과 사회생활	영적 싸움	끝인사
장소	로마 셋집								
시기	AD 62년경								

개요

1 그리스도 안에서 하나됨

HIS-STORY 　바울은 새롭게 깨달은 하나님의 계획을 선포한다. 하나님께서 우리 죄를 사하시고 아들로 삼으셨는데, 하나님의 궁극적인 계획은 하늘과 땅의 모든 것을 그리스도 안에서 통일시키는 것이다(엡 1:3-14). 하나님께서 그리스도를 다시 살리신 뒤에 우주의 구도가 크게 달라졌다. 하나님께서 세상을 그리스도의 발아래 두셨으며 그리스도로 하여금 교회의 머리가 되게 하셨다. 교회는 그리스도가 충만하게 임재하신 곳, 즉 그리스도의 몸이다. 이러한 바울의 인식은 '이신칭의'에서 진일보한 것으로서, 교회는 단지 믿는 자들의 집합이 아니라 그리스도의 몸이며 그리스도의 대속과 부활은 죄인의 구원을 넘어 온 우주의 통일로 귀결된다는 것이다. 2-3장의 설명은 좀 더 자세하다. 하나님께서 그리스도를 통해서 은혜로 모든 자들에게 구원을 베푸셨는데, 이는 이방인과 유대인 사이에 막힌 담이 허물어지는 결과로 이어졌고, 나아가서 둘이 한 몸이 되어 하나님이 거하실 성전이 되어가고 있다고 설명한다. 그리스도의 대속과 부활은 유대인에게 주어진 축복에 그치는 것이 아니라 전 우주적인 축복인 것이다.

• • •

인사와 찬송

1:1-2   에베소교회에 인사

1:3-14   하나님께서 그리스도 안에서 우리로 아들이 되게 하셨다. 그리스도 안에서 우리가 죄사함을 받았다. 이는 하늘과 땅의 모든 것이 그리스도 안에서 통일되게 하려는 것이다. 우리가 그의 영광을 찬송하게 하려는 것이다.

기도

1:15-19   하나님께서 하나님을 알게 하시고, 부르심에 따른 소망이 무엇이며 상속의 영광이 얼마나 풍성한 것인지, 하나님의 능력이 얼마나 큰지 알게 하시기를 기도한다.

1:20-23   하나님께서 그리스도를 다시 살리시고 자기 오른편에 앉히시고 만물을 그의 발아래 복종하게 하시고 교회의 머리로 삼으셨다. 교회는 그리스도의 몸이다.

이방과 유대인의 하나됨

2:1-10   하나님께서 죄로 죽었던 너희를 그리스도 안에서 살리시고 일으켜 하늘에 앉히셨다. 이는 하나님의 선물이며 행위에서 난 것이 아니니 자랑할 것이 없다.

2:11-22   너희는 언약 밖의 이방인이었는데 그리스도께서 중간에 막힌 담을 자기 육체로 허시고 율법을 폐하셨다. 그래서 이방인인 너희를 이스라엘과 한몸 되게 하셨다. 이제 너희는 외인이 아니요 하나님의 권속(가족)이다.

3:1-13   이방인들이 유대인과 공동 상속자가 되고, 함께 한몸이 되고, 약속을 함께 가지는 자가 되는 이 비밀은 지난 세대에는 알려지지 않았다. 나는 하나님의 은혜로 이 복음을 전하는 일꾼이 되었다. 그러므로 내가 겪는 환난을 보고 낙심하지 말기 바란다.

기도

3:14-21   그러므로 나는 하나님께서 너희 속사람을 강건하게 하시고 그리스도가 너희 마음에 계시게 하시고 그리스도의 크신 사랑을 깊이 깨닫게 하시기를 기도한다.

2 하나됨의 실천

![HIS-STORY]
따라서 부르심을 받은 자들은 하나 되어야 한다. 하나됨을 통해 그리스도의 몸을 세워야 한다. 그렇게 하려면 이전의 삶에서 떠나 거룩하게 살아야 한다. 바울은 이런 삶이란 가정과 사회에서 어떠해야 하는 것인지 구체적으로 권면하는 한편, 영적 전쟁에서 승리할 수 있는 방법도 제시한다.

• • •

[교회의 일치]

4:1-16 ○ 성령이 너희를 하나 되게 하신 것을 힘써 지키라. 우리 각 사람에게 다른 직분(사도, 선지자, 복음 전하는 자, 목사, 교사)을 주셨는데 이는 그리스도의 몸을 세우려는 것이다. 사랑 안에서 참되게 살아서 머리 되신 그리스도에게까지 자라야 한다.

[성결한 삶]

4:17-5:21 ○ 이방인처럼 허망한 생각으로 살지 말라. 욕심을 따르는 옛사람을 벗어버리고 의와 거룩함으로 지으심을 받은 새사람을 입으라.

[가정과 사회생활]

5:22-33 ○ 남편과 아내는 그리스도와 교회의 관계처럼 서로 대하라.

6:1-4 ○ 자녀들은 주 안에서 부모에게 순종하고, 부모는 자녀를 주의 교훈으로 양육하라.

6:5-9 ○ 육체의 상전에게 주께 하듯 순종하고, 상전들도 이같이 하라.

[영적 전쟁]

6:10-20 ○ 마귀의 간계를 대적하기 위하여 하나님의 전신갑주를 입으라(진리의 허리띠, 의의 흉배, 평안의 복음을 준비한 발, 믿음의 방패, 구원의 투구, 성령의 검 곧 하나님의 말씀을 가지라).

[끝인사]

6:21-24 ○ 마지막 인사

His-heart 중간에 막힌 담 (엡 2:14)

신약시대 예루살렘 성전 뜰은 바깥뜰과 안뜰로 구분되어 있었다. 성전 주변에는 낮은 담이 있었는데 담의 안쪽에는 유대인만이 들어갈 수 있었다. 이 담에는 "이방인이 안에 들어오면 죽더라도 그 책임은 오직 자신에게 있다"라는 경고문이 붙어 있었다. 바울이 3차 전도여행을 마치고 예루살렘 성전에 들어갔을 때, 유대인들은 바울이 이방인을 데리고 이 담을 넘어 들어온 것으로 오해하여 바울을 성전 밖으로 끌고 나가 죽이려 했었다(행 21:27-30).

담

통독 순서 안내 에베소서, 골로새서, 빌레몬서 → 빌립보서 → 디모데전서

NOTE
연 구 노 트

빌립보서

개관

1 저자
바울

2 수신자
빌립보교회

3 주제
그리스도 안에서의 참된 연합과 기쁨

4 배경
빌립보 성의 명칭은 알렉산더 왕의 아버지 필립포스 2세가 자기 이름을 따서 붙인 것이다. 로마는 이 성을 식민지로 만들고 군사적 전초기지로 삼았다. 이 식민지 사람들은 로마 시민으로 간주되어 많은 특권을 부여받았다. 상업도시가 아니라 군사도시였기 때문에 유대인들이 별로 없어서 바울이 방문할 만한 회당이 없었다(행 16:13). 바울은 여기서 옷감 장사 루디아와 빌립보 옥의 간수 가족을 그리스도에게로 인도했다. 빌립보교회는 바울이 이렇게 개척한 유럽 최초의 교회이다. 빌립보교회는 바울이 로마에 구금되었다는 소식을 듣고 에바브로디도 편에 지원금을 보내어 도왔다(빌 4:18). 바울은 그로부터 교회 내부에 갈등이 있음을 듣게 된다. 이에 바울은 빌립보교회의 지원에 감사의 뜻을 전하는 한편 교회 안의 갈등에 대해 권면하기 위해 편지를 보낸다. 바울이 로마에 연금되었던 62년경에 기록했다.

5 내용

빌립보서는 선교 보고가 들어 있는 선교사의 감사 편지라 할 수 있다. 바울은 빌립보교회가 자기를 도와준 데 대해 감사하면서(빌 1:5, 4:10-19) 자기 자신의 사정을 알리고(빌 1:12-26, 4:10-19) 교회를 위해 권면의 말을 전한다. 빌립보교회가 극복해야 할 문제는 교회 안의 갈등과 율법주의자들의 주장이었다. 교인들의 갈등에 대해 바울은 한마음 한뜻으로 협력하기를 당부한다(빌 1:27, 2:2,3). 이러한 삶의 위대한 모범은 그리스도이시다. 바울은 그리스도께서 자신을 낮추신 것을 본받아 겸손한 마음으로 하나 되어야 함을(빌 2:1-11, 4:2-5) 강조한다. 다른 문제는 율법주의자들이다. 바울은 의가 율법이 아니라 믿음에서 난다는 것을 강조하며 율법주의자들을 경계할 것(빌 3장)을 당부한다. 빌립보서의 두드러진 특징은 '기쁨'을 강조한 데 있다. 바울은 구금 상태에 있고 재판의 결과를 알 수 없는 상황이지만 죽음을 개의치 않는 초월적 믿음으로 기쁨과 평강을 누리고 있음을 고백하며 빌립보 교인들에게도 그 기쁨과 평강 누리기를 권면한다.

6 구조

구분	바울의 근황		겸손한 섬김에 대한 권면		율법주의자들에 대한 경계		마지막 권면과 감사		
	1:1　　1:12		2:1　　　　　2:19		3:1　　　　3:17		4:2　　4:10　　4:21		
	인사와 감사	바울의 구금과 복음 전파	그리스도의 겸손	디모데와 에바브로디도	하나님의 의	우리의 시민권	권면	선물 감사	끝 인사
장소	로마 셋집								
시기	AD 62년경								

개요

1 바울의 근황

바울은 먼저 빌립보 교인들에게 감사하고 그들을 위해 기도한다. 그들은 여러 차례 바울의 전도 사역에 참여한 바 있다. 이어서 바울은 자신이 갇혀 있는 상황 때문에 복음이 널리 전파되는 사실을 기뻐한다. 바울의 상황에 용기를 얻어 복음을 열심히 전하는 사람이 있는가 하면, 바울을 시기하여 열심히 전도하는 사람도 있는데 어쨌든 귀한 복음이 전해지니 기쁘다는 것이다. 재판의 결과가 어떻게 나올지 모르는 상황에서 바울은 자신이 살든지 죽든지 그리스도가 존귀하게 되는 것을 바란다고 고백하면서, 빌립보 교인들도 복음을 대적하는 자들을 두려워하지 말라고 권면한다.

* * *

인사와 감사

1:1-2 인사

1:3-11 빌립보교회가 처음부터 복음을 위한 일에 참여하고 있음을 하나님께 감사하며, 빌립보교회를 위하여 기쁨으로 간구하고 있다.

바울의 구금과 복음 전파

1:12-26 내가 갇혀 있기 때문에 복음 전파에 진전이 있어 기쁘다. 어떤 이들은 나 때문에 더 담대하게 전하고 어떤 이들은 투기하는 마음으로 전파하는데, 어찌하든 그리스도가 전파되니 나는 기뻐하고 또 기뻐한다. 나는 살든지 죽든지 그리스도가 존귀하게 되도록 할 것이다.

1:27-30 너희들이 한마음 한뜻으로 복음을 위하여 협력하고, 대적하는 자들을 두려워하지 않기를 바란다. 은혜를 주신 것은 그를 위하여 고난도 받게 하려 하심이다.

② 겸손한 섬김에 대한 권면

바울은 빌립보 성도들이 겸손한 자세로 한마음을 품을 것을 권면한다(빌립보 교인들 사이의 갈등을 염두에 둔 말씀으로 보인다). 겸손함의 가장 위대한 예는 바로 그리스도이시다. 그리스도께서는 하나님이시지만 자신을 비워 종의 형체로 오셨고 또 죽기까지 순종하셨다. 성부 하나님께서는 이렇게 스스로를 낮춘 그리스도를 지극히 높이셨다. 바울은 빌립보 사람들에게 이러한 그리스도의 마음을 품고 삶에 적용하도록 요구한다. 빌립보 사람들이 그렇게 섬긴다면 자신이 죽는다 해도(전제로 드릴지라도) 기뻐할 것이라고 하며 겸손과 연합의 중요성을 강조한다.

* * *

그리스도의 겸손

2:1-11 같은 생각을 품고 같은 사랑을 가지고 한마음을 품으라. 겸손한 마음으로 자기보다 남을 낮게 여기며 다른 사람을 돌보라. 그리스도는 하나님의 본체이시나 종의 형체를

2:12-18	가져 자기를 낮추시고 죽기까지 복종하셨다. 그러므로 하나님께서 지극히 높이셨다. 내가 없을 때에도 항상 복종하여 두렵고 떨림으로 여러분의 구원을 이루라. 모든 일을 원망과 시비가 없이 하라. 만일 너희 믿음의 제물과 섬김 위에 나를 전제로 드릴지라도 나는 기뻐하리니 너희도 기뻐하라.

디모데와 에바브로디도

2:19-30	디모데를 보내고 싶다. 나도 속히 가게 될 것을 확신한다. 그러나 너희가 기뻐하도록 에바브로디도를 먼저 보낸다. 그가 병들었으나 회복되었다. 기쁨으로 그를 영접하고 존귀히 여기라.

❸ 율법주의자들에 대한 경계

HIS-STORY

이어서 바울은 초대교회를 어지럽히던 율법주의를 경고한다. 과거 골수 율법주의자였던 자신이 바뀌게 된 이야기를 하며 참된 의는 믿음을 통해서 얻는 것이지 율법을 기계적으로 지켜서 얻는 것이 아님을 강조한다.

• • •

하나님의 의

3:1-9	주 안에서 기뻐하라. 할례당을 경계하라. 나야말로 율법을 중요시하던 골수 유대인이었지만, 이제 그 모든 것을 해로 여기는 것은 내 주 그리스도 예수를 아는 지식이 가장 고상하기 때문이다. 나의 의는 율법에서 난 것이 아니요 그리스도를 믿음으로 하나님께로부터 난 의이다.
3:10-16	나는 오직 예수께 사로잡혀 사는 것을 목표로 달려가고 있다. 누구든지 성숙한 자는 이렇게 생각하기 바란다.

우리의 시민권

3:17-4:1	나를 본받으라. 십자가의 원수로 행하는 자들을 경계하라. 그들은 멸망당할 자들이다. 우리의 시민권은 하늘에 있다. 예수께서 우리의 비천한 몸을 자기의 영광스런 몸과 같이 변하게 하실 것이다.

4 마지막 권면과 감사

바울은 편지를 마무리하면서 갈등상태에 있는 유오디아와 순두게에게 한마음이 되라고 권면한다. 아울러 빌립보 교인들도 자신과 같이 기뻐할 것을 강조한다. 그리고 빌립보교회가 전한 도움의 손길에 기뻐하며 자신은 어떤 어려운 상황도 능히 이길 수 있다고 말하고 인사로 편지를 맺는다.

● ● ●

연합과 기쁨에 대한 권면

4:2-3 ○ 유오디아와 순두게는 주 안에서 같은 마음을 품으라.

4:4-7 ○ 주 안에서 항상 기뻐하라. 아무것도 염려하지 말고 구할 것을 감사함으로 아뢰라.

4:8-9 ○ 경건한 삶을 추구하라.

선물에 대한 감사

4:10-20 ○ 너희가 나를 생각하는 마음이 다시 일어나 크게 기쁘다. 나는 어떠한 형편에도 스스로 만족하기를 배웠다. 내게 능력 주시는 분 안에서 모든 것을 할 수 있게 되었다. 에바브로디도를 통해 보내어준 것으로 풍족하다.

끝인사

4:21-23 ○ 마지막 인사

His-heart 내게 능력 주시는 자 안에서 내가 모든 것을 할 수 있느니라 (빌 4:13)

이 한 절만 떼어 놓으면 예수 믿으면 무슨 일이든 성취할 수 있다는 뜻으로 오해하기 쉽다. 그런 해석은 기복적인 신앙으로 이어질 가능성이 농후하다. 무릇 글은 전후 문맥 속에서 해석되어야 한다. 이 구절은 빌립보교회가 자신을 재정적으로 도운 데 대하여 감사하는 과정에서 나온 말이다. 바울은 자신이 크게 기쁘다고 인사한다. 자신이 궁핍했기 때문이 아니라 빌립보교회가 자신을 생각하고 있다는 사실이 기쁘다고 한다. 그러면서 자신의 형편을 설명하기를, 어떤 어려운 상황에도 자족하며 견딜 수 있는 비결을 배웠기 때문에 능력 주시는 예수님 안에서 모든 것을 이겨낼 수 있다고 한다. 그러니까 바울이 말한 '모든 것'은 자기가 바라는 '모든 희망사항'이 아니라 자기에게 닥치는 '모든 고난'을 가리키는 것이다.

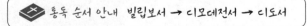
통독 순서 안내 빌립보서 → 디모데전서 → 디도서

NOTE
연 구 노 트

골로새서

1 저자

바울

2 수신자

골로새교회(골 1:2)와 라오디게아교회(골 4:16)

3 주제

만물의 근원이신 그리스도

4 배경

골로새는 에베소에서 리쿠스 계곡을 따라 내륙으로 160킬로미터 들어간 곳에 위치하며, 라오디게아와 히에라볼리가 가까이 있다. 바울이 3차 전도여행 중 에베소에서 3년간 사역하는 동안 에바브라가 회심한 뒤 골로새에 복음을 전했다(골 1:7,8; 행 19:10). 그 뒤 골로새교회가 이단의 위협을 받게 되자 에바브라는 바울의 조언을 듣고자 로마를 방문했다(골 4:12; 몬 23). 바울은 골로새의 형편을 듣고 이 편지를 쓰지 않을 수 없었다. 바울은 골로새교회를 방문한 적이 없었던 것 같다(골 2:1). 에베소서, 빌립보서와 같은 시기인 주후 62년경 기록된 것으로 본다.

5 내용

바울은 골로새교회를 위협하고 있는 이단을 논박하기 위해 골로새서를 썼다. 이단의 위협은 헬라 철학, 인간의 전통, 유대의 율법주의, 천사숭배, 금욕주의 등 다양했다. 골로새 사람들이 이런 거짓 주장에 현혹되는 것은 그리스도를 과소평가했기 때문이다. 이에 바울은 그리스도가 얼마나 높으신 분인지를 설명한다. 그리스도는 하나님의 형상이시고 창조주이시며 만물이 그 안에서 운행되고 있으며 교회의 머리 되시기 때문에 그리스도 없이 산다는 것은 있을 수 없는 일이다. 그러므로 바울은 골로새 사람들이 거짓 가르침을 배격해야 하며 이 땅의 생각을 버리고 위의 것을 추구하며 살아야 한다고 가르친다. 에베소서가 그리스도의 몸인 교회에 초점을 맞추고 있다면 골로새서는 교회의 머리이신 그리스도에 초점을 맞추고 있다.

6 구조

구분	만물의 근원이신 그리스도				그리스도를 따르는 삶		
	1:1 　1:9 　1:15 　　　　2:6 　　　　　3:1 　　　3:18 　　4:7						
	인사와 감사	기도	만물의 근원 그리스도	이단에 대한 경계	새사람의 삶	가정생활	끝인사
장소	로마 셋집						
시기	AD 62년경						

개요

1 만물의 근원이신 그리스도

HIS-STORY　　헬라 문화에 젖어 있는 골로새 교인들이 여러 신을 섬기고 여러 철학을 받아들이는 것은 익숙한 일이었다. 금욕주의, 천사숭배 같은 토속 신앙도 복음을 위협하는 요소였다. 골로새 교인들은 이와 같은 여러 가지 이단들과 복음을 제대로 구분하지 못했다. 바울은 그리스도가 어떤 분이신지를 알려주면서 이단을 경계하라고 가르친다. 그리스도는 하나님의 형상이시며 온 우주를 창조하셨고 지금도 온 세상은 그리스도에 의해 운행되고 있다. 골로새 사람들이 숭배하는 천사적 존재들(왕권들, 주권들, 통치자들, 권세들)은 그리스도에 의해 창조된 것에 불과하다. 지금 교회의 머리이시며 그 안에 하나님의 신성이 가득한 분이시다. 그런 그리스도께서 피를 흘려 골로새 교인들이 하나님과 화목하게 된 것이다. 그러므로 하찮은 이단 사설에 속지 말라고 바울은 경고한다.

• • •

2 그리스도를 따르는 삶

HIS-STORY 우주의 창조주요 주관자이신 그리스도의 죽음으로 구원을 받은 자라면 받은 은혜에 합당하게 살아야 한다. 즉 위의 것을 생각하며 살아야 한다고 바울은 강조한다. 이 땅의 이방인들이 추구하는 악하고 부끄러운 일을 버리고 하늘의 거룩한 것들을 사모해야 한다. 그것은 긍휼, 자비, 겸손, 온유, 인재, 용서, 사랑, 평강, 감사, 찬양과 같은 것들이다. 가정과 사회에서 구성원들의 관계도 달라야 한다. 이기심이 아니라 사랑하고 순종하며 의와 공평으로 대해야 한다. 바울은 이 편지를 돌려보라고 당부하며 편지를 마친다.

His-heart 바울의 옥중서신 (골 1:13-19)

골로새서는 에베소서, 빌립보서, 빌레몬서와 함께 옥중서신으로 불린다. 바울이 로마에서 재판을 기다리며 셋집에 구금되어 있을 때 보낸 서신들이다. 이 서신에서는 보다 깊어진 바울의 신학을 읽게 된다. 바울이 구금되기 전에 바울은 율법의 행위가 아니라 그리스도를 믿음으로 의롭게 된다는 메시지를 주로 전했다. 율법주의자들의 핍박이 심했기 때문에 많은 고난을 겪으며 전투적으로 전도했다. 그러던 그가 본의 아니게 구금된 상태로 4년 반을 지내게 된다. 시간적 여유를 가지고 그리스도를 묵상할 수 있었던 바울은 새로운 사실에 눈을 뜨게 된다. 그리스도가 유대와 이방을 구원하시는 하나님이라는 인식을 뛰어넘어 그리스도가 우주의 주인이심을 깨닫는다. 하나님의 뜻은 그리스도 안에서 온 만물을 통일되게 하려는 것이며(엡 1:10) 온 세상을 그리스도의 발아래 복종하게 하시고 그리스도를 교회의 머리로 삼으셨다(엡 1:20-23). 예수님은 만물보다 먼저 계셨던 창조주시며 만물이 그 안에서 운행되고 있다는 것도 알게 된다(골 1:13-19). 4년 넘게 자유를 빼앗겼지만 예수님에 대해 새롭게 눈이 열린 은혜의 시간이었다. 우리도 그의 덕분에 예수님을 더 잘 알게 되었다.

• • •

(새사람의 삶)

3:1-17 그리스도와 함께 살리심을 받았으면 위의 것을 생각하고 땅의 것을 생각하지 말라.
땅의 것 (음란, 부정, 사욕, 정욕, 탐심, 분함, 노여움, 악의, 비방, 부끄러운 말)
위의 것 (긍휼, 자비, 겸손, 온유, 오래 참음, 용서, 사랑, 평강, 감사, 찬양)

(가정생활)

3:18-4:1 아내는 남편에게 복종하고 남편은 아내를 사랑하라. 자녀는 부모에게 순종하고 아비는 자녀를 노엽게 말라. 종들은 상전에게 성실히 순종하고 상전은 종들에게 의와 공평을 베풀라.

4:2-6 기도에 깨어 있으라. 그리스도의 비밀을 전할 수 있도록 기도하라.

(끝인사)

4:7-18 두기고를 오네시모와 함께 보낸다. 라오디게아교회와 편지를 주고 받으라. 작별 인사

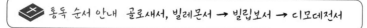 통독 순서 안내 골로새서, 빌레몬서 → 빌립보서 → 디모데전서

데살로니가전서

1 저자

바울

2 수신자

데살로니가교회

3 주제

그리스도의 재림과 부활의 소망

4 배경

데살로니가는 마게도냐의 수도로서 로마에서 동방으로 향하는 간선도로(비아 에그나티아)가 이 도시를 통과하므로 교통이 원활하여 상업이 발달했다. 주전 315년경 알렉산더의 부하 카산더가 이 도시를 확장시키고 이 도시의 명칭을 자기 아내의 이름으로 바꾸었다. 데살로니가에는 적지 않은 유대인들이 정착해 살고 있었다(행 17:5). 바울, 디모데, 실라는 데살로니가 회당에서 복음을 전했고 많은 유대인들과 하나님을 경외하는 이방인들이 믿었다(행 17:4). 일부 유대인들은 이를 시기하여 바울 일행을 해치려 했다. 바울 일행은 이들 때문에 데살로니가에 세 안식일밖에 있을 수 없었다(행 17:2). 바울 일행은 베뢰아로 옮겨 복음을 전했는데 데살로니가의 유대인들이 쫓아와 방해하므로 바울은 먼저 아덴(아테네)으로 떠난다. 바울은 아덴에서 실라와 디모데를 만난 뒤 디모데를 다시 데살로니가로 보냈다(살전 3:1-2). 그들이 고린도에서 다시 합류했을 때(행 18:5), 바울은 디모데로부터 데살로니가교회가 대체로 잘 지내고 있다는 보고를 받는다. 걱정하던 바울은 안도하며 데살로니가 사람들을 격려하기 위해 편지를 썼다. 바울이 고린도에서 머물던 주후 51년경에 기록되었다.

5 내용

바울은 디모데로부터 데살로니가교회에 관한 긍정적인 소식을 듣고 크게 기뻐하며 칭찬과 권면과 위로를 담은 다정한 편지를 쓰게 된다. 그는 이 편지에서 역경 중에 굳게 서라고 권면하며, 하나님을 기쁘시게 하는 삶을 살라고 훈계한다. 그리고 사랑하는 사람을 잃고 슬퍼하는 교인들에게는 주가 재림하실 때 부활한다는 것을 알려주며 위로한다. 주의 재림은 편지 전체에서 반복적으로 언급되며(살전 1:10, 2:19, 3:13, 4:16, 5:23), 4장 13절에서 5장 11절은 신약성경에서 주의 재림과 부활에 대한 가장 자세한 서술이라 할 수 있다. 유대인들의 방해 속에서 갓 태어난 데살로니가교회에 대한 연민의 정이 드러나고 있다.

6 구조

구분	감사와 격려			교훈과 권면		
	1:1　　2:1　　　　2:17			4:1　　　　4:13　　　5:12		
	인사와 감사	바울의 사역	바울의 심정	하나님을 기쁘시게 하는 삶	주의 재림과 성도들의 부활	교회생활에 대한 권면
장소	고린도					
시기	AD 51년경					

개요

1 감사와 격려

HIS-STORY　바울은 데살로니가 사람들이 믿음을 가진 지 얼마 되지 않았음에도 그들이 믿음, 사랑, 소망으로 살아 주변 지역에 본이 되었음을 칭찬하고 기뻐한다. 2장 전반부에서 바울은 데살로니가에서 사역할 때를 회상하면서 자신의 행동과 동기에 대해 변론하는데, 이는 자신을 비난하는 자들을 의식했기 때문일 것이다. 바울은 데살로니가를 떠난 후 안타까웠던 자신의 마음과 그들을 위해 디모데를 보냈던 사연을 이야기하고, 그들이 사랑과 믿음으로 굳건하다는 디모데의 보고를 듣고 위로 받았음을 말하며 그들을 위해 기도한다.

· · ·

인사와 감사

1:1   인사

1:2-10   너희가 많은 환난 중에 기쁨으로 말씀을 받아 마게도냐 아가야에 있는 모든 믿는 자의 본이 되었음을 하나님께 감사한다. 그들이 너희의 바른 믿음을 우리에게 말해주었다.

데살로니가에서 바울의 사역

2:1-12   우리가 빌립보에서 어려움을 당했으나, 오직 하나님을 기쁘시게 하려 너희에게 복음을 전했다. 사람에게서 영광을 구하지 않았고 아무에게도 폐를 끼치지 않으려 밤낮으로 일했다.

2:13-16   우리가 전한 것을 너희가 하나님의 말씀으로 받은 것을 하나님께 감사한다. 유대 교회가 유대인들로부터 고난을 받은 것처럼 이제 너희도 동족으로부터 고난을 받게 되었다.

바울의 심정

2:17-20   우리가 너희에게 가려 했으나 사탄의 방해로 가지 못했다. 너희는 예수 강림하실 때 우리의 자랑이다.

3:1-13   디모데로부터 너희의 믿음과 사랑의 기쁜 소식을 전해주어 큰 위로를 받았다. 우리가 너희 얼굴을 보면서 너희 믿음을 보충해줄 수 있기를 간구한다. 주 예수 강림하실 때에 너희가 거룩함에 흠이 없게 하시기를 바란다.

2 교훈과 권면

바울은 이전에 자신이 가르친 것을 상기시키는데(살전 4:1-12), 그것은 이방인 신자들이 쉽게 저지르는 음란과 다툼과 나태함의 문제이다. 바울은 하나님을 기쁘시게 하는 삶이란 이런 것을 버리고 거룩하게 사는 것임을 강조한다. 다음으로 바울은 죽은 자들이 그리스도의 재림 때에 부활한다는 것을 알려주면서 이 소망으로 서로 위로하라고 권면한다(살전 4:13-18. 아마 바울이 떠난 후 데살로니가교회에 장례가 있었던 것 같다). 그런데 예수 재림의 날은 갑자기 닥칠 것이므로 자지 말고 깨어 있으라고 강조한다(살전 5:1-11). 마지막으로 공동체생활에 대한 가르침을 주고 데살로니가 성도를 축복하며 끝맺는다.

· · ·

4:1-12   음란을 버리고 거룩하게 살아라. 형제를 사랑하라. 성실히 일하라.

주의 재림과 성도들의 부활

4:13-18   주께서 호령과 천사장의 소리와 하나님의 나팔소리로 친히 강림하실 것이다. 그때 죽은 자들이 먼저 일어나고 우리도 공중에서 주를 영접하게 될 것이다. 이런 말로 서로 위로하라.

5:1-11   재림의 날이 도둑같이 임할 것이니 깨어 있으라.

교회생활에 대한 권면

5:12-22   교회 지도자를 존중하고, 약한 자를 돕고, 선한 관계를 맺으라. 영성관리를 철저히 하며, 하나님께 민감하고, 악을 피하라.

5:23-28   기원과 작별 인사

통독 순서 안내   데살로니가전서 → 데살로니가후서 → 사도행전 18장 23절 - 19장 20절

데살로니가후서

개관

1 저자
바울

2 수신자
데살로니가교회

3 주제
주의 날은 아직 임하지 않았다. 배운 것을 굳게 지키고 성실한 삶을 살라.

4 배경
데살로니가 교인들은 아직도 박해를 받는 중이었다(살전 2:14; 살후 1:4). 또한 거짓 가르침의 영향으로 주의 재림이 이미 이루어졌다는 잘못된 생각이 만연했다. 나아가서는 일하기를 거부하는 게으른 자들이 문제를 일으키고 있었다. 바울은 이러한 문제들을 해결하기 위해 편지를 썼다.

5 내용
바울은 박해를 견디고 있는 데살로니가 신자들을 자랑스러워하며 격려한다. 주의 재림이 이미 이루어졌다는 거짓 가르침에 대해서는 속지 말 것을 당부하며 재림 전에 있을 일들을 설명해준다. 게으른 자들에 대해서는 성실하게 일해서 자기 생활을 스스로 책임지라고 명령한다. 데살로니가전서의 어조가 부드러운데 반하여 후서는 공식적이며 엄격하다.

⑥ 구조

구분	환난 받는 자들에 대한 격려		주의 재림에 대한 설명		교회를 향한 권면	
	1:1 1:4		2:1 2:13	3:1 3:6		
	인사	박해 중의 격려	재림 전에 있을 일	권면과 기원	중보기도 부탁	게으름에 대한 경고
장소	고린도					
시기	AD 51년경					

개요

① 환난 받는 자들에 대한 격려

HIS-STORY 데살로니가전서에서도 데살로니가 교인들이 동족들로부터 받는 박해(살전 2:14)를 언급했었는데 아직도 박해는 진행 중인 상황이다. 바울은 데살로니가 교인들의 믿음이 자란 것을 하나님께 감사하며, 박해를 견디고 있는 것을 위로하고 격려한다.

• • •

〔인사〕

1:1-2   인사

〔박해 중의 격려〕

1:4-12   너희가 박해와 환난 가운데서 인내하고 믿음을 지킨 것을 우리가 자랑한다. 주께서 재림하실 때 환난 주는 자들에게는 환난으로 너희에게는 안식으로 갚아주실 것이다.

② 주의 재림에 대한 설명

HIS-STORY 데살로니가 사람들은 주의 날이 벌써 임했다는 거짓 가르침(살후 2:1,2)에 쉽게 미혹 당했다. 바울은 어떤 경로를 통해 이런 말을 듣더라도 넘어가지 말라고 주의를 주면서, 주의 재림 전에 있을 여러 징조들을 설명하여 그들을 안심시킨다. 그러므로 (다른 허튼 주장에 휩쓸리지 말고) 바울에게서 배운 것을 지키라고 당부한다.

•••

재림 전에 있을 일

2:1-12   주의 날이 이르렀다는 거짓 가르침에 미혹되지 말라. 먼저 배교하는 일이 있고 불법의 사람이 나타나 스스로 하나님이라 하는 사건이 있은 다음 예수께서 오셔서 그를 죽이실 것이다.

권면과 기원

2:13-17   우리의 복음으로 너희를 부르셔서 예수의 영광을 얻게 하셨다. 그러므로 우리에게서 배운 전통을 지키라. 하나님께서 너희를 위로하시고 굳건하게 하시기를 원한다.

3 교회를 향한 권면

바울은 자신들을 위한 중보기도를 부탁한 후, 일하지 않고 문제를 일으키는 자들에 대해 강력한 말로 경계한다. 그들은 동료 교인들이 사랑으로 나누는 것을 이용해 일하지 않고 게으름을 피웠는데, 주의 날이 이미 임했다는 것을 핑계 삼아 더 무책임하게 행동했을 것이다. 바울은 자신들이 힘써 일하며 사역했던 것을 본받으라고 당부하며 축복의 인사로 끝맺는다.

•••

중보기도 부탁

3:1-5   복음이 속히 퍼지도록, 악한 자에게서 벗어나도록 우리를 위해 기도하라. 너희는 우리가 명한 것을 지켜서 하나님의 사랑과 그리스도의 인내에 들어가기 바란다.

게으름에 대한 경고

3:6-15   우리가 열심히 일했던 것처럼 게으르지 말고 성실히 일하여 자기 양식을 먹으라. 순종치 않는 자들을 부끄럽게 하라.

3:16-18   끝인사

✝ 통독 순서 안내 데살로니가후서 → 사도행전 18장 23절 - 19장 20절 → 고린도전서

NOTE
연 구 노 트

디모데전서

개관

1 저자

바울

2 수신자

디모데

3 주제

목회에 관한 가르침

4 배경

디모데의 아버지는 헬라인, 어머니는 유대인이었다(행 16:1). 바울이 2차 전도여행 중에 루스드라에 살고 있던 그를 동역자로 삼았다(행 16:1-3). 그는 나이가 어렸고(딤전 4:12), 몸이 약했으며(딤전 5:23), 천성적으로 소극적인 성격이었다(딤후 1:7). 바울이 로마에 구금되어 있을 때 디모데가 함께 있었다. 바울은 로마에서의 가택연금에서 석방된 다음 디모데로 하여금 에베소교회를 섬기게 했다. 당시 교회 안에는 다른 교훈을 가르치는 거짓 교사들이 있었는데 바울은 디모데에게 이 문제를 해결하라고 당부한 바 있다(딤전 1:3). 얼마 후 바울은 거짓 가르침에 관한 조언과 함께 목회에 관한 다른 조언도 주기 위해 디모데에게 이 편지를 썼다.

5 내용

나이 많고 경험이 풍부한 바울이 에베소교회에서 무거운 책임을 지고 있는 젊은 교역자 디모데의 목회를 돕기 위해 쓴 편지이다. 이 편지를 쓰게 된 일차적 이유는 거짓 교사 문제이다.

이 편지 전체에 걸쳐서 거짓 가르침에 대한 논의가 담겨 있다(딤전 1:3-11, 4:1-5, 6:3-10). 이어서 바울은 교회를 든든히 하기 위하여 목회자가 할 일, 즉 어떤 사람을 직분자로 세울지, 교역자가 성도를 어떻게 대해야 하는지, 어떻게 자신을 경건하게 지킬 것인지에 대하여 구체적인 가르침을 준다. 디도서와 함께 목회서신으로 분류된다.

6 구조

구분	거짓 교훈 경계		교회 행정		목회 방향			
	1:1　　　1:12　　　2:1		3:1	4:1		5:1	6:3	
	거짓 교사에 대한 대처	감사와 권면	기도	감독과 집사의 자격	장래 거짓 교사에 대한 경계	성도 그룹별 목양 지침	경건한 삶에 대한 권면	
장소	로마 셋집							
시기	AD 63년경							

개요

1 거짓 교훈 경계

HIS-STORY 　바울은 먼저 디모데를 에베소교회에 파송한 이유가 거짓 교훈을 가르치는 자들을 멈추게 하려는 것이었음을 상기시킨다. 그렇게 하는 목적은 에베소 교인들이 청결한 마음과 선한 양심과 거짓 없는 믿음을 가지고 사랑을 이루게 하려는 것이었다. 이미 복음을 받아들인 사람들에게 율법을 강조하는 것은 생각 없는 짓이다. 율법은 죄인을 돌이키게 하기 위한 초보적인 것이기 때문이다. 바른 교훈은 바울 자신이 전한 하나님의 복음을 따르는 것임을 강조하면서 디모데에게 선한 싸움을 싸우라고 격려한다.

● ● ●

[거짓 교사에 대한 대처]

1:1-2　◦　인사

1:3-11　◦　어떤 사람들이 거짓 교훈(신화, 족보, 율법)을 가르치지 못하게 하라. 율법은 의인이 아니라 죄인을 향한 것이다. 바른 교훈은 하나님의 영광의 복음을 따르는 것이다.

감사와 권면

1:12-20 ○ 예수께서 박해자였던 나에게 직분을 맡기심을 감사한다. 너는 너에 대한 예언을 따라 선한 싸움을 싸우고 믿음과 착한 양심을 가지라.

☑ 교회 행정

이제 바울은 관심을 교회로 돌려 교회에서의 예배와 지도자에 관해 이야기한다. 전도여행을 다닐 때는 복음을 전하기에 급급했지만 이제 교회가 세워져 성장하고 있으므로 교회를 체계화하는 것이 필요했다. 이를 위해 바울은 교회를 섬길 감독(장로)과 집사의 자격 조건을 말해준다.

• • •

기도

2:1-15 ○ 평화로운 생활을 하기 위하여 높은 지위에 있는 자들을 위해 기도하라. 남자들은 분노와 다툼 없이 기도하며, 여자들은 소박함과 정절과 착한 행실로 치장하고 조용히 배우라.

감독과 집사의 자격

3:1-7 ○ 감독의 자격

감독은 책망할 것이 없으며, 한 아내의 남편이며, 절제 신중 단정하며, 나그네를 대접하며, 잘 가르치며, 술을 즐기지 않으며, 너그러우며, 다투지 않으며, 돈을 사랑하지 않으며, 자기 가정을 잘 다스리며, 자녀들을 순종하게 하는 사람. 새로 입교한 사람은 불가하며 교회 밖의 사람들에게도 좋은 평판을 받는 자

3:8-16 ○ 집사의 자격

집사는 정중하며 일구이언 하지 않으며, 술에 인박히지 않으며, 더러운 이익을 탐하지 않으며, 깨끗한 양심에 믿음의 비밀을 가진 자. 한 아내의 남편으로서 자녀와 자기 집을 잘 다스리는 사람. 여자들은 정숙하고 모함하지 않으며 절제하며 모든 일에 충성된 자

❸ 목회 방향

 바울은 미래에 나타날 이단에 대해 성령의 계시를 받았는데, 이를 디모데에게 알려주며 경계하라고 당부한다. 젊은 교역자가 겪는 목회의 어려움 가운데 하나는 권징으로 교회를 이끌어 가는 것이다. 바울은 교회의 모든 성도를 가족처럼 대하라는 일반적인 충고를 하면서 특히 연장자인 과부와 장로에 대해 언급한다. 마지막으로 목회자로서 지켜야 할 의무와 덕목을 훈계하며 편지를 끝맺는다.

• • •

장래 거짓교사에 대한 경계

4:1-5 후일 믿음에서 떠나 귀신의 가르침을 따르는 자들을 경계하라. 혼인을 금하고 어떤 음식물을 먹지 말라 할 터이나, 하나님께서 지으신 것을 감사함으로 받으면 버릴 것이 없다.

4:6-16 망령되고 허탄한 신화를 버리고 경건에 이르도록 네 자신을 연단하라. 말과 행실과 사랑과 믿음과 정절에 있어서 믿는 자에게 본이 되라. 읽고 권하고 가르치는 것에 전념하라.

성도 그룹별 목양 지침

5:1-2 성도를 가족을 대하듯 하라. 나이 많은 이를 아버지 대하듯 권면하고, 젊은이는 형제를 대하듯 권면하라. 나이 많은 여자는 어머니 대하듯 하고, 젊은 여자는 자매 대하듯이 권면하라.

5:3-16 참과부를 존대하라. 과부는 가족이 먼저 보살펴야 한다. 과부로 명단에 올릴 사람은 60세 이상, 결혼했던 삶으로 착한 행실을 인정받는 사람이어야 한다.

5:17-20 장로들을 존경하라. 잘 다스리는 장로, 말씀과 가르침에 수고하는 장로들은 존경받아야 한다. 장로에 대한 고발은 두세 사람의 증인 없이는 받아들이지 말라.

5:21-25 공평하게 하라. 죄짓는 자를 모든 사람 앞에서 꾸짖어서 다른 사람들도 두려워하게 하라. 편견 없이 공평하게 하라. 아무에게나 경솔히 안수하지 말라. 자신을 지켜 정결하게 하라.

6:1-2 상전을 잘 섬기게 하라. 종들은 상전들을 형제라고 가볍게 여기지 말고 더 잘 섬겨야 한다.

경건한 삶에 대한 권면

6:3-10 그리스도의 말씀을 따르지 않으면 교만하여 다툼이 일어난다. 자족하는 마음을 가지라. 돈을 사랑함은 일만 악의 뿌리가 된다.

6:11-19   의와 경건과 믿음과 사랑과 인내와 온유를 따르며 믿음의 선한 싸움을 싸우라. 부자들로 하여금 오직 소망을 하나님께 두고 나누어주기를 좋아하며 너그러운 자가 되게 하라.

6:20-21   헛된 말과 거짓 지식을 물리치라.

통독 순서 안내 디모데전서 → 디도서 → 디모데후서

NOTE
연구 노트

디모데후서

개관

1 저자
바울

2 수신자
디모데

3 주제
그리스도의 군사로서의 삶

4 배경
주후 64년에 로마에 대화재가 발생하여 도시의 절반이 잿더미가 되자, 네로는 이를 기독교인의 소행으로 돌렸다. 기독교에 대한 박해가 심해지면서 바울은 두 번째로 투옥된다. 처음 로마에 감금되었을 때에는 단지 집에 연금되어 있었고 사람들이 자유로이 그를 방문했으며 석방될 희망을 가지고 있었다. 그러나 지금은 범죄자로 몰려 차가운 로마 감옥에 갇혀 있으며(딤후 2:9), 거의 모든 사람이 떠나버렸고(딤후 4:10-16), 석방될 희망은 없었다(딤후 4:6-8, 17,18). 그런 때에 바울은 그의 마지막 편지를 디모데에게 보낸다.

5 내용
자신의 삶이 얼마 남지 않은 상황에서, 바울은 에베소를 목회하고 있는 디모데를 생각하며 보고 싶어 한다. 바울은 자신의 투옥으로 디모데가 위축될 것을 염려하여 고난을 당당히 받으라고 격려한다. 그리고 앞으로 닥칠 시련도 미리 경고해주면서 맡은 직무를 다하라고 당부한다. 그러고 나서 자신이 처형되기 전에 디모데가 빨리 와주기를 부탁한다.

6 구조

구분	현재의 고난에 대한 대처			미래의 시련에 대한 대처		
	1:1 1:3	2:1	3:1	4:1		4:9
	인사	디모데에 대한 염려	디모데에 대한 당부	마지막 날에 대한 경고	바울의 마지막 당부	부탁과 인사
장소	로마 감옥					
시기	AD 64 – 68년경					

개요

1 현재의 고난에 대한 대처

HIS-STORY 바울은 자신이 범죄자처럼 투옥된 상황에서 디모데가 많이 생각난다. 보고 싶기도 하고 디모데가 자신 때문에 위축될까 걱정도 된다. 그래서 바울은 자신이 받는 고난은 영광스런 복음 때문이므로 부끄러워하지 않는다고 말하며, 디모데도 같은 생각을 가지고 당당하게 함께 고난을 받으라고 당부한다.

• • •

인사

1:1-2 ○ 바울의 인사

디모데에 대한 염려

1:3-5 ○ 내가 밤낮으로 너를 생각하며 감사한다. 보고 싶다.

1:6-14 ○ 너는 갇힌 나를 부끄러워하지 말고 복음을 위하여 고난을 받으라. 복음을 위해 내가 선포자와 사도와 교사로 세워졌기 때문에 이 고난을 받더라도 부끄러워하지 않는다.

1:15-18 ○ 아시아 사람들이 모두 나를 버렸으나 오네시보로가 나를 열심히 면회하였다.

디모데에 대한 당부

2:1-13 ○ 내 아들아, 은혜 안에서 강해지고 내게서 들은 것을 충성된 자들에게 전하라. 그리스도의 훌륭한 군사답게 나와 함께 고난을 달게 받으라. 군사로 복무하는 자는 자기 생

활에 얽매이지 않는다. 참으면 주와 함께 왕 노릇할 것이다.

2:14-26 ○ 교인들이 말다툼하지 않게 하라. 헛된 말들을 피하라. 주의 종은 다투지 않으며 온유하고 잘 가르쳐야 한다.

② 미래의 시련에 대한 대처

HIS-STORY 바울은 앞으로 사람들이 타락하여 탐욕과 분쟁과 방탕에 빠지고 신앙은 겉모양만 있는 때가 이를 것임을 알려준다. 이런 상황에서 경건하게 살려는 자에게는 박해가 있을 것이지만 배운 대로 믿음을 굳게 가지라고 권면한다. 바울 자신의 최후가 가까운 상황에서, 선한 싸움을 마치고 하늘의 면류관을 기대하는 초연한 마음을 이야기한다. 마지막으로 바울은 디모데가 빨리 와주기를 부탁한다.

• • •

[마지막 날에 대한 경고]

3:1-9 ○ 말세에 고통하는 때가 온다. 자기 사랑, 돈 사랑, 자랑, 교만, 비방, 부모 거역, 감사하지 않음, 거룩하지 않음, 무정함, 원통함을 풀지 않음, 모함, 무절제, 사나움, 선한 것을 기피함, 배신, 조급, 자만, 쾌락 사랑, 경건의 모양만 있고 경건의 능력을 부인하는 자들에게서 돌아서라.

3:10-17 ○ 그리스도 안에서 경건하게 살고자 하는 자는 박해를 받을 것이다. 그러나 너는 배워서 굳게 믿는 진리 안에 거하라.

[바울의 마지막 당부]

4:1-5 ○ 너는 말씀을 전파하라. 때를 얻든지 못 얻든지 항상 힘쓰라. 오래 참고 가르치면서 책망하고 경계하고 권면하라. 앞으로 사람들이 진리에서 떠날 때가 올 것이다. 그러나 너는 네 직무를 다하라.

4:6-8 ○ 나는 세상을 떠날 때가 되었다. 선한 싸움을 다 싸우고 믿음을 지켰다. 내게는 면류관이 예비되어 있다.

[부탁과 인사]

4:9-18 ○ 속히 내게 오라. 외투와 책을 가져오라.

4:19-22 ○ 마지막 인사

 통독 순서 안내 디모데후서 → 히브리서 → 베드로전서

NOTE
연 구 노 트

디도서

개관

1 저자
바울

2 수신자
디도

3 주제
목회에 관한 가르침

4 배경
디도는 이방인인데 기독교로 개종했고 바울의 동역자가 되었다. 바울이 예루살렘을 두 번째 방문할 때에 디도와 동행했다(갈 2:3). 바울은 3차 전도여행 중 에베소에서 사역할 때 디도를 고린도에 세 번 보낸 적이 있다(고후 2:12,13, 7:5-7,13-15, 8:6,16-24). 바울은 디도를 가리켜 '형제'(고후 2:13), '동료요 동역자'(고후 8:23), '아들'(딛 1:4)이라고 했다. 바울은 1차 투옥에서 석방된 이후 그레데의 여러 도시에서 복음을 전한 후, 디도를 그레데에 남겨 두어 교회를 조직하는 일을 마무리짓도록 했다(딛 1:5). 그레데는 거짓말과 부도덕으로 유명했다. "그레데 사람처럼 행한다"는 말은 "거짓말한다"는 뜻의 관용구였다고 한다. 바울은 젊은 교역자 디도를 지도, 격려하기 위하여 이 편지를 썼다.

5 내용

편지가 쓰여진 목적, 시점, 내용 측면에서 디모데전서와 다르지 않다. 장로의 자격, 거짓 교사에 대한 대처, 성도 그룹별 목양 지침, 경건한 삶에 대한 권면 등 모두 디모데전서에 있는 내용을 다루고 있다. 다만 내용이 디모데전서보다는 다소 간략하다. 이 서신은 세나와 아볼로에 의해 전달되었을 것이다(딛 3:13). 디모데전서와 함께 목회서신으로 분류된다.

6 구조

구분	교회 지도자		목회 방향	
	1:1 1:10		2:1 3:1	
	장로의 자격	거짓 교사에 대한 대처	성도 그룹별 목양 지침	선행에 관한 교훈
장소	마게도냐 (?)			
시기	AD 63년경			

개요

1 교회 지도자

HIS-STORY   바울은 디도에게 맡겨진 책임, 즉 각 성에 장로들을 세우는 일을 다시 한 번 상기 시키며(딛 1:5), 장로(7절에서는 '감독'으로도 부른다)에 대한 구체적인 자격 기준을 말해준다. 유대인 할례파들이 교인들을 미혹하여 자기들의 이익을 취하는 상황에서 교회 지도자들의 책임은 막중한 것이었다. 그레데 사람들이 본래 가지고 있는 부도덕한 경향에다가 잘못된 교훈까지 합쳐진다면 대단히 위험한 일이 아닐 수 없다. 그러므로 바울은 디도에게 할례파를 꾸짖고 그 입을 막으라고 지시한다(딛 1:11,13).

● ● ●

[장로의 자격]

1:1-4   디도에게 인사

1:5-9   장로의 자격

             책망할 것이 없고, 한 아내의 남편, 믿는 자녀를 두어야 하며, 자기 고집대로 하지 않으며, 급히 분내지 않으며, 술을 즐기지 않으며, 구타하지 않으며, 더러운 이득을 탐하지 않으며, 나그네를 대접하며, 선행을 좋아하며, 의로우며, 신중, 거룩, 절제하며, 말씀의 가르침을 지켜야 한다.

거짓 교사에 대한 대처

1:10-16 거짓 교사, 특히 할례파를 막으라. 헛된 말을 하며 속이는 자, 특히 할례파의 입을 막으라. 더러운 이득을 취하려고 틀린 것을 가르친다. 그레데 사람들을 엄히 꾸짖어 거짓 교리에 귀 기울이지 않게 하라.

❷ 목회 방향

HIS-STORY 바울은 교인을 성별 나이별로 구분하여 각 그룹별로 디도가 목양할 방향을 구체적으로 지도한다. 이와 같이 선한 삶을 살게 하기 위해서 그리스도께서 자신을 내주신 것이라고 강조하며 권위를 가지고 목양할 것을 지시한다. 3장에서는 성도는 온유하고 선하게 살아야 한다고 강조하면서, 불필요한 다툼을 일으키는 자들을 피하라고 당부한다.

• • •

성도 그룹별 목양 지침

2:1-2 나이 많은 남자
절제하며, 경건하며, 신중하며, 믿음 사랑 인내에 온전하게 하라.

2:3 나이 많은 여자
행실이 거룩하며, 모함하지 말며, 술의 종이 되지 않으며, 선한 것을 가르치는 사람이 되게 하라.

2:4-5 젊은 여자
나이 많은 여자들이 젊은 여자들을 교훈하여 남편과 자식을 사랑하며, 신중하며, 순전하며, 집안일을 하며, 선하며, 남편에게 복종하게 하라.

2:6-8 젊은 남자
신중하도록 권면하되 네가 선한 일의 모범을 보이라. 책잡힐 데가 없는 말로 하라.

2:9-10 종
상전들에게 순종하고 훔치지 말고 신실함을 나타내게 하라.

2:11-15 그리스도께서 자신을 내어주신 것은 우리를 깨끗하게 하셔서 선한 일에 열심을 내게 하시려는 것이다. 너는 이것을 권위 있게 권면하고 책망하라.

선행에 관한 교훈

3:1-11 ○ 통치자에게 순종하고 아무도 비방하거나 싸우지 말고 온유하게 대하게 하라. 교인들로 하여금 선한 일에 힘쓰도록 힘있게 이끌라. 어리석은 변론, 족보 이야기, 율법에 관한 다툼을 피하라.

3:12-14 ○ 내가 보내는 사람들이 도착하면 니고볼리로 급히 오라.

3:15 ○ 인사

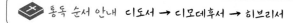

통독 순서 안내 디도서 → 디모데후서 → 히브리서

빌레몬서

개관

1 저자
바울

2 수신자
빌레몬

3 주제
오네시모에 대한 용서와 영접

4 배경
빌레몬은 골로새에 살았으며(골 4:9; 몬 1절) 그의 집은 예배 장소로 사용되었다(몬 2절). 어느 날 빌레몬의 노예 중 하나인 오네시모가 도망쳤다. 그는 제국의 수도 로마까지 건너갔는데, 거기서 바울을 만나 예수를 믿고 바울의 동역자가 되었다. 바울은 그를 주인 빌레몬에게 돌려보내는 것이 합당하다고 판단했다. 그래서 그를 보내며 빌레몬에게 받아줄 것을 부탁하는 편지를 썼다(로마법에 의하면 도망친 노예는 심한 벌을 받거나 사형에 처할 수 있었다). 두기고가 오네시모를 대동하고 편지를 전달했다.

5 내용
노예와 주인 사이에 기독교적 형제애가 있을 수 있는가? 당시 당연히 여겼던 사회적 계급의식과 주 안에서 서로를 형제로 보는 기독교적 관점은 배치되는 상황이다. 바울은 노예제도 철폐와 같은 혁명적인 변화를 주장하지는 않았다. 그보다는 종과 주인이라는 관계를 초월한 사랑의 관계를 부탁한다. 바울은 오네시모를 "종과 같이 대하지 않고 사랑받는 형제로 둘자"라고 하며, 자기(바울)에게 하듯 오네시모를 영접해달라고 요청한다.

6 구조

구분	인사와 감사	오네시모를 위한 바울의 간구	끝인사
	1	8	23
장소	로마 (셋집)		
시기	AD 62년경		

개요

인사와 감사

1-3 ○ 인사

4-7 ○ 빌레몬을 위한 기도와 감사

오네시모를 위한 바울의 간구

8-16 ○ 내가 갇혀 있는 동안 오네시모를 아들로 얻었는데 그를 위하여 네게 간구한다. 그가 전에는 무익했지만 이제 유익한 사람이 되어 네게 돌려보낸다.

17-20 ○ 내게 하듯 그를 영접해주길 바란다. 그의 잘못이 있다면 내가 갚겠다.

21-22 ○ 네가 순종할 것을 믿는다.

빌레몬에 대한 약속

23-25 ○ 끝인사

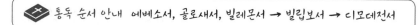

통독 순서 안내 에베소서, 골로새서, 빌레몬서 → 빌립보서 → 디모데전서

히브리서

개관

1 저자
저자에 대하여 여러 주장이 있으나 확실하지 않다. 바울, 바나바, 누가, 클레멘트, 아볼로, 실라, 빌립 심지어는 브리스길라를 저자로 보기도 한다. 디모데를 잘 알고 있는 사람이다(히 13:23).

2 수신자
히브리서에는 편지의 시작 부분에 나타나는 발신자, 수신자, 인사말 등이 없다. 편지에 담긴 내용을 통해 유대교로 되돌아갈 유혹을 받고 있는 유대인 그리스도인을 향해 쓴 글임을 알 수 있을 뿐이다.

3 주제
예수 그리스도의 우월성과 충족성

4 배경
유대교에서 개종한 많은 유대인 그리스도인들은 동족의 핍박과 로마의 핍박(히 10:34)에서 벗어나기 위해 다시 유대교로 들어가려 했다. 유대인의 제사가 현재 시행되고 있는 것처럼 기술하고 있고, 예루살렘 성전 파괴(주후 70년)가 언급되지 않은 것으로 보아 70년 이전에 기록된 것으로 본다. 저자는 편지 끝에 디모데가 석방된 사실을 전하고 있는데, 아마도 디모데는 투옥되었다가 네로가 죽고(AD 68) 박해가 끝난 후 석방된 것으로 보인다.

⑤ 내용

유대인들은 구약에 나타나는 천사, 모세, 제사장 등에 권위를 두었는데 저자는 그리스도가 이들 누구보다 뛰어나시고 완전하고 최종적인 중보자이심을 강조한다. 또한 유대인의 제도는 더 이상 지속될 수도 없다. 왜냐하면 이 제도는 그리스도의 유일한 제사장직으로 대체되었기 때문이다. 따라서 다시 유대교로 돌아가려는 것은 지극히 어리석은 일이며 그리스도의 피를 모욕하는 것이 되어 하나님의 진노를 초래한다. 이제 그리스도의 죽음 부활 승천에 의해 참된 하늘의 성소로 가는 길이 열렸으므로, 하나님의 백성은 오직 그리스도만을 바라보며 믿음을 굳게 해야 한다고 저자는 권면한다.

⑥ 구조

구분	그리스도의 뛰어나심				그리스도를 믿음	
	1:1 1:4 3:1 4:14				10:19 13:1	
	머리말	그리스도와 천사	그리스도와 모세	그리스도와 제사장직	믿음과 인내	마지막 권면
장소	장소 미상					
시기	AD 68 – 70년경					

개요

① 그리스도의 뛰어나심

HIS-STORY   관례적인 인사말 대신 이 편지는 곧바로 주제로 들어간다. 그리스도가 하나님의 아들이심을 선포한 다음, 유대인들이 높게 여기는 천사, 모세, 제사장보다 위대한 분이심을 설명한다. 천사는 구원받을 자를 섬기라고 보낸 영이지만 그리스도는 아들이시며(히 1:14), 모세는 하나님의 집에서 종이었지만 그리스도는 아들이시다(히 3:5,6), 이 땅의 제사장들은 레위 계통의 제사장이지만 그리스도는 레위보다 훨씬 이전의 멜기세덱의 계통을 따른 제사장이시다(히 7:9-17). 이 땅의 제사장이 해마다 드리던 제사로는 사람을 온전케 할 수 없었지만 그리스도께서는 한 번의 제사로 영원히 온전하게 하셨기 때문에 더 이상 제사를 드릴 필요가 없게 되었다는 것을 설명한다.

[머리말]

1:1-3 하나님이 옛적에 선지자를 통해 말씀하셨지만 마지막에는 아들을 통하여 말씀하셨다. 그는 만유의 상속자, 창조주, 하나님의 영광의 광채, 하나님 본체의 형상이시다.

[그리스도와 천사]

1:4-14 그리스도는 하나님의 아들이시다. 하나님께서 맏아들을 세상에 보내실 때에 천사들은 그에게 경배하라고 하셨다. 천사들은 구원받을 상속자들을 섬기라고 보낸 영이다.

2:1-18 그러므로 천사를 통해 하신 말씀(율법)보다 주께서 직접 말씀하신 것에 더욱 유념해야 한다.

하나님께서 만물을 그 발아래 복종하게 하셨다. 잠시 천사보다 못하게 되신 것은(육체를 입은 것) 하나님의 자녀들을 마귀로부터 놓아주려 하심이다.

[그리스도와 모세]

3:1-6 모세는 하나님의 집에서 종이었지만 그리스도는 아들이시다.

3:7-4:13 출애굽한 이스라엘 백성들이 믿지 않으므로 가나안에 들어가지 못했다. 이와 같이 복음을 믿지 않으면 안식에 들어갈 수 없다. 약속된 안식이 아직 남아 있다. 안식에 들어가기를 힘쓰라. 하나님의 말씀은 살아 있고 운동력이 있어 만물이 그 앞에 벌거벗은 것같이 드러날 것이다.

[그리스도와 제사장직]

4:14-5:10 우리에게 큰 대제사장이 계신데, 이는 곧 하나님의 아들 예수이시다. 그는 우리의 연약함을 공감하는 분이시며 죄가 없으신 분이다. 예수님은 (아론이 아니라) 멜기세덱의 계통(반차)을 따른 제사장이시다.

5:11-6:12 한 번 하늘의 은사를 맛보고 타락하면 다시 회개하게 할 수 없다. 그러므로 믿음의 초보에 머무르지 말고 성숙한 단계로 나아가라.

6:13-20 하나님의 약속을 맹세로 보증하셨으니 우리의 소망은 견고하다.

7:1-28 아브라함이 멜기세덱에게 십일조를 바칠 때 레위는 아브라함의 허리에 있었다. 우리 주님은 레위 계통(반차)이 아니라 멜기세덱의 계통(반차)을 좇는 영원한 제사장이시다.

8:1-13 첫 언약의 제사장은 모형일 뿐이며 예수는 하나님께서 주신 새 언약의 중보자이시다.

9:1-10:18 그리스도께서 (동물의 피가 아닌) 자기의 피로 영원한 속죄를 이루고 단번에 (이 땅의 성소가 아닌) 하늘 성소에 들어가셨다. 율법은 장차 올 좋은 일의 그림자이지 실체가 아니기 때문에, 해마다 드리는 제사로는 온전케 할 수 없었다. 그리스도는 한 번의 제사로 영원히 온전하게 하셨다.

❷ 그리스도를 믿음

HIS-STORY 예수께서 자신의 피로 드린 제사는 최종적이며 완전한 것이기 때문에 이를 거부한다면 다른 속죄의 방법이 없다. 오직 심판이 있을 뿐이다. 따라서 성도(편지의 수신자)들은 이 믿음에서 흔들리지 말고 더욱 온전한 믿음으로 하나님께 나아가야 한다. 저자는 이 사람들이 전에 고난 중에도 소망을 가지고 견디었던 것을 상기시키면서 담대함을 잃지말고 더 인내해서 구원에 이르라고 가르친다. 이를 격려하기 위해 믿음으로 승리한 여러 인물들을 언급하면서 믿음을 지키는 것이 얼마나 확실하고 중요한 것인지를 강조한다. 그러면서 어려움이 있더라도 십자가 고통을 참으신 예수를 바라보며 인내하자고 재차 권면한다. 마지막으로 공동체를 향한 사랑을 권면하며 축복으로 마친다.

• • •

[믿음과 인내]

10:19-39 예수의 피를 힘입어 성소에 들어갈 담력을 얻었으니 인내하면서 온전한 믿음으로 하나님께 나아가자. 하나님 아들의 언약의 피를 모욕한 사람은 무서운 벌을 받는다. 너희가 전날에 고난을 잘 견딘 것처럼 담대함과 인내함으로 약속하신 것을 받으라.

11:1-40 믿음은 바라는 것들의 실상이요 보이지 않는 것들의 증거이다. 우리 선조들이(아벨, 에녹, 노아, 아브라함, 이삭, 야곱, 사라, 요셉, 모세, 이스라엘 사람, 라합) 믿음으로 살아서 그 결과를 확실하게 경험했다.

12:1-13 그러므로 우리가 인내하며 앞으로 달려가자. 예수님을 바라보라. 예수께서는 십자가의 고통을 인내하셨다. 징계를 받아도 낙심하지 말자. 아버지이시기 때문에 징계하는 것이다.

12:14-29 너희는 말씀하신 이(하나님)를 거역하지 말라. 이 땅에서 경고하신 이(모세)를 거역했을 때 벌을 피하지 못했는데 하물며 하늘로부터의 경고하신 이(그리스도)를 거역하면 어떠하겠는가.

[마지막 권면]

13:1-19 형제를 사랑하라. 손님 대접을 잊지 말라. 갇힌 자, 학대 받는 자를 생각하라. 돈을 사랑하지 말라. 다른 교훈(율법으로 회귀)에 끌리지 말고 은혜로써 마음을 굳게 하라. 예수 이름을 증언하라. 선을 행하고 서로 나누어주라. 우리를 위하여 기도하라.

13:20-25 마지막 인사와 축복

His-heart 성문 밖 골고다의 의미 (히 13:10-13)

히브리서는 구약성경을 가장 많이 인용하는 서신서이다. 저자는 구약에 대한 해박한 지식과 영감으로 이 편지의 수신자들을 설득하고 있다. 13장 10절 이하에서 저자는 속죄제 규례를 이야기하고 있는데 이에 관한 레위기 본문을 확인해보자(레 4:11,12, 16:27). "우리에게 제단이 있는데 장막에서 섬기는 자들은 그 제단에서 먹을 권한이 없나니 이는 죄를 위한 짐승의 피는 대제사장이 가지고 성소에 들어가고 그 육체는 영문 밖에서 불사름이라 그러므로 예수도 자기 피로써 백성을 거룩하게 하려고 성문 밖에서 고난을 받으셨느니라 그런즉 우리도 그의 치욕을 짊어지고 영문 밖으로 그에게 나아가자"(히 13:10-13). 속죄제를 드릴 때 번제단 위에서 태우는 부위는 보통 내장의 일부(콩팥, 내장 기름, 간꺼풀)이다. 드리고 남은 부위는 제사장의 몫이 된다. 그러나 그 제사가 온 회중의 죄를 속하기 위한 속죄제의 경우에는 남은 부위의 처리 방법이 달라진다. 제사장이 먹을 수 없으며 반드시 진 밖으로 가지고 나가서 불태워야 한다(자기의 죄를 전가시킨 짐승을 먹는다면 자기를 먹는 셈이 될 터이니 이 규례는 매우 상식적이다). 히브리서 저자는 회중을 위한 속죄제와 예수님의 죽음을 연결시켜 이야기하고 있다. 제물을 진 밖으로 가지고 나가 불태웠던 것처럼 예수님은 예루살렘 성문 밖에서 죽음을 당하셨다는 것이다. 예수님이 십자가에 달리신 골고다는 예루살렘 성문 밖에 있었다. 그러니까 속죄 제물을 진 밖에서 태웠던 것은 예수께서 성문 밖에서 죽임 당하신 것의 예표가 되는 셈이다. 이것을 짚어낸 저자의 통찰력이 놀랍다. 더 놀라운 것은 하나님의 기획이다. 이런 디테일에 이르기까지 하나님의 말씀이 구체적으로 성취된다는 것이 신묘막측(神妙莫測)할 따름이다.

 통독 순서 안내 히브리서 → 베드로전서 → 베드로후서

NOTE
연 구 노 트

야고보서

개관

1 저자

야고보(주의 형제)

○ 성경에 나타난 야고보 ○

세베대의 아들 야고보	열두 제자 중 하나. 요한의 형제. 별명은 우레의 아들(보아너게). 예수님을 정치적 메시아로 알았다(마 20:21). 열두 제자 중 첫 순교자이다(행 12:1-3).
알패오의 아들 야고보	열두 제자 중 하나. '작은 야고보'로 불리기도 했다(막 3:18; 행 1:13).
예수의 형제 야고보	예수님의 친형제로서(마 13:55; 막 6:3) 예수 공생애 초기에 예수를 비웃었다(요 7:5). 예수 부활을 목격하고 제자가 되었다(고전 15:7), 베드로가 예루살렘을 떠난 후에(행 12:7) 교회를 이끌었으며(갈 1:19) 첫 예루살렘 공회를 주관했다(행 15:13, 21:18). 바울이 그를 가리켜 '교회의 기둥'이라고 했다(갈 2:9).
유다의 아버지 야고보	열두 제자 중 유다(가룟 유다와 동명이인)의 아버지(눅 6:16; 행 1:13)

2 수신자

"흩어져 있는 열두지파" 즉, 팔레스타인 밖에 있는 유대인 그리스도인(약 1:1). 특정 교회가 아닌 넓은 영역의 신자들에게 보낸 회람서신이다.

3 주제

행함이 있는 믿음('행함'이 아니라 '행함 있는 믿음' 즉 '참믿음'을 강조함). 공동서신의 가르침은 바울의 교리를 보완해준다. 바울은 믿음을, 야고보는 행위를, 베드로는 소망을, 요한은 사랑을, 유다는 성결을 강조했다.

4 배경

이 편지의 수신자들은 스데반의 죽음 이후에 이스라엘 주변 지역(베니게, 안디옥, 구브로)으로 흩어진 초기 예루살렘교회의 신자들이었을 것이다. 이는 그들이 시련을 당하고 있고(약 1:2, 12) 야고보가 독자들의 형편을 잘 알고 있는 상황에 잘 들어맞는다. 환난의 결과 그들은 하나님과 세상 사이에서 두 마음을 품게 되었고(약 1:8, 4:8), 믿음을 실천하지 않았으며(약 1:22), 교회 안에 갈등이 생겼고(약 4:1) 세속적인 생활방식에 빠지게 되었다(약 4:4). 야고보는 목회자 입장에서 그들을 권면하고 용기를 북돋아주려 했다. 이 편지에 이방인 그리스도인에 대한 언급이 없고, '교회'가 아닌 '회당'이라는 말을 쓴 것은 편지의 독자들이 회당 형태의 초기 기독교 공동체였음을 시사한다. 예루살렘 총회(AD 49)에 대한 언급이 없어 그 전에 기록된 것으로 여겨진다. 그렇다면 신약성경 중 가장 이른 서신서가 된다.

5 내용

참된 믿음은 매일매일의 실천적 삶을 통해 드러나야 함을 강조함으로써 성숙하고 거룩한 삶을 살도록 촉구한다. 기독교 신앙의 원리적인 문제보다는 실천적인 문제를 더 많이 다루고 있다. 구약의 잠언처럼 비교적 간결한 여러 개의 교훈으로 구성된다(총 108절 중에서 54회의 명령형이 들어 있다). 특정 수신자에게 보내는 편지라기보다는 편지 형식을 빌어 쓴 야고보의 설교 모음집에 가깝다. 서신의 전체적인 구조는 분명하지 않다.

6 구조

구분	시험에 대한 대처		행동하는 믿음			공동체 안에서의 불화					경건한 삶			
	1:1	1:19			3:1					5:7				
	시험을 기뻐함	시험을 이김	말씀 실천	차별 금지	죽은 믿음	언행	다툼	비방	자랑	압제	인내	맹세	기도	죄인 인도
장소	예루살렘 (?)													
시기	AD 45 – 49년경													

개요

1 시험에 대한 대처

HIS-STORY 첫 번째 주제는 시험(시련)이다(약 1:2,12). 편지의 수신자들이 그리스도를 믿으므로 박해를 받고 있는데(믿음의 시험), 야고보는 이를 기쁘게 여기라고 권면한다. 왜냐하면 이를 통해 인내를 배우게 될 것이기 때문이다. 난국을 헤쳐 나가는 지혜는 하나님께 구하면 주시기 때문에 요동하지 말라고 권면한다. 13절 이후에는 '시험'이란 말이 1절, 12절에서와는 달리 '유혹'이라는 의미로 쓰였다. 사람이 시험(유혹)에 이끌리는 것은 욕심 때문이다. 따라서 욕심을 다스려야 한다. 욕심을 방치하면 죄로 이어지고 죄는 사망을 낳는다는 것을 경고한다.

• • •

[시험(시련)을 기뻐하라]

1:1	인사
1:2-4	시험(시련)을 당하면 기쁘게 여기라. 믿음의 시련은 인내를 만든다.
1:5-8	지혜가 부족하면 하나님께 믿음으로 구하라. 그러면 후하게 주시리라.
1:9-11	가난한 자는 자기의 높음을 자랑하고 부한 자는 자기의 낮아짐을 자랑하라. 이는 그가 풀의 꽃같이 지나감이라.
1:12	시험(시련)을 참는 자는 생명의 면류관을 얻을 것이다.

[시험(유혹)을 이기라]

1:13-18	사람이 시험(유혹)을 받는 것은 자기 욕심 때문이다. 하나님은 시험하지 않으신다. 욕심은 죄를, 죄는 사망을 낳는다. 이에 속지 말고 위로부터 내려오는 좋은 은사를 사모하라.

2 행동하는 믿음

HIS-STORY 야고보는 행함, 즉 믿음의 실천을 강조한다. 구원을 얻기 위해 행위가 필요하다는 것이 아니라, 참된 믿음은 자연스럽게 행함으로 나타난다는 것이다. 믿음과 삶이 떨어질 수 없기 때문이다. 따라서 행함이 없다면 믿음의 진정성을 의심해보아야 한다.

• • •

	말씀을 듣고 실천하라
1:19-27	듣기를 속히 하고 말하기와 성내기를 더디 하라. 말씀을 들으면 실천하는 자가 되라.
	사람을 차별하지 말라
2:1-13	가난한 자를 차별하지 말고 네 이웃을 네 몸같이 사랑하라.
	행함이 없는 믿음은 죽은 믿음이다
2:14-26	믿음과 행함은 서로 분리될 수 없다. 행함 없는 믿음은 그 자체가 죽은 것이다.

❸ 공동체 안에서의 불화

HIS-STORY 야고보는 신앙 인격을 갖출 것을 강조한다. 말을 조심하고, 정욕을 다스려 다툼이 없게 하고, 형제를 비방하거나 세속적인 것을 자랑하지 말고, 가난한 사람을 압제하는 일이 없도록 하라고 경고한다. 공동체 안에서의 연합과 일치를 위해서 유념해야 할 교훈이다.

• • •

	언행을 조심하라
3:1-12	혀에서 악이 나와 온몸을 더럽히고 삶을 불사른다. 말에 실수가 없도록 조심하라.
3:13-18	지혜와 총명 있는 자는 행함으로 보이라. 시기와 다툼은 땅 위의 것이요, 위로부터 난 지혜는 성결, 화평, 관용, 양순, 긍휼이며 편견과 거짓이 없다.
	다투지 말고 하나님께 복종하라
4:1-10	정욕에서 다툼이 나고 정욕으로 구한 기도는 응답받지 못한다. 세상과 벗이 되고자 하는 자는 하나님과 원수가 된다. 하나님께 복종하고 마귀를 대적하라.
	비방하지 말라
4:11-12	형제를 비방하지 말라. 재판관은 오직 하나님 한 분이시다.
	자랑하지 말라
4:13-17	허탄한 자랑을 버리고 주의 뜻에 따라 살라.
	부유한 압제자에 대한 경고
5:1-6	재물을 쌓고 사치 방종하며 품꾼의 삯을 주지 않는 부자들아, 임할 심판을 두려워하라.

4 경건한 삶

마지막에 야고보는 처음에 다루었던 주제인 '시험'과 '인내'로 다시 돌아온다. 주의 강림이라는 위로와 기대를 불어넣어주면서 오래 참을 것을 권면한다. 그리고 고난을 기도로 견딜 것을 권면하면서, 시험을 이기지 못하고 미혹되어 믿음에서 떠난 사람들을 돌아서게 하라고 권면한다.

• • •

[인내하라]

5:7-11 주께서 강림하시기까지 길이 참으라. 주의 강림이 가까우니라.

[맹세하지 말라]

5:12 무엇으로든 맹세하지 말고 "그렇다", "아니다"라고만 하라.

[기도하라]

5:13-18 고난당하는 자는 기도하고 즐거워하는 자는 찬송하라. 병든 자는 장로를 청하여 기도하라.

[죄인을 돌이키라]

5:19-20 미혹되어 진리에서 떠난 자를 돌아서게 하라.

✝ 통독 순서 안내 야고보서 → 사도행전 13-14장 → 갈라디아서

NOTE
연 구 노 트

베드로전서

개관

1 저자

베드로. 실루아노(실라)가 이 편지를 대필했다(벧전 5:12).

2 수신자

소아시아 지역에 흩어진 그리스도인. "너희 조상이 물려준 헛된 행실"(벧전 1:18), "너희가 전에는 백성이 아니더니 이제는 하나님의 백성이요"(벧전 2:10) 등의 구절은 편지의 수신자가 주로 이방인 그리스도인임을 나타낸다.

3 주제

그리스도인의 고난과 소망

4 배경

이 편지는 로마 황제 네로의 교회 박해가 시작되기 바로 이전에 쓰여진 것으로 보인다(AD 64년 로마에 대화재가 발생하자 네로는 이를 그리스도인의 탓으로 돌리고 박해하기 시작했다). 로마 정부를 아직 정상적으로 묘사하는 구절은(벧전 2:13,14) 로마 제국의 조직적인 박해가 시작되기 전에 기록된 것임을 시사한다. 그렇다면 이 편지에 언급된 박해와 고난은 사법적인 것이라기보다는 사회적, 종교적인 것이다. 이교 사회는 그리스도를 영접한 사람들이 생활양식을 급격하게 바꾸는 것을 보고 조롱하거나 차별대우했을 것이다. 전승에 의하면 베드로는 생애의 마지막 10년을 로마에서 보내다가 주후 67년경 로마에서 순교했다고 한다.

5 내용

베드로는 편지의 수신자들이 신앙의 동요 없이 박해를 이겨 나갈 수 있도록 그들을 격려한다. 성도들은 시련이 있다고 놀라서는 안 된다. 왜냐하면 그들이 따르는 그리스도도 고난을 당하고 죽으셨기 때문이다(벧전 1:21, 3:18, 4:1). 오히려 시련과 박해를 그리스도의 고난에 동참하는 특권으로 여겨야 한다고 가르친다. 아울러 믿는 자의 위상과 미래의 소망도 자주 언급함으로써 고난을 이기도록 격려한다(벧전 1:2,5,7, 2:9, 4:13, 5:1,6).

6 구조

구분	그리스도인의 거듭남		그리스도인의 행동		그리스도인의 고난		
	1:1	1:13	2:11	3:13	4:1	5:1	
	그리스도인의 소망	그리스도인의 성결	인간관계에 대한 권면	고난에 대한 이해	고난에 대한 대처	교회 구성원의 자세	
장소	로마						
시기	AD 64년경						

개요

1 그리스도인의 거듭남

HIS-STORY   베드로는 여러 가지 시련을 겪고 있는 수신자들에게 그들의 영적 위상을 알려줌으로써 그들을 격려한다. 그들은 그리스도를 믿음으로 거듭나 산 소망을 갖게 되었으며 하나님의 능력으로 보호 받고 있다. 이 믿음 때문에 예수께서 나타나실 때 칭찬과 영광과 존귀를 얻게 될 것이다. 그러므로 이러한 구원을 얻은 성도의 올바른 태도는 그리스도께서 거룩하신 것처럼 거룩하게 살아야 함을 강조한다.

• • •

[그리스도인의 소망]

1:1-2   ○   인사

1:3-12   ○   하나님을 찬송하자. 하나님께서 그리스도를 죽은 자 가운데서 부활하게 하셔서 우리

를 거듭나게 하시고 산 소망을 갖게 하셨다. 선지자들이 예언한 구원이 바로 너희를 위한 것이었다.

[그리스도인의 성결]

1:13-25 그러므로 근신하여 너희를 부르신 거룩하신 이처럼 너희도 거룩한 자가 되라. 너희가 대속 받은 것은 그리스도의 보배로운 피로 된 것이다. 너희가 형제를 사랑하게 되었으니 서로 뜨겁게 사랑하라.

2:1-10 모든 악을 버리고 순전하고 신령한 젖을 사모하라. 산 돌이신 예수께 나아가 너희도 신령한 집으로 세워지고 거룩한 제사장이 되라.

② 그리스도인의 행동

HIS-STORY 베드로는 이어서 수신자들에게 사회와 가정 속에서 선한 행실과 순종함으로 하나님께 영광을 돌리라고 권면한다. 세상과의 관계, 위정자와의 관계, 일터에서의 관계, 가정에서의 관계, 타인과의 관계에 있어서 성도의 자세에 대하여 가르침을 준다.

• • •

[인간관계에 대한 권면]

2:11-12 선한 행실로 너희를 비방하는 자들이 하나님께 영광을 돌리게 하라.

2:13-17 주를 위하여 인간의 모든 제도를 순종하되 왕과 총독에게 그렇게 하라.

2:18-25 사환들아, 주인들에게 순종하라. 선한 주인뿐 아니라 까다로운 주인에게도 순종하라.

3:1-6 아내들아, 자기 남편에게 순종하라. 외모를 꾸미지 말고 속사람을 단장하라.

3:7 남편들아, 아내를 연약한 그릇이요 생명의 은혜를 함께 이어받을 자로 알고 귀하게 여기라.

3:8-12 서로 동정하며 사랑하며 불쌍히 여기며 악을 악으로 갚지 말고 복을 빌라.

③ 그리스도인의 고난

HIS-STORY 베드로는 그리스도인에 대한 반대가 점점 커지는 것을 예견하고서 고난에 대한 이해와 대처 방법을 가르친다. 고난은 저주가 아니라 축복으로 이해해야 한다. 앞으로 시련이 있더라도 이를 이상하게 생각하지 말고 그리스도의 고난에 참여하는 것으로 알고 즐거워하라고 권면한다. 이런 상황에서 장로와 젊은이가 어떤 태도를 가지고 협력해야 하는지를 조언하며 인사로 마친다.

· · ·

고난에 대한 이해

3:13-17 ○ 의를 위하여 고난을 당하면 복이 있다. 두려워하지 말고 자신을 거룩하게 하며 대답할 것을 준비하라.

3:18-22 ○ 의로우신 그리스도께서도 불의한 자를 위하여 죽으셨는데, 이는 우리를 하나님 앞으로 인도하시기 위함이었다. 영으로는 옥에 있는 영들에게도 가서 선포하셨고, 지금은 하늘에 오르셔서 하나님 우편에 계시고 천사와 권세와 능력들이 그에게 복종하고 있다.

고난에 대한 대처

4:1-6 ○ 너희도 그리스도와 같은 마음으로 갑옷을 입으라. 이제 정욕을 좇지 말고 하나님의 뜻을 따라 남은 삶을 살라.

4:7-11 ○ 마지막이 가까웠으니 근신하며 기도하라. 서로 사랑하고 선한 청지기같이 봉사하라.

4:12-19 ○ 불 시험을 당하면 이상하게 생각하지 말고 오히려 그리스도의 고난에 참여하는 것으로 즐거워하라. 그리스도의 이름으로 치욕을 당하면 복이 있는 자이다.

교회 구성원의 자세

5:1-4 ○ 장로들은 하나님의 뜻을 따라 자원함으로 양 무리를 치라. 이득을 구하지 말고 기꺼이 하며, 주장하는 자세를 하지 말고 양 무리에게 모범이 되라.

5:5-6 ○ 젊은이들은 장로에게 순종하고 서로 겸손하라.

5:7-11 ○ 너희 염려를 다 주께 맡기라. 근신하라. 깨어라. 믿음을 굳건하게 하여 마귀를 대적하라. 하나님께서 잠깐 고난받는 여러분을 친히 강하게 하실 것이다.

5:12-14 ○ 인사

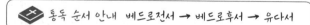
통독 순서 안내 베드로전서 → 베드로후서 → 유다서

베드로후서

개관

1 저자
베드로

2 수신자
소아시아 전역에 있는 그리스도인. "둘째 편지를 너희에게 쓰노니"(벧후 3:1)라는 표현에서
이 편지의 수신자가 베드로전서와 같음을 알 수 있다.

3 주제
거짓 선생에 대한 경계

4 배경
베드로전서는 외부로부터의 문제(박해)를 다루고 있는 반면에 베드로후서는 내부로부터의
문제(거짓 선생)를 다루고 있다. 베드로는 교회에 거짓 선생이 나타나 그리스도를 부인하고
부도덕한 삶을 조장할 것을 예견했다. 이에 그들의 가르침을 경고하기 위해 이 편지를 썼다.
베드로가 자신의 죽음이 임박한 것을 알고 유언과 같이 보낸 편지이다(벧후 1:12-15). 전승에
의하면 베드로는 주후 67년경에 순교했다. 그렇다면 이 편지는 네로의 기독교 박해가 시작
된 64년부터 67년 사이에 기록되었을 것이다.

5 내용
베드로는 위험한 교리를 퍼뜨리는 거짓 선생들에 대한 경각심을 불러일으키기 위하여 이 편
지를 썼다. 그리스도인의 삶은 하나님의 부르심에 부응하여 덕, 지식, 절제, 인내, 경건, 형제

애, 사랑을 추구해야 한다. 반면에 거짓 선생들은 쾌락을 추구하고 교만하며 탐욕스럽고 호색적이다. 그들은 장차 있을 주의 재림을 비웃고, 미래도 현재와 별로 다를 바 없을 것이라고 호언한다. 베드로는 시간은 걸리더라도 하나님의 심판은 반드시 온다는 것을 상기시킨다. 성도들은 이 사실을 염두에 두고 경건하고 흠 없이 살아야 한다고 권면한다. 이 편지의 2장과 유다서 4-18절 내용은 매우 유사하다. 두 편지 중 어느 하나가 다른 편지의 내용을 참고했을 것으로 본다.

6 구조

구분	그리스도인의 성화		거짓 선생들			그리스도의 재림에 대한 확신	
	1:1　　　　1:12		2:1　　2:4		2:10　　3:1		3:8
	하나님의 성품에 참여	베드로의 체험	그들의 출현	그들이 받을 형벌	그들의 범죄 행위	마지막 때의 조롱	주의 날
장소	로마 또는 바벨론						
시기	AD 64 – 67년경						

개요

1 그리스도인의 성화

HIS-STORY　나이 많은 베드로는 유언하는 심정으로 편지를 쓴다. 하나님의 뜻은 단지 구원의 약속을 주시려는 것이 아니라 하나님의 성품에 참여하게 하려는 것이니 이러한 부르심에 따를 것을 당부한다. 그리고 베드로가 예수님의 권능과 재림에 대해 자신이 가르쳤던 내용은 자신의 경험을 근거로 한 확실한 것임을 강조한다.

• • •

[하나님의 성품에 참여]

1:1-2　　○　인사

1:3-11　　○　하나님께서 우리에게 지극히 큰 약속을 주신 것은 하나님의 성품에 참여하게 하시려는 것이다. 그러므로 너희가 더욱 힘써 믿음에 덕을, 지식을, 절제를, 인내를, 경건을, 형

제우애를, 사랑을 더하라. 너희를 향한 부르심과 택하심을 힘써 굳게 하라. 그러면 넘어지지 않을 것이다.

[베드로의 체험]

1:12-15 ○ 이미 너희가 이것을 알고 있으나 내가 세상을 떠난 후에도 늘 이런 것을 생각나게 하려고 말하는 것이다.

1:16-21 ○ 내가 주 예수의 능력과 재림을 말한 것은 지어낸 이야기가 아니다. 내가 직접 예수님의 위엄을 보았다(변화산 사건). 이뿐 아니라 우리에게는 더욱 확실한 예언(주의 재림)들이 있으니 이에 주의를 기울여야 한다. 예언은 성령의 감동으로 말한 것이므로 사사로이 풀어서는 안 된다.

② 거짓 선생들

앞으로 거짓 선생들이 나타날 것과 이들이 저지를 죄악을 예고한다. 그들은 의의 도를 알았었는데, 욕심 때문에 타락한 자들이다(벧후 2:21). 베드로는 그들의 특징을 자세히 언급하며 그들은 결국 심판 받을 것임을 알려준다.

• • •

[그들의 출현]

2:1-3 ○ 거짓 교사들이 일어나 이단을 몰래 끌어들여 주를 부인하고, 호색하며, 너희에게서 이득을 취할 것이다.

[그들이 받을 형벌]

2:4-9 ○ 하나님께서 범죄한 천사, 노아 시절의 경건치 않은 자, 소돔과 고모라의 행악자들을 벌하신 것처럼 그들을 벌하시고 심판 날까지 가두실 것이다.

[그들의 범죄 행위]

2:10-22 ○ 그들은 육체의 정욕을 따르며, 권위를 멸시하며, 하늘의 영광스런 존재들을 모욕한다. 속임수를 즐기며 음심을 가지고 범죄하며 연약한 영혼들을 유혹한다. 그들은 멸망의 종이다. 차라리 복음을 모르는 것이 나았을 것이다.

❸ 그리스도의 재림에 대한 확신

HIS-STORY
이어서 베드로는 말세에 주의 재림을 조롱하는 자들이 나타날 것을 경고한다. 그들은 아무 일도 없을 것이라고 비아냥대겠지만 그날은 도둑같이 닥칠 것이다. 그리고 상상을 뛰어넘는 전 우주적인 변혁이 일어날 것이다. 그러므로 이들의 미혹에 흔들리지 말도록 경계하라고 당부한다.

• • •

[마지막 때의 조롱]

3:1-7 ○ 말세에 주의 강림하심을 조롱하는 자들이 나타날 것이다. 이제 우주는 심판 날 하나님의 말씀으로 불살라질 것이다.

[주의 날]

3:8-18 ○ 주의 약속이 더딘 것이 아니라 모두 회개할 수 있도록 오래 참으시는 것이다. 주의 날이 도둑같이 와서 하늘과 땅이 불에 녹아질 것이다. 미혹에 이끌리지 않도록 주의하라. 그리스도 안에서 성숙하라.

✚ 통독 순서 안내   베드로후서 → 유다서 → 요한일서

요한일서

1 저자

사도 요한

2 수신자

"사랑하는 자들아", "아이들아"라는 호칭의 사용으로 보아 저자가 잘 아는 기독교 공동체에 보낸 것임을 알 수 있다. 초대교회 전승에 의하면 요한은 예루살렘을 떠나 에베소와 그 인근 지역에서 전도했다고 한다. 요한계시록 2,3장에 언급된 일곱 교회는 그가 소아시아 지역에서 사역했음을 말해준다.

3 주제

하나님과의 교제

4 배경

그리스도의 성육신을 부정하는 자들이 교회 안에 있다가 떠난 일이 있었다(요일 2:19). 요한은 이들의 정체를 폭로하고 수신자들이 바른 믿음을 갖게 하며, 나아가서 하나님과의 깊은 교제를 나눌 수 있기를 원했다. 도미티아누스 대박해(주후 95년) 이전에 기록된 것으로 추정한다.

5 내용

요한은 먼저 "하나님은 빛이시다"(요일 1:5)라고 선포한다. 그러므로 하나님과 교제하기 위해서는 빛 가운데서 살아야 한다고 설명한다. 이러한 교제를 어렵게 하는 것은 세상을 사랑하는 것과 이단의 가르침이다. 따라서 성도들은 이 두 가지를 경계하라고 권면한다. 이어서 요한은 하나님과 교제하는 삶이란 죄를 짓지 않고, 예수를 그리스도로 믿고, 또한 하나님의 아들로 믿으며, 서로 사랑하는 것이라고 강조한다. 하나님은 사랑이시기 때문에(요일 4:8) 사랑하지 않으면 하나님을 알 수 없으며, 우리가 서로 사랑할 때 하나님의 사랑이 우리 안에서 완성된다고 가르친다.

요한일서에는 전형적인 헬라식 편지의 특징들이 빠져 있다. 발신자, 수신자, 인사, 축복 또는 감사, 끝인사 등이 없다. 글의 주제가 거의 단락마다 바뀌며 앞에서 소개된 주제가 다시 나타나는 패턴을 갖는다.

6 구조

구분	하나님과의 교제 원리		교제의 유의점		하나님과 교제하는 삶	
	1:1　　　　1:5		2:12　　2:15　　2:28			5:13
	편지의 의도	빛 가운데 행함	성도의 위상	경계할 대상	요한의 권면	영원한 생명
장소	에베소					
시기	AD 90년경					

개요

1 하나님과의 교제 원리

HIS-STORY　요한은 먼저 예수 그리스도에 대하여 설명하는 것으로 편지를 시작한다. 이 부분은 요한복음의 시작과 매우 유사하다. 그는 편지의 목적이 수신자들이 하나님과 교제하게 하려는 것이라고 밝힌다. 하나님과 교제하기 위해서는 빛 가운데서 살아야 하는데, 빛 가운데 산다는 것은 죄를 짓지 않고 계명을 지키며 사랑을 실천하는 것이라고 설명한다.

• • •

1:1-4   태초부터 있는 생명의 말씀이 우리에게 나타나셨다. 우리는 눈으로 보았고 손으로 만

져보았다. 너희가 하나님과 예수 그리스도와 우리와 사귐이 있게 하려고 이를 전한다.

빛 가운데 행함

1:5-10   하나님은 빛이시다. 하나님께서 빛 가운데 계신 것같이, 우리도 빛 가운데 살면 우리

가 서로 사귐이 있고, 그 아들 예수 그리스도의 피로 죄에서 깨끗하게 하신다. 죄를 자

백하면 우리를 용서하시고 깨끗케 하실 것이다.

2:1-2   죄를 범하지 말라. 죄를 짓더라도 예수께서 변호해주실 것이다.

2:3-6   그리스도의 계명(말씀)을 지키면 그는 그리스도를 아는 것이며 그리스도를 온전하게

사랑하는 것이다.

2:7-11   형제를 미워하는 자는 어둠에 있는 자요 형제를 사랑하는 자는 빛 가운데 있는 것이다.

2 교제의 유의점

세상을 사랑한다면 하나님과의 교제는 불가능해진다. 세상을 사랑하는 것과 하나님을 사랑하는 것은 양립할 수 없기 때문이다. 이단의 가르침도 하나님과의 교제에 큰 위협이다. 이런 자들이 교회에 있었다가 나갔는데, 애초부터 이들은 그릇된 믿음을 가진 자들이었다. 예수가 그리스도이심을 부인하는 자, 아버지와 아들을 부인하는 자들을 적그리스도로 규정하며 먼저 받은 가르침에서 흔들리지 말라고 명한다.

• • •

성도의 위상

2:12-14   이 글을 쓰는 이유는 여러분이 아버지를 알고 있고, 죄 사함을 받았고, 악한 자를 이기

었다는 것을 말하기 위함이다.

경계할 대상

2:15-17   그러므로 세상을 사랑하지 말라. 누가 세상을 사랑하면 그 사람 속에는 아버지에 대

한 사랑이 없다. 육신의 정욕과 안목의 정욕과 이생의 자랑은 세상으로부터 온 것이다.

2:18-27   많은 적그리스도가 일어났다. 우리에게서 나간 그들은 우리에게 속한 자들이 아니었

다. 예수가 그리스도이심을 부인하는 자는 적그리스도이다. 기름부음 받아 가르침 받

은 대로 그리스도 안에 머물러 있으라.

3 하나님과 교제하는 삶

요한은 하나님과 교제하는 삶이란 어떤 것인지 설명한다. 죄를 용서받았으니 더 이상 죄를 짓지 않고, 예수를 그리스도이며 하나님의 아들로 믿으며, 서로를 향하여 사랑을 실천하는 것이다. 이 세 가지 주제에 대한 설명이 번갈아 나타난다.

• • •

요한의 권면

2:28-3:10   죄를 짓지 말라.

주 안에 거하라. 우리는 하나님의 자녀이다. 그리스도께서 나타나시면 우리도 그와 같이 될 것이다. 이런 소망을 가진 사람은 자기를 깨끗이 하여 죄를 짓지 않는다. 죄를 짓는 자는 마귀에게 속하는 것이다.

3:11-24   서로 사랑하라.

우리가 서로 사랑해야 한다. 그리스도께서 목숨을 버리셨으니 이 사랑을 알고 우리도 형제를 위하여 목숨을 버리는 것이 마땅하다.

4:1-6   영을 분별하라.

영을 분별하라. 예수 그리스도께서 육신을 입고 오심을 시인하지 않는 영은 적그리스도의 영이다.

4:7-21   서로 사랑하라.

우리가 서로 사랑하자. 사랑은 하나님에게서 난 것이다. 사랑하지 않는 사람은 하나님을 알지 못한다. 하나님은 사랑이시기 때문이다. 하나님께서 우리를 이토록 사랑하셨으니, 우리도 서로 사랑해야 한다. 우리가 서로 사랑하면 하나님께서 우리 가운데 계시고 하나님의 사랑이 우리 안에서 완성되는 것이다.

5:1-12   예수를 그리스도, 하나님의 아들로 믿으라.

예수가 그리스도이심을 믿으면 하나님의 자녀이다. 하나님을 사랑하면 계명을 지키고, 하나님의 자녀들을 사랑하게 된다. 예수께서 하나님의 아들이심을 믿는 사람은 세상을 이긴다. 아들이 있는 자에게는 생명이 있고 하나님의 아들이 없는 자에게는 생명이 없다.

영원한 생명

5:13-21   하나님의 아들의 이름을 믿는 너희에게는 영생이 있다. 하나님은 우리의 간구를 들어 주신다. 하나님께로부터 난 자는 범죄하지 않는다. 우리는 예수 그리스도 안에 있다. 그는 참 하나님이시며 영원한 생명이시다.

His-heart 인간의 본질적 약점 (요일 2:15-17)

요한은 하나님과의 교제를 가로막는 장애물로 우리의 내면적인 문제를 지적한다. 육신의 정욕, 안목의 정욕, 이생의 자랑이 그것이다. 인간은 이 세 가지 욕구에서 자유롭지 못하다. 이 약점을 잘 아는 사탄은 인간을 유혹할 때도, 예수님을 시험할 때도 이 약점을 건드렸다. 뱀이 선악을 알게 하는 나무 열매를 먹으라고 유혹할 때, 하와의 눈에는 그 열매가 먹음직하고, 보암직하고, 지혜롭게 할 만큼 탐스럽게 보였다(창 3:6). 세 가지 욕구가 하와 속에서 반응한 것이다. 사탄이 예수님을 시험할 때 "돌들로 떡이 되게 하라", "성전 꼭대기에서 뛰어내리라", "천하 만국과 그 영광을 주겠다"고 했는데, 이 역시 인간의 약점을 파고드는 유혹이었다. 예수께서 인간으로 오신 것을 보고 감히 도전했던 것이다.

우리가 살면서 겪는 고통의 대부분은 여기에서 온다. 이 욕구가 채워지지 않았을 때 불행하다고 생각한다. 그런데 이 욕구는 만족을 모르기 때문에 결핍의 고통은 결코 줄어들지 않는다. 요한은 이런 것들을 추구하지 말라고 가르친다. 하나님에 대한 사랑과 양립할 수 없기 때문이다. 하와는 굴복했지만 예수님은 물리치셨다. 예수님이 함께하시기에 우리에게도 희망이 있다.

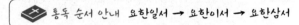

통독 순서 안내 요한일서 → 요한이서 → 요한삼서

NOTE
연 구 노 트

요한이서

1 저자

사도 요한

2 수신자

소아시아 지역의 "택하심을 받은 부녀와 그의 자녀들"(요이 1절). 특정한 부인과 그 자녀를 가리킨다는 견해가 있고 교회를 상징적으로 표현한 것이라는 주장도 있다. 대부분의 학자들은 후자로 본다. '교회'는 헬라어로 여성형이다.

3 주제

사랑을 실천하고 거짓 교사들을 경계하라.

4 배경

주후 처음 2세기 동안에는 순회하는 전도자들에 의해 복음이 전파되었다. 신자들은 이 전도자들을 자신들의 가정에 영접했고 떠날 때에는 여행에 필요한 것을 제공했다. 이 편지는 거짓 복음을 전하는 사람들을 경고하기 위해 기록되었다. 요한일서에 의하면 이런 거짓 교사들이 교회에서 떨어져 나간 바 있었다(요일 2:19). 요한일서와 대략 같은 시기에 기록되었을 것이다.

5 내용

요한이서는 요한일서와 같은 내용을 담고 있다. 요한이서에는 "사랑하라", "거짓 교사(적그리스도)를 경계하라"는 두 가지 메시지가 담겨 있는데, 이는 요한일서의 핵심 메시지였다.

6 구조

구분	인사	권면과 경고	끝인사
	1	4	12
장소	에베소		
시기	AD 90년경		

개요

인사

1-3　○　인사

권면과 경고

4-6　서로 사랑하자. 하나님을 사랑한다면 그 계명을 지켜야 하는데, 하나님의 계명은 '서로 사랑하라'는 것이다.

7-11　예수께서 육신을 입고 오심을 고백하지 않는 자는 적그리스도이다. 그리스도의 가르침 안에 머물라. 그들과 상종하지 말라.

끝인사

12-13　○　인사

통독 순서 안내　요한이서 → 요한삼서 → 요한계시록

요한삼서

개관

1 저자
사도 요한

2 수신자
아시아 지역 성도 가이오

3 주제
순회 사역자들에 대한 그리스도인의 협력

4 배경
당시 요한은 많은 순회 전도자들을 파견하여 복음을 전파했다. 가이오는 요한이 보낸 순회 전도자들을 환대했는데, 오만한 디오드레베는 그들을 배척했다. 이에 요한은 가이오를 칭찬하고 디오드레베를 간접적으로 경고하기 위해 편지를 썼다. 요한이서와의 유사성에 비추어 거의 같은 시기에 쓰여진 것으로 보인다.

5 내용
요한삼서는 가이오 개인에게 보낸 사적인 편지이다. 이 편지는 요한이 파견한 순회 전도자들에 대해 상반된 대우를 한 두 사람을 날카롭게 대조한다. 가이오는 친절과 자비로 대접한 반면, 디오드레베는 교만과 적개심으로 배척했다. 심지어 요한을 비방하고 전도자들을 맞아들이려는 신자들을 내쫓기까지 했다. 요한은 가이오를 칭찬하고 디오드레베를 정죄한다. 또한 데메드리오가 훌륭한 인물이라는 것을 알린다.

6 구조

구분	인사	가이오에 대한 칭찬	디오드레베에 대한 비난	데메드리오 추천	끝인사
	1	5	9	12	13
장소	에베소				
시기	AD 90년경				

개요

[인사]

1-4 ⊙ 인사. 가이오가 진리 안에서 행한다 함을 듣게 되어 기쁘다.

[가이오에 대한 칭찬]

5-8 나그네 된 형제들(순회 전도자)을 섬긴 것은 신실한 일이다. 그들이 교회 앞에서 너의 사랑을 증거하였다. 그들을 합당하게 보살펴 보냈으니 잘하였다. 우리가 이렇게 영접하는 것이 마땅하다.

[디오드레베에 대한 비난]

9-11 디오드레베는 으뜸이 되기 좋아하고, 형제를 영접하지 않으며, 영접하려는 자들을 방해하고 핍박했다. 악을 본받지 말라.

[데메드리오 추천]

12 ⊙ 데메드리오는 모든 사람에게서 좋은 평판을 받았고 우리도 그렇게 평가한다.

[끝인사]

13-15 ⊙ 인사

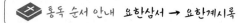 통독 순서 안내 요한삼서 → 요한계시록

유다서

개관

1 저자

유다. 이 편지에서 저자는 자신을 야고보의 형제라 하며, 자신을 사도로 소개하지 않고 오히려 사도들과 자신을 구별하고 있다(유 17절). 이에 비추어 예수님의 형제 유다를 저자로 본다.

2 수신자

성도들(유 1절). 수신자를 특정하지 않는다.

3 주제

거짓 교사들을 경계하고 믿음을 지키기 위해 싸우라.

4 배경

거짓 교사들이 교회 안으로 침투하여 하나님의 은혜를 왜곡하기 때문에 성도들의 신앙이 위협받고 있었다. 그들은 그리스도의 주 되심을 부인했고(4절), 죄악된 방종의 삶을 살았으며(4,8,16절), 권위에 대항했고(8,11,18절), 자신들의 정욕대로 행했으며(16,18절), 자신들의 유익에만 관심이 있었고(11,12,16절), 분쟁적이었으며(19절), 불만을 토하고(16절), 자랑했다(16절).

이단에 대한 유다의 기록은 베드로후서를 연상시킨다. 베드로후서 2장 1절에서 3장 4절과 유다서 4-8절의 유사성은 우연의 일치라고 보기 어렵다. 어느 서신이 먼저인가에 대하여 어느 한 편을 주장하는 수많은 주장이 제기되어 왔다. 그러나 다음의 두 가지 내용은 베드로후서가 먼저 기록된 것임을 강하게 시사한다. 첫째, 베드로후서에는 배교자들이 나타날 것으로 예고되어 있으나(벧후 2:1,2, 3:3), 유다서에는 이미 나타나 교회에 은밀히 들어왔음을 경고한다(유 4,11,12, 17-19절). 둘째, 유다는 베드로후서 3장 3절을 직접 인용하면서 사도들의 말을 인용한 것을 인정한다(유 17,18절). 베드로후서가 먼저 기록된 것을 인정한다면 유다서는 주후 60년대 후반에 쓰여졌을 것이다.

5 내용

유다는 수신자들에게 구원에 관하여 편지를 쓰고 싶었다(유 3절). 그러나 거짓 교사들의 문제가 심각하기 때문에 주제를 바꾸어 거짓 교사들의 이단적 주장에 대항하여 싸울 것을 촉구한다. 그리고 배교자들의 행태를 통렬하게 비난하며 그들이 분명히 심판받을 것임을 강조한다. 마지막으로 수신자들에게 자신의 믿음을 지키고 미혹된 자들을 구출하라고 당부한다. 베드로는 설명을 돕기 위한 사례들을 정경 안에서 인용하고 있는데, 유다는 위경(僞經)인 모세승천기와 에녹서의 내용도 인용하고 있다.

6 구조

구분	거짓 교사에 대한 경고					거짓 교사에 대한 대책	
	1　　3	5	8	14	17	24	
	인사	거짓 교사의 침투	과거의 심판	현재의 행태	미래의 심판	성도의 대처	축복
장소	미상						
시기	AD 60년대 후반						

개요

1 거짓 교사에 대한 경고

HIS-STORY　유다는 거짓 교사들이 이미 들어왔음을 경고하면서 진리 수호를 위해서 힘써 싸울 것을 격려한다. 그와 같은 자들이 과거에 심판받았던 사례를 언급하면서 현재 그들의 행태를 고발한다. 거짓 교사들이 권위를 업신여기고 영광을 비방하는 태도를 설명할 때(9절)는 모세승천기에 나오는 천사장 미가엘의 겸손한 태도와 비교한다. 그들이 받게 될 심판을 설명할 때(14절)는 에녹서 1장 9절을 인용하기도 한다.

• • •

__인사__

1-2   ○   인사

__거짓 교사의 침투__

3-4   ○   믿음의 도를 위하여 힘써 싸우라. 가만히 들어 온 몇 사람이 있는데 그들은 경건치 않으며, 하나님의 은혜를 방탕한 것으로 바꾸고, 예수 그리스도를 부인하는 자들이다.

__과거의 심판__

5-7   ○   과거에 있었던 거짓된 자들이 심판을 받았다(출애굽 때 믿지 않는 자들, 자기 처소를 떠난 천사들, 소돔과 고모라).

__현재의 행태__

8-13   ○   이 사람들도 그들처럼 육체를 더럽히며, 권위를 업신여기며, 영광을 비방하고 있다. 미가엘은 마귀도 비방하지 않고 조심스럽게 하나님의 심판에 맡겼는데, 이 사람들은 예사로 비방하고 있다. 이들은 가인, 발람, 고라의 반역을 따르다가 멸망받았다.

__미래의 심판__

14-16   ○   아담의 칠대 손 에녹이 예언하기를, 주께서 임하셔서 불경건한 행실을 한 자들을 정죄하실 것이라 했다. 이 사람들은 원망하고 불만을 토하며 정욕대로 행하는 자들이다.

② 거짓 교사에 대한 대책

HIS-STORY   유다는 지금까지 거짓 교사들의 비행을 폭로하고 나서, 이런 자들이 나타날 것이라는 사도들의 경고(벧후 3:3)를 상기시킨다. 유다는 수신자들이 이러한 자들로부터 자신의 믿음을 지켜야 하며, 그들에게 미혹되는 자들을 구해낼 것을 당부하며 축복기도로 마친다.

• • •

__성도의 대처__

17-19   ○   이들은 사도들이 미리 말했던 '마지막 때에 정욕대로 행하며 조롱하는 자들'로서, 분열을 일으키는 자, 육에 속한 자, 성령이 없는 자이다.

20-23   ○   믿음을 굳건히 지키라. 의심하는 자들을 긍휼히 여기고 끌어내어 구원하라.

__축복__

24-25   ○   유다의 축도

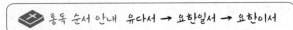

통독 순서 안내   유다서 → 요한일서 → 요한이서

NOTE
연 구 노 트

요한계시록

개관

1 저자
사도 요한

2 수신자
아시아에 있는 일곱 교회

3 주제
하나님께서 주관하시는 궁극적인 구원과 심판

4 배경
사도 요한이 계시록을 기록할 당시 교회는 로마의 황제 도미티아누스 치하에서 혹심한 박해를 받고 있었다. 도미티아누스(81-96)는 베스파시아누스(69-79, 9대 황제)의 아들이자 티투스(79-81, 10대 황제)의 동생이었다. 형과는 달리 도미티아누스는 포학했고 말년에는 자신을 신격화하고 숭배할 것을 강요했다. 자신을 "주 하나님"(Dominus et. Deus)으로 부르도록 명하고 자신의 신전을 세워 절하게 했다. 이는 그리스도인이 받아들일 수 없는 것으로서 로마와 기독교의 마찰은 불가피했다. 도미티아누스 통치 말기인 주후 90-96년 기간에 로마와 소아시아 지역에서 심한 박해가 있었다. 그는 자신의 질녀 도미틸라가 그리스도인이라는 것을 알고 그녀를 유배 보냈다가 결국 화형에 처했다고 한다. 요한은 에베소를 중심으로 소아시아 지역에서 사역했는데, 복음을 전했다는 이유로 로마 당국에 붙잡혀 밧모 섬에 유배당해 있었다.

5 내용

요한은 예수님으로부터 '본 것', '지금 있는 일', '장차 될 일'을 기록하라는 명을 받는다(계 1:19). 요한이 '본 것'은 위대한 권능을 가지신 예수님이 교회 가운데 계시면서 교회의 일꾼들을 붙잡고 계시는 장면이었다. '지금 있는 일'은 소아시아 지역 일곱 교회의 상황이다. 각 교회에 대한 예수님의 메시지를 담고 있다. '장차 될 일'은 하나님께서 요한에게 환상으로 보여주신 미래의 일을 말한다. 이 세 가지 메시지는 당시 박해로 고통받는 교회에게 꼭 필요한 것이었다.

요한이 본 예수님의 모습은 그리스도인들이 속절없이 당하고만 있는 것이 아니라 권능의 예수님의 보호 아래 있다는 것을 말해주는 것이었다. 각 교회를 향한 예수님의 말씀은 타성에 빠진 교회가 새로워질 수 있는 맞춤형 방책이었다. 요한이 본 미래에 대한 환상이 시사하는 바는, 역사의 종국에는 악의 세력이 철저히 심판받을 것이며 믿는 자들은 하나님이 다스리시는 새로운 세상(새 예루살렘)을 맞게 된다는 것이었다. 이 메시지들은 당시 고통과 두려움에 떨던 교회에게 큰 위로와 용기를 주었을 것이다. 계시록은 재앙을 이야기하지만 이야기의 결국은 그리스도의 승리와 교회의 구원과 악에 대한 철저한 심판이다. 따라서 계시록은 위로와 희망의 책이다.

6 특징

① 요한이 환상으로 받은 것을 글로 기술했다.
② 지난 일에 대한 설명 글이 종종 삽입되어, 본 글과 삽입 글이 교차되어 있다.
③ 환상에는 여러 상징들이 나타난다. 예를 들면 숫자(7, 3, 4, 12, 144, 666, 1260, 144000), 색(흰색, 붉은색, 청황색, 검은색), 동물(양, 용, 개구리), 물건(촛대, 인, 나팔, 대접, 바벨론) 등이다.

7 구조

구분	요한이 본 것	지금 있는 일	장차 될 일							
	1:1　　2:1	4:1	6:1	8:6	12:1	15:1	16:1	19:1	21:1	
	주 예수 그리스도	일곱 교회	하늘보좌 어린양	일곱 인	일곱 나팔	역사 요약	하늘의 성도	일곱 대접	천년왕국 최후심판	새하늘 새땅
장소	밧모 섬									
시기	AD 95 – 96년경									

8 '장차 될 일'의 시간 순서 배열(4-22장)

요한계시록이 어려운 것은 삽입된 글이 있어 시간의 흐름을 깨고 있다는 점이다. 이 점에 유의한다면 계시록은 그리 어렵지 않다. 4-11장까지는 시간의 흐름에 따라 이야기가 진행된다. 그러나 12장은 시간적으로 11장 다음 장면이 아니다. 12-14장은 예수 탄생부터 역사의 마지막 심판 때까지의 과정을 압축해서 보여준다. 11장에서 일곱 번째 나팔이 불면 성도들이 하늘로 올리우고 거기에서 예수님과 혼인잔치를 열게 되는데, 이 역사적인 예수 재림의 날을 앞두고 지난 역사를 다시 음미해보는 것이 12-14장의 글인 것이다. 15-19장 사이에는 하늘의 광경과 땅의 광경이 교대로 묘사되므로 유의해서 읽어야 한다. 15,16장은 같은 시기의 다른 장소를 묘사하고 있다. 15장은 하늘, 16장은 땅의 광경이다. 17,18장은 16장 이후의 일이 아니라 16장에 언급한 바벨론 멸망에 대한 상세 설명이다. 19장도 같은 시간 다른 장소를 묘사한다. 19장 1-10절의 혼인잔치는 하늘의 광경이고 19장 11-21절의 심판은 땅의 광경이다. 장소별로 설명하자면, 15장과 19장 1-10절은 하늘에서 벌어지는 이어진 광경이며, 16장과 19장 11-21절은 땅에서 벌어지는 연속된 장면이다. 20장 이후는 시간의 흐름에 따라 전개된다. 20장은 땅의 광경, 21-22장은 하늘의 광경이다.

하늘 장면	4-5장 하늘보좌 어린양			15장 하늘의 성도	19장 1-10절 어린양의 혼인잔치				21-22장 새 하늘 새 땅
지상 장면		6-7장 일곱인 심판	8-11장 일곱나팔 심판	16장 일곱대접 심판	19장 11-21절 짐승, 거짓 선지자 심판	20장 1-6절 천년왕국	20장 7-15절 사탄 심판 흰보좌 심판		
부연 설명		12-14장 역사 요약		17-18장 바벨론의 패망					

9 성경시대의 로마 황제

순서	이름	재위 기간	유대와의 관련 사항
1	아우구스투스	BC 27 – AD 14	호적하라는 명을 내림(눅 2:1)
2	티베리우스	AD 14 – 37	예수님 공생애 기간의 황제
3	가이우스(칼리굴라)	37 – 41	–
4	클라우디우스	41 – 54	유대인을 로마에서 추방함(행 18:2).
5	네로	54 – 68	주후 64년 로마 대화재 후 1차 대박해
6,7,8	갈바, 오토, 비텔리우스	68 – 69	–
9	베스파시아누스 (부)	69 – 79	주후 70년에 예루살렘을 멸망시킴
10	티투스 (장남)	79 – 81	예루살렘 멸망 당시 군대 지휘관
11	도미티아누스 (차남)	81 – 96	주후 90년부터 2차 대박해

1 요한이 본 것

요한이 본 것은 예수님의 모습이었다. 그는 일곱 촛대(교회) 사이에서 일곱 별(교회의 지도자)을 쥐고 계셨고 요한이 혼절할 만큼 위엄과 권능이 충만한 모습이었다. 권능의 주님이 교회를 보호하고 있다는 사실은 도미티아누스 치하에서 박해를 받고 있는 성도들에게 큰 위로가 되었을 것이다. 요한은 예수님으로부터 세 가지 임무를 받는다. '본 것'과 '지금 있는 일'과 '장차 될 일'을 기록하는 것이다.

• • •

주 예수 그리스도

1:1-8 ○ 표제와 인사

예수 그리스도의 계시라. 곧 일어날 일에 관한 계시를 하나님께서 예수 그리스도에게 주셨고, 예수께서는 천사를 통해 나 요한에게 주셔서 이를 증언한다.

1:9-20 ○ 일곱 교회 가운데 계신 예수

내가 밧모 섬에 있을 때 "네가 보는 것을 일곱 교회에 보내라"는 큰 음성을 듣고 돌이키자, 일곱 촛대(교회) 사이에서 일곱 별을 쥐고 계신 권능과 영광의 인자의 모습을 보았다. 그가 내게 "두려워 말라! 본 것과 지금 있는 일과 장차 될 일을 기록하라!"고 명하셨다.

2 지금 있는 일

예수께서 요한에게 소아시아 지역의 일곱 교회에 주시는 메시지를 말씀하신다. 각 교회마다 칭찬과 책망 그리고 권면과 약속이 주어진다. 다섯 교회는 치명적인 잘못을 가지고 있었고 이에 대하여 회개하라는 질책을 듣는다. 책망을 듣지 않은 교회는 서머나와 빌라델비아교회였다. 두 교회는 어려운 상황에 처해 있다는 공통점을 갖는다. 서머나교회는 환난과 궁핍으로 어려웠고 빌라델비아교회는 가진 능력이 작았다. 그러나 그들에게는 책망할 것이 없었고 주님의 위로와 격려를 받는다.

교회	칭찬	책망	권면 / 약속
에베소교회 2:1-7	행위, 수고, 인내, 악한 자를 용납하지 않음, 거짓 사도를 밝혀냄, 부지런함, 니골라당을 미워함	처음 사랑을 버림	회개하여 처음 행위를 가지라. 회개치 않으면 촛대를 옮기리라. 이기면 생명나무 열매를 먹게 하리라.
서머나교회 2:8-11	환난과 궁핍 중에 있으나 부요한 자	-	죽도록 충성하라. 그리하면 생명의 관을 주리라.
버가모교회 2:12-17	박해 중에도 믿음을 버리지 않음	발람의 교훈, 니골라당의 교훈을 지키는 자가 있음	회개하라. 아니하면 내가 가서 싸우리라. 이기면 만나와 흰 돌을 줄 것이다.
두아디라교회 2:18-29	사업, 사랑, 믿음, 섬김, 인내. 나중이 처음보다 많음	이세벨을 용납하여 행음하고 우상제물을 먹게함	회개하라. 너희에 있는 것을 굳게 잡으라. 아니하면 큰 환난에 던지고 자녀를 죽이리라. 이기면 만국을 다스리는 권세를 주리라.
사데교회 3:1-6	옷을 더럽히지 않은 자 몇 명은 나와 함께 다닐 것	살았다 하는 이름을 가졌으나 죽은 자. 행위의 온전함을 찾을 수 없음	회개하라. 아니하면 내가 도둑같이 임하리라. 이기면 생명책에서 지우지 않으리라.
빌라델비아교회 3:7-13	작은 능력을 가졌으나 순종하며 배반하지 않음	-	시험의 때를 면하게 하리라. 네 가진 것을 굳게 잡으라. 이기면 내 성전의 기둥을 삼으리라.
라오디게아교회 3:14-22	-	차지도 뜨겁지도 아니함 스스로 부자라 하나 실상은 가난한 자	열심을 내라. 회개하라. 내 음성을 듣고 문을 열면 나와 함께 먹으리라. 이기는 자는 내 보좌에 앉게 하리라.

❸ 장차 될 일

HIS-STORY 요한은 하나님 보좌 앞의 예배 광경을 본다. 어린 양(예수)이 하나님 손에 있는 두루마리의 봉인을 떼심으로 하나님께서 정하신 일들이 전개된다. 일곱 개의 봉인이 풀릴 때마다 예정된 재앙이 벌어진다. 일곱 번째 인이 떼어지면 일곱 나팔의 재앙이 시작되고, 일곱 번째 나팔이 불면 일곱 대접의 재앙이 시작되는 구조로 진행된다. 일곱 인, 일곱 나팔의 재앙으로 세상은 전대미문의 고통과 공포에 빠진다. 그러나 이 재앙은 회개를 촉구하는 재앙이다. 일곱 인을 떼는 재앙에서는 셀 수 없이 많은 자들이 회개하고 하나님에게로 돌아온다(계 6,7장). 그러나 일곱 나팔의 재앙에서는 재앙을 당하면서도 회개하지 않고 우상에게 절하는 현상이 나타난다. 다만 하나님의 능력을 받은 두 사역자(증인)가 죽었다가 부활 승천하는 것을 본 자들은 하나님께 영광을 돌리기도 한다(계 11장). 일곱 번째 나팔(마지막 나팔)이 불면 성도들은 하늘에 올라 혼인잔치에 들어가고 이 세상에는 일곱 대접의 재앙이 내린다.

　일곱 대접 재앙은 하나님의 진노의 대접이다(계 16:1). 이 재앙에서는 회개하는 사람이 없고 오히려 하나님을 비방한다(계 16:8-11, 17-21). 모든 재앙이 끝나면 짐승, 거짓 선지자, 사탄이 불 못에 던지우고 생명책에 기록되지 못한 자들도 부활하여 심판 받은 후 불 못에 던져진다. 이렇게 모든 심판이 끝난 후 이전 세상은 없어지고 새 하늘과 새 땅이 펼쳐진다. 여기에 새 예루살렘이 하늘로부터 내려온다. 여기에는 어린 양의 생명책에 기록된 자들이 들어가 하나님의 얼굴을 보며 복락을 누린다.

· · ·

하늘 보좌와 어린 양

4:1-11 　하늘의 예배
　　　　요한이 하늘에 올리워 네 생물과 이십사 장로들이 하나님께 경배드리는 광경을 보다.

5:1-6 　두루마리를 펼 자
　　　　하나님의 손에 있는 봉인된 두루마리를 펼 수 있는 자가 없어 요한이 울자, 장로 한 사람이 다윗의 뿌리가 뗄 것이라 말하다.

5:7-14 　두루마리를 취하는 어린 양
　　　　어린 양이 나와서 보좌에 앉으신 이의 손에서 두루마리를 취하자, 네 생물과 장로들과 천사들이 어린 양을 경배하다.

일곱 인의 재앙

6:1-2 　첫째 인
　　　　흰 말을 탄 정복자가 이기고 또 이기려 하다.

6:3-4 　둘째 인
　　　　붉은 말을 탄 자가 서로를 죽이게 하다.

6:5-6 　셋째 인
　　　　검은 말을 탄 자가 극심한 기근을 외치다.

6:7-8 　넷째 인
　　　　청황색 말을 탄 자(사망)가 검과 흉년과 사망과 땅의 짐승들로 땅의 1/4을 죽이다.

6:9-11 　다섯째 인
　　　　순교자들의 영혼이 자신들의 피를 갚아주시기를 호소하니, 흰 두루마기를 주시며 수가 차기까지 잠시 쉬라 하시다.

6:12-17 　여섯째 인

큰 지진, 검은 해, 붉은 달, 하늘의 별들 지구 충돌, 하늘이 떠나가고, 산과 섬의 자리가 옮겨지다(마 24:15-31 ; 벧후 3:10 참조). 모든 사람이 하나님과 어린 양의 진노를 두려워하다.

7:1-17 환난에서 많은 무리가 구원받다.

이스라엘 자손 144,000명이 인침을 받고(겔 9:1-6 참조), 그 후 셀 수 없는 큰 무리가 하나님과 어린 양께 큰 소리로 경배하다. 이들은 환난에서 나오는 자들로서 어린 양의 피에 옷을 씻어 희게 한 자들이다.

8:1-6 일곱째 인

일곱 천사가 일곱 나팔을 받음. 다른 천사가 성도의 기도와 향을 하나님께 올린 후, 향로를 땅에 쏟자 천둥과 번개와 지진이 일어나다.

[일곱 나팔의 재앙]

8:7 첫째 나팔

피 섞인 우박과 불이 땅에 쏟아져 땅의 1/3이 타버리다.

8:8-9 둘째 나팔

불 붙는 큰 산 같은 것이 바다에 던져져 바다의 1/3이 피로 변하고 바다 생명의 1/3이 죽다.

8:10-11 셋째 나팔

불타는 별이 강과 물 샘에 떨어져 물의 1/3이 쑥으로 변하고 마신 자들이 죽다.

8:12-13 넷째 나팔

해, 달, 별의 1/3이 어두워지다.

독수리가 큰 소리로 화가 있을 것을 경고하다. 앞으로도 세 번의 나팔이 남아 있다고 외치다.

9:1-12 다섯째 나팔

무저갱에서 황충이 나와 인침 받지 않은 사람들을 다섯 달 동안 해하여 괴롭게 하다.

9:13-21 여섯째 나팔

유브라데에 결박되었던 네 천사가 놓여 2억의 군대를 동원하여 사람의 1/3을 죽이다. 이 재앙에 죽지 않고 남은 사람들은 회개하지 않고 오히려 우상에게 절하다(일곱 인 심판에서는 많은 사람이 회개하고 구원받음).

10:1-11 힘센 천사의 선포 (마지막 나팔에 대한 장엄한 선포)

힘센 하나님의 천사가 "지체하지 않을 것이다. 일곱째 천사가 나팔을 불려고 할 때에, 그 종 선지자에게 전하신 복음과 같이 하나님의 비밀이 이루어지리라"고 하다(고전 15:51-54 참조). 요한이 천사에게서 두루마리를 받아먹으니 입에는 꿀같이 달고 배에는 쓰더라.

11:1-14   두 증인의 사역, 순교, 부활

두 증인이 권세를 받아 1260일(3년 반) 동안 예언하며 재앙으로 땅을 치다가, 무저갱으로부터 올라오는 짐승에게 죽임을 당하다. 땅에 사는 자들이 그 죽음을 기뻐하나, 삼일 반 후에 하나님의 생기가 들어가 다시 살아나다. 그들이 하늘 음성을 듣고 구름을 타고 올라갈 때에 성의 1/3이 무너지고 큰 지진으로 7천 명이 죽다. 이때 남은 자들이 두려워하여 영광을 하나님께 돌리다. "둘째 화는 지나갔으나 보라 셋째 화가 속히 이르는도다"

11:15-19   일곱째 나팔(=마지막 나팔) (고전 15:51; 살전 4:15-18 참조)

하늘에서 큰 음성이 "세상 나라가 우리 주와 그의 그리스도의 나라가 되어 그가 세세토록 왕 노릇 하시리로다." 24장로가 경배하다.

[역사의 요약]

12:1-6   여인의 해산

해를 옷 입고 발아래 달이 있고 12별 면류관을 쓴 여인(이스라엘, 창 37:9 참조)이 아이(예수)를 해산하다. 큰 붉은 용이 아이를 삼키려 하나, 하나님 앞으로 올려가다. 그 아이는 철장으로 만국을 다스릴 남자(계 2:27, 19:15; 시 2:9 참조).

12:7-17   하늘의 전쟁과 용의 패배

용(옛뱀, 마귀)이 미가엘과 그의 사자들과 싸워 하늘에서 땅으로 내쫓기다. 용이 분노하여 여자(이스라엘)를 박해하나 여자가 광야로 피신하다. 뱀이 물을 강같이 토했으나 땅이 물을 삼키다. 용은 여자의 남은 자손 예수의 증거를 가진 자들과 싸우려고 바다 모래 위에 서다.

13:1-18   두 짐승의 횡포

바다에서 한 짐승(일곱 머리, 열 뿔)이 나와 용으로부터 권세를 받으니 온 땅이 경배하다. 42달 동안 일할 권세를 받아 하나님을 비방하고 성도들과 싸워 이기다. 생명책에 기록되지 못하고 사는 자들은 모두 짐승에게 경배하다. 땅에서 또 다른 짐승(어린 양 같은 두 뿔)이 나타나 큰 이적을 행하다. 사람들을 미혹하여 첫 짐승을 위한 우상을 만들게 하고 우상에게 경배하지 않는 자를 죽이고, 모든 사람에게 손이나 이마에 표(짐승의 이름 666)를 받게 하다(마 24:22-24; 살후 2:3-12 참조).

14:1-5   어린 양과 첫 열매 144,000명(계 7:4 참조)

어린 양과 144,000명이 보좌 앞에서 새 노래를 부르다. 이들은 사람 가운데서 속량함을 받아 처음 익은 열매

14:6-13   세 천사의 심판 예고

모든 족속에게 전할 복음을 가진 천사가 날아가며 외치기를

첫째 천사가 심판의 시간이 다가왔으니 창조주 하나님을 경배하라.

둘째 천사가 무너졌도다 무너졌도다 음행하던 큰 성 바벨론이여

셋째 천사가 짐승과 그 우상에게 경배하고 손이나 이마에 표를 받는 자는 불과 유황으로 영원히 고통받으리라. 성도들에게 인내가 필요하다(마 10:22, 24:13; 히 10:36; 약 5:11; 계 13:10 참조).

14:14-16 곡식 추수

구름 위의 인자 같은 이가 예리한 낫으로 땅의 곡식을 추수하다(마 13:24-50 참조).

14:17-20 포도 추수

천사가 예리한 낫을 휘둘러 땅의 포도를 거두어 진노의 포도주 틀에 던지니, 틀에서 피가 나와 1600스타디온(약 300킬로미터)에까지 퍼져 나가다(일곱 대접 재앙을 축약한 표현).

하늘의 성도

15:1-4 구원받은 성도의 찬양

짐승과 그 우상과 그의 이름의 수(666)를 벗어난 자들이 불이 섞인 유리바다 가에 서서 '모세의 노래'(출 15:1-8 참조), '어린 양의 노래'를 부르다.

15:5-8 일곱 재앙의 준비

일곱 천사가 성전에서 나오니 네 생물 중 하나가 하나님의 진노를 담은 일곱 금 대접을 전달하다.

진노의 일곱 대접

16:1-2 첫째 대접 - 땅에 쏟음

짐승의 표를 받은 자들과 우상에게 경배하는 자들에게 악하고 독한 종기가 나다.

16:3 둘째 대접 - 바다에 쏟음

바다가 죽은 자의 피같이 되어 바다의 모든 생물이 죽다.

16:4-7 셋째 대접 - 강과 물의 근원에 쏟음

강과 물의 근원이 피가 되다.

16:8-9 넷째 대접 - 해에 쏟음

해가 권세를 받아 사람들을 불로 태우다. 사람들이 하나님을 비방하다.

16:10-11 다섯째 대접 - 짐승의 왕좌에 쏟음

나라가 어두워지며 사람들이 아픔과 종기 때문에 혀를 깨물며 하나님을 비방하다.

16:12-16 여섯째 대접 - 유브라데 강에 쏟음

강물이 말라서 동방에서 오는 왕의 길이 마련되다. 용, 짐승, 거짓 선지자의 입에서 더

회	일곱 인 심판	일곱 나팔 심판	일곱 대접 심판
1	흰 말을 탄 자 > 이기고 또 이기려 함	피 섞인 우박과 불이 땅에 쏟아짐 > 땅의 1/3이 타버림	대접을 땅에 쏟음 > 짐승표 받은자에게 독종이 남
2	붉은 말을 탄 자 > 서로를 죽이게 함	불 붙는 큰 산이 바다에 던져 짐 > 바다의 1/3이 피로 변함	대접을 바다에 쏟음 > 바다가 피되어 모든 생물 죽음
3	검은 말을 탄 자 > 극심한 기근을 외침	불타는 큰별이 강과 샘에 떨어짐 > 물의 1/3이 쑥으로 변함	대접을 강과 샘에 쏟음 > 물이 피가 됨
4	청황색 말을 탄 자 > 땅의 1/4을 죽임	해, 달, 별 1/3이 타격을 받음 > 낮과 밤의 1/3이 어두워 짐	대접을 해에 쏟음 > 해가 불로 사람을 태움
5	순교자들이 신원해주기를 호소함	무저갱에서 황충이 나옴 > 인침 받지 않은 사람을 해함	대접을 짐승의 왕좌에 쏟음 > 나라가 어두워짐. 극심한 통증
6	큰 지진, 검은 해, 붉은 달, 소행성 지구 충돌. 지각변동	유브라데에 결박된 천사를 풀어줌 > 2억 군대가 사람 1/3을 죽임	대접을 유브라데에 쏟음 > 강물이 마르고, 아마겟돈 집합
삽입 광경	이스라엘 144,000명과 많은 이 방인이 하나님과 어린 양께 경배	힘센 천사의 선포 두 증인의 사역과 부활	–
7	일곱 천사가 일곱 나팔을 받음 성도들의 기도가 하늘에 상달됨	큰 음성 "그리스도가 세세토록 왕 노릇 하시리로다" 24장로의 경배	대접을 공중에 쏟음 > 번개, 우레, 큰 지진, 큰 우박

러운 영이 나와 천하의 왕들을 아마겟돈 전쟁으로 불러 모으다.

16:17-21 일곱째 대접 - 공중에 쏟음

성전 보좌에서 "되었다!" 하는 음성이 나니 번개, 우렛소리, 역사 이래 가장 큰 지진이 나서 모든 나라의 성이 무너지고, 큰 성 바벨론이 세 갈래로 갈라지고 섬과 산이 없어지다. 무게가 한 달란트 되는 우박이 떨어지니 사람들이 하나님을 비방하다. (16:19절에 대한 상세설명)

17:1-18 큰 음녀(거짓 종교)가 받을 심판

음녀는 일곱 머리와 열 뿔을 가진 붉은 짐승을 타고 있으며, 그 이름은 '큰 바벨론.' 짐승의 일곱 머리는 여자가 앉은 일곱 산과 일곱 왕, 열 뿔은 열 왕. 나중에 짐승은 음녀를 미워하여 망하게 하고 불로 사를 것이다. 그 음녀는 땅의 왕들을 다스리는 '큰 성' 이다(계 6:9-11의 순교자들의 탄원이 이루어짐).

18:1-24 짐승(세상 권세)과 바벨론이 받을 심판

천사가 외치기를 "무너졌도다! 무너졌도다! 큰 성 바벨론이여!" 불에 살라져 망하니 땅의 상인들(땅의 왕족)이 슬퍼하다.

[천년왕국과 최후의 심판] 여섯째, 일곱째 대접 심판에 대한 자세한 설명

19:1-10 어린양의 혼인잔치

하늘에서 하나님의 의로운 심판과 하나님께서 통치하심을 "할렐루야"로 찬양하다. 어

린양의 혼인잔치가 준비되다.

19:11-21 짐승과 거짓 선지자의 멸망

백마를 탄 자(그 이름은 '만왕의 왕', '만주의 주')가 공의로 심판하며 싸우다. 짐승과 거짓 선지자가 잡혀 산 채로 유황불 못에 던져지다.

20:1-10 사탄의 결박과 멸망, 천년왕국(사 11:6-9, 65:18-25 ; 겔 37:24 ; 암 9:13 참조)

용(사탄)이 잡혀서 천 년 동안 무저갱에 결박되다. 순교자들, 짐승에게 경배하지 않은 자들이 살아나서(첫째 부활) 그리스도와 함께 천 년 동안 왕 노릇하다. 천 년이 지나 사탄이 풀려나와 땅 사방의 백성을 모아 성도들과 싸움을 붙이나, 불이 내려와 그들을 태우고 사탄은 불과 유황 못에 던져지다.

20:11-15 죽은 자의 부활(심판의 부활)과 흰 보좌 심판

죽은 자들이 부활하여 행위에 따라 심판을 받다. 생명책에 기록되지 못한 자들은 불 못에 던져지다. 사망과 음부도 불 못에 던져지다(믿는 자들은 모두 첫째 부활에 참여함. 마 24:31 ; 고전 15:51,52 ; 살전 4:16,17 참조).

> **새 하늘과 새 땅, 새 예루살렘**

21:1-22:5 새 예루살렘

거룩한 성 새 예루살렘이 하늘로부터 새 하늘과 새 땅에 내려오다. 새 예루살렘에 하나님의 영광이 있으며 하나님과 어린양의 보좌로부터 생명수 강이 흘러 나오다.

22:6-11 천사의 당부

"이 두루마리 예언의 말씀을 지키는 자는 복이 있으리라. 말씀을 인봉하지 말라 때가 가까우니라"

22:12-17 예수님의 말씀

"보라 내가 속히 오리니 내가 줄 상이 있어 각 사람에게 그가 행한 대로 갚아주리라. 나는 알파와 오메가요 처음과 마지막이요 시작과 마침이라"

22:18-21 요한의 결언

이 예언의 말씀에 더하거나 빼면 벌이 있으리라. 아멘 주 예수여 오시옵소서!

His-heart 만국에 공개된 생명나무 (계 22:15-17)

"여호와 하나님이 이르시되 보라 이 사람이 선악을 아는 일에 우리 중 하나같이 되었으니 그가 그의 손을 들어 생명나무 열매도 따먹고 영생할까 하노라 하시고 여호와 하나님이 에덴동산에서 그를 내보내어 그의 근원이 된 땅을 갈게 하시니라 이같이 하나님이 그 사람을 쫓아내시고 에덴동산 동쪽에 그룹들과 두루 도는 불 칼을 두어 생명나무의 길을 지키게 하시니라"(창 3:22-24).

하나님은 타락한 인간이 그 상태로 영생하지 않도록 생명나무의 길을 막아놓으셨다. 하나님이 인간을 구원하시는 모든 역사가 마무리되면 자기 백성들을 위해 새 예루살렘을 내려주시는데, 여기에서는 만국 백성 누구에게나 생명나무의 길이 열린다.

"또 그가 수정같이 맑은 생명수의 강을 내게 보이니 하나님과 및 어린양의 보좌로부터 나와서 길 가운데로 흐르더라 강 좌우에 생명나무가 있어 열두 가지 열매를 맺되 달마다 그 열매를 맺고 그 나무 잎사귀들은 만국을 치료하기 위하여 있더라"(계 22:1,2).

아멘 주 예수여 오시옵소서.

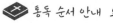 통독 순서 안내 요한계시록 : 신약의 끝

마음관통 성경통독

초판 1쇄 발행	2019년 9월 27일
지은이	조대희
펴낸이	여진구
책임편집	안수경
편집	이영주 김윤향 최현수 김아진
책임디자인	마영애 조은혜 ｜ 노지현 조아라

기획 · 홍보	김영하	해외저작권	기은혜
마케팅	김상순 강성민 허병용	마케팅지원	최영배 정나영
제작	조영석 정도봉	경영지원	김혜경 김경희

이슬비전도학교	최경식	303비전성경암송학교	박정숙
303비전장학회 & 303비전꿈나무장학회	여운학		

펴낸곳	규장

주소　06770 서울시 서초구 매헌로 16길 20(양재2동) 규장선교센터
전화　02)578-0003　팩스　02)578-7332
이메일　kyujang0691@gmail.com　　홈페이지　www.kyujang.com
페이스북　facebook.com/kyujangbook　인스타그램　instagram.com/kyujang_com
카카오스토리　story.kakao.com/kyujangbook
등록일　1978.8.14. 제1-22

ⓒ 저자와의 협약 아래 인지는 생략되었습니다.
이 출판물은 저작권법에 의해 보호를 받는 저작물이므로 무단 전재와 무단 복제를 할 수 없습니다.

책값　뒤표지에 있습니다.
ISBN　979-11-6504-007-9 03230

규 ｜ 장 ｜ 수 ｜ 칙

1. 기도로 기획하고 기도로 제작한다.
2. 오직 그리스도의 성품을 사모하는 독자가 원하고 필요로 하는 책만을 출판한다.
3. 한 활자 한 문장에 온 정성을 쏟는다.
4. 성실과 정확을 생명으로 삼고 일한다.
5. 긍정적이며 적극적인 신앙과 신행일치에의 안내자의 사명을 다한다.
6. 충고와 조언을 항상 감사로 경청한다.
7. 지상목표는 문서선교에 있다.

하나님을 사랑하는 자 곧 그의 뜻대로 부르심을 입은 자들에게는 모든 것이 合力하여 善을 이루느니라(롬 8:28)

규장은 문서를 통해 복음전파와 신앙교육에 주력하는 국제적 출판사들의 협의체인 복음주의출판협회(E.C.P.A:Evangelical Christian Publishers Association)의 출판정신에 동참하는 회원(Associate Member)입니다.